LA RYDER CUP

Titre original : *The Ryder Cup. The complete history of golf's greatest competition*

Directrice de collection : Delphine Laugel
20, rue de Longchamp 92200 Neuilly-sur-Seine, France
www.artetimages-edition.fr

Pour la version originale :
Auteur : Nick Callow
Contribution à la rédaction : Chris Hatherall
Rédacteur en chef : Conor Kilgallon
Direction artistique : Darren Jordan
Graphiste : Ben Ruocco
Iconographe : Paul Langan
Directrice de production : Maria Petalidou

Pour la version française
Réalisation : Delphine Laugel
Conception graphique de la couverture : Delphine Laugel
Traduction de l'anglais : Yannick Cochennec

Avec la participation de Thomas Levet et de la Fédération française de golf

Les Editions Art & Images remercient : Thomas Levet, Guillaume Biaugeaud, Guy Barbier, Yannick Cochennec, Florence Garbarski, Patricia Coulange.

ISBN 978-2-913952-74-4

Imprimé en Espagne

LA RYDER CUP

L'HISTOIRE INTÉGRALE DE LA PLUS GRANDE COMPÉTITION DE GOLF

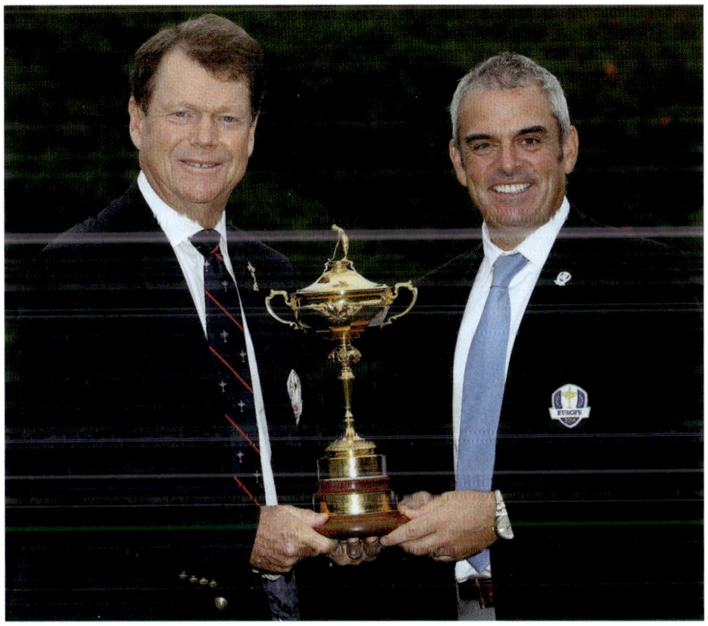

PRÉFACE DE THOMAS LEVET

NICK CALLOW

ART & IMAGES

1989
HALVED
EUROPE
14 Matches
U.S.A.
14 Matches
1997
WON BY
EUROPE
14½ Matches
to
13½ Matches
1999
WON BY
U.S.A.
14½ Matches
to
13½ Matches

Sommaire

CHAPITRE QUATRE : LES ETATS-UNIS SEULS AU MONDE 70

CHAPITRE CINQ : ET VOILA LES EUROPEENS 96

CHAPITRE SIX : SUR LES CHAMPS DE BATAILLES 130

CHAPITRE SEPT : DES TEMPS NOUVEAUX 170

CI-CONTRE : *La Ryder Cup est l'un des trophées les plus connus dans le monde. Cette coupe mesure 43 cm et pèse 1,8 kg. Le golfeur qui la surplombe est une représentation d'Abe Mitchell, l'ami et le mentor de Samuel Ryder, qui a joué pour la Grande-Bretagne en 1929, 1931 et 1933.*

PREFACE

Ma carrière m'a comblé au-delà de ce que je pouvais rêver lorsque je me suis saisi de mon premier club. Etre Français et avoir le privilège de gagner l'Open de France en 2011 au Golf National, comment l'oublier ? Se retrouver en passe de remporter le British Open, un dimanche après-midi de juillet 2002, lors d'un irrespirable play-off finalement remporté par Ernie Els, comment ne pas être fier de s'être retrouvé plongé au cœur d'un tel suspense sous le regard du monde entier ?

Mais au sommet de ces émotions qui ont fait chavirer ma vie de golfeur, un souvenir, plus que les autres, résume la passion qui a été la mienne pour ce sport. Lorsque le 19 septembre 2004, à Oakland Hills, près de Detroit, j'ai pu poser la main pour la première fois sur cette Ryder Cup que j'ai eu le bonheur de conquérir avec l'équipe européenne sous la conduite de notre capitaine, Bernhard Langer.

Pour un joueur européen ou américain, la Ryder Cup est peut-être devenue, avec le temps, le but ultime d'une carrière forcément individualisé le reste de l'année, mais qui, l'espace d'un week-end, comme un joueur de tennis en Coupe Davis, semble suspendue avec comme obsessionnelle priorité, l'idée de se démultiplier pour les autres. Et là, magie de cette compétition sans équivalent, un téléspectateur espagnol se met soudain à encourager un golfeur suédois devant son écran comme s'il soutenait l'un des siens. Un fan britannique a subitement le cœur qui bat à la chamade parce qu'un Allemand doit rentrer coûte que coûte un putt de deux mètres. L'Europe, qui paraît être parfois une fiction politique ou une chimère économique, devient d'un seul coup une réalité de chair et d'os sublimée par la grâce de 12 hommes et d'un capitaine unis par le même objectif : la conquête de ce trophée doré.

En Ryder Cup, chacun sait que la semaine risque de se jouer à rien du tout, parfois à un seul coup, comme Bernhard Langer sur le dernier green du dernier trou lors de l'ultime simple à Kiawah Island en 1991. A aucun moment, il n'est possible de se relâcher du vendredi matin au dimanche soir. On sait aussi qu'il n'y aura pas de session de rattrapage, vu que l'épreuve suivante a lieu deux ans plus tard et que personne n'est certain d'y participer à nouveau.

La présentation des équipes reste mon plus grand souvenir de 2004 : la traversée du practice, un couloir de trois mètres de large au milieu de la foule en délire. Ce week-end-là, j'ai vu des types pas très vaillants se rendre sur le tee du 1. Des gars que je croyais habités par une confiance inébranlable témoigner de leurs angoisses. Colin Montgomerie m'a raconté qu'à l'aube de sa carrière en Ryder Cup, il se débarrassait le plus vite possible de la balle, peu importe où elle allait. Et Bernhard Langer de me confier que, pour ses débuts, il n'arrivait pas à poser la balle sur le tee tellement il tremblait. Même ceux qui ont joué plusieurs éditions continuent de ressentir ça.

J'ai eu la chance de gagner la Ryder Cup lors de ma seule participation. Mais plus que les frissons de la victoire, c'est l'excitation qui était la mienne au seuil de ce rendez-vous inoubliable qui continue de me parcourir l'échine. Et c'est au fil des pages de ce livre qui retrace l'épopée de la Ryder Cup, avec ses exploits, ses coups de théâtre, ses drames, ses héros, que se mesure l'émotion dont je vous parle. Un fil qui pour nous, Français, et au-delà de la prochaine édition aux Etats-Unis en 2016, nous relie déjà à 2018, quand le Golf National recevra cet événement à nul autre pareil.

Alors, tous les amoureux du golf de notre pays, plus tous ceux qui découvriront à cette occasion la beauté de notre sport, vivront, eux aussi, la formidable magie de la Ryder Cup.

Thomas Levet, vainqueur de la Ryder Cup en 2004

CI-CONTRE : *Thomas Levet, vainqueur de la Ryder Cup en 2004. Une grande première pour le golf français.*

AVANT-PROPOS

La Ryder Cup est un événement sportif irrationnel dont l'originalité l'a élevée au-dessus d'autres compétitions sportives plus traditionnelles. Le format par équipes est évidemment un ingrédient essentiel de son succès. L'aspect identitaire de ce duel qui peut se résumer à un « eux ou nous » entre deux mondes qui se défient de part et d'autre de l'Atlantique est une autre signature de ce rendez-vous si particulier dans une discipline habituée à la domination individuelle. Mais peu importe, en fait, les explications qui cherchent à comprendre les raisons d'un tel engouement qui dépasse la logique des faits : la Ryder Cup est tout simplement un moment à part.

IL N'EST PAS FACILE D'ESSAYER DE RÉSUMER ce que représente la Ryder Cup pour ceux qui la suivent avec passion ou de tenter de comprendre sa signification profonde pour des joueurs qui, pour certains d'entre eux, la placent au-dessus de tout. En sept chapitres, qui retracent toute l'histoire de cette compétition depuis ses origines jusqu'au déferlement de superlatifs qui accompagnent aujourd'hui son déroulement, nous avons tenté de faire comprendre les raisons de ce succès qui emporte l'adhésion de tous, y compris de ceux qui n'ont pas la passion du golf chevillée au corps.

Naturellement, chaque amoureux du golf a sa propre théorie pour expliquer les causes d'une telle ferveur. Peut-être est-ce le fait que dans un monde aussi matérialiste que celui d'aujourd'hui, cette Ryder Cup tourne exclusivement autour de la conquête d'un trophée puisque aucun des joueurs sélectionnés, du côté américain ou européen, ne touche le moindre dollar ou le moindre euro pour la disputer. Peut-être est-ce lié à la nature même de la compétition qui associe à la fois des duels individuels et des confrontations collectives et qui flatte l'esprit d'équipe au plus près d'un public qui vit presque physiquement le moment. Toujours est-il, au-delà de ces hypothèses, que la Ryder Cup fait partie des trophées les plus identifiables dans le monde.

Lorsque certains des plus grands joueurs de la planète se présentent sur le tee de départ du premier trou le premier jour, ils sont tous confrontés à des

émotions peu ordinaires y compris les plus grandes stars comme Tiger Woods et Sergio Garcia qui n'ont pas de recette pour s'habituer à cette tension extrême. Les nouveaux joueurs de Ryder Cup, et ceux qui les suivront dans l'avenir, savent tous qu'ils marchent dans les pas des plus grandes légendes de ce sport comme Arnold Palmer, Nick Faldo, Jack Nicklaus, Severiano Ballesteros, Tom Watson, Colin Montgomerie, Tiger Woods, Tony Jacklin... La liste ressemble à un Who's Who de l'histoire du golf.

Mais la Ryder Cup doit aussi beaucoup aux joueurs d'aujourd'hui qui ont su en être les héros à l'image de Graeme McDowell qui rentra le putt victorieux pour l'Europe à Celtic Manor en 2010, ou à son compatriote Rory McIlroy qui entend prendre durablement la succession de Tiger Woods au sommet mondial. Même de très jeunes espoirs, comme Rickie Fowler, en 2010, alors qu'il était âgé seulement de 21 ans, ont déjà réussi à laisser leur empreinte dans cet Europe-Etats-Unis à la popularité sans cesse grandissante. En 2014, les jeunes loups Patrick Reed, Jordan Spieth et Victor Dubuisson ont eu à leur tour des dents très acérées à Gleneagles.

Après la deuxième Guerre mondiale, la Ryder Cup a bien failli mourir d'ennui : il n'y avait absolument plus de suspense en raison de l'extrême domination des Américains qui triomphaient presque systématiquement avec une large avance. Mais ce n'est plus qu'un lointain et mauvais souvenir. Depuis que la Grande-Bretagne s'est d'abord ouverte à l'Irlande avant de s'élargir à l'Europe entière en 1979, les matches sont devenus de plus en plus serrés et de plus en plus passionnés. Dans cette nouvelle histoire qui continue de s'écrire sous nos yeux, des moments inoubliables ont forgé le statut actuel de la Ryder Cup au cœur de l'univers du sport mondial. Personne n'a oublié la furieuse bagarre de Kiawah Island en 1991 sur fond de Guerre du golfe ou la folle remontée des Etats-Unis à Brookline en 1999 lors d'une journée de simples à la fois controversée et mémorable. Mais l'esprit de la Ryder Cup, parfois chahuté par quelques débordements trop nationalistes, reste préservé et ne sera jamais mieux symbolisé que par le souvenir du match de 1969 ayant opposé Jack Nicklaus et Tony Jacklin et au terme duquel l'Américain concéda un dernier putt à son adversaire afin de partager le match nul en toute fraternité.

La saga de la Ryder Cup est jalonnée de ces moments, petits ou grands, qui ont fait la renommée de cette compétition et la classent parmi les plus grands rendez-vous du calendrier sportif. Sacré destin d'un match démarré en toute simplicité au milieu des années vingt sur le parcours de Wentworth, en Angleterre. Cet ouvrage dit tout de l'aventure constituée par chaque édition de la Ryder Cup -un livre d'or appelé à s'enrichir de nouvelles et grandes pages dans les années à venir.

Ci-dessous (de g. à dr.) : *Quelques légendes de la Ryder Cup : Abe Mitchell et Samuel Ryder ; Jack Nicklaus et Tom Watson ; José María Olazábal et Severiano Ballesteros ; Phil Mickelson et Tiger Woods.*

CHAPITRE UN

AUX PREMIERES HEURES DU MYTHE

Les équipes de Grande-Bretagne et des Etats-Unis lors de la photo officielle de l'édition 1929 de la Ryder Cup. Au centre, avec une moustache, Samuel Ryder, encadré par les deux capitaines, George Duncan qui tient la coupe pour les Britanniques, et l'Américain Walter Hagen, tout sourire.

La Ryder Cup est l'une des compétitions les plus attendues et les plus excitantes du calendrier sportif, mais il n'en a pas toujours été ainsi. Son histoire commence il y a près d'un siècle lors d'un match défi imaginé par un homme d'affaires anglais bien décidé à faire prospérer son idée.

Une Nouvelle Compétition

Les deux choses que savent généralement les amateurs de golf au sujet de la Ryder Cup sont qu'elle a été inventée par un homme d'affaires anglais, Samuel Ryder, et que sa première édition a eu lieu en 1927. Et si ces vérités n'étaient pas tout à fait exactes ou ne racontaient qu'une partie de la réalité ? Pour les historiens du golf, le débat autour de la naissance de ce sommet du sport mondial est encore d'actualité.

HOMME D'AFFAIRES, MÉCÈNE, leveur de fonds, Samuel Ryder, qui a donné son nom au trophée et a travaillé inlassablement pour faire naître la compétition, est devenu aujourd'hui une figure symbolique du sport mondial en ayant laissé sa signature pour ce qui est peut-être désormais le rendez-vous golfique le plus célèbre de la planète. Son nom orne la coupe et est reconnu par des millions de fans de golf à travers le monde alors qu'il n'a jamais été lui-même un professionnel de ce sport et qu'il ne s'est intéressé au golf que sur le tard, à 50 ans, sur les conseils de son pasteur, après avoir abandonné le cricket.

C'est grâce à Ryder qu'existe ce format de rencontres qui perdure au fil du temps et c'est grâce à lui aussi que le golf sait mettre en valeur cette rivalité teintée d'amitié qui ne semble appartenir qu'à ce sport. Aujourd'hui, il est fréquent d'entendre des joueurs ou des commentateurs évoquer l'importance du devoir d'honorer « l'esprit de Samuel Ryder » lorsque des putts sont donnés avec le fair-play comme langage commun entre les compétiteurs. Il n'y a aucun doute sur le fait que Ryder est le père fondateur de la coupe et que sans son investissement, son enthousiasme et son soutien, cet événement n'aurait jamais pris son envol. Mais était-ce sa seule vision qui a permis la mise sur pied d'une telle épreuve en premier lieu ? Après tout, pendant de nombreuses années, cette hypothèse d'un affrontement entre Grande-Bretagne et Etats-Unis avait été déjà largement évoquée puisque avant que Samuel Ryder ne s'intéresse vraiment à ce projet, deux personnalités en avaient déjà tracé les grandes lignes comme de vrais précurseurs.

Ainsi, aux Etats-Unis, Sylvanus P. Jermain, homme d'affaires également, avait invité les deux pros anglais, Harry Vardon et Edward Ray, à venir disputer l'US Open, chez lui, en 1920, dans son club d'Inverness et certains estiment que c'est lui qui a été le premier inspirateur de ce qui allait suivre. Jermain croyait à l'universalité du golf et au bien-fondé d'un match entre les professionnels britanniques et américains. A l'époque, il a été dit que Walter Ross, président de la Nickel Plate Railroad Company à Cleveland, avait offert de payer un trophée pour lancer cette rencontre. Qui sait s'il y avait eu des suites à cette première initiative, peut-être parlerions-nous aujourd'hui de Ross Cup ou de Jermain Trophy en passe de se dérouler au Golf National en 2018...

La compétition aurait pu se nommer aussi Harnett Cup parce que le patron du magazine Golf Illustrated, James Harnett, a joué un rôle majeur dans le destin de la Ryder Cup. Encouragé par Walter Hagen, peut-être le plus grand joueur

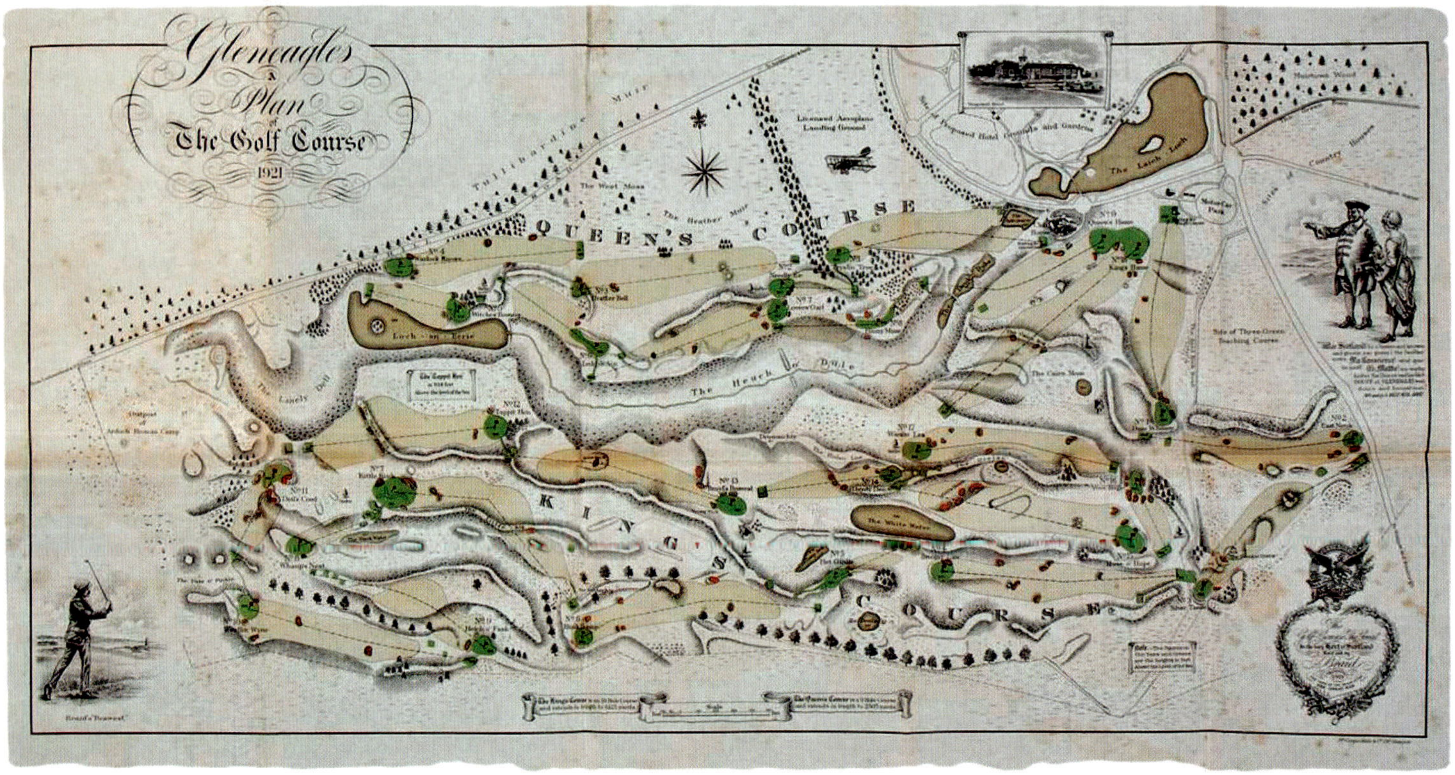

CI-DESSUS : *Une carte détaillant le parcours du nouveau King's Course de Gleneagles, dessiné par James Braid, qui a accueilli le premier match entre la Grande-Bretagne et les Etats-Unis en 1921.*

américain du début du XXe siècle, qui allait s'imposer plus tard au British Open, Harnett avait commencé à tenter de réunir un tour de table afin d'envoyer une équipe américaine de l'autre côté de l'Atlantique pour défier leurs homologues britanniques. Harnett avait dû y renoncer dans un premier temps, mais la publicité dont avait bénéficiée son idée a probablement ouvert de nouveaux horizons à cette aventure embryonnaire. Il était clair, en effet, qu'il y avait un vrai appétit pour ce projet qui trouvait un écho auprès du public si bien que la PGA (Players Golfers' Association) s'y est intéressée à son tour et a proposé d'avancer de l'argent à Harnett pour rendre possible cette création.

A ce stade, la seule opposition venait du président de la PGA, John Mackie qui, avec un certain recul, désapprouvait l'idée d'alimenter l'équipe américaine avec des professionnels britanniques vivant aux Etats-Unis afin de rendre ce match plus compétitif (à l'époque, alors que le jeu balbutiait, il était impossible d'imaginer que les Américains puissent tenir la dragée haute aux Britanniques). Mackie a donné son accord à partir du moment où le règlement a été modifié en exigeant que pour faire partie de l'équipe américaine, chaque joueur devait avoir vécu au moins cinq ans aux Etats-Unis. C'était une évolution majeure car cela signifiait que l'intention n'était pas de mettre sur pied une simple exhibition, mais bien un match plein de passion entre deux pays rivaux. Et tous ceux qui ont eu la joie d'assister un jour à la Ryder Cup -comme les milliers de spectateurs qui ont envahi les parcours de Celtic Manor en 2010 et Gleneagles en 2014 à l'occasion des deux dernières éditions européennes- peuvent témoigner que le patriotisme, pour peu qu'il soit maîtrisé, ajoute à la ferveur et à l'importance d'une telle rencontre.

Le premier match Grande-Bretagne-Etats-Unis a été programmé pour le 6 juin 1921 sur le King's Course de Gleneagles, en Ecosse. C'est ainsi que les premières graines de la Ryder Cup ont été semées, même s'il faudra six années supplémentaires pour assister au réel coup d'envoi de ce sommet golfique. Si personne ne pouvait imaginer qu'un tel format traverserait le temps avec le succès que l'on sait, une perspective venait d'être donnée et le jour n'allait pas tarder à se lever sur la Ryder Cup.

A DROITE : *Sylvanus P. Jermain (à dr.), le premier initiateur d'un match Grande-Bretagne-Etats-Unis. A gauche, le golfeur américain Bobby Jones.*

POUR LA GLOIRE

Voilà près d'un siècle que la Ryder Cup rayonne à travers le monde tout en ayant gardé l'essence originelle de ses valeurs qui lui permet d'avoir toute sa singularité dans le sport du XXIe siècle. Aucune dotation n'est, en effet, allouée à qui que ce soit. Les bénéfices retirés de chaque rencontre sont partagés entre les PGA des deux équipes et sont redistribués notamment pour alimenter des actions caritatives. La rencontre est jouée, en quelque sorte, pour la gloire par chaque participant.

De l'autre côté de l'Atlantique

Lorsque l'équipe de golfeurs américains a traversé l'Atlantique -il n'était pas possible de les appeler les premiers combattants de la Ryder Cup puisqu'il n'y avait encore aucun trophée en jeu- puis a débarqué à Southampton, en 1921, l'attente et l'excitation se mêlaient à la fois. Il était alors difficile d'imaginer que ces hommes étaient, en quelque sorte, des pionniers même si l'histoire les a un peu oubliés. Après être arrivés à bon port, les Américains ont dû affronter les affres d'un long voyage en train de nuit et il n'est pas dur de deviner quel pouvait être leur état de fatigue lorsqu'ils sont finalement descendus de leur wagon à Perthshire. Aujourd'hui, la Ryder Cup est regardée comme une sorte d'avènement pour tous ceux qui y participent. Mais lorsqu'ils ont rejoint l'Ecosse, les golfeurs américains ont eu la désagréable surprise d'être logés dans cinq voitures de train aménagées sur une ligne désaffectée d'une gare locale. La vue de ces joueurs portant leur eau ayant servi à leur toilette est difficile à visualiser pour les champions de notre époque, mais c'est ainsi que tout a commencé : six ans avant la première Ryder Cup de l'histoire.

L'équipe britannique en 1921 était composée de grands joueurs comme Harry Vardon, vainqueur du British Open à six reprises, James Braid, Ted Ray et Abe Mitchell. Avec les autres sélectionnés, Josh Taylor, James Ockendon, James Sherlock, Arthur Havers et George Duncan, les Britanniques étaient les grands favoris d'une rencontre qui, en revanche, semblait susciter peu d'intérêt quelques semaines après la défaite des Britanniques 9-3 face aux Etats-Unis dans un match amateur disputé au Royal Liverpool. Le fait aussi que ce match se déroulait au lendemain du prestigieux tournoi des Glasgow Herald 1 000 Guinées, remporté par George Duncan, n'a pas incité non plus un nombreux public à se déplacer, là encore un joli contraste avec les foules considérables massées désormais pour tenter d'apercevoir des légendes du golf moderne comme Tiger Woods et Phil Mickelson.

Il est vrai que les joueurs américains n'étaient pas très connus et certainement pas en Grande-Bretagne où le nom de Walter Hagen, double vainqueur de l'US Open, ne disait pas grand-chose aux spectateurs contrairement peut-être aux Ecossais Jock Hutchinson et Fred McLeod, exilés aux Etats-Unis depuis quelques années. Dirigée par le capitaine Emmett French,

MAUVAISE MANIÈRE

Walter Hagen, le célèbre jouer américain, a joué un rôle considérable dans le développement de la Ryder Cup, mais en tant que professionnel, il n'a pas toujours été bien traité par les responsables du golf en Angleterre. Lors du British Open en 1920, il a été ainsi obligé de louer une limousine qui lui servait de vestiaire car l'accès du club où se déroulait la compétition lui avait été strictement interdit à cause de son statut de professionnel.

A GAUCHE : *Le toujours très stylé Walter Hagen qui a mis son caractère, très fort, et son influence, considérable, au service de la Ryder Cup.*

A DROITE : *L'équipe britannique qui a affronté les Etats-Unis à Gleneagles en 1921.*

l'équipe incluait aussi de parfaits anonymes comme Clarence Hackney et Bill Mehlhorn -un drôle de personnage qui portait des chapeaux de cow-boys sur les parcours et était naturellement surnommé « Wild Bill ». Mehlhorn sera d'ailleurs de la première Ryder Cup en 1927 et deviendra l'un golfeurs préférés du public bien avant Boo Weekley chevauchant l'un de ses clubs sur un fairway lors de la Ryder Cup 2008. Mais tout cela n'a pas vraiment fait un match en raison des différences de niveaux et c'est sans surprise que les Britanniques ont écrasé leurs visiteurs 9-3 dans ce qui est apparu être un événement de second plan.

Pour leurs efforts, les joueurs ont reçu une médaille financée par le Herald, un quotidien écossais, mais le match avait été tellement à sens unique que la presse en a très peu parlé et était loin de trépigner pour exiger le renouvellement d'une telle rencontre. La visite bâclée de l'ambassadeur des Etats-Unis venu en voiture, depuis Londres, assister à la hâte à la remise des prix suggérait également que le monde politique n'en faisait pas grand cas. A la frustration de Harnett et de Hagen, qui croyaient en l'avenir de leur épreuve et en sa fréquence régulière, il fallait bien constater aussi que les joueurs avaient très peu socialisé entre eux et que la mayonnaise n'avait pas complètement pris. Mais le temps allait faire son œuvre lors des années suivantes à la faveur des joutes de plus en plus intenses entre joueurs britanniques et américains à l'occasion des grandes épreuves individuelles.

Hagen a continué d'être un promoteur inlassable de cette idée naissante par le biais de ses victoires au British Open en 1922 et 1924 alors que le Claret Jug, le trophée du tournoi, a été gagné par le Britannique Arthur Havers en 1923, trois ans après le succès de George Duncan en 1920. Désormais, l'objet le plus convoité du golf mondial se partageait entre deux pays en n'étant plus réservé au seul Royaume-Uni et tous les fans voulaient savoir à qui il reviendrait l'année suivante.

Légendes de Ryder Cup

Samuel **RYDER**

Au début du XXe siècle, en Angleterre, Samuel Ryder était un homme d'affaires qui avait l'habitude du succès. Il était très connu dans la bonne société londonienne et avait la réputation d'être un généreux mécène qui faisait le bien autour de lui. Sa vie -comme celle de bien d'autres- a changé le jour où l'un de ses proches lui a suggéré de s'intéresser au golf.

CI-CONTRE : *Samuel Ryder et sa fille, Joan, saluant l'équipe britannique qui doit partir défier les Etats-Unis lors de la première Ryder Cup en 1927.*

Beaucoup de gens ont entendu parler de la Ryder Cup, mais combien seraient capables de dire à qui ce trophée rend hommage ? L'homme dont le nom orne la coupe tant convoitée était un riche entrepreneur et homme d'affaires qui a fait fortune en vendant des milliers et des milliers de graines. En dépit de son extrême générosité et de sa réussite sociale, Samuel Ryder n'aurait pas laissé une trace dans l'histoire si un ami ne lui avait pas donné un bon conseil en 1908.

Alors qu'il sortait d'une période de convalescence après quelques soucis de santé et divers problèmes physiques, Ryder avait dû renoncer à la pratique de son sport préféré, le cricket, et avait besoin d'un autre passe-temps pour combler ce vide. Son ami Frank Wheeler, pasteur à la Trinity Congregational Church de St Albans, lui a alors soumis l'idée du golf afin de garder une activité de grand air. Ryder a demandé à un golfeur expérimenté de lui donner quelques leçons dans sa propriété du Hertfordshire, s'est entraîné avec acharnement jusqu'au jour où il s'est senti suffisamment aguerri pour rejoindre le club local, le Verulam Golf Club. En deux ans, il est ensuite devenu le capitaine de son équipe avant de se muer en un promoteur du jeu au niveau national. Le reste appartient à l'histoire...

Le jour où Wheeler lui a fait cette proposition, il savait à quel point Ryder était à chaque fois impliqué quand il se lançait dans une nouvelle aventure que ce soit pour participer à des opérations caritatives à destination des pauvres ou des personnes âgées, ou pour lever des fonds lors de grandes soirées de gala organisées dans sa maison de Marlborough House qui accueillait des fêtes et des concerts. Ryder était toujours au centre d'un nouveau projet. Très vite, le golf -et notamment la promotion du golf- est devenu une passion dans laquelle il s'est plongé avec voracité. Dès juin 1924, dans un journal, le Herts Adviser, qui évoquait son entreprise, Heath & Heather, il a glissé un premier mot au sujet de « la perspective de défier les Américains lors d'un match ».

Né à Walton-le-Dale (un village à côté de Preston, dans le Lancashire) le 24 mars 1858, Samuel Ryder était l'un des huit enfants de Samuel (un jardinier professionnel) et Elizabeth (une confectionneuse de vêtements) et le fait de vivre dans un environnement pauvre au Nord de l'Angleterre l'a rendu plus déterminé à vouloir essayer de donner du travail aux autres à l'avenir. Après avoir débuté auprès de son père, il a fait fortune en vendant des graines dans des petits sacs alors que l'intérêt des Britanniques pour l'entretien et l'embellissement de leur jardin grandissait à une vitesse exponentielle. Il s'est ensuite installé à St Albans où il a fondé une nouvelle entreprise avec son frère, James, pour commercialiser cette fois des remèdes à base de plantes. Sa vie a alors pris un nouvel essor.

Que ce soit à l'église (Samuel était un méthodiste), dans les affaires ou dans les activités caritatives ou dans l'action sociale (il deviendra plus tard maire de St Albans puis magistrat), Samuel Ryder ne faisait jamais les choses à moitié et se dépensait avec une extrême énergie -comme il s'est passionné pour le golf. Deux ans après avoir pris ses premières leçons, il était déjà une figure importante à Verulam et cette histoire d'amour pour le golf a fini par bénéficier au sport tout entier en enrichissant l'existence de tant de gens depuis près d'un siècle. Samuel s'est montré très généreux envers son club dont il a été le capitaine en 1911, 1926 et 1927 par le biais notamment de dons. Il a également fait progresser de manière spectaculaire son handicap jusqu'à le faire descendre en dessous des deux chiffres, preuve de l'entêtement du personnage.

En tant que promoteur, il a commencé à songer à organiser des matches par équipes en 1923 quand Heath & Heather a réuni la crème du golf britannique (six vainqueurs du British Open) afin de participer à un match défi. C'était la première fois que des joueurs touchaient une garantie pour leur seul engagement -c'est à partir de là que le monde du golf l'a regardé d'un autre œil. Son amitié grandissante avec Abe Mitchell, star du golf britannique, lui a donné également une autre dimension d'autant qu'il n'a pas hésité à se payer les services de Mitchell à l'année en guise de coach personnel. L'idée était aussi de permettre à Mitchell d'avoir le temps de s'entraîner afin d'essayer de s'offrir la grande victoire qui lui manquait. Hélas pour lui, Mitchell n'a jamais remporté le British Open, mais le joueur qui figure sur la Ryder Cup lui ressemble beaucoup et lui réserve ainsi une jolie place à part dans l'histoire du jeu.

Ryder a été celui qui a donné le plus d'argent pour la création de ce trophée, œuvre du joaillier londonien Mappin & Webb, présenté pour la première fois au Worcester Country Club, dans le Massachusetts, en 1927. Deux ans plus tard, à Moortown, il a eu le privilège, cette fois, de le remettre en main propre à George Duncan, le capitaine britannique. A cet instant, pour Samuel Ryder, c'était un rêve qui devenait réalité sans deviner quelle importance allait revêtir cette coupe à l'avenir.

Samuel Ryder est mort en 1936 à l'âge de 77 ans et a été enterré au cimetière de Hatfield à St Albans en compagnie de son fer 5 préféré.

> *« Nous devons refaire la même chose. »*
>
> *Samuel Ryder aux joueurs au terme du match défi ayant opposé Britanniques et Américains en 1926*

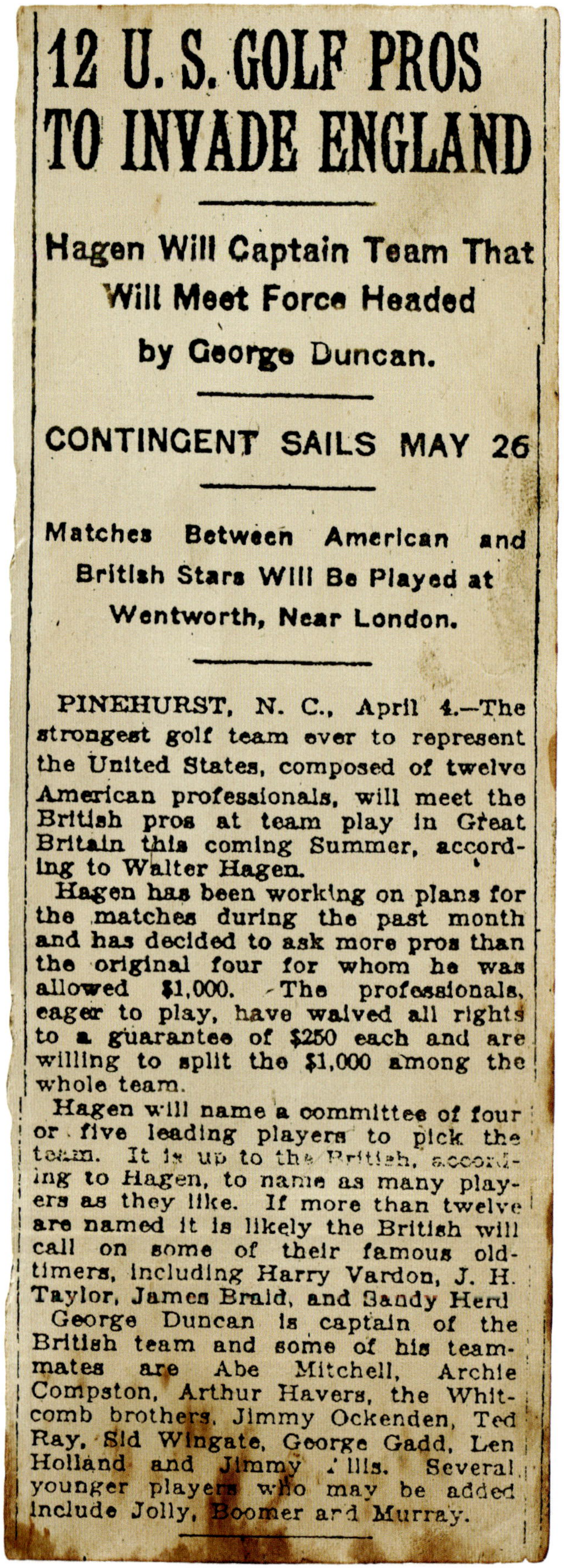

12 U. S. GOLF PROS TO INVADE ENGLAND

Hagen Will Captain Team That Will Meet Force Headed by George Duncan.

CONTINGENT SAILS MAY 26

Matches Between American and British Stars Will Be Played at Wentworth, Near London.

PINEHURST, N. C., April 4.—The strongest golf team ever to represent the United States, composed of twelve American professionals, will meet the British pros at team play in Great Britain this coming Summer, according to Walter Hagen.

Hagen has been working on plans for the matches during the past month and has decided to ask more pros than the original four for whom he was allowed $1,000. The professionals, eager to play, have waived all rights to a guarantee of $250 each and are willing to split the $1,000 among the whole team.

Hagen will name a committee of four or five leading players to pick the team. It is up to the British, according to Hagen, to name as many players as they like. If more than twelve are named it is likely the British will call on some of their famous old-timers, including Harry Vardon, J. H. Taylor, James Braid, and Sandy Herd.

George Duncan is captain of the British team and some of his team-mates are Abe Mitchell, Archie Compston, Arthur Havers, the Whitcomb brothers, Jimmy Ockenden, Ted Ray, Sid Wingate, George Gadd, Len Holland and Jimmy Mills. Several younger players who may be added include Jolly, Boomer and Murray.

La première compétition

Le terreau de la Ryder Cup avait été nourri, il ne restait plus qu'à y faire éclore cette fleur qui ne demandait qu'à s'épanouir. Mais il fallait déterminer la date de la première compétition. Tous les livres d'histoire estiment que 1927 est bien cette année de référence. Pourtant, une rencontre organisée un an plus tôt pourrait en avoir été le réel point de départ, même si la PGA n'est pas d'accord sur ce point.

En 1926, grâce à l'intérêt né des affrontements individuels entre les meilleurs joueurs britanniques et américains, la demande du public pour un grand rendez-vous par équipes était évidente. Et ce véritable intérêt a pu être testé cette année-là à Wentworth lors de ce que certains appellent « la Ryder Cup oubliée ». C'est à cette occasion que le nom de Samuel Ryder est vraiment devenu important et c'est là que l'on a pu mesurer son poids déterminant dans le processus final.

Depuis quelques années, cet entrepreneur à succès, qui avait fait fortune en vendant des graines aux jardiniers amateurs par le biais de petits sacs et qui résidait à St Albans, dans le Hertfordshire (juste au Nord de Londres), était devenu une figure importante du golf après avoir investi dans sa nouvelle passion. Pourtant, il ne s'était intéressé au golf qu'à partir de 50 ans parce qu'il ne pouvait plus jouer au cricket. Sur le conseil de son pasteur, il avait dérivé vers un autre sport. A partir de là, il avait dépensé des petites fortunes en leçons, d'abord auprès de l'entraîneur du club, John Hill, ensuite avec l'un des grands golfeurs britanniques de l'époque, Abe Mitchell. Au bout d'un an, il avait rejoint son club local de Verulam et douze mois plus tard, il était devenu le capitaine de son équipe. En 1923, son goût pour ce sport avait pris tellement d'ampleur dans son quotidien qu'avec son frère James, et par le biais de leur nouvelle société, Heath & Heather, spécialisée dans les remèdes à base de plantes, il s'était mis à parrainer des tournois à Verulam. Tous les joueurs recevaient à cette occasion une garantie de 5 £ (25 $ de l'époque) en guise de prime de participation et le vainqueur empochait 50 £ (250 $).

Pour l'époque, il s'agissait de sommes significatives (en 1923, le vainqueur du British Open avait touché 75 £ (375 $)), si bien que Ryder avait réussi à séduire la crème du golf britannique comme Harry Vardon, James Braid, George Duncan et Arthur Havers.

NAISSANCE D'UNE IDÉE

Où Samuel Ryder a-t-il eu l'idée de la Ryder Cup et quand a-t-il poussé (en quelque sorte) son « eurêka » personnel ? Selon sa fille, Marjorie, qui a écrit un texte sur le sujet en 1979, ce moment est arrivé au Came Down Golf Club, dans le Dorset, où Ryder, en vacances, jouait avec le professionnel Ernest Whitcombe qui lui aurait fait cette remarque : « Lorsque les Américains viennent jouer chez nous, ils sont toujours superbement habillés et accompagnés de supporters fortunés. Comparés à eux, les Britanniques font pâle figure. » En écoutant son ami, Samuel Ryder aurait eu soudain la bonne inspiration pour tenter de faire changer les choses.

A GAUCHE : *Un journal local aux Etats-Unis évoque la rencontre à venir entre Britanniques et Américains en 1926. Le départ des hommes de Walter Hagen est prévu le 26 mai.*

CI-DESSUS*: Samuel Ryder (à dr.) salue son grand ami Abe Mitchell qui, dit-on, a inspiré la représentation du joueur figurant sur le trophée.*

Abe Mitchell, devenu l'ami personnel de Ryder et son entraîneur particulier, était rémunéré à hauteur de 500 £ (2 500 $) par an. Il semble qu'en enrôlant ce joueur britannique à son service, il avait surtout voulu lui donner les meilleures conditions d'entraînement en vue d'essayer de gagner le British Open, tournoi qui manquait au palmarès de Mitchell. Malheureusement, Mitchell n'a jamais concrétisé son rêve, mais Ryder allait très vite trouver matière à faire gagner le golf tout entier par le biais d'une compétition par équipes. En 1926, il a ainsi organisé un match Angleterre-Ecosse à Verulam en associant Harry Vardon et J.H. Taylor face à James Braid et Alex Herd et a aussitôt constaté l'enthousiasme du public pour un tel type d'épreuve. Quelques semaines plus tard est donc née la Ryder Cup.

Le 26 avril 1926, Sam Ryder a annoncé à la presse qu'il mettait un trophée en jeu à l'occasion d'une rencontre Grande-Bretagne-Etats-Unis organisée à Wentworth avant le British Open. Sa prise de décision avait été peut-être accélérée par le fait que le British Open -qui avait lieu au Royal Lytham & St Annes cette année-là- était sujet à un trop plein de candidats joueurs et avait opté pour trois tournois qualificatifs. Naturellement, les Américains, qui souhaitaient jouer l'épreuve et qui débarquaient au port de Southampton, avaient été affectés au tournoi qualificatif situé le plus au Sud, à Sunningdale, donnant à Ryder la parfaite excuse pour créer son match par équipes. Il serait facile d'y trouver 12 joueurs américains pour participer à sa compétition.

> *“ J'espère que le bénéfice de ce match sera de diffuser un message de cordialité, d'amitié et de paix à travers le monde civilisé. Je considère que le jeu dont le Royal & Ancient est le gardien est doté d'une force puissante qui tire le meilleur de l'humanité. ”*

La vision de Samuel Ryder pour la Ryder Cup

A Wentworth, en 1926, Walter Hagen engage sous le regard d'un public aussi élégant que lui. Les Britanniques vont s'imposer très largement face à des Américains diminués.

La première édition

Avec Ted Ray dans le rôle du capitaine britannique et Walter Hagen dans celui du capitaine américain, Wentworth a donc vécu un moment d'histoire les 4 et 5 juin 1926 lorsque le rêve de Samuel Ryder s'est matérialisé. Cette rencontre n'a pas trouvé sa place dans les livres d'histoire et de statistiques, mais elle ne doit pas être complètement occultée.

Comme son aînée de 1921, cette « Ryder Cup oubliée » s'est transformée en une sorte de « non match » avec une trop forte équipe britannique écrasant sa rivale américaine 13,5 à 1,5, mais cette fois la ferveur autour du parcours du West Course de Wentworth était nettement plus palpable. L'équipe britannique, qui incluait d'anciens vainqueurs du British Open comme Ted Ray, George Duncan et Arthur Havers ainsi que Abe Mitchell, Archie Compston, Fred Robson, Ernest Whitcombe, Herbert Jolly, Aubrey Bloomer et George Gadd, était trop supérieure pour pouvoir être vraiment menacée. Elle a d'ailleurs remporté les cinq foursomes de la première journée.

Lors des neuf simples du lendemain, le résultat le plus marquant a été le succès de George Duncan, 6&5, aux dépens de Walter Hagen qui avait accepté facilement l'idée de ce deuxième Grande-Bretagne-Etats-Unis en ce qui le concernait. Mitchell, suivi à la trace par son ami Ryder, n'a, lui, laissé aucune chance à Jim Barnes (8&7). Malgré ce score à sens unique, et contrairement à 1921, le match et la cérémonie qui a suivi ont été cette fois placés sous le signe de la convivialité avec Ryder aux petits soins pour entretenir ce climat de camaraderie.

CI-DESSOUS : *Walter Hagen (à g.), le capitaine américain, rencontre Ted Ray, son homologue britannique, avant le début de la rencontre de 1926.*

A DROITE : *Pour les besoins du photographe, l'Ecossais Tommy Armour prend la pose. En 1926, il a représenté... les Etats-Unis.*

Mais il faut être honnête. Les Américains étaient loin de bénéficier du concours de leurs meilleurs joueurs parce qu'une grande grève avait compliqué ou empêché leur voyage si bien que l'équipe des Etats-Unis avait dû faire appel à des étrangers pour compléter ses rangs comme les Ecossais Fred McLeod et Tommy Armour, les Anglais Jim Barnes et Joe Stain et l'Australien Joe Kirkwood. Des joueurs du calibre de Gene Sarazen, qui allait devenir la légende que l'on sait, n'avait pas rejoint l'Angleterre à temps et de façon compréhensible, la PGA américaine était rétive à officialiser le résultat d'une rencontre aussi tronquée. Mais quoi qu'il en soit, c'était bien la première Ryder Cup de l'histoire et la principale raison qui explique qu'elle reste en partie ignorée est dû aussi au fait qu'aucun trophée n'a été remis cette année-là.

Dans un article de Golf Illustrated daté du 11 juin 1926, Harnett a étayé en ces termes les causes de cette absence de trophée en dépit du fait que son récit contenait la notion de « Ryder Cup ».

GENÈSE D'UN TROPHÉE

Beaucoup de choses circulent au sujet des événements qui ont conduit à la création du trophée. Sur le site officiel de l'épreuve, une version alternative est proposée indiquant que Samuel Ryder aurait pris le thé avec les joueurs britanniques, George Duncan et Abe Mitchell, et l'Américain Emmett French après le match de 1926. Duncan aurait alors suggéré à Ryder de faire fabriquer un trophée, idée à laquelle il aurait immédiatement souscrit. Mais nous ne saurons jamais l'exacte vérité à ce sujet.

Il était écrit :

> **En prenant compte de l'incertitude découlant de la grande grève empêchant de savoir jusqu'aux derniers jours combien de joueurs américains pourraient faire le voyage en Grande-Bretagne, Monsieur Ryder a décidé de ne pas attribuer la coupe qu'il avait offerte pour cette compétition annuelle entre les professionnels de Grande-Bretagne et des Etats-Unis. Compte tenu de ces circonstances, le club de Wentworth a remis des médailles en or aux Britanniques afin de symboliser le début de cette grande rencontre internationale.**

Le succès de cette première, même si elle n'a jamais été « homologuée », a renforcé Samuel Ryder dans sa conviction que ce match était désormais devenu une nécessité absolue et que son trophée servirait bien à quelque chose. En réalité, il avait déjà dépensé 100 £ (500 $) pour sa réalisation, Golf Illustrated ajoutant 100 autres livres et le Royal & Ancient apportant son obole de 50 £. Cette coupe a été dévoilée un an plus tard, en 1927, lors de la première « vraie » édition de la Ryder Cup à Worcester, dans le Massachusetts.

Mais personne ne sait si ce trophée, surplombé de la représentation d'un golfeur ressemblant à Abe Mitchell, aurait été prêt dès 1926 dans l'hypothèse où tous les joueurs américains auraient pu faire normalement le voyage jusqu'à Southampton. Toutefois, cette « Ryder Cup oubliée » de 1926 n'a pas eu à attendre longtemps pour se trouver une petite sœur née un an plus tard et qui allait grandir si vite. Son créateur ne pouvait pas alors imaginer qu'un siècle plus tard, elle serait au cœur de bien des passions.

“Je donnerai 5 £ (25 dollars) à chacun des vainqueurs et j'organiserai ensuite une réception avec du champagne et des sandwiches au poulet.”

Samuel Ryder présentant sa nouvelle compétition

George Duncan en route pour la victoire aux dépens de Walter Hagen, son homologue américain, à l'occasion de la première Ryder Cup organisée en Angleterre, en 1929, au Moortown Golf Club.

CHAPITRE DEUX
QUE LA FETE COMMENCE !

Alors que l'idée d'une rencontre transatlantique est désormais bien ancrée dans les esprits, qu'un trophée a été trouvé et que l'appétit du public grandit, la Ryder Cup entre de plain-pied dans l'histoire du sport à l'occasion de sa première édition organisée en 1927. Et il ne faut pas attendre longtemps pour voir la compétition prendre de l'ampleur en raison de son succès immédiat.

1927

Etats-Unis 9,5

Grande-Bretagne 2,5

Worcester CC, Massachusetts

3-4 Juin

LE PARCOURS

Worcester Country Club
Lieu : Worcester, Massachusetts, Etats-Unis
Par : 72
Longueur : 5 872 m

Dessiné par Donald Ross en 1913, le Worcester Country Club a accueilli l'US Open en 1925 et est l'un des rares clubs, avec Pinehurst, à avoir été le cadre à la fois de la Ryder Cup et de l'US Open masculin et féminin. Il occupe une place à part dans le cœur de Walter Hagen puisque c'est là, deux ans plus tôt, qu'il a signé son premier trou en un.

Le Worcester Country Club, dans le Massachusetts, tient une place à part dans l'histoire de la Ryder Cup puisque c'est là, le 3 juin 1927, que le rêve de Samuel Ryder devient réalité. Malheureusement, Ryder n'est pas là pour le voir. Les Etats-Unis en sont les premiers vainqueurs par le biais d'une très large domination qui donne le ton de la suite à venir de leur rivalité avec les Britanniques.

LA VUE DE WALTER HAGEN, levant le trophée doré pour la première fois a dû faire frissonner le poil de tous les hommes qui ont tant travaillé pour rendre un tel moment possible. Car pour en arriver là, loin de la facilité apparente d'un tel dénouement, il en a fallu des efforts, et de l'argent, pour mettre sur pied une telle rencontre.

Faire venir l'équipe britannique de l'autre côté de l'Atlantique en raison de la distance et du coût d'un tel voyage nécessite, en effet, des trésors de patience pour permettre le montage financier. L'appel lancé par George Philpot, le rédacteur en chef de Golf Weekly, pour réunir 3 000 £ (15 000 $ de l'époque), reste en partie lettre morte pour le plus grand chagrin de ceux qui ont imaginé cette souscription et ont dû se résoudre à critiquer « l'indifférence et l'égoïsme » des golfeurs et des clubs qui n'ont pas voulu mettre la main à la poche.

Seuls 216 des 1 750 clubs contactés ont répondu positivement en effectuant un don. La contribution exceptionnelle de Samuel Ryder pour 500 £ (2 500 $) ne permet même pas de joindre les deux bouts. Philpot doit donc puiser dans ses économies à hauteur de 500 £ (2 500 $) pour boucler le projet dont il devient, en conséquence, le manager. Tous les problèmes de Philpot sont ensuite exacerbés par l'annonce du forfait d'Abe Mitchell, l'un des amis de Ryder, victime d'une crise d'appendicite juste au moment où l'équipe doit quitter Londres. C'est d'autant plus une mauvaise nouvelle que Mitchell était désigné pour être le capitaine britannique et aurait dû avoir rendez-vous avec l'histoire.

Herbert Jolly le remplace dans l'équipe et l'expérimenté Ted Ray est élu nouveau capitaine. Ce dernier, né à Jersey, a grandi sur le plan golfique dans le même club que le légendaire Harry Vardon et il est très apprécié des fans de golf à cause de son jeu audacieux et de sa brillante personnalité. A 50 ans, il n'est plus du tout au sommet de son art, mais dans la mesure où il a gagné l'US Open à l'âge de 43 ans,

A GAUCHE : *Samuel Ryder vient saluer l'équipe britannique alors qu'elle s'apprête à quitter Londres pour prendre la route du Massachusetts.*

CI-CONTRE : *Herbert Jolly, appelé de dernière minute, travaille son swing sur le pont du bateau alors qu'il rejoint les Etats-Unis.*

il a été décidé que son expérience serait un atout pour ses coéquipiers.

Après tous ces soucis, voilà donc l'équipe britannique sur le départ. Il ne reste plus qu'à traverser l'Atlantique. Après six premiers jours d'odyssée particulièrement pénibles sur le RMS Aquitania, les joueurs arrivent fatigués et malades. Dès qu'ils posent le pied sur le sol américain à New York, leur présence est aussitôt exigée lors d'une fastueuse réception organisée par Walter Hagen, le capitaine américain. Des limousines, encadrées par des policiers, les transportent au fil d'un programme soutenu qui inclut notamment un dîner de gala au Westchester Biltmore Country Club et une soirée passée au stade de baseball pour admirer les New York Yankees.

Lorsque les hommes de Ted Ray arrivent enfin à taper leurs premières balles à l'entraînement, ils ont le sentiment d'être pris dans un tourbillon, mais ils ont l'esprit suffisamment clair pour repousser une ultime requête des Américains qui ont demandé que les foursomes soient remplacés par des « quatre balles ». Les foursomes, appelés « scotch foursomes » aux Etats-Unis en raison de l'origine écossaise de ce type de jeu, sont rarement joués de ce côté-ci de l'Atlantique. Les Américains vont même jusqu'à proposer qu'une victoire en « quatre balles » soit gratifiée de deux points au lieu d'un seul et qu'il n'y ait pas de match nul si les deux équipes sont à égalité au bout des 36 trous d'une partie, mais qu'un vainqueur soit désigné au gré de trous supplémentaires. Les Britanniques ne font qu'une seule concession : Philpot accepte qu'un changement d'homme soit rendu possible, si nécessaire, le deuxième jour des simples, même s'il est secrètement furieux de devoir avoir à faire une modification de dernière minute.

De la part des Américains, c'est une tactique pour tenter de déstabiliser l'adversaire. Il s'avère qu'ils se montrent plutôt adroits lors des foursomes puisqu'ils les dominent 3-1 grâce à une équipe largement remaniée par rapport à celle de Wentworth. Hagen a choisi une équipe de joueurs nés sur le sol américain à l'exception de Jimmy Golden, originaire de l'Europe de l'Est. Seuls Walter Hagen, Bill Mehlhorn et Al Watrous ont donc été conservés. Associé à Golden, Hagen gagne d'ailleurs le tout premier match, 2&1, contre Ray et Fred Robson avant le succès écrasant de Johnny Farrell et Joe Turnesa, 8&7, aux dépens de George Duncan et Archie Compston, qui permet aux Etats-Unis d'engranger les deux premiers points. La victoire de Sarazen et Watrous contre Arthur Havers et Jolly creuse l'écart. Heureusement, Aubrey Boomer et Charles Whitcombe réduisent l'addition pour les Britanniques en surclassant, 7&5, Leo Diegel et Mehlhorn. Les Britanniques ne se sont visiblement pas adaptés aux conditions de jeu.

Alors que se profilent les simples, il est clair que les visiteurs sont mentalement et physiquement hors d'état de nuire. Les Américains sont, au contraire, pleins de

« Espérons que nous pourrons gagner, même si nous sommes privés du Prince du Danemark. »

Samuel Ryder au sujet du forfait d'Abe Mitchell au sein de l'équipe britannique

PREMIER JOUR

CAPITAINES

Etats-Unis : Walter Hagen — **Grande Bretagne :** Ted Ray

FOURSOMES (VENDREDI)

Hagen/Golden *b.* **Ray/Robson,** *2 & 1*

Farrell/Turnesa *b.* **Duncan/Compston,** *8 & 6*

Sarazen/Watrous *b.* **Havers/Jolly,** *3 & 2*

Diegel/Mehlhorn *perd c.* **Boomer/C. Whitcombe,** *7 & 5*

Score de la session : 3-1

Score général : Etats-Unis 3-Grande-Bretagne 1

> « La Ryder Cup a tant fait pour renforcer le bel esprit de cette grande rivalité qui fait de ce match le sommet qu'il est déjà. »
>
> *Golf Illustrated Magazine*

fraîcheur et d'envie. Encouragés par un large public, ils n'entendent pas ralentir le rythme. Et les victoires tombent les unes après les autres même si le simple initial est particulièrement serré entre Archie Compston et « Wild Bill » Mehlhorn qui s'impose d'un seul point. Le reste n'est presque que littérature. Golden se joue de Jolly 8&7. Leo Diegel est aussi impitoyable pour le vétéran Ray, dominé 7&5. Hagen ne s'en laisse pas compter et garde la main, 2&1, face à Arthur Havers.

Pour la Grande-Bretagne, la seule éclaircie provient du match nul décroché par Charles Whitcombe contre Gene Sarazen et du succès, lors du dernier match, de George Duncan face à Joe Turnesa, battu sur l'ultime trou. Le point apporté par Al Watrous pour les Etats-Unis contre Fred Robson consolide la suprématie américaine lors des simples -6,5-1,5- et fixe le score final à 9,5-2,5 -une victoire sans ambiguïté. Ted Ray, le capitaine britannique, a déjà identifié la faille de ses joueurs, compétitifs avant d'arriver sur le green, mais clairement surclassés une fois les pieds posés dessus. « Les Américains nous ont été supérieurs au putting en rentrant bien plus de balles que nous », concède-t-il. Mais très vite, la grande déception britannique, qui s'ajoute à la fatigue, est balayée par un sentiment de fierté d'avoir participé à la pose d'une première pierre décisive pour la suite de la construction de la Ryder Cup.

Le résultat final n'est pas grandement commenté en Grande-Bretagne, sans doute en raison de son aspect décevant, mais la Ryder Cup a joui d'un excellent accueil aux Etats-Unis et existe des deux côtés le sentiment que la compétition a un réel avenir. Philpot est, lui, très enthousiaste à l'image de ses mots dans Golf Illustrated : « Si nos jeunes joueurs ont certainement accumulé de l'expérience à cette occasion, nous pouvons être raisonnablement optimistes avant la prochaine rencontre de Ryder Cup. »

Il ne sera pas démenti par les faits et il est clair qu'une grande rivalité est déjà en train de naître.

DEUXIEME JOUR

SIMPLES (SAMEDI)

Bill Mehlhorn *b.* **Archie Compston,** *1up*
Johnny Farrell *b.* **Aubrey Boomer,** *5 & 4*
Johnny Golden *b.* **Herbert Jolly,** *8 & 7*
Leo Diegel *b.* **Ted Ray,** *7 & 5*
Gene Sarazen et Charles Whitcombe, *match nul*
Walter Hagen *b.* **Arthur Havers,** *2 & 1*
Al Watrous *b.* **Fred Robson,** *3 & 2*
Joe Turnesa *perd c.* **George Duncan,** *1up*

Score de la session : 6,5-1,5

Score final : Etats-Unis 9,5-Grande-Bretagne 2,5

LES DEUX PREMIERES EQUIPES DE RYDER CUP

ETATS-UNIS

Walter Hagen (capitaine), 35 ans : Cette figure charismatique et ambitieuse du golf professionnel américain a déjà gagné deux US Open et deux British Open et s'imposera encore lors du sommet du golf britannique en 1928 et 1929.

Johnny Farrell, 26 ans : Il remportera l'US Open l'année suivante.

Gene Sarazen, 25 ans : Déjà vainqueur de l'US Open, il va devenir ensuite une légende de Ryder Cup et du golf tout entier. Il fait partie des rares joueurs qui comptent les quatre titres majeurs à leur palmarès.

Leo Diegel, 28 ans : Il s'imposera au PGA Championship en 1928 et 1929.

Johnny Golden, 31 ans : Il n'a pas été longtemps professionnel et est mort à seulement 39 ans.

Joe Turnesa, 26 ans : Il est passé professionnel en 1925. Cinq de ses six frères sont aussi golfeurs.

Al Watrous, 26 ans : Deuxième du British Open en 1926, il est resté le pro du club d'Oakland Hills pendant 37 ans.

Bill Mehlhorn, 28 ans : Surnommé « Wild Bill » parce qu'il aime porter des chapeaux de cow-boy sur les parcours, il n'a jamais gagné de titre majeur, mais a fini 2e du PGA Championship en 1926.

GRANDE-BRETAGNE

Ted Ray (capitaine), 50 ans : Il a gagné l'US Open (en 1920) à l'âge avancé de 43 ans et reste aussi célèbre pour avoir perdu en play-off du même tournoi en 1913 face à Francis Ouimet (le vainqueur) et Harry Vardon -une histoire devenu un film en 2005 par le biais des studios Disney, « The greatest game ever played » (« Un parcours de légende » dans la version française).

George Duncan, 43 ans : Ce golfeur écossais a gagné le British Open en 1920 après avoir compté jusqu'à 13 coups de retard sur la tête.

Arthur Havers, 29 ans : Un golfeur anglais, vainqueur du British Open en 1923.

Aubrey Boomer, 30 ans : Elevé à Jersey, il finira 2e du British Open derrière Bobby Jones peu de temps après cette Ryder Cup. Il s'impose à cinq reprises à l'Open de France.

Fred Robson, 42 ans : Il n'a jamais gagné un titre majeur, mais il a figuré à quatre reprises dans le « top 10 » du British Open.

Archie Compston, 34 ans : Un grand spécialiste de match-play qui battra Walter Hagen dans une compétition dédiée à ce format en 1928.

Herbert Jolly, 42 ans : Remplaçant de dernière minute d'Abe Mitchell, il a fini 8e du British Open en 1923.

Charles Whitcombe, 33 ans : Le deuxième d'une fratrie de trois, tous ses frères ayant également joué à un haut niveau. Il sera plus tard capitaine de Ryder Cup.

George Gadd, 37 ans : Natif de Malvern, il a gagné le PGA Match-Play Championship en 1922 et a fini 2e en 1924 et 1925.

CI-CONTRE : *L'Américain Leo Diegel sur le tee du trou n°2 lors de la partie qui l'oppose à Ted Ray.*

CI-DESSOUS : *Walter Hagen, le capitaine américain, entouré de ses coéquipiers, savoure le plaisir de tenir entre ses mains cette première Ryder Cup de l'histoire.*

Samuel Ryder, le fondateur de la Ryder Cup (à g.), remet le trophée à George Duncan, capitaine britannique victorieux en 1929.

1929

Grande-Bretagne 7
Etats-Unis 5

Moortown Golf Club, Leeds

26-27 Avril

La Ryder Cup ne tarde pas à se trouver un public en Grande-Bretagne. Une foule immense, symbolisée par un total astronomique de 15 000 spectateurs pour la seule journée de samedi, assiste à la victoire des joueurs locaux en 1929 sous les yeux du fondateur de l'épreuve, Samuel Ryder, présent au Moortown Golf Club à Leeds.

LE PARCOURS

Moortown Golf Club
Lieu : Leeds, West Yorkshire, Grande-Bretagne
Par : 69
Longueur : 6 382 m

Un club fondé en 1909 et imaginé par Alister MacKenzie avec, pour caractéristiques, des greens très larges et très ondulants ainsi que de nombreux bunkers. Jusqu'à ce jour, les femmes du club jouent leur propre Ryder Cup après avoir reçu un trophée du même Samuel Ryder.

L'ÉCOSSAIS GEORGE DUNCAN devient le premier golfeur britannique ayant l'honneur de brandir la Ryder Cup et il est désormais évident que cette compétition est bien partie pour durer à la lumière de l'intérêt énorme suscité à travers le pays par ce Grande-Bretagne-Etats-Unis.

Les foules qui se déversent sur le parcours du Moortown Golf Club, à Leeds, sont massives et tellement inattendues en raison de leur ampleur. Le public a de surcroît la chance d'assister à une bataille acharnée entre les hommes de George Duncan et ceux de Walter Hagen. Menée à l'issue de la première journée, l'équipe britannique produit un effort colossal lors des simples pour emporter la décision finale de deux points. Pour les fans de golf, il y a plein de bons souvenirs à chérir pour de longues années, mais il y a aussi le bonheur de voir surgir un phénomène comme Henry Cotton, 22 ans, qui signe son arrivée au plus haut niveau en dominant, 4&2, l'Américain Al Watrous et qui réussira plus tard à s'offrir trois victoires au British Open au cours de son illustre carrière.

Au cours de cette deuxième édition, le principal problème rencontré par les deux équipes est le temps exécrable. Le froid, des vents tourbillonnants et une pluie incessante ont perturbé les séances d'entraînement, mais heureusement alors que les premiers joueurs s'approchent du premier tee, le vent s'est calmé. Hélas, le temps reste étonnamment frais pour la saison et les Américains ont clairement du mal à s'adapter à ces conditions hivernales. Compte tenu de cet avantage

A GAUCHE : *L'équipe britannique devant l'appareil photographique à la veille du coup d'envoi de l'édition 1929.*

A DROITE : *George Duncan (à g.) et Walter Hagen, les deux capitaines opposés lors des simples. Victoire de l'Ecossais.*

PREMIER ET DEUXIEME JOURS

CAPITAINES

Grande-Bretagne : George Duncan — **Etats-Unis :** Walter Hagen

FOURSOMES (VENDREDI)

C. Whitcombe/Compston et Farrell/Turnesa, *match nul*

Boomer/Duncan *perd c.* **Diegel/Espinosa,** *7 & 5*

Mitchell/Robson *b.* **Sarazen/Dudley,** *2 & 1*

E. Whitcombe/Cotton *perd c.* **Golden/Hagen,** *2up*

Score de la session : 1,5-2,5

SIMPLES (SAMEDI)

Charles Whitcombe *b.* **Johnny Farrell,** *8 & 6*

George Duncan *b.* **Walter Hagen,** *10 & 8*

Abe Mitchell *perd c.* **Leo Diegel,** *8 & 6*

Archie Compston *b.* **Gene Sarazen,** *6 & 4*

Aubrey Boomer *b.* **Joe Turnesa,** *4 & 3*

Fred Robson *perd c.* **Horton Smith,** *4 & 2*

Henry Cotton *b.* **Al Watrous,** *4 & 2*

Ernest Whitcombe et Al Espinosa, *match nul*

Score de la session : 5,5-2,5

Score final : Grande-Bretagne 7-Etats-Unis 5

météorologique, les Britanniques ont toutes les raisons d'être déçus au terme de la session des foursomes, favorable aux Etats-Unis, 2,5-1,5. Une bonne série qui commence pour les Américains par un point partagé par John Farrell et Joe Turnesa face à Charles Whitcombe et Archie Compston. Les deux Américains ont égalisé sur le dernier trou. C'est une bonne entame confirmée ensuite par le succès de Leo Diegel et Al Espinosa, 7&5, face à Aubrey Boomer et George Duncan, puis par celui de Johnny Golden et Walter Hagen aux dépens de Ernest Whitcombe et Henry Cotton.

Alors que le match reste très équilibré, la décision de Walter Hagen de faire jouer au moins un match lors du week-end à tous les sélectionnés (une tradition qui perdurera au sein de l'équipe américaine) lui coûte peut-être la victoire. En effet, George Duncan se montre, lui, nettement plus impitoyable en éjectant ses joueurs les plus faibles de la liste des simples. Les Etats-Unis sont de surcroît légèrement handicapés par une règle interdisant les manches en acier (qui sont devenus communs aux Etats-Unis, mais qui sont toujours interdits en Grande-Bretagne). Un débutant, comme Horton Smith, doit ainsi affronter Fred Dobson avec des manches en bois qui sont presque une découverte pour lui. Cela dit, il n'est pas affecté outre mesure par ce nouvel outil de travail puisque le jeune espoir du golf américain s'impose 4&2. Son point rapporté est d'ailleurs l'une des rares satisfactions pour des Américains nettement battus, 5,5-2,5, malgré le sursaut offert par Leo Diegel qui se joue avec facilité d'Abe Mitchell, 8&6, lors du troisième simple programmé.

Cette session des simples, comme le match tout entier, est dominée par le duel au sommet entre les deux capitaines qui reste l'un des plus grands moments de l'histoire de la Ryder Cup. La légende veut que Duncan aurait entendu dire que Hagen avait affirmé à Gene Sarazen qu'il ferait du petit bois de son rival, mais Duncan s'est chargé de le remettre à sa place en l'écrasant 10&8 sur 36 trous. Hagen n'est pas n'importe qui à cette époque d'autant que deux semaines plus tard, il triomphera à nouveau au British Open, ce qui souligne encore plus la valeur de l'exploit de Duncan. Ce dernier reçoit ensuite le trophée des mains de Samuel Ryder en personne après deux nouveaux succès significatifs du côté britannique grâce à Compston, vainqueur de Sarazen, 6&4, et à Cotton, vainqueur de Watrous, 4&2. La rivalité entre Britanniques et Américains est désormais bien une réalité.

> *« Eh bien, ce point, il est pour nous les gars. »*
>
> *Walter Hagen, le capitaine américain, en parlant de son simple à venir contre George Duncan, son homologue britannique*

1931

Etats-Unis 9

Grande-Bretagne 3

Scioto Country Club, Ohio

26-27 Juin

Deux ans après la pluie et le vent de Leeds, la Ryder Cup se joue sous la canicule de l'Ohio en 1931. Dans cette atmosphère suffocante, les Américains asphyxient littéralement les Britanniques, sévèrement battus de six points au Scioto Country Club que quitte Charles Whitcombe, le capitaine britannique, sous le feu nourri des critiques.

LE PARCOURS

Scioto Country Club
Lieu : Columbus, Ohio, Etats-Unis
Par : 71
Longueur : 6 328 m

Situé à Colombus, ville de banlieue, ce tracé, où Jack Nicklaus apprendra plus tard à jouer, a été dessiné par Donald Ross et ouvert en 1916. C'est l'un des très rares parcours à avoir accueilli à la fois l'US Open, le PGA Championship, la Ryder Cup et l'US Amateur.

AU FIL DE SON HISTOIRE, la Ryder Cup s'est habituée aux controverses et aux exagérations médiatiques qui amplifient la dramaturgie des matches. Pour la Grande-Bretagne, les polémiques ont vraiment commencé en 1931 lors d'une étrange décision prise au niveau de la sélection.

La PGA britannique a décidé d'instaurer une nouvelle règle dans son processus de sélection en exigeant que les joueurs admissibles soient obligatoirement nés sur le sol de Grande-Bretagne, mais qu'ils continuent aussi d'y résider. Percy Alliss et Aubrey Boomer, qui avaient des postes dans des clubs sur le continent, sont de fait écartés du groupe. Une autre règle fait polémique. Elle signifie aux joueurs qui ont l'intention de rester aux Etats-Unis après cette troisième Ryder Cup pour y disputer de lucratives exhibitions qu'ils devront rentrer à la maison avec l'ensemble de l'équipe. C'est un coup très rude pour Henry Cotton qui a bien l'intention de prolonger sa visite aux Etats-Unis. Alors qu'il essaie d'amadouer la PGA en lui offrant de payer son propre voyage, il se heurte à un mur d'incompréhension et le voilà évincé de la sélection.

Pour se venger, Cotton, le meilleur joueur britannique du moment, et alors que la Ryder Cup s'apprête à être disputée, organise un circuit d'exhibitions aux Etats-Unis aux côtés de Percy Alliss et Aubrey Boomer. Sollicité pour faire la paix, il préfère ignorer la branche d'olivier qui lui est tendue et tourne le dos définitivement à son équipe qui se trouve ainsi cruellement affaiblie par l'absence de trois de ses meilleurs joueurs. Tout ce gâchis est en fait la conséquence d'un règlement mis en place afin d'éviter que les Américains n'attirent dans leurs filets les Britanniques vivant sur leur sol, mais il a fini par être dévoyé dans le cas présent. Ce fiasco entraîne la prise de position de Samuel Ryder qui indique que si la PGA veut changer le règlement de l'épreuve, elle est tout à fait autorisée à le faire.

Après ce maelström, les Britanniques ont déjà les batteries à plat. Et ce n'est pas l'intense chaleur de l'Ohio, avec un pic à 37,7°, qui va permettre de les recharger. Pas plus que la décision de remplacer George Duncan, le capitaine victorieux de 1929, par Charles Whitcombe qui va s'avérer très improductive.

L'équipe américaine, dirigée encore par Walter Hagen et constituée d'un joli mélange de jeunes talents et de joueurs expérimentés, est bourrée d'atouts. Des joueurs en forme comme Craig Wood, Wiffy Cox, Denny Shute et Billy Burke (appelé de dernière minute au sein de la sélection) sont autant de sang frais injecté.

> *« La Ryder Cup est la propriété de la PGA qui peut en changer le règlement à chaque fois qu'elle l'estime nécessaire. »*
>
> *Samuel Ryder, fondateur de la Ryder Cup, clarifiant sa position au sujet du règlement*

CI-DESSUS : *L'équipe américaine triomphante avec (de g. à dr.) Burke, Sarazen, Wood, Hagen (qui porte le trophée), Farrell, Shute, Espiñosa, Diegel et Smith.*

A GAUCHE : *Avant de s'affronter en foursomes, les Britanniques Duncan et Havers et les Américains Shute et Hagen (de g. à dr.).*

Dès que les matches démarrent, il est evident que les Etats-Unis n'ont pas grand-chose à craindre de ce week-end. Walter Hagen commence par prendre une petite revanche sur George Duncan, qui l'a dominé en simple deux ans plus tôt, en s'imposant en foursomes avec Shute face à Duncan et Arthur Havers, 10&9. Les Etats-Unis gagnent les foursomes 3-1 avant de « dérouler » lors des simples, conclus 6-2, avec certaines victoires acquises sur des scores extrêmement larges. Burke démolit ainsi Archie Compston, 7&6, lors du premier simple. Gene Sarazen, qui a déjà triomphé 8&7 en foursomes, ajoute sans coup férir un autre point à son total face à Fred Robson, vaincu 7&6.

Alors qu'ils ont toutes les peines à trouver leur souffle dans la chaleur de l'Ohio, les Britanniques doivent se contenter de deux succès : William Davies, 4&3, contre Johnny Farrell et sachant que les Etats-Unis ont déjà mis la main sur la coupe, Arthur Havers, 4&3, contre Craig Wood. Le tableau de score affiche un 9-3 sans ambiguïté pour le grand déplaisir des visiteurs obligés de rentrer à la maison sans avoir grand-chose à raconter. La Ryder Cup fait désormais partie du folklore du golf mondial et continue de tracer son sillon au gré des quelques controverses nées des deux rives de l'Atlantique. Mais une décision est prise au moment de se dire au revoir du côté de l'Ohio : il ne sera plus jamais question de s'affronter en été en Amérique du Nord.

PREMIER ET DEUXIEME JOURS

CAPITAINES

Etats-Unis : Walter Hagen   **Grande-Bretagne :** Charles Whitcombe

FOURSOMES (VENDREDI)

Sarazen/Farrell *b.* **Compston/Davies,** *8 & 7*
Hagen/Shute *b.* **Duncan/Havers,** *10 & 9*
Diegel/Espinosa *perd c.* **Mitchell/Robson,** *3 & 1*
Burke/Cox *b.* **Easterbrook/E. Whitcombe,** *3 & 2*
Score de la session : 3-1

SIMPLES (SAMEDI)

Billy Burke *b.* **Archie Compston,** *7 & 6*
Gene Sarazen *b.* **Fred Robson,** *7 & 6*
Johnny Farrell *perd c.* **William Davies,** *4 & 3*
Wiffy Cox *b.* **Abe Mitchell,** *3 & 1*
Walter Hagen *b.* **Charles Whitcombe,** *4 & 2*
Denny Shute *b.* **Bert Hodson,** *8 & 6*
Al Espinosa *b.* **Ernest Whitcombe,** *2 & 1*
Craig Wood *perd c.* **Arthur Havers,** *4 & 3*
Score de la session : 6-2
Score final : Etats-Unis 9-Grande-Bretagne 3

Légendes de Ryder Cup

Walter **HAGEN**

CI-CONTRE: *Elégamment habillé, Walter Hagen dans une pose typique lors d'une rencontre entre les Etats-Unis et la Grande-Bretagne.*

Walter Hagen fait partie des golfeurs les plus spectaculaires de l'histoire. Il a été l'une des premières grandes figures de la Ryder Cup aussi bien en tant que joueur qu'en tant que capitaine. Mais son influence sur ce sport a été immense si l'on considère qu'il a été l'un des tout premiers professionnels et qu'il a donc été un véritable pionnier dans ce domaine.

Lorsque Walter Hagen a débarqué au British Open en 1920, il a dû se confronter à la raideur du moment du golf britannique qui accueillait les professionnels avec un grand scepticisme quand il ne leur interdisait pas carrément l'entrée des club-houses. Une histoire au sujet de cette légende américaine prouve à quel point Hagen avait suffisamment de caractère pour braver et réussir à faire changer ces manières d'un autre âge. En 1920, Hagen gagnait déjà bien sa vie en participant à des exhibitions, mais en raison de son statut de professionnel, il s'est donc retrouvé à la porte du Royal Cinque Ports Club, à Deal, dans le Kent, où se déroulait le British Open. Face à ce camouflet, il n'a pas hésité à louer une limousine avec chauffeur et à la garer sur un parking du club, véhicule qu'il a utilisé comme vestiaire à la vue des membres du club. Ses manières n'ont évidemment pas plu à ses « hôtes » britanniques et deux ans plus tard, Walter Hagen leur a adressé la plus belle des réponses en triomphant au British Open -une première pour un Américain. Du coup, les Britanniques se sont intéressés à lui et par ricochet au golf américain. Un événement loin d'être anodin à l'orée de mise sur pied d'un match entre la Grande-Bretagne et les Etats-Unis.

Lors des années suivantes, Hagen est devenu une vraie sommité du golf, mais aussi du sport. Connu sous le nom de « Sir Walter » ou de « The Haig », il a probablement été le premier millionnaire du golf (même si les chiffres ne sont pas connus), capable de briller sur les parcours, mais aussi en dehors. Il a collectionné 11 titres majeurs et est longtemps resté le dauphin de Jack Nicklaus (18) jusqu'à l'irruption de Tiger Woods. Entre 1914 et 1929, il s'est imposé cinq fois au PGA Championship, quatre fois au British Open et deux fois à l'US Open. En Ryder Cup, il a gagné sept matches, en a perdu un pour un match nul. Il a été le premier capitaine de l'équipe américaine en 1927, a participé à six éditions, s'imposant à quatre reprises. Sans oublier que ce grand spécialiste du jeu à risques a été l'un des fers de lance de l'idée de cette compétition par le biais de son soutien indéfectible au projet dès le début. Sa personnalité flamboyante et sa manière d'aborder la vie ont fait le reste pour le rendre irrésistible aux yeux du public.

Hagen a démontré à d'autres occasion son savoir-faire comme lors de l'US Open 1920 à Toledo, dans l'Ohio, quand il a encouragé les professionnels engagés à offrir une horloge aux dirigeants du club pour les remercier d'avoir ouvert les portes du club-house à ces mêmes professionnels. Cela montrait à quel point il savait également se montrer diplomate.

Né à Rochester, dans l'état de New York, le 21 décembre 1892, ce fils de forgeron était originaire d'un milieu modeste et est entré dans l'univers du golf en devenant caddie, non sans ambition toutefois. « Je n'ai jamais voulu devenir un millionnaire, a-t-il dit dans une formule connue. Mais je voulais vivre comme l'un d'entre eux. » Sur les parcours, il avait l'apparence d'un homme fortuné parce qu'il portait des tenues très chics et très colorées faites sur mesure avec l'emploi de tissus de très grande qualité et originaux comme de la peluche. C'est la raison pour laquelle les exhibitions auxquelles il participait rencontraient un large succès public. Ce qui n'était pas en contradiction avec le fait qu'il était très fidèle à la Ryder Cup, une épreuve dépourvue de dotation, où les joueurs n'avaient d'autre but que le prestige de représenter leur pays et de brandir un trophée doré. Il s'est expliqué sur le sujet par le biais de la déclaration suivante : « Mon golf était mon métier et en tant qu'activité professionnelle, cela nécessitait de participer à tous les championnats importants, les victoires étant ma marque de fabrique. »

Dès 1908, Walter Hagen est devenu le premier pro du club très connu du Oakland Hills Country Club, à Bloomfield Hills, dans le Michigan, écrin de la Ryder Cup en 2004, et a aussi gagné sa vie en collaborant avec des équipementiers, comme Wilson, pour qui il a fabriqué des clubs auxquels il a prêté son nom (« Walter Hagen » ou « Haig Ultra »). Mais il serait presque injuste de le résumer à son seul impact sur l'histoire du jeu, au-delà de sa brillante personnalité, sans évoquer sa technique de joueur. Il était très concentré et avait une immense confiance en lui si bien que rien ne semblait pouvoir le perturber. « Je m'attends à faire au moins sept erreurs lors d'un parcours, a-t-il avoué un jour. En conséquence, lorsque je frappe un mauvais coup, c'est l'une de ces sept erreurs. »

Hagen était un joueur extraordinaire au charisme encore plus impressionnant dont la philosophie, célèbre, était : « Ne vous précipitez pas, ne vous inquiétez pas -vous êtes sur terre pour une courte visite, alors soyez sûrs de ne pas oublier de respirer quelques fleurs tout au long du parcours. » La Ryder Cup et le golf tout entier lui doivent tellement.

> *« Tous les professionnels devraient respecter un moment de silence en hommage à Walter Hagen à chaque fois qu'ils tiennent un chèque entre leurs doigts. C'est Walter qui a fait du golf professionnel ce qu'il est devenu. »*
>
> *Gene Sarazen, partenaire de Walter Hagen, lui rendant un hommage appuyé*

LUI ET LA RYDER CUP

Ryder Cups : 1927 (vainqueur, capitaine joueur), 1929, 1931 (vainqueur, capitaine joueur), 1933, 1935 (vainqueur, capitaine joueur), 1937 (vainqueur, capitaine non joueur)
Total de victoires : 4
Matches : 9 (7 victoires, 1 nul, 1 défaite)
Total de points : 7,5

1933

Grande-Bretagne 6,5
Etats-Unis 5,5

Southport & Ainsdale Golf Club

26-27 Juin

LE PARCOURS

Southport & Ainsdale Golf Club
Lieu : Southport, Merseyside, Grande-Bretagne
Par : 72
Longueur : 6 250 m

Un links de championnat qui se déploie entre petites et grandes dunes de sable. Le club a été inauguré en 1906. Son trou signature est le n°16 qui comporte un très large bunker surnommé « Gumbley's » en hommage à un membre qui a eu besoin un jour de 14 coups pour s'en extraire.

John Henry Taylor, le premier capitaine non joueur de l'histoire, emmène les Britanniques vers la victoire à Southport en 1933. Syd Easterbrook arrache la décision sur un dernier putt lors de l'ultime partie en cours. En s'imposant par la plus étroite des marges, la Grande-Bretagne revient à la hauteur des Etats-Unis : 2-2 au terme des quatre premières Ryder Cups.

EN 1933, LA RIVALITÉ FÉROCE, qui est devenue habituelle aujourd'hui entre les fans de Ryder Cup, commence à affleurer lors d'une rencontre remarquablement serrée au Southport & Ainsdale Golf Club. Ce scénario à suspense renforce la notoriété de l'épreuve des deux côtés de l'Atlantique.

La tension est déjà palpable lorsque les Britanniques choisissent un traditionaliste comme capitaine en la personne de John Henry Taylor -un homme bien loin de la flamboyance et de la décontraction de son homologue américain, Walter Hagen. Et le climat se dégrade quand Hagen, au practice, manque involontairement de frapper avec son club son rival du week-end. Le coup est passé près et lorsque les parties commencent, le ciel est à l'orage.

Deux ans près leur médiocre résultat obtenu dans l'Ohio, cette fois dans des conditions venteuses convenant mieux à leurs habitudes, les Britanniques entendent bien prendre leur revanche. Même sans Henry Cotton, toujours persona non grata parce qu'il réside en Belgique, le fait de jouer à la maison demeure un avantage y compris sous le soleil qui perce lors du début de cette cinquième Ryder Cup.

Devant 7 000 spectateurs, la Grande-Bretagne prend d'abord un large avantage intermédiaire, 3-1, lors des 18 premiers trous des foursomes qui en comptent 36 avec Percy Alliss et Charles Whitcombe en fers de lance avec une carte de 72 et Abe Mitchell et Arthur Havers bien calés dans leurs pas. Mais l'après-midi, dans la deuxième partie des foursomes, les Américains contre-attaquent.

Walter Hagen et Gene Sarazen sont les premiers à sonner la charge en revenant à un point alors qu'il ne reste plus qu'un trou à jouer. Ils parviennent à partager leur match avec Alliss et Whitcombe. Ed Dudley et Billy Burke, distancés un temps de quatre points par les deux Alf -Padgham et Perry- arrivent, eux, à triompher. Ces deux résultats prennent en sandwich les deux victoires britanniques obtenues par Mitchell et Havers et William Davies et Syd Easterbrook. Si bien que les visiteurs n'ont qu'un point de retard à l'issue des foursomes.

Les simples sont aussi serrés et le résultat final se décide lors du dernier match encore en cours entre Easterbrook et Denny Shute. Les deux hommes sont « all square » sur le dernier green et doivent assurer tous les deux de longs putts alors que le tableau d'affichage indique 5,5-5,5 entre les deux pays. Les nerfs sont mis à rude épreuve quand Easterbrook expédie sa balle tout près du trou tandis que Shute

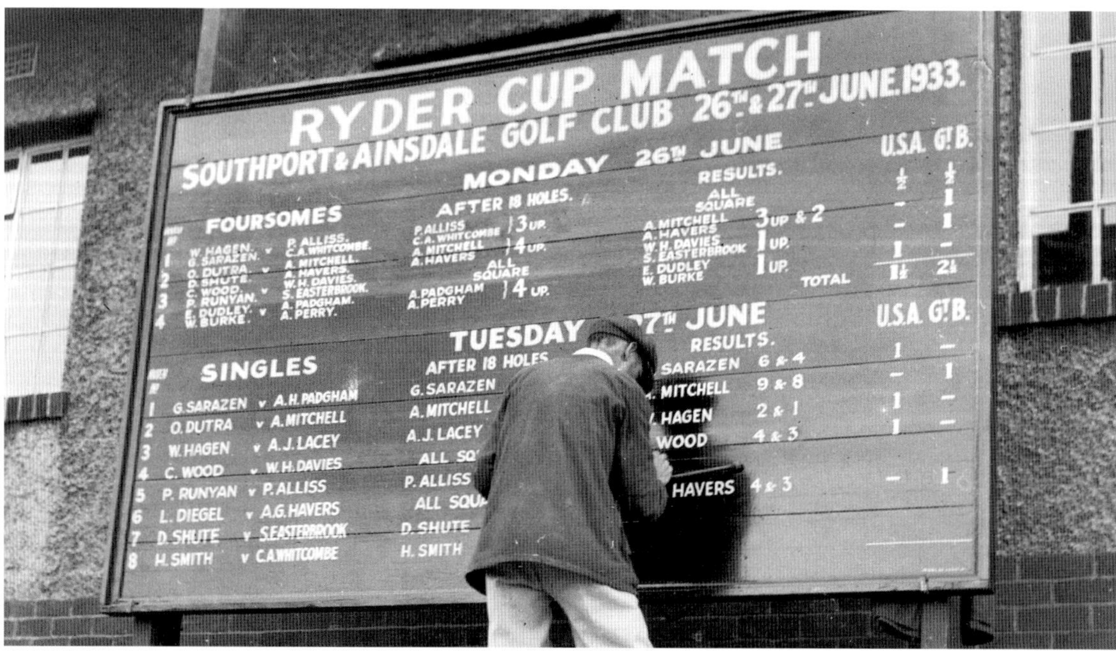

A GAUCHE : *Le tableau de scores de Southport rafraîchi par un officiel alors que les simples se terminent.*

A DROITE : *Les spectateurs sur la pointe des pieds pour voir Abe Mitchell taper son coup de départ.*

« A cette heure, je suis l'homme le plus fier de tout le Commonwealth britannique. »

John Henry Taylor, capitaine britannique et vainqueur de la Ryder Cup

le dépasse de 3m. Hélas pour lui, l'Américain ne rentre pas sa balle sur le coup suivant. Pour Easterbrook, c'est une formalité. La Ryder Cup vient de tomber dans les mains des Britanniques.

Comme preuve supplémentaire du nouveau statut de l'épreuve, le trophée n'est pas remis par Samuel Ryder, mais par le Prince de Galles en sa qualité de président de la PGA britannique. Ce dernier fait cette déclaration : « En remettant ce trophée, je suis impartial. Mais je suis naturellement content que nous ayons gagné. » Tous les joueurs reçoivent une médaille souvenir avant que Taylor ne se réjouisse publiquement de cette belle édition pour ses couleurs.

En dépit de cette confrontation musclée, les discours reflètent l'esprit de la compétition. Le Prince de Galles salue l'équipe américaine quand Taylor souligne la combativité adverse et le bon comportement du public. Hagen, le capitaine américain, félicite les Britanniques pour leur « excellent golf » et prend date avec l'avenir en souhaitant reconquérir le trophée -un vœu qui sera exaucé. Mais il est alors difficile d'imaginer que les Britanniques ne gagneront plus la Ryder Cup avant 24 ans et que Samuel Ryder, qui décèdera en 1936, n'aura plus l'occasion d'assister personnellement à son épreuve. Mais peut-être sait-il déjà que son héritage est préservé pour longtemps après ce sommet de Southport.

PREMIER ET DEUXIEME JOURS

CAPITAINES

Grande-Bretagne : John Henry Taylor — **Etats-Unis :** Walter Hagen

FOURSOMES (LUNDI)

Alliss/C. Whitcombe *et* **Sarazen/Hagen,** *match nul*

Mitchell/Havers *b.* **Dutra/Shute,** *3 & 2*

Davies/Easterbrook *b.* **Wood/Runyan,** *1up*

Padgham/Perry *perd c.* **Dudley/Burke,** *1up*

Score de la session : 2,5-1,5

SIMPLES (MARDI)

Alf Padgham *perd c.* **Gene Sarazen,** *6 & 4*

Abe Mitchell *b.* **Olin Dutra,** *9 & 8*

Arthur Lacey *perd c.* **Walter Hagen,** *2 & 1*

William Davies *perd c.* **Craig Wood,** *4 & 3*

Percy Alliss *b.* **Paul Runyan,** *2 & 1*

Arthur Havers *b.* **Leo Diegel,** *4 & 3*

Syd Easterbrook *b.* **Denny Shute,** *1up*

Charles Whitcombe *perd c.* **Horton Smith,** *2 & 1*

Score de la session : 4-4

Score final : Grande-Bretagne 6,5-Etats-Unis 5,5

1935

Etats-Unis 9

Grande-Bretagne 3

Ridgewood Country Club, New Jersey

28-29 Septembre

Walter Hagen mène les Etats-Unis à une victoire écrasante alors qu'il s'agit de sa dernière participation à l'épreuve club en main. Aidé de Gene Sarazen, il ne laisse aucune chance à la Grande-Bretagne qui perd son trophée sans vraiment s'y opposer. Une rencontre marquée par la présence des trois frères Whitcombe -Charles, Ernest et Reg- qui ne peuvent rien pour leurs couleurs au Ridgewood Country Club, dans le New Jersey.

LE PARCOURS

Ridgewood Country Club
Lieu : Paramus, New Jersey, Etats-Unis
Par : 71
Longueur : 6 858 m

Né de l'imagination de A.W. Tillinghast, ce parcours, inauguré en 1929, n'a que six ans quand il accueille la Ryder Cup. Byron Nelson, qui a joué plus tard la compétition, est assistant pro de ce club à cette époque. Les trois neufs trous de l'endroit sont tous utilisés lors des matches de cette Ryder Cup joués sur 36 trous dans un sens Est-Centre-Ouest.

LA GRANDE-BRETAGNE EST ENCORE SUR SON PETIT NUAGE après avoir triomphé deux ans plus tôt devant un membre de la famille royale, mais lorsqu'ils arrivent aux Etats-Unis, les Britanniques se retrouvent à nouveau au pied d'un mur d'autant plus qu'une balle plus grosse est utilisée à l'occasion de cette édition 1935. Et cette fois, ils sont royalement battus par l'équipe de Walter Hagen inspirée par la réussite de Horton Smith et Paul Runyan. Le score est exactement le même que quatre ans plus tôt dans l'Ohio.

Hagen et Sarazen, qui n'ont jamais été des amis proches, unissent leur talent pour faire alliance au sein d'une même paire et signent une entrée en fanfare pour le compte des Etats-Unis lors du premier des foursomes : ils écrasent Jack Busson et Alf Perry en creusant un écart gigantesque de 7&6. Mais Hagen, qui se sent vieillir à l'âge de 42 ans, préfère jouer la carte de la sagesse en s'excluant des simples afin de permettre aux plus jeunes de finir le travail. C'est un moment important dans l'histoire de la Ryder Cup car ce match en foursomes restera tout simplement son dernier dans cette compétition qui lui doit tant. En 1937, il se contentera d'être capitaine non joueur. Il s'en va avec une statistique de sept matches gagnés, un nul, une défaite, en ayant eu le bonheur de brandir le trophée trois fois sur cinq. A ce jour, il demeure l'une des figures les plus emblématiques de la Ryder Cup.

La Grande-Bretagne, toujours privée de Henry Cotton pour la même raison de sa domiciliation à l'étranger, mise en 1935 sur la famille Whitcombe pour tenter de contrecarrer la puissance américaine. Charles Whitcombe, le capitaine, fait le choix de sélectionner ses deux frères, Ernest et Reg. Mais cette carte de la proximité abattue -comme le temps tout britannique qui pourrait plaider en faveur des locaux- est hélas perdante face aux Etats-Unis, faciles vainqueurs.

Après la victoire de Hagen et de Sarazen lors du premier foursome, Paul Runyan et Horton Smith puis Henry Picard et Johnny Revolta complètent la domination de leur pays lors de ces doubles qui leur permettent de se détacher 3-1 comme quatre

« L'équipe britannique n'était pas capable de mettre la balle dans un trou de la dimension de l'Atlantique. »

Le London Mail sans pitié après la défaite britannique

A GAUCHE : *Les trois frères Whitcombe, Reg, Ernest et Charles (de g. à dr.), entrent dans l'histoire sur le sol du New Jersey.*

A DROITE : *Sam Parks (à g.) et Alf Perry qui drive lors de leur match de simple qui se terminera par un match nul.*

ans plus tôt. Charles et Ernest Whitcombe évitent une petite déroute britannique en s'imposant lors de la dernière partie face à Olin Dutra et Ky Laffoon. Comme Walter Hagen, Charles Whitcombe se met aussi en retrait lors des simples et ne peut que constater la faillite de son équipe, vaincue 6-2, et obligée de rendre son trophée.

Percy Alliss, vainqueur de Craig Wood, est l'une des rares satisfactions britanniques de ce dimanche. Encouragés par une foule de 8 000 spectateurs, les Américains sont intouchables tandis que la pluie rend les conditions de jeu très compliquées. Horton Smith est le seul à rendre une carte inférieure à 70, 69 pour être précis, lorsqu'il boucle ses 18 premiers trous contre Bill Cox, avant de complètement perdre pied dans la deuxième partie du match en signant cette fois un 83 dans les bourrasques. A l'arrivée, il doit se contenter d'un match nul. Le coup du jour est signé de Gene Sarazen qui tape un coup sous des branches pendantes avec un mouvement de club extrêmement limité. Sa balle termine sa course à quelques centimètres du trou. Il finit ensuite par prendre la mesure de Jack Busson. En tout, les Américains s'arrogent cinq des huit simples, avec Runyan, Revolta, Dutra et Picard qui suivent l'exemple de Sarazen. Sam Parks ajoute de son côté un demi point à leur total à l'issue d'une partie de haut niveau contre Alf Perry.

Au terme du week-end, il n'y a plus qu'à constater la différence de classe entre les deux équipes. Les Britanniques, qui se sont plaints de la présence de touffes de trèfles sur le parcours rendant la frappe de balle délicate, sont obligés d'accepter la supériorité de leurs adversaires. Hélas pour eux, ils vont devoir s'y habituer au fil des années.

PREMIER ET DEUXIEME JOURS

CAPITAINES

Etats-Unis : Walter Hagen **Grande-Bretagne :** Charles Whitcombe

FOURSOMES (SAMEDI)

Sarazen/Hagen *b.* **Perry/Busson,** *7 & 6*

Picard/Revolta *b.* **Padgham/Alliss,** *6 & 5*

Runyan/Smith *b.* **Cox/Jarman,** *9 & 8*

Dutra/Laffoon *perd c.* **C. Whitcombe/E. Whitcombe,** *1up*

Score de la session : 3-1

SIMPLES (DIMANCHE)

Gene Sarazen *b.* **Jack Busson,** *3 & 2*

Paul Runyan *b.* **Dick Burton,** *5 & 3*

Johnny Revolta *b.* **Reg Whitcombe,** *2 & 1*

Olin Dutra *b.* **Alf Padgham,** *4 & 2*

Craig Wood *perd c.* **Percy Alliss,** *1up*

Horton Smith et Bill Cox, *match nul*

Henry Picard *b.* **Ernest Whitcombe,** *3 & 2*

Sam Parks et Alf Perry, *match nul*

Score de la session : 6-2

Score final : Etats-Unis 9-Grande-Bretagne 3

Légendes de Ryder Cup
Gene **SARAZEN**

CI-DESSOUS : *Gene Sarazen, en 1937, lors d'une édition où il a eu beaucoup de chance lors de son simple contre Percy Alliss.*

L'influence de Gene Sarazen s'est diffusée au-delà de la Ryder Cup, mais lors de ces batailles transatlantiques, ce champion, surnommé avec affection « le gentilhomme », a permis au golf américain de devenir une puissance véritablement dominante.

Né Eugenio Saraceni, Gene Sarazen a formé un formidable trio américain avec Bobby Jones et Walter Hagen avec lesquels il a trusté les titres dans les années 20 et 30 par le biais de rivalités qui ont passionné au-delà des frontières des Etats-Unis. Sarazen, l'un des très rares joueurs ayant gagné les quatre tournois majeurs -le Grand Chelem du golf- sur le plan individuel, s'est montré tout aussi inspiré lors d'une compétition par équipes comme la Ryder Cup.

Lors de ses deux premières apparitions en Ryder Cup en 1927 et 1929, Sarazen s'est à chaque fois contenté d'un demi point lors des simples, mais il a ensuite gagné quatre points entiers de suite entre 1931 et 1937. Le plus notable de ses succès en simple a eu pour cadre le Southport & Ainsdale Golf Club. Juste avant cette édition 1937, l'équipe américaine était décrite par la revue Golf Monthly comme « la plus grande force golfique ayant jamais visité la Grande-Bretagne ». Mais les Britanniques n'avaient aucune envie de se laisser impressionner et se sont retrouvés à égalité avec leurs concurrents alors qu'il restait quatre simples à terminer sur le parcours. Dans l'un de ces matches, Gene Sarazen affrontait Percy Alliss et comptait trois points de retard à l'heure du déjeuner. « Le gentilhomme » s'est alors battu comme un beau diable pour revenir à hauteur de son rival avant un événement improbable sur le trou n°15 qui a fait la chance et le bonheur des Américains. Alors que le coup de Sarazen était manqué, une spectatrice, sans le vouloir, a ramené la balle, qui venait de la toucher, sur le green. La déception de Percy Alliss a été d'autant plus grande que Gene Sarazen a ensuite putté directement dans le trou pour virer en tête pour la toute première fois de leur partie. A l'arrivée, Sarazen s'est imposé d'un point pour permettre aux Etats-Unis de mener 5-4 avant que le score final ne s'établisse à 8-4.

Mais l'héritage de Sarazen va au-delà de la Ryder Cup, sa contribution au golf mondial ayant été immense.

Deux ans avant son coup de chance à Southport, il avait frappé le coup dont toute la planète avait entendu parler (un albatros -trois sous le par- sur le trou n°15 d'Augusta) et qui lui avait permis de triompher au Masters. Il est aussi connu pour avoir inventé, semble-t-il, le sandwedge moderne (qu'il a utilisé pour la première fois lors du British Open 1932) et avoir été lié avec la marque Wilson pendant une durée de 75 ans, le plus long contrat du sport professionnel.

LUI ET LA RYDER CUP

Ryder Cups : 1927 (vainqueur), 1929, 1931 (vainqueur), 1933, 1935 (vainqueur), 1937 (vainqueur)
Total de victoires : 4
Matches : 12 (7 victoires, 3 nuls, 2 défaites)
Total de points : 8,5

Archie **COMPSTON**

Mis dehors du Kidderminster Golf Club à 16 ans sous le prétexte qu'il était paresseux, Archie Compston est devenu l'un des atouts maîtres de l'équipe britannique lors des premières années de la Ryder Cup ainsi que l'entraîneur et l'ami proche du roi Edouard VII.

En dépit du fait d'être décrit comme une personnalité explosive et changeante, Archie Compston, homme très élancé, était aimé des spectateurs et est devenu l'une des premières grandes figures du golf britannique. Pourtant, ses débuts dans ce sport n'avaient pas été très heureux dans la petite ville de Kidderminster, dans le Worcestershire.

Son talent immense, aussi bien en tant que joueur qu'en tant qu'entraîneur, avait conduit le comité du club à faire de cet espoir venu de Wolverhampton, tout à côté, le premier pro de l'histoire du club en 1909. Il était payé 18 shillings (4,50 dollars) par semaine pour un double rôle de pro et de jardinier, mais il a été vite mis dehors pour ne pas, semble-t-il, entretenir suffisamment bien les greens. Ce licenciement a été un incident mineur sur sa route aussi bien au niveau de sa carrière de joueur que de son ascension dans l'échelle sociale puisqu'il est devenu plus tard le conseiller technique d'Edouard VII puis du Duc de Windsor qui jouait comme lui au Coombe Hill Golf Club.

Mais la réputation de Compton était surtout due à ses qualités de joueur et à ses résultats lors des trois campagnes de Ryder Cup auxquelles il a participé et qui ont fait de lui l'un des plus grands golfeurs de son époque. Sa rivalité particulière avec Gene Sarazen a été un autre fait majeur de sa carrière.

Lors de la première édition de la Ryder Cup en 1927 au Worcester Country Club, dans le Massachusetts, Compston a perdu aussi bien en foursomes que lors des simples à l'occasion de ce match remporté par les Etats-Unis. Deux ans plus tard, sous la forte pluie qui a noyé le Moortown Golf Club dans le Yorkshire lors de la Ryder Cup 1929, Compston et Sarazen se sont croisés pour la première fois. Après avoir signé un match nul dans les foursomes aux côtés de Charlie Whitcombe, Compston a marqué son seul point en Ryder Cup contre Sarazen lors d'un simple conclu sur le score de 6&4. Lors de l'édition suivante, en 1931, l'Américain a eu sa revanche dans la chaleur de l'Ohio quand associé à Johnny Farrell, il a mis en pièces -8&7- Compston qui faisait tandem avec W.H. Davis en foursomes. Cette année-là, l'Américain Billy Burke s'est également montré sans pitié en simple pour Compston (7&6) à l'occasion de sa dernière sélection en Ryder Cup.

CI-DESSUS : *Archie Compston prend la pose au club de Moortown, à Leeds, avant d'embarquer pour les Etats-Unis où va se dérouler la première Ryder Cup en 1927.*

LUI ET LA RYDER CUP

Ryder Cups : 1927, 1929 (vainqueur), 1931
Total de victoires : 1
Matches : 6 (1 victoire, 1 nul, 4 défaites)
Total de points : 1,5

1937

Grande-Bretagne 4
Etats-Unis 8

Southport & Ainsdale Golf Club

29-30 Juin

Pour la première fois dans l'histoire de la Ryder Cup, l'équipe qui reçoit subit une défaite à domicile. Emmenés par Walter Hagen, capitaine non joueur, les Etats-Unis regagnent leurs rivages nantis d'un beau succès 8-4. C'est la dernière rencontre avant dix ans en raison de la deuxième Guerre mondiale.

LE PARCOURS

Southport & Ainsdale Golf Club
Lieu : Southport, Merseyside, Grande-Bretagne
Par : 72
Longueur : 6 250 m

Pour la deuxième fois de suite, ce club accueille la Ryder Cup en Grande-Bretagne. Mais cette fois, il ne porte pas chance aux Britanniques. En dépit d'un temps exécrable, les Américains, plus habitués à jouer sous le soleil, restent les meilleurs.

QUATRE ANS APRÈS AVOIR GAGNÉ de façon si convaincante à Southport en 1933, les Britanniques ont l'espoir de pouvoir reproduire un tel résultat dans les mêmes lieux. Et lorsqu'ils se retrouvent à quatre points partout, avec les quatre derniers simples à terminer, ils ont clairement le sentiment que ce doublé est tout à fait possible. Mais lors de l'après-midi de la deuxième journée, ce joli rêve part en fumée et tourne même au petit cauchemar puisque les Etats-Unis engrangent ces quatre points grâce à Gene Sarazen, Sam Snead, Ed Dudley et Henry Picard qui transforment un match jusque-là serré en large victoire pour leurs couleurs. Il est clair que les Américains ne sont plus des novices en golf, mais qu'ils sont même devenus les maîtres de ce sport.

Même l'incorporation de Henry Cotton, banni de la sélection lors des trois précédentes éditions pour le fait de résider à l'étranger, ne suffit pas à dynamiser l'équipe hôte en dépit de la victoire de Cotton, 5&3, sur Tony Manero. Cotton est le meilleur joueur britannique des années trente comme le prouvent son succès au British Open en 1934 et celui qu'il s'offre en 1937 quelques semaines après cette Ryder Cup. Dommage de s'être privé d'un tel talent sous le prétexte qu'il avait choisi un rôle de pro en Belgique. Il a fallu qu'il accepte une nouvelle position au Ashridge Golf Club, près de Londres, pour être enfin aux normes du règlement.

Si Cotton est le fer de lance de cette équipe britannique, des jeunes talents comme Dai Rees et Sam King sont d'autres atouts dans la manche de Charles Whitcombe, le capitaine qui a rencontré l'échec à deux reprises aux Etats-Unis, en 1931 et 1935, et espère faire mentir l'adage du « jamais deux sans trois ».

Les Américains alignent des « rookies » prometteurs comme Sam Snead, deuxième du dernier US Open, Byron Nelson et Ed Dudley. Dans des conditions dantesques en raison de la pluie et des rafales venues de la mer, les Américains sont les plus rapides en action lors des foursomes. La défaite décevante de Cotton associée à Padgham face à Dudley et Nelson est une vraie désillusion pour les Britanniques. Le ton est donné : les Etats-Unis ont la main au terme des foursomes (2,5-1,5).

CI-DESSUS : *Trempés jusqu'aux os, les très nombreux spectateurs se serrent les uns contre les autres sous des parapluies alors que Dai Rees putte sur le green du 18.*

PREMIER ET DEUXIEME JOURS

CAPITAINES

Grande-Bretagne : Charles Whitcombe **Etats-Unis** : Walter Hagen

FOURSOMES (MARDI)

Padgham/Cotton *perd c.* **Dudley/Nelson,** *4 & 2*

Lacey/Cox *perd c.* **Guldahl/Manero,** *2 & 1*

C. Whitcombe/Rees et Sarazen/Shute, *match nul*

Alliss/Burton *b.* **Picard/Revolta,** *2 & 1*

Score de la session : 1,5-2,5

SIMPLES (MERCREDI)

Alf Padgham *perd c.* **Ralph Guldahl,** *8 & 7*

Sam King et Denny Shute, *match nul*

Dai Rees *b.* **Byron Nelson,** *3 & 1*

Henry Cotton *b.* **Tony Manero,** *5 & 3*

Percy Alliss *perd c.* **Gene Sarazen** *1up*

Dick Burton *perd c.* **Sam Snead,** *5 & 4*

Alf Perry *perd c.* **Ed Dudley,** *2 & 1*

Arthur Lacey *perd c.* **Henry Picard,** *2 & 1*

Score de la session : 2,5-5,5

Score final : Grande-Bretagne 4-Etats-Unis 8

CI-DESSUS : *Charles Whitcombe (à g.), le capitaine britannique, salue la venue de Henry Cotton, enfin admis à jouer en Ryder Cup.*

Alors que le ciel continue de déverser son chagrin le lendemain, les Britanniques s'ébrouent pour retrouver espoir lors des simples. Au milieu de l'après-midi, les deux pays sont au coude à coude (4-4) après notamment les victoires de Cotton et Rees aux dépens respectivement de Manero et Nelson, 5&3 et 3&1. Tout est à refaire, mais les Etats-Unis prouvent qu'ils ont de la ressource par le biais notamment de Sam Snead qui est, en quelque sorte, le héros de cette fin de match (comme il le sera si souvent plus tard).

Sarazen bat de justesse Alliss, mais ce succès étroit est dû en petite partie à un coup du destin sur le trou n°15. Son coup de départ rebondit, en effet, sur le genou d'une spectatrice se relevant pour éviter la balle qui, grâce à cette aide involontaire, prend la bonne direction du green. Mais ce point rapporté par Sarazen ne doit, en vérité, pas grand chose à la chance car il a bataillé pour en arriver là en remontant notamment un handicap de trois points. Snead, vainqueur 5&4 de Dick Burton, Dudley, meilleur, 2&1, que Alf Perry, et Picard, supérieur, 2&1, à Arthur Lacey enfoncent le clou de la victoire.

Cette édition 1937 est la dernière avant dix ans en raison de la deuxième Guerre mondiale. Prévue à Ponte Vedra Beach, en Floride, la rencontre de 1939 est naturellement annulée. C'est la fin de la première période de la vie de la Ryder Cup et les Américains semblent avoir déjà la main sur le trophée.

Tandis que le British Open est organisé deux semaines plus tard à Carnoustie, l'équipe américaine reste en Grande-Bretagne où elle prend le temps de célébrer son triomphe le long de la route suivie par le bus qui la conduit en Ecosse - pour les vainqueurs, un voyage évidemment inoubliable.

> *« Nous n'avons oublié aucun pub sur notre route. »*
>
> *L'équipe américaine célèbre sa victoire à sa façon sur le chemin de Carnoustie où va se dérouler le British Open*

Sam Snead, le capitaine américain, les pieds bien enfoncés dans le sable du trou n°2 du club de l'Eldorado en 1959. Sous le regard d'un public nombreux et dans un décor de carte postale, les Etats-Unis vont encore s'imposer facilement cette année-là.

CHAPITRE TROIS

AU TEMPS DE BEN HOGAN

La Ryder Cup 1937 a été la dernière édition avant la deuxième Guerre mondiale qui a naturellement repoussé la rencontre à des jours meilleurs. Le match reprend en 1947 et les Britanniques sont alors bien surpris de constater que le golf a drôlement progressé aux Etats-Unis. Une période de domination américaine commence sous la conduite de Ben Hogan, l'un des plus grands champions de l'histoire.

1947

Etats-Unis 11
Grande-Bretagne 1

Portland Golf Club, Oregon

1er–2 Novembre

LE PARCOURS

Portland Golf Club
Lieu : Raleigh Hills, Portland, Oregon, Etats-Unis
Par : 72
Longueur : 6 129 m

Ouvert en 1913, ce club a organisé le PGA Championship en 1946 (gagné par Ben Hogan), une année donc avant de recevoir la Ryder Cup. Ses greens, ultra rapides, exigent une expertise du petit jeu, un art dans lequel excellent les joueurs américains.

Onze ans après la mort de Samuel Ryder, la compétition a besoin d'un nouveau mécène pour perpétuer l'héritage d'une compétition forcément victime des conséquences de la deuxième Guerre mondiale. Robert Hudson, homme d'affaires américain, puise dans son porte-monnaie pour accueillir l'épreuve à Portland où les Etats-Unis se montrent impitoyables.

COMME SAMUEL RYDER, Robert Hudson est venu au golf sur le tard et aime ce sport plus pour l'atmosphère qu'il crée entre les joueurs que pour sa pratique elle-même. Il a envie de faire grandir la Ryder Cup. S'étant enrichi dans l'agro-alimentaire, il a d'abord sponsorisé l'Open de Portland avant de mettre la main à la poche pour l'organisation du PGA Championship dans les mêmes lieux en 1946. Lorsqu'il apprend que la Ryder Cup a quelques problèmes de trésorerie, il entend tout de suite aider l'épreuve qu'il promet de financer à condition que la compétition se déroule à Portland, la ville où il est né.

Sans mégoter, Hudson ne paie pas seulement le voyage de l'équipe britannique vers l'Amérique sur le Queen Mary, il met aussi sur pied un somptueux banquet d'avant match, couvre les joueurs de cadeaux et vient même les accueillir à New York pour faire avec eux le long voyage jusque dans l'Oregon. Hudson est un homme flamboyant et altruiste qui a une multitude de connections dans les plus hautes sphères de la société américaine à l'image de la présence de Dorothy Lamour, la star de cinéma, qui assiste à cette Ryder Cup en 1947. La contribution de Robert Hudson est cruciale pour garder la Ryder Cup en vie dans le sillage de la deuxième Guerre mondiale pendant laquelle le golf a été vite oublié.

L'équipe britannique sait qu'elle aura fort à faire. La plupart de ses joueurs a servi dans les forces armées durant ces horribles années alors que les Américains ont continué à organiser des tournois sur leur territoire avec Byron Nelson, exempté d'obligations militaires pour hémophilie, comme joueur étendard grâce à ses 31 succès obtenus entre 1945 et 1946. Dans l'équipe britannique figurent seulement trois joueurs ayant participé à la dernière Ryder Cup de 1937 -Dai Rees, Sam King et Henry Cotton- sachant que la sélection a été faite par un comité. Les Etats-Unis ont choisi de leur côté des joueurs sur la base de leurs résultats en 1946 et 1947. Capitaine joueur, Ben Hogan peut compter sur des golfeurs de la valeur de Nelson, Lloyd Mangrum, Jimmy Demaret, Herman Barron et Sam Snead.

La tâche des Britanniques est rendue plus délicate par les conditions atmosphériques qui ont noyé le parcours, rendant ainsi les gros frappeurs américains encore plus favoris qu'originellement. Et cette inquiétude s'avère fondée alors que les Américains ne font qu'une bouchée de leurs adversaires dans une rencontre réduite à quatre foursomes et huit simples (joués tous sur 36 trous). Les Etats-Unis ne laissent échapper qu'un point. Seul Sam King, vainqueur de Herman Keiser, 4&3, sauve in extremis l'honneur de la Grande-Bretagne.

La capacité à arrêter une balle sur le green grâce au « back-spin » s'avère être un élément déterminant lors des matches et Henry Cotton, le capitaine britannique, va même jusqu'à accuser ses adversaires de posséder des clubs favorisant ce type de technique. Mais aucun club illégal n'est trouvé pour expliquer cette déroute britannique. Lors de cette démonstration, tout est dit, en fait, dès le premier match qui voit Ed Oliver et Lew Worsham humilier, 10&9, Henry

« Je ne pense pas que nous puissions nous imposer un jour chez vous, mais à quoi bon, puisque le golf est un sport merveilleux que nous aimons tous. »

Henry Cotton, le capitaine britannique, après la défaite 11-1 de son équipe face à celle des Etats-Unis

A GAUCHE : *Ben Hogan, le capitaine américain, reçoit la Ryder Cup des mains de Robert Hudson, l'organisateur de cette édition, en compagnie de Ed Dudley (2e en partant de la g.) et Henry Cotton, le capitaine britannique (à dr.).*

CI DESSUS : *Sous les yeux amusés de ses camarades de Ryder Cup, Fred Daly frappe un coup depuis le pont du Queen Mary qui emporte l'équipe britannique vers les Etats-Unis.*

PREMIER ET DEUXIEME JOURS

CAPITAINES

Etats-Unis : Ben Hogan **Grande-Bretagne :** Henry Cotton

FOURSOMES (SAMEDI)

Oliver/Worsham *b.* **Cotton/Lees,** *10 & 9*

Snead/Mangrum *b.* **Daly/Ward,** *6 & 5*

Hogan/Demaret *b.* **Adams/Faulkner,** *2up*

Nelson/Barron *b.* **Rees/King,** *2 & 1*

Score de la session : 4-0

SIMPLES (DIMANCHE)

E.J. Harrison *b.* **Fred Daly,** *5 & 4*

Lew Worsham *b.* **Jimmy Adams,** *3 & 2*

Lloyd Mangrum *b.* **Max Faulkner,** *6 & 5*

Ed Oliver *b.* **Charlie Ward,** *4 & 3*

Byron Nelson *b.* **Arthur Lees,** *2 & 1*

Sam Snead *b.* **Henry Cotton,** *5 & 4*

Jimmy Demaret *b.* **Dai Rees,** *3 & 2*

Herman Keiser *perd c.* **Sam King,** *4 & 3*

Score de la session : 7-1

Score final : Etats-Unis 11-Grande-Bretagne 1

Cotton et Arthur Lees. A partir de là, les Américains s'envolent progressivement lors des foursomes conclus sur le score sans appel de 4-0. Cette domination est illustrée par un autre score fleuve de 6&5 en faveur de Mangrum et Snead aux dépens de Charlie Ward et Fred Daly.

Les simples confirment cette suprématie américaine. Cotton choisit de faire confiance aux joueurs expérimentés qui ont été pourtant si impuissants 24 heures plus tôt. Sa décision est une erreur si l'on excepte la victoire de Sam King aux dépens de Herman Keiser. Pour tous les autres, c'est l'hallali car tous son battus avant même le dernier trou. Le jeune Sam Snead se montre particulièrement percutant face à l'expérimenté Cotton, corrigé 5&4. Mais il est clair qu'il y a désormais une belle différence de classe entre les Américains et les Britanniques. Comme un signe avant-coureur de ce qui va arriver lors des années suivantes.

1949

Grande-Bretagne 5
Etats-Unis 7

Ganton Golf Club, Scarborough

16-17 Septembre

LE PARCOURS

Ganton Golf Club
Lieu : Scarborough, North Yorkshire, Grande-Bretagne
Par : 72
Longueur : 6 341 m

Fondé en 1891, ce parcours situé à l'intérieur des terres, à 14km du rivage, a été dessiné par Tom Chisholm et Robert Bird puis modifié par Ted Ray, James Braid et J.H. Taylor. Connu pour ses 100 bunkers, ce club a été le tracé maison du grand Harry Vardon.

Malgré l'absence de certains de leurs meilleurs joueurs, les Etats-Unis s'imposent pour la deuxième fois de suite en Grande-Bretagne (12 ans après la précédente victoire en raison de la guerre). Ils triomphent de justesse dans le Yorkshire sous le capitanat de Ben Hogan. La rencontre est marquée par diverses controverses sur le parcours et en dehors.

EN RAISON DE LEUR NETTE VICTOIRE deux ans plus tôt à Portland, les Américains débarquent en Grande-Bretagne avec le statut de favoris pour conserver leur trophée. Mais les événements qui se succèdent rendent leur tâche plus compliquée que cela était prévu. Ben Hogan a échappé de justesse à la mort lors d'un accident de voiture en février et même s'il est bon pour le service pour diriger l'équipe américaine en tant que capitaine, il n'est pas suffisamment rétabli pour pouvoir jouer. A son forfait s'ajoutent celui de Byron Nelson, désormais retraité des parcours, et celui de Cary Middlecoff, vainqueur de l'US Open, mais non membre de la PGA et donc dans l'impossibilité de fait d'être sélectionnable.

En dépit de ses blessures, Hogan n'est pas un homme diminué à l'image de sa plainte déposée contre l'équipe britannique qui, selon lui, utiliserait des clubs aux rainures trop profondes. Il se souvient surtout très bien que Henry Cotton, le capitaine britannique de l'époque, s'était plaint, deux ans plus tôt, d'un problème similaire imputé cette fois aux Américains. Douce revanche. Dans l'Oregon, le juge arbitre avait donné tort au plaignant, mais cette fois, Hogan obtient gain de cause. L'équipe britannique cherche à trouver une solution par la médiation de Bernard Darwin, en charge des règles au Royal & Ancient avant de s'adresser à un pro, Jock Ballantine, afin de remplacer les clubs litigieux.

La tension monte d'autant plus entre les deux équipes qu'une polémique éclate au sujet de la viande (600 steaks) apportée par les Américains qui craignaient être victimes de rationnement en Grande-Bretagne dans cette période d'après-guerre économiquement troublée. La viande a été payée par Robert Hudson (l'homme d'affaires qui a organisé la Ryder Cup en 1947) et les Américains, voulant faire un geste en direction de leurs adversaires, leur proposent de la partager avec eux. Mais l'honneur britannique est atteint car cette générosité est perçue comme un acte de charité dégradant. C'est la conséquence peut-être d'un choc de cultures -pour de nombreux spectateurs anglais, les tenues des joueurs américains sapés comme des milords choquent en ces temps d'austérité-, toujours est-il que le climat est tendu, les discussions autour des clubs « illégaux » ne cessant d'alimenter la chronique.

Mais cette controverse n'affecte pas l'équipe britannique. Avec leurs nouveaux clubs, ses joueurs ont l'avantage 3-1 à l'issue des foursomes de la première journée malgré l'absence de Henry Cotton qui, tellement déçu de ne pas avoir été

A DROITE : *Le capitaine américain, Ben Hogan, tout sourire avant le début des rencontres au Ganton Golf Club.*

PREMIER ET DEUSIEME JOURS

CAPITAINES

Grande-Bretagne : Charles Whitcombe **Etats-Unis :** Ben Hogan

FOURSOMES (VENDREDI)

Faulkner/Adams *b.* **Harrison/Palmer,** *2 & 1*

Daly/Bousfield *b.* **Hamilton/Alexander,** *4 & 2*

Ward/King *perd c.* **Demaret/Heafner,** *4 & 3*

Burton/Lees *b.* **Snead/Mangrum,** *1up*

Score de la session : 3-1

SIMPLES (SAMEDI)

Max Faulkner *perd c.* **E.J. Harrison,** *8 & 7*

Jimmy Adams *b.* **Johnny Palmer,** *2 & 1*

Charlie Ward *perd c.* **Sam Snead,** *6 & 5*

Dai Rees *b.* **Bob Hamilton,** *6 & 4*

Dick Burton *perd c.* **Clayton Heafner,** *3 & 2*

Sam King *perd c.* **Chick Harbert,** *4 & 3*

Arthur Lees *perd c.* **Jimmy Demaret,** *7 & 6*

Fred Daly *perd c.* **Lloyd Mangrum,** *4 & 3*

Score de la session : 2-6

Score final : Grande-Bretagne 5-Etats-Unis 7

CI-DESSUS : *Lloyd Mangrum, l'une des stars américaines. Comme fasciné, le public suit la trajectoire de sa balle.*

choisi comme capitaine, a refusé de jouer sous la direction de son remplaçant, Charles Whitcombe.

Lors de ces doubles, devant un public nombreux et vibrant, Max Faulkner et Jimmy Adams, son partenaire, s'offrent un succès, 2&1, face à E.J. Harrison et Johnny Palmer. C'est un résultat qui inspire l'Irlandais Fred Daly et Ken Bousfield pour encore mieux jouer et triompher, 4&2, contre Skip Alexander et Bob Hamilton. Les Américains réduisent l'écart grâce à la victoire importante de Jimmy Demaret et Clayton Heafner, mais la Grande-Bretagne n'a besoin de marquer que 3,5 points lors des huit simples pour remettre la main sur le trophée. Hélas pour eux, c'est un objectif qui n'est pas atteint. Les Américains survolent ces simples 6-2 grâce notamment, lors de la première partie, à l'écrasant succès, 8&7, de E.J. Harrison sur Max Faulkner, supposé être le meilleur Britannique. Les points successivement apportés ensuite par Sam Snead, Clayton Heafner, Chick Harbert, Jimmy Demaret et Lloyd Mangrum, tous faciles vainqueurs de leurs adversaires respectifs, sont décisifs, même si le golf produit par le Britannique Dai Rees pour dominer Bob Hamilton est peut-être le sommet de cette journée. Une fois encore, les Américains sont restés les meilleurs. Peut-être que leurs steaks, après tout, ont fait la différence.

LUI ET LA RYDER CUP

Ryder Cups : 1947, 1949, 1951, 1967 (vainqueur à chaque fois, capitaine joueur en 1947, capitaine non joueur en 1949 et 1967)
Total de victoires : 4
Matches : 3 (3 victoires)
Total de points : 3

Légendes de Ryder Cup

Ben **HOGAN**

En dépit des malheurs de son enfance, des conséquences de la deuxième Guerre mondiale et d'un grave accident de la route, le paisible Ben Hogan est devenu l'un des golfeurs les plus célèbres de l'histoire avec un swing que beaucoup considèrent encore aujourd'hui comme le plus beau de tous les temps.

CI-CONTRE : *Ben Hogan, capitaine joueur, reçoit la Ryder Cup au terme de l'édition 1949. Une légende du golf américain qui continue de rayonner aujourd'hui.*

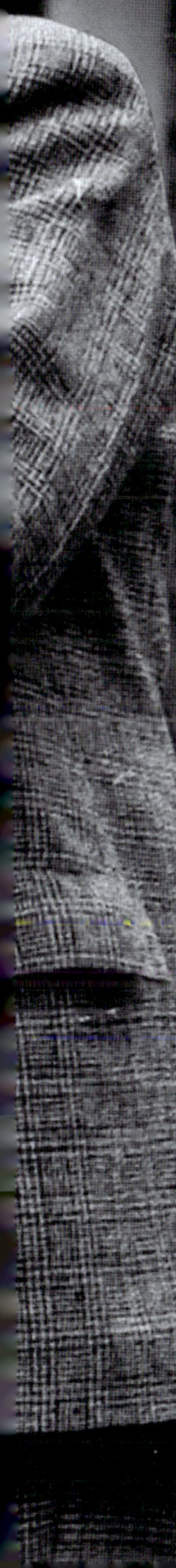

Ben Hogan avait juste 9 ans quand son père -un forgeron- s'est suicidé un jour de Saint-Valentin en retournant une arme contre lui et en plongeant, par voie de conséquence, sa famille dans le désarroi. Le jeune Ben, comme ses frères et sœurs, a été obligé de travailler dès son plus jeune âge afin de soulager financièrement sa mère, Clara. C'est alors qu'il a découvert qu'il était possible de se faire une jolie somme d'argent au Glen Garden Country Club de Fort Worth, au Texas, en devenant caddie. Son amour pour le golf a commencé ainsi à l'âge de 11 ans.

Petit dernier de la famille, Hogan s'entraînait souvent avec son frère, Royal, et l'ami de celui-ci, Byron Nelson, qui allait lui-même devenir une star du golf. Mais il ne rechignait pas à taper des balles seul lors de longues séances de travail qui donnaient le sentiment de tourner à l'obsession. Cette recherche de la perfection a été ensuite sa quête constante aussi bien en tant que joueur, mais aussi quand il revêtait l'habit de capitaine de Ryder Cup. Et le fruit de cet inlassable travail a été payé en retour par ce qui est considéré encore aujourd'hui comme le swing parfait qu'il a réussi à mettre en place pour faire rayonner son jeu.

La vie n'a pas toujours été facile pour Hogan qui a tiré la langue sur le plan financier lors de ses jeunes années et qui a aussi lutté avec abnégation contre ses problèmes de hook, scorie de son jeu, qu'il a eu bien du mal à éliminer. Comme tant d'autres golfeurs, la carrière de Ben Hogan a été suspendue par l'entrée en guerre des Etats-Unis lorsqu'il dû aller combattre entre 1942 et 1945. Jusqu'alors, il avait pris l'habitude d'engranger les victoires et cela ne lui a pris beaucoup de temps pour retrouver ses bonnes habitudes quand il est revenu du champ de bataille. Cela dit, à cette époque, il n'avait toujours pas remporté le moindre tournoi majeur, totalisant 30 succès sur le circuit avant de finalement accéder à la grande histoire du jeu en s'imposant au PGA Championship à Portland en 1946. L'année suivante, Hogan a joué la Ryder Cup pour la première fois et il est resté fidèle à la compétition pendant une période de 20 ans à la fois en tant que joueur et capitaine. En 1947, parce qu'il était en tête de la money list aux Etats-Unis et parce qu'il était tout simplement le meilleur joueur du monde, Hogan a porté la lourde responsabilité de capitaine joueur et il a montré de quel métal il était fait lors des foursomes en surmontant un handicap de quatre points avant de conclure sur l'ultime green. Il a ensuite décidé de ne pas s'aligner lors des simples, mais les Etats-Unis, victorieux 11-1, n'avaient plus vraiment besoin de son talent pour triompher.

Dans sa trentaine, Ben Hogan a continué de s'affirmer au plus haut niveau en gagnant son deuxième puis son troisième tournois majeurs au PGA Championship et à l'US Open. Mais le matin du 2 février 1949, sa vie a basculé alors qu'il conduisait sa voiture aux côtés de son épouse, Valerie, sur une route du Texas. Un bus, qui tentait de dépasser un camion, est rentré frontalement dans son véhicule. Dans un dernier réflexe, Hogan s'est jeté sur sa femme afin de la protéger comme un bouclier humain. Les deux époux ont eu la vie sauve, mais si Hogan n'avait pas bondi de son siège, il aurait été tué sur le coup dans la mesure où la colonne de direction transperça littéralement la place du conducteur.

Néanmoins, ses blessures étaient nombreuses et plusieurs médecins ont cru qu'il ne pourrait jamais remarcher, mais Hogan leur a donné tort. Après 59 jours d'hospitalisation, il est retourné chez lui dès le 1er avril et moins de six mois plus tard, celui qui était surnommé « le faucon » était à la tête de l'équipe américaine en tant que capitaine non joueur à l'occasion de la 8e Ryder Cup. C'était la première Ryder Cup jouée en Grande-Bretagne depuis 12 ans et les troupes de Hogan ne recensaient que trois sélectionnés ayant déjà joué de l'autre côte de l'Atlantique. En dépit du fait de se déplacer avec des béquilles et de ne pas pouvoir se mouvoir au-delà des quelques trous proches du club-house, le capitaine a su guider son groupe qui s'est imposé 7-5.

Sa dernière sortie en Ryder Cup a eu lieu deux ans plus tard, en 1951, à Pinehurst, en Caroline du Nord, sous le capitanat de Sam Snead. Vainqueur du Masters quelques mois plus tôt, Hogan était la star d'une équipe américaine considérée comme nettement au dessus de son homologue britannique dans tous les aspects du jeu. Cette année-là, la démonstration a été encore totale avec la victoire des Etats-Unis 9,5-2,5 grâce, entre autres, aux succès de Hogan en foursomes aux côtés de Jimmy Demaret, 5&4, et lors des simples face à Charlie Ward, dominé 3&2.

Après un intervalle de 16 ans, il a fait son retour en Ryder en 1967 pour être le capitaine de joueurs qu'il a alors décrits comme « les meilleurs du monde ». Sur le parcours, ces mots ont été empreints de vérité puisque son armada, qui comptait Arnold Palmer et Gene Littler dans ses rangs, a tout simplement humilié la Grande-Bretagne avec un score record de 23,5-8,5. Il ne pouvait pas rêver à plus belle sortie de scène

> *« J'ai le hook en horreur, cela me rend malade. Je peux vomir quand j'en vois un. C'est comme un crotale dans une poche. »*
>
> *Ben Hogan, ennemi du hook*

1951

Etats-Unis 9,5
Grande-Bretagne 2,5

Pinehurst Resort, Caroline du Nord

2-4 Novembre

Cinquième victoire consécutive pour les Etats-Unis qui s'imposent confortablement à Pinehurst en 1951. Emmenés par un capitaine joueur très inspiré en la personne de Sam Snead et un joueur au sommet de son art, Jimmy Demaret, les Américains ne sont jamais inquiétés lors d'une rencontre marquée par une journée de repos entre les foursomes et les simples, histoire de permettre aux deux équipes d'assister à un match de football universitaire.

LE PARCOURS

Course No. 2, Pinehurst Resort & Country Club
Lieu : Pinehurst, Caroline du Nord, Etats-Unis
Par : 72
Longueur : 6 707 m

Dessiné par Donald J. Ross et inauguré en 1907, le club possède quatre parcours en 1951. Tous restent ouverts lors de la Ryder Cup si bien que les joueurs locaux bataillent en même temps que les équipes des Etats-Unis et de Grande-Bretagne assignées au parcours n°2.

CI-DESSUS : *Ben Hogan, pour les Américains, et Dai Rees, pour les Britanniques, font ami-ami avant le début des rencontres en 1951.*

CI-CONTRE : *Les joueurs face aux intempéries (de g. à dr.), Fred Daly, Sam Snead, Charles Ward et Lloyd Mangrum qui se protègent comme ils peuvent.*

LA RYDER CUP A DÉJÀ BEAUCOUP CHANGÉ depuis ses débuts et l'édition 1951 souligne bien cette évolution qui a transformé la compétition au fil du temps. Il s'agit désormais d'un rendez-vous incontournable qui attire les feux médiatiques de l'époque tous les deux ans. A Pinehurst, en Caroline du Nord, 6 000 spectateurs assistent ainsi aux rencontres en présence de 30 journalistes spécialisés. De manière étonnante, le club reste ouvert à ses membres pendant cette Ryder Cup si bien que les joueurs s'égayent sur les trois autres tracés quand les meilleurs joueurs du monde occupent le n°2.

Dans la grande tradition de l'épreuve, 12 matches sont inscrits au programme, mais cette fois, les foursomes du vendredi sont suivis d'une journée de repos le samedi avant les simples du dimanche. La raison de ce bouleversement : les joueurs sont invités, le samedi, à un match de football universitaire. A Chapel Hill, ils sont ainsi les témoins de la victoire écrasante du Tennessee sur la Caroline du Nord, 27 à 0. Hélas pour eux, les Britanniques connaissent aussi semblable déroute face à des Américains qui dominent d'abord les foursomes en dépit d'un froid glacial qui aurait dû permettre à l'équipe visiteuse de se sentir chez elle. Cette édition commence, en effet, dans un épais brouillard, mais le jeu des Américains est, lui, au beau fixe et leur permet de triompher 9,5-2,5.

Sam Snead est l'un des symboles de la réussite des Etats-Unis. En foursomes, associé à Lloyd Mangrum, il se défait aisément, 5&4, de Jimmy Adams et John Panton et il ne laisse aucune chance lors des simples au récent vainqueur du British Open, Max Faulkner, écrasé 4&3. En fait, toute l'équipe américaine est en verve, y compris les « rookies » Jack Burke et Henry Ransom, pour disposer d'une équipe britannique dirigée par Arthur Lacey, son nouveau capitaine. La dernière fois que les Britanniques avaient évolué aux Etats-Unis, en 1947, ils n'avaient réussi à faire durer qu'un seul match jusqu'au dernier trou. Cette fois, il y a du mieux avec un total de deux rencontres prolongées jusqu'à l'ultime green.

Arthur Lees est responsable de deux des 2,5 points de l'équipe britannique et peut-être que le meilleur moment pour ses couleurs survient lorsqu'il s'impose lors des foursomes auprès de Charlie Ward face à Henry Ransom et Ed Oliver. Les deux Britanniques bouclent leur parcours en 69 et réussissent une flopée de birdies lors des six derniers trous pour avoir le dernier mot 2&1. Mais les héros sont Américains avec notamment Jimmy Demaret qui achève sa carrière en Ryder Cup avec six victoires pour six participations. Demaret signe aussi le coup de la semaine lorsqu'il parvient à rentrer la balle directement dans le trou alors que sa balle est enfoncée dans le sable

PREMIER ET DEUXIEME JOURS

CAPITAINES

Etats-Unis : Sam Snead **Grande-Bretagne :** Arthur Lacey

FOURSOMES (VENDREDI)

Heafner/Burke *b.* **Faulkner/Rees,** *5 & 3*

Oliver/Ransom *perd c.* **Ward/Lees,** *2 & 1*

Snead/Mangrum *b.* **Adams/Panton,** *5 & 4*

Hogan/Demaret *b.* **Daly/Bousfield,** *5 & 4*

Score de la session : 3-1

SIMPLES (DIMANCHE)

Jack Burke *b.* **Jimmy Adams,** *4 & 2*

Jimmy Demaret *b.* **Dai Rees,** *2up*

Clayton Heafner et Fred Daly, *match nul*

Lloyd Mangrum *b.* **Harry Weetman,** *6 & 5*

Ed Oliver *perd c.* **Arthur Lees,** *2 & 1*

Ben Hogan *b.* **Charlie Ward,** *3 & 2*

Skip Alexander *b.* **John Panton,** *8 & 7*

Sam Snead *b.* **Max Faulkner,** *4 & 3*

Score de la session : 6,5 1,5

Score final : Etats-Unis 9,5-Grande-Bretagne 2,5

d'un bunker du trou n°17. Et ce n'est pas un coup brillant isolé car il s'est également sorti de situations compliquées sur le 10 et le 11 où il s'était encore égaré dans le sable. A la fin de son simple contre Dai Rees, il lui offre d'ailleurs son sandwedge en guise de souvenir.

Burke et Ben Hogan, désormais parfaitement rétabli deux ans après son accident de voiture et toujours aussi concentré et impitoyable comme l'atteste son succès, 3&2, sur Charlie Ward, sont également invaincus lors de ce week-end.

Même le supporter le plus zélé de l'équipe britannique doit bien convenir de l'impressionnante suprématie des Etats-Unis et accepter une nouvelle défaite démoralisante. Des personnes considèrent déjà que la Ryder Cup a perdu de sa superbe en raison de cet écart de classe entre les deux équipes.

1953

Grande-Bretagne 5,5
Etats-Unis 6,5

Wentworth Golf Club, Surrey

2-3 Octobre

En 1953, la Ryder Cup revient sur le parcours de ses origines -27 ans après le premier affrontement non officiel ayant opposé la Grande-Bretagne aux Etats-Unis. En cette occasion si spéciale, la bataille fait rage entre Britanniques et Américains. Ces derniers triomphent sur le dernier trou par une marge infime grâce notamment à la petite faillite de deux « rookies » adverses, Peter Alliss et Bernard Hunt

LE PARCOURS

Wentworth Golf Club
Lieu : West Course,
Virginia Water,
Surrey, Grande-Bretagne
Par : 72
Longueur : 6 682 m

Dessiné par Harry Colt, ce parcours légendaire a été ouvert en 1926 et accueille aujourd'hui les quartiers généraux du circuit européen. Désormais, ce club est entouré d'un vaste complexe immobilier où beaucoup de golfeurs ont acheté des résidences secondaires.

SI SAMUEL RYDER (1858-1936) avait pu être miraculeusement présent à Wentworth près de 20 ans après sa disparition, il aurait probablement été fier de son œuvre en voyant Britanniques et Américains s'affronter lors de l'une des Ryder Cups les plus inoubliables. En dépit de leurs récentes défaites, les Britanniques, peut-être inspirés par le récent couronnement d'Elizabeth II et motivés par l'exploit d'Edmund Hillary victorieux de l'Everest, pensent cette fois que le succès est à leur portée. L'optimisme de l'équipe hôte de cette édition 1953 est dû aussi au fait que Ben Hogan, en dépit de sa performance d'avoir remporté trois tournois majeurs depuis son accident de la route de 1949, a décrété qu'il n'était plus sélectionnable pour cette Ryder Cup.

Lloyd Mangrum, le capitaine américain, doit composer avec une équipe inexpérimentée rejointe par cinq nouveaux joueurs : Dale Douglas, Ted Kroll, Fred Haas, Cary Middlecoff et Walter Burkemo. Et pour une fois, l'équipe britannique, conduite par Henry Cotton, capitaine non joueur, estime donc qu'un match est au moins possible et cela d'autant plus que ses propres « rookies », Peter Alliss, Eric Brown, l'Irlandais Harry Bradshaw et Bernard Hunt sont extrêmement prometteurs.

Cotton s'avère être un capitaine aux petits soins en mettant à disposition de ses sélectionnés des services d'hôtellerie et de restauration de luxe. Il va même jusqu'à les accompagner à Londres lors d'une sortie afin de cimenter l'unité de son groupe. Le premier jour, il décide de mettre le jeune Peter Alliss sous haute pression -à cette époque, le plus jeune sélectionné de l'histoire- en lui demandant d'ouvrir les foursomes aux côtés de Harry Weetman face à Douglas et Oliver. C'est une mission dangereuse dont les deux joueurs britanniques s'acquittent plutôt bien, en menant d'abord d'un point, avant de céder 2&1.

Ce match est émaillé d'un incident lorsque le juge arbitre, l'amiral Sir Charles Forbes, intervient sur le trou n°3, la balle des Américains ayant atterri dans un

« Mon esprit était absolument vide, mais rempli de pieds. Des rangs et des rangs de pieds… Avec toutes ces chaussures visibles au pied de la tribune. »

Peter Alliss décrivant l'immense pression qu'il a ressentie sur le dernier green de son simple

CI-DESSUS : *L'Américain Dave Douglas au drive si élégant. Il a été déterminant lors des simples.*

A GAUCHE : *Depuis le rough, Harry Weetman, le visage inquiet, tape un coup lors de son simple gagnant contre Sam Snead.*

PREMIER ET DEUXIEME JOURS

CAPITAINES

Grande-Bretagne : Henry Cotton **Etats-Unis :** Lloyd Mangrum

FOURSOMES (VENDREDI)

Weetman/Alliss *perd c.* **Douglas/Oliver,** *2 & 1*

Brown/Panton *perd c.* **Mangrum/Snead,** *8 & 7*

Adams/Hunt *perd c.* **Kroll/Burke,** *7 & 5*

Daly/Bradshaw *b.* **Burkemo/Middlecoff,** *1up*

Score de la session : 1-3

SIMPLES (SAMEDI)

Dai Rees *perd c.* **Jack Burke,** *2 & 1*

Fred Daly *b.* **Ted Kroll,** *9 & 7*

Eric Brown *b.* **Lloyd Mangrum,** *2up*

Harry Weetman *b.* **Sam Snead,** *1up*

Max Faulkner *perd c.* **Cary Middlecoff,** *3 & 1*

Peter Alliss *perd c.* **Jim Turnesa,** *1up*

Bernard Hunt et Dave Douglas, *match nul*

Harry Bradshaw *b.* **Fred Haas,** *3 & 2*

Score de la session : 4,5-3,5

Score final : Grande-Bretagne 5,5-Etats-Unis 6,5

trou au pied d'un arbre. Mais Forbes estime alors qu'il s'agit d'un terrier et que les Américains ont le droit à un « free drop » -une décision vigoureusement contestée par les Britanniques. Mais rien n'y fait et les Américains finissent donc par triompher lors de ce match comme dans deux autres des foursomes. Lloyd Mangrum et Sam Snead détruisent notamment la paire Eric Brown/JohnPanton, 8&7. Fred Daly et Harry Bradshaw -la première paire de l'histoire de la Ryder réunissant un Irlandais du Sud et un Irlandais du Nord- sauvent heureusement l'honneur britannique en offrant à leur public un succès aux dépens de Walter Burkemo et Cary Middlecoff.

Mais les simples se révèlent nettement plus serrés, les Américains arrachant une victoire par les cheveux alors que la nuit tombe sur le trou n°18. Hélas pour lui, c'est Bernard Hunt qui manque le putt décisif, donnant la victoire aux Etats-Unis dans son match contre Dave Douglas face à qui il doit se contenter d'un match nul au terme d'une partie particulièrement tendue. Mais le jeune Alliss paraît tout aussi responsable de ce gâchis sur le même 18e trou en signant un double bogey fatal face à Jim Turnesa tout heureux de gagner le point de la victoire quand un match nul semblait prévisible. Quelques minutes plus tôt lorsque Bradshaw a dominé Fred Haas, la victoire n'avait jamais paru, en effet, aussi accessible d'autant que Weetman était également revenu de nulle part face à Sam Snead qu'il a battu d'un point après avoir été mené de quatre points à cinq trous de l'arrivée.

Pour les Britanniques, qui ont tout donné, cette défaite est dure à avaler. Peut-être que la pression s'est révélée trop écrasante pour Peter Alliss qui s'est autodétruit sur le trou n°10. Et puis est arrivé le putt manqué de Bernard Hunt autour de ce green du 18 surveillé comme le lait sur le feu par une foule nombreuse. Son approche est hélas allée au-delà du green et il a pris trois putts quand deux seulement auraient suffi à son équipe pour faire au moins match nul ou remporter cette édition de la Ryder Cup dans l'hypothèse où Alliss aurait ramené son demi point. Les Etats-Unis sont soulagés : ils ont gagné sur le dernier trou.

Le public, nombreux, se rassemble devant le panneau de scores géant lors de la dernière journée de cette Ryder Cup 1953 à suspense.

UNITED STATES RYDER CUP MATCHES GREAT BRITAIN
DAILY EXPRESS RADIO-RESULT SERVICE
USING EQUIPMENT KINDLY LOANED BY PYE TELECOMMUNICATIONS LTD

1955

Etats-Unis 8
Grande-Bretagne 4

Thunderbird CC, Californie

5-6 Novembre

En 1955, les Etats-Unis étendent leur mainmise sur la Ryder Cup en Californie où leur capitaine, Chick Harbert, guide ses joueurs jusqu'à une nette victoire 8-4. Cela signifie que le trophée est la propriété des Américains depuis 21 ans, mais les Britanniques se sont bien battus, peut-être leur plus beau combat en terre étrangère.

LE PARCOURS

Thunderbird Country Club
Lieu : Palm Springs, Californie, Etats-Unis
Par : 72
Longueur : 5 954 m

Oeuvre de John Dawson et de Larry Hughes et ouvert en 1952, ce parcours, dessiné dans le désert, offre une vue impressionnante sur les montagnes environnantes. Un lieu apprécié des célébrités comme Lucille Ball qui a possédé une maison en face du fairway du trou n°18 et Bing Crosby, vainqueur d'une compétition de club en 1958.

C'EST UN SIGNE QUI NE TROMPE PAS pour décrire la situation des Britanniques face aux Américains. Alors qu'ils s'inclinent à nouveau, ils puisent dans cette déconvenue un vrai motif de fierté en ayant décroché quatre points, soit leur meilleur total affiché en terre « ennemie ». Il y a comme un contraste, il est vrai, pour cette équipe, emmenée par son capitaine Dai Rees, qui avait compilé trois petits points lors de ses deux précédentes visites réunies aux Etats-Unis.

En 1955, la Grande-Bretagne est motivée pour être au moins compétitive et dans ce but a décidé de sélectionner sept joueurs déterminés à partir d'une hiérarchie établie en fonction de résultats obtenus lors de cinq tournois importants. Les trois autres joueurs sont choisis par un comité et cette fois, il n'y a pas de place pour Peter Alliss et Bernard Hunt, les deux hommes qui ont craqué sous la pression deux ans plus tôt. Henry Cotton, désormais considéré comme trop vieux à 48 ans,

> *« Nous avons beaucoup appris, même si nous avons encore perdu. Nous allons repartir à l'entraînement dans les rues et sur les plages. »*
>
> *Lord Brabazon, président de la PGA britannique, lors de son discours d'après-défaite*

A GAUCHE : *Harry Weetman est filmé par son épouse alors que l'équipe britannique s'entraîne avant d'embarquer pour les Etats-Unis.*

CI-DESSUS : *Chick Harbert, le capitaine américain, tout heureux de garder la Ryder Cup pour les Etats-Unis sous le regard de Robert Hudson, le financier de la compétition, et de Dai Rees, le capitaine britannique (à d.).*

PREMIER ET DEUXIEME JOURS

CAPITAINES

Etats-Unis : Chick Harbert — **Grande-Bretagne :** Dai Rees

FOURSOMES (SAMEDI)

Harper/Barber *perd c.* **Fallon/Jacobs,** *1up*

Ford/Kroll *b.* **Brown/Scott,** *5 & 4*

Burke/Bolt *b.* **Lees/Weetman,** *1up*

Snead/Middlecoff *b.* **Bradshaw/Rees,** *3 & 2*

Score de la session : 3-1

SIMPLES (DIMANCHE)

Tommy Bolt *b.* **Christy O'Connor,** *4 & 2*

Chick Harbert *b.* **Syd Scott,** *3 & 2*

Cary Middlecoff *perd c.* **John Jacobs,** *1up*

Sam Snead *b.* **Dai Rees,** *3 & 1*

Marty Furgol *perd c.* **Arthur Lees,** *3 & 2*

Jerry Barber *perd c.* **Eric Brown,** *3 & 2*

Jack Burke *b.* **Harry Bradshaw,** *3 & 2*

Doug Ford *b.* **Harry Weetman,** *3 & 2*

Score de la session : 5-3

Score final : Etats-Unis 8-Grande-Bretagne 4

est également écarté. Dans ce contexte, quatre nouveaux joueurs font leurs débuts pour la Grande-Bretagne : John Jacobs, Syd Scott, Christy O'Connor et Johnny Fallon.

Parce qu'ils ont dominé l'épreuve de manière exclusive depuis tant d'années, les Américains ont suggéré quelques changements : pas au niveau de leur équipe, mais au sujet du format de la compétition. Sam Snead a proposé que des « quatre balles » soient ajoutées au programme à la place des traditionnels foursomes, mais la proposition a été sèchement rejetée par la PGA britannique. Cette année-là, l'équipe américaine n'est pas la plus forte de l'histoire. Elle manque d'épaisseur en raison de l'absence désormais de talents comme Ben Hogan ou Byron Nelson et sa moyenne d'âge est de 37 ans malgré le sang frais apporté par les « rookies » Jerry Barber, Marty Furgol, Doug Ford, Chandler Harper et Tommy Bolt. Point déjà positif : l'impressionnant Thunderbird Country Club a suffisamment de glamour pour rendre cette édition particulièrement intéressante. Dans l'environnement de Palm Springs, ce lieu a un coté Hollywood qui donne de l'éclat à cet Etats-Unis-Grande-Bretagne. Des buggys électriques suivent ainsi les joueurs sur un parcours encadré par de vastes demeures, propriétés de stars et autres personnalités connues aux Etats-Unis. Le tracé est inhabituel pour les Britanniques avec des plans d'eau autour des greens, des fairways étroits et des zones de rough extrêmement touffues. Ils sont décidément bien loin de chez eux à tous les niveaux.

Ils ont d'ailleurs besoin d'un peu de temps pour s'accommoder de cet environnement hostile à la lumière de leurs résultats lors des foursomes qui voient les Etats-Unis se détacher 3-1 malgré le succès des Britanniques Fallon et Jacobs lors de la première partie contre Harper et Barber. Ce match s'est transformé en vraie bagarre avec Barber réalisant quelques prodiges au niveau de son petit jeu grâce à de superbes chips en dehors des greens. Mais malgré cette résistance, les deux Britanniques ont triomphé. Mais leurs compatriotes ne soutiennent pas la comparaison face aux paires américaines Doug Ford/Ted Kroll, Jack Burke/Tommy Bolt, Sam Snead/Cary Middlecoff qui permettent donc aux Etats-Unis de virer nettement en tête.

Lors de ces premières rencontres, l'Américain Tommy « lightning » Bolt s'est mis en évidence en permettant à son équipe de revenir de derrière face à Harry Weetman et Arthur Lees. Et c'est ce même joueur qui donne le ton lors du premier des huit simples qu'il remporte, 4&2, aux dépens de Christy O'Connor. Les Britanniques se battent, mais ne plient pas tout de suite devant la très large et très bruyante foule californienne. John Jacobs s'offre ainsi une victoire importante sur Middlecoff, grâce à des birdies sur le 12 et le 13, avant que Lees, contre Furgol battu 3&2, et Eric Brown, face à Jerry Barber dominé 3&2, ne douchent l'enthousiasme local. Mais les Américains sont trop solides pour laisser échapper le trophée et Sam Snead est, en quelque sorte, le symbole de cette mainmise quand il se débrouille pour réussir un magnifique « recovery shot » alors que sa balle est placée au pied d'un palmier. Il signe un magnifique eagle quelques minutes plus tard sur ce même trou sous les yeux médusés de son adversaire, Dai Rees. Il n'y a plus de suspense. Les succès de Burke sur Bradshaw et de Ford sur Weetman placent définitivement les Américains sur l'orbite de la victoire. La logique est encore respectée, mais les Britanniques ont montré des signes évidents de révolte.

1957

Grande-Bretagne 7,5
Etats-Unis 4,5

Lindrick Golf Club, Rotherham

4-5 Octobre

LE PARCOURS

Lindrick Golf Club
Lieu : Rotherham, South Yorkshire, Grande-Bretagne
Par : 71
Longueur : 5 981 m

Ce parcours, créé en 1881, est source de polémiques quand il est choisi pour accueillir cette Ryder Cup. Beaucoup de Britanniques estiment qu'il convient davantage aux Américains qu'à leurs joueurs. Mais ces critiques sont balayées par la grâce d'une rare victoire britannique dans l'histoire de l'épreuve.

Portée par un public déchaîné qui affecte la sensibilité des Américains, la Grande-Bretagne se propulse vers la victoire à l'issue d'une session de simples inoubliable. Emmenés par leur capitaine, Dai Rees, les Britanniques remportent six des huit matches du dernier jour pour s'emparer du trophée pour la première fois depuis 24 ans.

CE RÉSULTAT AU LINDRICK GOLF CLUB restera pour toujours comme l'une des plus grandes performances de l'équipe britannique, y compris à l'aune des éditions actuelles. Menée 3-1, l'équipe de Dai Rees se débrouille pour triompher 7,5-4,5 lors d'une incroyable journée de samedi au cours de laquelle les Américains sont balayés. Cet exploit est signé sur un parcours choisi, en quelque sorte, par Sir Stuart Goodwin, un homme d'affaires du Yorkshire qui a fait don de 10 000 £ (28 000 $ de l'époque) pour financer l'équipe britannique à condition que cette édition 1957 se déroule au Lindrick Golf Club, son club.

L'équipe britannique est tout simplement impossible à arrêter grâce à une sélection de joueurs choisis en fonction de résultats dans des tournois professionnels joués en stroke-play. Le capitaine Rees a la chance de compter dans ses rangs des talents de la qualité de Max Faulkner, Ken Bousfield, Christy O'Connor, Harry Weetman et Eric Brown. Conduite par Jack Burke, l'équipe américaine manque, elle, d'éclat en raison de l'absence de Sam Snead et Ben Hogan, qui ont décliné la sélection, alors que Cary Middlecoff et Julius Boros ont été mis hors course pour avoir préféré participer à une très lucrative exhibition au lieu de disputer le PGA Championship. Mais après sept victoires, les Américains demeurent des favoris naturels.

Tout commence mal pour les Britanniques quand Peter Alliss et Bernard Hunt -rappelés en dépit de leur effondrement quatre ans plus tôt- s'inclinent, 2&1, face à Doug Ford et Dow Finsterwald lors de la partie initiale. Puis viennent s'ajouter deux autres défaites, celle de Faulkner et Weetman face à Ted Kroll et Burke et celle de O'Connor et Brown, emportés 7&5 par Dick Mayer et Tommy Bolt. Le seul rayon de soleil britannique vient du succès batailleur de Rees et de Bousfield qui remontent un handicap de deux points pour surprendre Art Wall et Fred Hawkins. Et lorsque le vendredi soir éclate en son sein une polémique au sujet de la sélection, l'équipe britannique paraît décidément mal partie.

En effet, lors d'une réunion, Rees officialise le fait qu'il laisse de côté Faulkner et Weetman lors des simples après que les deux hommes ont choisi eux-mêmes, semble-t-il, d'y renoncer. Mais Rees est surpris plus tard d'entendre que Weetman, furieux, a indiqué à des journalistes qu'il ne jouerait plus jamais sous ce capitanat.

« Le pire public jamais vu dans ma vie. »

Tommy Bolt décrivant le public britannique qui a salué bruyamment chacun de ses putts manqués

CI-DESSUS : *Eric Brown choisit son club lors de son simple contre Tommy Bolt.*

A GAUCHE : *Le bonheur de Dai Rees, le capitaine britannique, entouré de ses joueurs devenus des héros.*

PREMIER ET DEUXIEME JOURS

CAPITAINES

Grande-Bretagne : Dai Rees **Etats-Unis :** Jack Burke Jnr.

FOURSOMES (VENDREDI)

Alliss/Hunt *perd c.* **Ford/Finsterwald,** *2 & 1*

Bousfield/Rees *b.* **Wall/Hawkins,** *3 & 2*

Faulkner/Weetman *perd c.* **Kroll/Burke,** *4 & 3*

O'Connor/Brown *perd c.* **Mayer/Bolt,** *7 & 5*

Score de la session : 1-3

SIMPLES (SAMEDI)

Eric Brown *b.* **Tommy Bolt,** *4 & 3*

Peter Mills *b.* **Jack Burke,** *5 & 3*

Peter Alliss *perd c.* **Fred Hawkins,** *2 & 1*

Ken Bousfield *b.* **Lionel Hebert,** *4 & 3*

Dai Rees *b.* **Ed Furgol,** *7 & 6*

Bernard Hunt *b.* **Doug Ford,** *6 & 4*

Christy O'Connor *b.* **Dow Finsterwald,** *7 & 6*

Harry Bradshaw et Dick Mayer, *match nul*

Score de la session : 6,5-1,5

Score final : Grande-Bretagne 7,5-Etats-Unis 4,5

Les deux hommes, qui sont des amis de longue date, se retrouvent ainsi au milieu d'une polémique exacerbée par les médias britanniques. Weetman sera plus tard convoquée lors d'une réunion disciplinaire de la PGA britannique qui décidera de le suspendre un an.

Sans lui, les Britanniques se déchaînent lors des simples et donnent raison par ricochet à Rees. Leur démonstration commence par la victoire d'Eric Brown sur le talentueux, mais versatile Tommy Bolt dans une ambiance électrique. Supporté par un public survolté et bruyant, Brown domine la partie, 4&3, face à un rival à l'évidence perturbé par les cris de joie qui accompagnent chacun de ses putts manqués. De frustration, il en vient même à casser un club avec l'aide de son genou.

Ce premier match donne le ton, mais la plus grande surprise est signée par le « rookie » Peter Mills qui prend la mesure de Burke, le capitaine américain, 5&3, pour ramener le score à 3-3. Bousfield, Hunt et O'Connor suivent sa même trajectoire victorieuse en menant dans leurs matches. En revanche, Fred Hawkins se montre pugnace pour se défaire de Peter Alliss et repousser l'échéance, mais ce succès est le dernier pour les Américains. Lors du match gagné par O'Connor aux dépens Finsterwald, 7&6, le climat est délétère, les deux hommes refusant de se serrer la main au terme de leur partie. Dans le même temps, et sur le même score, Rees se joue d'Ed Furgol.

Bernard Hunt poursuit l'estocade face à Doug Ford, 6&4, et s'offre ainsi un lot de consolation quatre ans après sa mésaventure si coûteuse pour son pays. Les Britanniques mènent désormais 6-4 et n'ont plus besoin que d'un demi point pour se permettre enfin le luxe d'une victoire. Il peut venir soit de Bousfield -qui est en train de perdre pied après avoir perdu trois trous de suite en ayant compté jusqu'à une marge de sept points d'avance contre Lionel Hebert- soit de Harry Bradshaw contre Dick Mayer. Mais alors que Rees et Faulkner ont traversé le parcours pour venir lui dire combien ils comptaient sur lui pour terminer la besogne, Bousfield se ressaisit, calme ses nerfs et conquiert la victoire qui permet à la Grande-Bretagne de s'arroger à nouveau la Ryder Cup.

L'attente a été longue, très longue.

Légendes de Ryder Cup

Sam **SNEAD** et Lloyd **MANGRUM**

Sam Snead et Lloyd Mangrum étaient deux joueurs dissemblables. Snead était connu pour sa férocité sur les parcours quand le toujours impeccable Mangrum, reconnaissable grâce à sa moustache, était réputé, lui, pour son goût de la fraternité. Tous les deux ont été des héros de Ryder Cup. Snead a participé à huit campagnes et a dirigé l'équipe à trois reprises. Mangrum a joué, lui, quatre rencontres et a été capitaine une fois.

En 1949, Sam Snead et Lloyd Mangrum ont été associés pour la première fois face à la dangereuse paire composée de Dick Burton et Arthur Lees au Ganton Golf Club à Scarborough. En dépit de l'absence sur le parcours de Ben Hogan, capitaine non joueur en raison d'un accident de la route, les deux hommes ont contribué à la large victoire des Etats-Unis cette année-là. A l'image de son drive, l'autorité de Snead crevait les yeux de tous et c'est sans surprise qu'il s'est retrouvé capitaine deux ans plus tard à Pinehurst, en Caroline du Nord. Sous sa conduite, l'équipe américaine s'est imposée sans coup férir 9,5-2,5 avec Snead et Mangrum encore associés pour le gain d'un nouveau point lors des foursomes. En simple, ils n'ont pas fait de détail non plus, Snead disposant de Faulkner, 4&3, quand Mangrum s'imposait, 6&5, face à Harry Weetman pour permettre aux Etats-Unis de s'offrir un net succès.

En 1951, Snead a donc eu un capitanat plutôt paisible, ce qui n'a pas été du tout le cas pour Mangrum en 1953. S'il a à nouveau gagné en double aux côtés de Snead, il a eu toutes les raisons de s'angoisser jusqu'au bout alors que les Etats-Unis se sont finalement imposés d'un petit point à Wentworth. Il a fallu que le Britannique Bernard Hunt rate un putt contre Dave Douglas et soit obligé de partager son point pour permettre aux Américains de garder la main sur le trophée. En 1955, Lloyd Mangrum s'est contenté d'être un capitaine assistant aux côtés de Snead, à nouveau en vedette sur le parcours aux côtés de Tommy Bolt, Jack Burke Jr et Doug Ford auprès desquels il a totalisé l'ensemble des points américains sous le regard satisfait de Mangrum.

Sam Snead a toujours eu une approche passionnée de son sport et c'est la raison pour laquelle il a été capitaine de Ryder Cup à trois reprises (1951, 1959, 1969). Ses 82 victoires sur le PGA Tour sont la marque de son impressionnant héritage et son swing demeure à ce jour l'un des plus enviés de l'histoire.

Mangrum a gagné suffisamment club en main pour faire partie aussi de l'élite du jeu à travers le temps, mais ses victoires paraissent presque sans éclat à côté de ses exploits lors de la deuxième Guerre mondiale qui lui ont valu de recevoir diverses récompenses prestigieuses en tant que combattant héroïque. Sam Snead a également servi au sein de l'armée américaine lors de ces années difficiles et demeure également un modèle pour cette raison.

Lloyd Mangrum est mort d'une crise cardiaque en 1973 à seulement 59 ans -sa 12e attaque au total. Il est vrai qu'il n'avait pas l'habitude de se modérer comme du reste Sam Snead qui a joué au golf à un haut niveau jusqu'à un âge relativement avancé. Il est mort à 90 ans en 2002. A 71 ans, en 1983, il rendait encore une carte de 60 (-12 sous le par) sur son parcours de prédilection à Hot Springs.

EUX ET LA RYDER CUP

Sam SNEAD

Ryder Cups : 1937, 1947, 1949, 1951, 1953, 1955, 1959, 1969 (vainqueur à chaque fois, capitaine joueur en 1951 et 1959 et non joueur en 1969)
Total de victoires : 8
Matches : 13 (10 victoires, 1 nul, 2 défaites)
Total de points : 10,5

Lloyd MANGRUM

Ryder Cups : 1947, 1949, 1951, 1953 (vainqueur à chaque fois, capitaine joueur en 1953)
Total de victoires : 4
Matches : 8 (6 victoires, 2 défaites)
Total de points : 6

En tant que paire

Matches : 4 (3 victoires, 1 défaite)
Total de points : 3

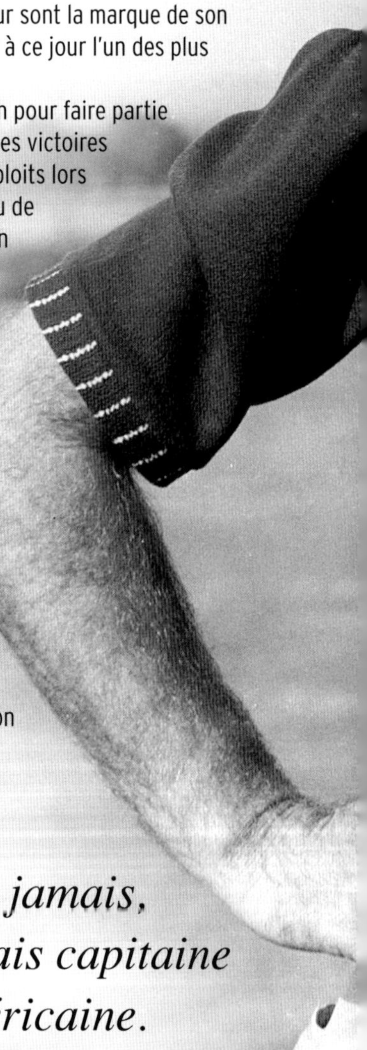

“Je ne serai plus jamais, mais alors plus jamais capitaine de l'équipe américaine. Je suis mort 9 000 fois lors de la dernière heure.”

Lloyd Mangrum dont les nerfs ont été testés en 1953

CI-DESSOUS : *Lloyd Mangrum (à g.) et Sam Snead lors d'une partie d'entraînement à l'occasion de la Ryder Cup 1949.*

1959

Etats-Unis 8,5
Grande-Bretagne 3,5

Eldorado Golf Club, Californie

6-7 Novembre

LE PARCOURS

Eldorado Golf Club
Lieu : Indian Wells, Californie, Etats-Unis
Par : 72
Longueur : 5 332 m

L'Eldorado ouvre en 1959 et le parcours est caractérisé par sept plans d'eau artificiels et son gazon de la variété Bermuda. Lors de cette Ryder Cup, décision est prise d'avancer les tees de départ afin que les scores soient spectaculaires. Mais avec des joueurs désorientés par ces nouvelles distances, c'est l'effet inverse à celui recherché qui se produit.

Requinqués par leur belle victoire de 1957 au Lindrick Golf Club, les Britanniques pensent être revenus au niveau des Américains qui se chargent de les remettre à leur place. Les hommes de Sam Snead s'offrent une victoire aisée, symbolisée par leur écrasante domination lors des huit simples où les Britanniques ne parviennent qu'à remporter un seul match à Indian Wells.

APRÈS AVOIR ATTENDU SI LONGTEMPS pour reconquérir la Ryder Cup -24 années pour être précis- les Britanniques n'ont besoin que de 24 mois pour la laisser échapper à nouveau au terme d'une bien triste semaine passée à Indian Wells, en Californie, où les Etats-Unis se promènent littéralement. Mais cette 13e Ryder Cup est, à l'évidence, placée sous une mauvaise étoile pour les Britanniques qui ont vécu une traversée mouvementée de l'Atlantique sur le Queen Mary au point que plusieurs joueurs ont été malades. Ensuite, ils ont dû se confronter à la peur de leur vie dans l'avion qui les emmenait de Los Angeles à Palm Springs. En effet, leur avion a fait une chute de 1,2km au milieu de turbulences tellement sévères que le pilote a eu du mal à contrôler l'appareil et a dû rebrousser chemin jusqu'à son point de départ.

Ce mauvais moment passé, dû aux conséquences d'un ouragan ayant dévasté une partie du Mexique, a ramené de mauvais souvenirs à la surface de l'actualité britannique, un an après le crash fatal de l'avion dans lequel l'équipe de football de Manchester United avait été décimée à Munich quand 23 personnes avaient perdu la vie. Une grande partie de l'équipe britannique de Ryder Cup est choquée et c'est d'ailleurs en bus qu'elle a terminé ce pénible voyage. Peut-être perturbés par ces événements, les joueurs ne sont jamais dans la course face à une équipe américaine impitoyable emmenée par Sam Snead et inspirée par la réussite de Dow Finsterwald, de Bob Rusburg, vainqueur du PGA Championship, et de Mike Souchak, tous marquant deux points.

L'équipe américaine, complètement remaniée par rapport à celle de 1957,

A DROITE : *Première et seule apparition de Bob Rosburg en Ryder Cup. Il peut avoir le sourire avec deux matches gagnés.*

A GAUCHE : *Sam Snead, le capitaine américain, fait découvrir à ses joueurs la liste des paires qu'il a imaginées pour les foursomes.*

PREMIER ET DEUXIEME JOURS

CAPITAINES

Etats-Unis : Sam Snead — **Grande-Bretagne :** Dai Rees

FOURSOMES (VENDREDI)

Rosburg/Souchak *b.* **Hunt/Brown,** *5 & 4*
Boros/Finsterwald *b.* **Rees/Bousfield,** *2up*
Wall/Ford *perd c.* **O'Connor/Alliss,** *3 & 2*
Snead/Middlecoff et Weetman/Thomas, *match nul*
Score de la session : 2,5-1,5

SIMPLES (SAMEDI)

Doug Ford *et* **Norman Drew,** *match nul*
Mike Souchak *b.* **Ken Bousfield,** *3 & 2*
Bob Rosburg *b.* **Harry Weetman,** *6 & 5*
Sam Snead *b.* **Dave Thomas,** *6 & 5*
Art Wall *b.* **Christy O'Connor,** *7 & 6*
Dow Finsterwald *b.* **Dai Rees,** *1up*
Jay Hebert et Peter Alliss, *match nul*
Cary Middlecoff *perd c.* **Eric Brown,** *4 & 3*
Score de la session : 6-2
Score final : Etats-Unis 8,5-Grande-Bretagne 3,5

« Je ne joue jamais la sécurité, ce n'est pas mon style de jeu. Je n'ai simplement pas frappé le bon coup. »

Harry Weetman à propos du coup qui a tant coûté à son équipe lors des foursomes

prend la tête dès les foursomes, 2,5-1,5. Peter Alliss et Christy O'Connor sont les deux seuls Britanniques vainqueurs face à Art Wall et Doug Ford, 3&2. Rosburg et Souchak, pour les Etats-Unis, sont sans opposition face à Bernard Hunt et Eric Brown, battus 5&4. Julius Boros et Dow Finsterwald sont à peine moins dominateurs face à Dai Rees et Ken Bousfield. Pour les Américains, la bonne nouvelle vient aussi de l'inespéré match nul arraché par Sam Snead et Cary Middlecoff en retard d'un point au seuil du 18e trou face à Harry Weetman et Dave Thomas.

Lors de ce match, Snead a d'abord semblé ruiner les efforts de sa paire en envoyant sa balle dans l'eau, ce qui semblait condamner les Etats-Unis lors de ce match. Mais Weetman, au lieu de jouer la sécurité, a fait le choix d'un coup de fer 5 risqué et sa balle a fini sa course également dans l'eau. Le Britannique a ensuite payé cher cette erreur lorsque Snead a rentré un putt de 3m qui lui a fait perdre le trou. Les Britanniques sont clairement touchés au moral par ce rageant match nul alors que le score aurait dû être de 2-2 à l'issue des foursomes. Ils ne tardent pas à s'apercevoir lors des simples que les Américains ont bien l'intention de leur faire payer l'affront de Lindrick. La revanche est un plat qui se mange chaud aux Etats-Unis.

Lors des huit simples, cinq sont gagnés par les Etats-Unis et deux se terminent sur un nul. Eric Brown sauve l'honneur britannique face à Middlecoff, dominé 4&3. Mais il s'agit de la dernière partie et les Américains ont déjà mis la main sur le trophée depuis longtemps. Rosburg, Souchak, Snead et Wall sont de nets vainqueurs quand Finsterwald, qui a eu jusqu'à six points de retard, parvient à remonter son handicap et à coiffer au poteau Dai Rees sur le dernier trou. C'est une journée importante : c'est, en effet, la dernière fois que les matches de Ryder Cup ont été disputés sur 36 trous. Mais sinon, la routine s'est à nouveau installée au cœur de la compétition. Les Etats-Unis sont encore les meilleurs.

1961

Grande-Bretagne 9,5
Etats-Unis 14,5

Royal Lytham & St Annes Golf Club

13-14 Octobre

LE PARCOURS

Royal Lytham & St Annes Golf Club
Lieu : Lytham St Annes, Lancashire, Grande-Bretagne
Par : 70
Longueur : 6 508 m

Le Royal Lytham & St Annes Golf Club est le premier parcours habitué à accueillir le British Open qui s'ouvre à la Ryder Cup. Ce nouvel écrin pour la compétition ajoute du prestige à une compétition au format revisité.

C'est une Ryder Cup inédite dans la mesure où les matches sont désormais joués sur 18 trous et non plus 36, avec désormais deux sessions de foursomes et de simples qui font passer le total de points mis en jeu de 12 à 24. Mais cette petite révolution ne trouble pas les Américains qui, emmenés par Jerry Barber, s'imposent de cinq points au Royal Lytham & St Annes.

LE NOUVEAU FORMAT DE LA RYDER CUP, proposé par Lord Brabazon en charge de la PGA britannique, marque l'abandon des matches joués sur 36 trous. Pour dynamiser la compétition, les foursomes et les simples ont été renforcés par l'ajout d'une nouvelle session. En vérité, les Américains ont voulu compléter le programme par une troisième journée consacrée à des « quatre balles », mais les Britanniques ont mis leur veto pour contrer cette demande.

Cette édition a lieu au Royal Lytham & St Annes, cadre habituel du British Open, et attire un large public intéressé de savoir si toutes ces modifications de format vont bouleverser la donne. Avec ce nombre de points multipliés par deux, peut-être que les Américains vont tirer encore plus profit de leur impressionnant gisement de talents ? A moins que ces matches raccourcis de 36 à 18 trous ne favorisent les Britanniques ?

Avant le début des hostilités, les Britanniques ont au moins un motif de satisfaction : Sam Snead a été écarté de la sélection pour avoir participé à un pro-am qui n'était pas adoubé par l'USPGA qui y a vu là une entorse à son règlement. Snead s'est vu sanctionner d'une amende et d'une suspension de six mois -une punition sévère réduite à 45 jours un peu plus tard. Sa place a été prise dans l'équipe par Doug Ford. Furieux, Snead a laissé transpirer son amertume : « C'est la pire claque que l'on m'a jamais infligée », a-t-il déclaré avant de faire appel. Mais hélas, il s'agit en la circonstance du point final de la carrière en Ryder Cup de ce capitaine joueur illustre qui avait participé à sept éditions, capitalisant personnellement un total de 10,5 points.

Mais même sans une figure aussi charismatique que Sam Snead, les Américains sont bien trop forts pour les Britanniques grâce aux débuts très réussis d'Arnold

CI-DESSUS : *Dai Rees, le capitaine joueur britannique, au putting devant une foule considérable au Royal Lytham & St Annes.*

Palmer dans la compétition et à la puissance de feu d'un gros frappeur comme Mike Souchak. Les deux hommes engrangent chacun 3,5 points pour propulser leur équipe vers la victoire. Comme souvent, les Etats-Unis prennent un très bon départ lors des foursomes qui les voient s'envoler 6-2 en dépit du succès, lors du premier match, de la paire Peter Alliss-Christy O'Connor face à Doug Ford et Gene Littler, battus 4&3. Mais la suite est cauchemardesque lors de ces foursomes pour Dai Rees, capitaine britannique pour la quatrième fois de suite, qui assiste à trois défaites consécutives. L'après-midi, le Gallois envoie bizarrement les mêmes troupes au front pour, hélas, le même résultat négatif : 3-1 encore pour les Etats-Unis. Rees sauve l'honneur avec Ken Bousfield face à Mike Souchak et Bill Collins. Mais comme il est au four et au moulin en tant que capitaine joueur, Rees n'est pas en mesure de vraiment jauger de la valeur actuelle de ses joueurs au moment de délivrer la liste des sélectionnés en simple. Les Etats-Unis dominent les simples du matin avec les matches enlevés par Ford, Souchak, Billy Casper et Dow Finsterwald qui portent leur avance à six points avant que Souchak et Palmer ne consolident leur triomphe dans l'après-midi. Les Britanniques finissent sur une meilleure note en remportant les simples de l'après-midi, mais il n'y a eu aucun suspense lors de ce Grande-Bretagne-Etats-Unis. Dans ce contexte impérial pour eux, les Américains peuvent entrevoir les éditions suivantes avec grande confiance.

CI-DESSUS : *Jerry Barber, le capitaine américain, porté en triomphe par ses joueurs au terme d'une nouvelle victoire américaine.*

PREMIER ET DEUXIEME JOURS

CAPITAINES

Grande-Bretagne : Dai Rees   **Etats-Unis :** Jerry Barber

FOURSOMES (VENDREDI MATIN)

O'Connor/Alliss *b.* **Ford/Littler,** *4 & 3*
Panton/Hunt *perd c.* **Wall/Hebert,** *4 & 3*
Rees/Bousfield *perd c.* **Casper/Palmer,** *2 & 1*
Haliburton/Coles *perd c.* **Collins/Souchak,** *1up*
Score de la session : 1-3

FOURSOMES (VENDREDI APRÈS-MIDI)

O'Connor/Alliss *perd c.* **Wall/Hebert,** *1up*
Panton/Hunt *perd c.* **Casper/Palmer,** *5 & 4*
Rees/Bousfield *b.* **Collins/Souchak,** *2 & 1*
Haliburton/Coles *perd c.* **Barber/Finsterwald,** *1up*
Score de la session : 1-3

SIMPLES (SAMEDI MATIN)

Harry Weetman *perd c.* **Doug Ford,** *1up*
Ralph Moffitt *perd c.* **Mike Souchak,** *5 & 4*
Peter Alliss et Arnold Palmer, *match nul*
Ken Bousfield *perd c.* **Billy Casper,** *5 & 3*
Dai Rees *b.* **Jay Hebert,** *2 & 1*
Neil Coles et Gene Littler, *match nul*
Bernard Hunt *b.* **Jerry Barber,** *5 & 4*
Christy O'Connor *perd c.* **Dow Finsterwald,** *2 & 1*
Score de la session : 3-5

SIMPLES (SAMEDI APRÈS-MIDI)

Harry Weetman *perd c.* **Art Wall,** *1up*
Peter Alliss *b.* **Bill Collins,** *3 & 2*
Bernard Hunt *perd c.* **Mike Souchak,** *2 & 1*
Tom Haliburton *perd c.* **Arnold Palmer,** *2 & 1*
Dai Rees *b.* **Doug Ford,** *4 & 3*
Ken Bousfield *b.* **Jerry Barber,** *1up*
Neil Coles *b.* **Dow Finsterwald,** *1up*
Christy O'Connor et Gene Littler, *match nul*
Score de la session : 4,5-3,5
Score final : Grande-Bretagne 9,5-Etats-Unis 14,5

Lors de la Ryder Cup 1973 à Muirfield, l'Américain Billy Casper, songeur au moment de s'apprêter à putter lors des « quatre balles » du premier jour. Associé à Gay Brewer, il s'incline face à Tony Jacklin et Peter Oosterhuis.

CHAPITRE QUATRE

LES ETATS-UNIS SEULS AU MONDE

Dans les années soixante et soixante-dix, les Etats-Unis continuent de ne montrer aucun signe de faiblesse. L'ajout de joueurs Irlandais au secours de l'équipe britannique ne parvient pas à combler un fossé qui se creuse. Et des questions commencent à affleurer au sujet de l'avenir de l'épreuve.

1963

Etats-Unis 23
Grande-Bretagne 9

Atlanta Athletic Club, Géorgie

11-13 Octobre

LE PARCOURS

Atlanta Athletic Club (aujourd'hui East Lake Country Club)
Lieu : Atlanta, Géorgie, Etats-Unis
Par : 70
Longueur : 6 711 m

Désormais connu sous le nom de East Lake Country Club, le club n'est plus localisé aujourd'hui au même endroit. En 1963, il propose à la Ryder Cup ce parcours signé de Donald Ross qui, en 1913, a redessiné le tracé original, œuvre de Tom Bendelow. C'est le parcours « maison » de Bobby Jones Jr.

Le format de la Ryder Cup est à nouveau modifié pour rendre la compétition plus attractive avec l'addition de deux sessions de « quatre balles » (meilleure balle), format ajouté au programme. Mais hélas, rien ne peut arrêter la domination des Etats-Unis, emmenés par leur capitaine-joueur Arnold Palmer. C'est même la deuxième plus large victoire américaine de l'histoire face à des adversaires réduits en poussière à Atlanta.

S'IL EST BESOIN D'UNE PREUVE supplémentaire qu'il y a désormais une différence énorme de classe entre les Etats-Unis et la Grande-Bretagne, cette édition 1963 de la Ryder Cup en est une sorte de démonstration éclatante. Il s'agit déjà d'une cuvée historique à sa manière. Pour la première fois, le format des « quatre balles » (meilleure balle) est en effet ajouté au programme et deux sessions lui sont spécialement réservées, histoire de répondre à la demande de la télévision américaine. C'est un fait connu : les foursomes, tradition écossaise, ne sont pas très prisés par les Américains et très appréciés par l'USPGA. Des demandes répétées de changement avaient été formulées dans le passé, mais elles avaient toutes été ignorées par les Britanniques qui avaient peur que leur équipe ne devienne moins compétitive avant d'accepter donc ce compromis pour 1963. Ce changement

PREMIER ET DEUXIEME JOURS

CAPITAINES

Etats-Unis : Arnold Palmer **Grande-Bretagne :** John Fallon

FOURSOMES (VENDREDI MATIN)

Palmer/Pott *perd c.* **Huggett/Will,** *3 & 2*
Casper/Ragan *b.* **Alliss/O'Connor,** *1up*
Boros/Lema et Coles/Hunt, *match nul*
Littler/Finsterwald et Thomas/Weetman, *match nul*
Score de la session : 2-2

FOURSOMES (VENDREDI APRÈS-MIDI)

Maxwell/Goalby *b.* **Thomas/Weetman,** *4 & 3*
Palmer/Casper *b.* **Huggett/Will,** *5 & 4*
Littler/Finsterwald *perd c.* **Coles/B. Hunt,** *2 & 1*
Boros/Lema *b.* **Haliburton/C. Hunt,** *1up*
Score de la session : 3-1

QUATRE BALLES (SAMEDI MATIN)

Palmer/Finsterwald *b.* **Huggett/Thomas,** *5 & 4*
Littler/Boros et Alliss/B. Hunt, *match nul*
Casper/Maxwell *b.* **Weetman/Will,** *3 & 2*
Goalby/Ragan *b.* **Coles/O'Connor,** *1up*
Score de la session : 3,5-0,5

QUATRE BALLES (SAMEDI APRÈS-MIDI)

Palmer/Finsterwald *b.* **Coles/O'Connor,** *3 & 2*
Lema/Pott *b.* **Alliss/B. Hunt,** *1up*
Casper/Maxwell *b.* **Haliburton/G. Hunt,** *2 & 1*
Goalby/Ragan et Huggett/Thomas, *match nul*
Score de la session : 3,5-0,5

TROISIEME JOUR

SIMPLES (DIMANCHE MATIN)

Tony Lema *b.* **Geoff Hunt,** *5 & 3*
Johnny Pott *perd c.* **Brian Huggett,** *3 & 1*
Arnold Palmer *perd c.* **Peter Alliss,** *1up*
Billy Casper *et* **Neil Coles,** *match nul*
Bob Goalby *b.* **Dave Thomas,** *3 & 2*
Gene Littler *b.* **Christy O'Connor,** *1up*
Julius Boros *perd c.* **Harry Weetman,** *1up*
Dow Finsterwald *perd c.* **Bernard Hunt,** *2up*
Score de la session : 3,5-4,5

SIMPLES (DIMANCHE APRÈS-MIDI)

Arnold Palmer *b.* **George Will,** *3 & 2*
Dave Ragan *b.* **Neil Coles,** *2 & 1*
Tony Lema et Peter Alliss, *match nul*
Gene Littler *b.* **Tom Haliburton,** *6 & 4*
Julius Boros *b.* **Harry Weetman,** *2 & 1*
Billy Maxwell *b.* **Christy O'Connor,** *2 & 1*
Dow Finsterwald *b.* **Dave Thomas,** *4 & 3*
Bob Goalby *b.* **Bernard Hunt,** *2 & 1*
Score de la session : 7,5-0,5
Score final : Etats-Unis 23-Grande-Bretagne 9

de programme implique que 32 points sont désormais mis en jeu au lieu de 24 précédemment et que la compétition ne se joue plus sur deux, mais trois jours.

Cette Ryder Cup au goût nouveau correspond aussi à une dernière : jamais plus après cette édition 1963, un capitaine ne sera à la fois au four et au moulin, c'est-à-dire sélectionneur et joueur. A Atlanta, les Britanniques ont déjà choisi de s'affranchir de semblable cumul en confiant les rênes de l'équipe à John Fallon, capitaine non joueur. Mais du côté américain, Arnold Palmer (qui a déjà remporté le Masters trois fois, l'US Open une fois et le British Open deux fois) se confronte à ce difficile double exercice. Avec succès : il engrange quatre points club en main, y compris celui de son simple contre George Will, et guide son groupe vers une très nette victoire.

Dans cette confrontation, la Grande-Bretagne a au moins le mérite de prendre un bon départ, en faisant match nul 2-2 lors des foursomes du début du week-end avec au passage un succès surprise de Will et Brian Huggett face à Palmer et Johnny Pott. Les Américains prennent ensuite le large lors des foursomes de l'après-midi gagnés 3-1 (Fallon a étonnamment procédé à quelques changements en dépit de la réussite du matin) avant d'écraser les « quatre balles » en engloutissant sept des huit points distribués. A la fin de la deuxième journée, ils mènent donc 12-4.

La Ryder Cup est déjà terminée pour les Britanniques, mais les Américains sont sans pitié et gardent le pied sur la pédale de l'accélérateur pour triompher avec une marge de 14 points : onze de leurs points sont pris lors des simples où les Etats-Unis s'imposent à l'occasion de sept des huit dernières parties. Pour la Grande-Bretagne, les seuls lots de consolation sont incarnés par le succès à sensation de Peter Alliss sur Arnold Palmer et la victoire de Harry Weetman face au vainqueur de l'US Open, Julius Boros. Mais le gouffre qui existe maintenant entre les deux équipes est abyssal. Palmer avait présenté ses joueurs par cette formule : « Cette équipe battrait n'importe quelle équipe constituée du reste du monde. » Personne ne peut lui donner tort au terme de cette promenade en Géorgie.

A GAUCHE : *Les membres de l'équipe américaine prennent la pose devant leurs sacs en 1963 à la veille des matches à Atlanta.*

CI-DESSUS : *Arnold Palmer jette son putter de dépit lors des premiers foursomes. Avec son partenaire Johnny Pott, il doit s'incliner face aux Britanniques Brian Huggett et George Will.*

1965

Grande-Bretagne 12,5
Etats-Unis 19,5

Royal Birkdale, Southport

7-9 Octobre

LE PARCOURS

Royal Birkdale Golf Club
Lieu : Southport, Merseyside, Grande-Bretagne
Par : 72
Longueur : 6 233 m

Parcours tentaculaire construit dans une vallée entre de larges dunes, le Royal Birkdale est choisi parce qu'il offre de vastes espaces pour les spectateurs qui ne manquent rien de l'action. Il a été dessiné par trois générations d'architectes issues de la famille Hawthorn avec la vision du très grand joueur britannique, J.H. Taylor.

La Ryder Cup entre dans une nouvelle ère au Royal Birkdale : celle de la commercialisation avec la présence d'une large tente dédiée aux opérations de relations publiques. Elle s'ouvre aussi à un plus grand nombre de spectateurs sur un parcours qui offre une plus grande capacité d'accueil. Mais même si la Grande-Bretagne affiche un meilleur visage sur ce tracé, elle ne peut empêcher les Etats-Unis de prouver encore leur supériorité, notamment lors des simples.

D'UNE CERTAINE MANIÈRE, cette édition 1965 laisse quelques regrets aux troupes britanniques, qui ont très bien combattu lors des deux premières journées, au point d'attaquer les simples du samedi avec seulement deux points de retard sur leurs adversaires américains. Mais une fois le match terminé, les mêmes questions affleurent au sujet de l'éternelle domination des Etats-Unis qui ont décidément l'art de la conclusion.

Cette rencontre a un faste différent grâce à Brian Park, vice président de la PGA britannique et membre du Royal Birkdale, qui fait un don de 11 000 £ de l'époque (l'équivalent de 31 000 $ en 1963) afin d'ériger une vaste zone d'hospitalité à destination des spectateurs. Park a voyagé aux Etats-Unis pour regarder comment les tournois étaient organisés là-bas et il entend exporter ce savoir-faire en Grande-Bretagne. En vérité, ces nouvelles installations du Royal Birkdale font un tabac auprès des fans locaux qui n'ont jamais vu quelque chose de semblable. Des espaces pour se restaurer, des chapiteaux, un environnement fleuri pour l'occasion, une tente d'information à destination du public, un programme commémoratif de 160 pages, une poste, des installations améliorées pour la presse et les photographes qui bénéficient d'une tour d'observation, autant d'éléments nouveaux qui contribuent à faire entrer la compétition dans une ère plus moderne.

Cette année-là, l'équipe britannique, conduite par Harry Weetman, a quatre petits nouveaux en son sein : Lionel Platts, Peter Butler, Jimmy Martin et Jimmy Hitchcock. Tous sont extrêmement motivés par la réussite récente de leurs homologues amateurs qui ont tenu tête aux Américains (11-11) à Baltimore lors de la Walker Cup. En revanche, l'équipe des Etats-Unis rencontre, elle, quelques soucis. Johnny Pott s'est blessé à un muscle dorsal lors d'un entraînement et est forfait pour la compétition. Ken Venturi, le vainqueur de l'US Open en 1964, sort de son côté de

> *« Ce parcours n'a pas les allures d'un chat domestique, mais ressemble bien à un tigre. »*
>
> *Golf Digest au sujet du Royal Birkdale*

PREMIER JOUR

CAPITAINES
Grande-Bretagne : Harry Weetman — **Etats-Unis :** Byron Nelson

FOURSOMES (JEUDI MATIN)
Platts/Butler *perd c.* **Boros /Lema,** *1up*
Thomas/Will *b.* **Palmer/Marr,** *6 & 5*
B. Hunt/Coles *perd c.* **Casper/Littler,** *2 & 1*
Alliss/O'Connor *b.* **Venturi/January,** *5 & 4*
Score de la session : 2-2

FOURSOMES (JEUDI APRÈS-MIDI)
Thomas/Will *perd c.* **Palmer/Marr,** *6 & 5*
Alliss/O'Connor *b.* **Casper/Littler,** *2 & 1*
Martin/Hitchcock *perd c.* **Boros/Lema,** *5 & 4*
B. Hunt/Coles *b.* **Venturi/January,** *3 & 2*
Score de la session : 2-2

A GAUCHE : *Byron Nelson, le capitaine américain (à g.), en pleine discussion avec Harold Wilson, le Premier ministre britannique, présent au Royal Birkdale.*

A GAUCHE : *Dave Thomas, joueur britannique, les pieds dans un bunker tout près du club-house du Royal Birkdale.*

DEUXIEME ET TROISIEME JOURS

QUATRE BALLES (VENDREDI MATIN)

Thomas/Will *perd c.* **January/Jacobs,** *1up*
Platts/Butler et Casper/Littler, *match nul*
Alliss/O'Connor *perd c.* **Palmer/Marr,** *6 & 4*
Hunt/Coles *b.* **Boros/Lema,** *1up*
Score de la session : 1,5-2,5

QUATRE BALLES (VENDREDI APRÈS-MIDI)

Alliss/O'Connor *b.* **Palmer/Mar,r** *2up*
Thomas/Will *perd c.* **January/Jacobs,** *1up*
Platts/Butler *et* **Casper/Littler,** *match nul*
Hunt/Coles *perd c.* **Venturi/Lema,** *1up*
Score de la session : 1,5-2,5

SIMPLES (SAMEDI MATIN)

Jimmy Hitchcock *perd c.* **Arnold Palmer,** *3 & 2*
Lionel Platts *perd c.* **Julius Boros,** *4 & 2*
Peter Butler *perd c.* **Tony Lema,** *1up*
Neil Coles *perd c.* **Dave Marr,** *2up*
Bernard Hunt *b.* **Gene Littler,** *2up*
Dave Thomas *perd c.* **Tommy Jacobs,** *2 & 1*
Peter Alliss *b.* **Billy Casper,** *1up*
George Will et Don January, *match nul*
Score de la session : 2,5-5,5

SIMPLES (SAMEDI APRÈS-MIDI)

Christy O'Connor *perd c.* **Tony Lema,** *6 & 4*
Jimmy Hitchcock *perd c.* **Julius Boros,** *2 & 1*
Peter Butler *perd c.* **Arnold Palmer,** *2up*
Peter Alliss *b.* **Ken Venturi,** *3 & 1*
Neil Coles *b.* **Billy Casper,** *3 & 2*
George Will *perd c.* **Gene Littler,** *2 & 1*
Bernard Hunt *perd c.* **Dave Marr,** *1up*
Lionel Platts *b.* **Tommy Jacobs,** *1up*
Score de la session : 3-5
Score final : Grande-Bretagne 12,5-Etats-Unis 19,5

convalescence après avoir été opéré à la main pour des problèmes circulatoires. Il existe donc une chance pour la Grande-Bretagne de créer l'exploit et c'est d'autant plus vrai à l'issue des premières sessions favorables aux joueurs qui reçoivent.

Les foursomes du jeudi se terminent sur un score de parité de 2-2 lors des deux sessions. Quelques surprises émaillent cette première journée : Dave Thomas et George Will font une bouchée, 6&5, de Dave Marr et Arnold Palmer quand Peter Alliss et Christy O'Connor sont à peine moins tendres, 5&4, pour Ken Venturi et Don January. Mais Tony Lema, qui gagnera cinq points sur six possibles en ce qui le concerne, rentre un putt délicat sur le dernier green pour battre Platts et Butler et garder ainsi les tenants du titre dans la course.

L'après-midi, Palmer, qui a passé le temps du déjeuner au practice après s'être incliné le matin, se venge aux côtés du même Marr en jouant un golf extraordinaire qui terrasse, 6&5, Will/Thomas. Les « quatre balles » du vendredi sont encore très serrées même si cette fois, les Etats-Unis en sortent vainqueurs 5-3 sachant que sept des huit matches doivent cependant aller au terme du 18e trou. Le premier résultat le plus marquant est signé de Don January et Tommy Jacobs qui, distancés de quatre points, parviennent à s'imposer d'un coup face à Thomas/Will. Lionel Platts et Peter Butler gaspillent aussi une avance de quatre points avec quatre trous à jouer et doivent se contenter d'un nul face à Billy Casper et Gene Littler. Le succès l'après-midi de Alliss/O'Connor sur Palmer/Marr ne parvient pas à contrebalancer la tendance qui se confirme nettement lors des simples.

Les Britanniques auraient probablement eu leur chance de s'imposer si le résultat s'était joué sur neuf trous, mais lorsque la pression se fait plus insistante, les Américains savent garder leurs nerfs. L'équipe américaine domine son sujet aussi bien qu'elle maîtrise les conditions de jeu. Le capitaine Byron Nelson observe les opérations en toute décontraction. Lorsque ses quatre meilleurs joueurs ramènent chacun leur point du simple le samedi matin, la messe est déjà dite.

Légendes de Ryder Cup

Arnold **PALMER** et Gardner **DICKINSON**

Peter Fleming, l'ancien grand joueur de double américain en tennis, a un jour donné sa définition de la meilleure paire de double : « John McEnroe et n'importe qui ». C'était joliment dit de la part de quelqu'un qui avait été le compagnon le plus fidèle de McEnroe dans cette spécialité. En golf, l'équivalent de McEnroe pourrait être Arnold Palmer qui, comme le champion de tennis américain, a pu compter sur le fidèle Gardner Dickinson pour se rendre invincible en Ryder Cup.

Gardner Dickinson et Arnold Palmer ont composé la paire américaine la plus fructueuse en Ryder Cup. Ils ont joué ensemble à cinq reprises et se sont imposés à chaque fois lors de rencontres gagnées largement par les Etats-Unis en 1967 et 1971. Palmer est peut-être le plus grand joueur de l'histoire de l'équipe américaine de Ryder Cup en termes de parties jouées et de points rapportés. De son côté, Dickinson a un ratio de 9-1 lors de ses apparitions dans la compétition -le plus beau pourcentage affiché par un joueur ayant disputé plus de sept matches dans cette rencontre organisée tous les deux ans.

En 1967, Ben Hogan, le capitaine américain, a associé pour la première fois le « rookie » Dickinson avec le presque millionnaire en

CI-DESSUS : *Arnold Palmer (accroupi) aide Gardner Dickinson à identifier la meilleure ligne de putt.*

dollars Palmer. Il a eu le nez creux dans la mesure où Dickinson et le « king » se sont arrogé le premier point de la rencontre aux dépens de Peter Alliss et de Christy O'Connor, 2&1. Cela a correspondu à la naissance d'un magnifique duo. L'après-midi, ils ont réduit en poussière Malcolm Gregson et Hugh Boyle, 5&4. Le lendemain, alors que Palmer avait été mis au repos, Dickinson est resté sur sa lancée victorieuse aux côtés de Doug Sanders avec qui il se débarrassa, 3&2, de Brian Huggett et George Will. La même paire a eu raison de Alliss/Gregson l'après-midi. Ces superbes résultats ont été confirmés lors des simples où Dickinson et Palmer ont chacun ramené leur point face à Tony Jacklin. Palmer a même trouvé le temps de s'offrir Brian Huggett lors de ces simples alors élargis à deux sessions dans la même journée.

Le duo, imbattable et invaincu, a apporté cette année-là ses pierres à l'édifice du triomphe américain sur le score énorme de 23,5-8,5, le plus grand écart jamais enregistré dans la compétition. Deux ans plus tard, en l'absence de Dickinson et Palmer, le match nul obtenu au Royal Birkdale par les Britanniques a heureusement sauvé temporairement l'intérêt pour la compétition. Mais les bonnes habitudes ont été reprises, en 1971, à Saint-Louis, par l'équipe américaine où Jay Herbert, le capitaine, a eu l'idée de « marier » à nouveau Gardner Dickinson et Arnold Palmer lors de la première session des « quatre balles ». La paire n'a pas dérogé à ses pratiques gagnantes pour prendre la mesure de Peter Townsend et Peter Oosterhuis. Stabilité identique lors des foursomes de l'après-midi avec un nouveau point glané face aux mêmes adversaires.

Le lendemain matin, le tandem magnifique ne s'est pas démobilisé pour écraser, 5&4, Bernard Gallacher et Peter Oosterhuis. Un match marqué par un incident consécutif à la demande du caddie de Gallacher qui, après avoir vu Palmer réussir un splendide coup de départ, lui a demandé quel club il avait employé, ce qu'interdit le règlement. Palmer, qui a tenté de calmer les palabres entre le caddie et l'arbitre, a gagné le trou, en quelque sorte, sur tapis vert. Cette partie a été la dernière réunissant Dickinson et Palmer. Palmer, qui avait fait équipe avec Dow Finsterwald dans le passé et sera associé plus tard avec un autre n°1 en la personne de Jack Nicklaus, n'a jamais trouvé une aussi bonne alchimie qu'avec Dickinson. Il a terminé sa carrière avec un bilan de 22 matches gagnés contre huit défaites et deux nuls pour un total de 23 points récoltés. Ce dernier record a été sa propriété de 1973 à 1997, année où Nick Faldo a additionné deux point de plus que lui.

“J'ai adoré la Ryder Cup parce qu'il ne s'agissait pas de jouer pour de l'argent, mais pour quelque chose de plus grand et de plus personnel.”

Arnold Palmer

EUX ET LA RYDER CUP

Arnold PALMER
Ryder Cups : 1961, 1963, 1965, 1967, 1971, 1973, 1975, vainqueur à chaque fois, capitaine joueur en 1963 et capitaine non joueur en 1975.
Total de victoires : 7
Matches : 32 (22 victoires, 2 nuls, 8 défaites)
Total de points : 23

Gardner DICKINSON
Ryder Cups : 1967 (vainqueur), 1971 (vainqueur)
Total de victoires : 2
Matches : 10 (9 victoires, 1 défaite)
Total de points : 9

En tant que paire
Matches : 5 (5 victoires)
Total de points : 5

1967

Etats-Unis 23,5
Grande-Bretagne 8,5

Champions Golf Club, Texas

20-22 Octobre

LE PARCOURS

Cypress Creek Course, Champions Golf Club
Lieu : Houston, Texas, Etats-Unis
Par : 71
Longueur : 6 583 m

Dessiné par Ralph Plummer et ouvert en 1959, ce club a la particularité de rassembler 70 000 arbres et se singularise par ses larges fairways et ses énormes greens.

Ben Hogan, le capitaine américain, présente ses joueurs comme les meilleurs au monde et ils en font la démonstration lors de cette édition 1967. Au terme d'un récital, les Américains remportent leur plus large victoire de l'histoire dans la compétition.

LA VICTOIRE AMÉRICAINE, obtenue avec une avance de 15 points au Champions Golf Club de Houston, est d'autant plus remarquable qu'elle est décrochée sans la contribution du meilleur joueur des Etats-Unis, Jack Nicklaus. En effet, ce dernier, en dépit de sept succès en tournois majeurs, n'en a pas fini avec sa période d'« essai » de cinq ans sur le PGA Tour, ce qui le rend inéligible pour la compétition. Mais Gardner Dickinson et Arnold Palmer le « remplacent » avantageusement en restant invaincus lors de leurs cinq matches et en participant au large triomphe américain.

Ben Hogan, le capitaine américain, donne le ton lors du dîner officiel précédant la rencontre. Après avoir attendu patiemment que son homologue britannique, Dai Rees, en finisse de détailler le palmarès de chacun de ses sélectionnés, il se lève, résume son groupe en une phrase (« les plus grands joueurs du monde ») et se rassoit sous un tonnerre d'applaudissements. L'entreprise de démolition de l'équipe adverse vient de commencer.

Rees est un choix de capitaine controversé dans la mesure où il a déjà occupé ce poste, Harry Weedman, forte tête, ayant alors refusé de jouer sous ses ordres. A l'inverse, Hogan est un leader impressionnant qui a choisi personnellement ses joueurs (un comité a été décisionnaire en Grande-Bretagne) et qui a réussi à imposer de longues heures d'entraînement à son groupe ainsi qu'un couvre-feu à 22h30. Palmer est même remis sèchement à sa place lorsqu'il s'est interrogé publiquement sur l'utilité d'un entraînement spécifique avec une balle de dimension plus petite. « Mais qui a dit que tu joueras ? », s'est-il entendu répondre.

Naturellement, Palmer n'est pas mis de côté par son capitaine, mais tous les membres de l'équipe ont saisi le message. Avec des « rookies » comme Gardner

CI-DESSUS : *Tony Jacklin fait ses grands débuts en Ryder Cup à l'occasion d'une défaite, hélas, sans appel pour la Grande-Bretagne.*

PREMIER JOUR

CAPITAINES

Etats-Unis : Ben Hogan **Grande-Bretagne :** Dai Rees

FOURSOMES (VENDREDI MATIN)

Casper/Boros et Huggett/Will, *match nul*
Palmer/Dickinson *b.* **Alliss/O'Connor,** *2 & 1*
Sanders/Brewer *perd c.* **Jacklin/Thomas,** *4 & 3*
Nichols/Pott *b.* **Hunt/Coles,** *6 & 5*
Score de la session : 2,5-1,5

FOURSOMES (VENDREDI APRÈS-MIDI)

Casper/Boros *b.* **Huggett/Will,** *1up*
Dickinson/Palmer *b.* **Gregson/Boyle,** *5 & 4*
Littler/Geiberger *perd c.* **Jacklin/Thomas,** *3 & 2*
Nichols/Pott *b.* **Alliss/O'Connor,** *2 & 1*
Score de la session : 3-1

Dickinson, Bobby Nichols, Al Geiberger, Doug Sanders et Gay Brewer, associés à des stars aussi illustres que Palmer et Billy Casper, les Américains présentent une équipe de premier plan. Et même si les Britanniques alignent le tout jeune Tony Jacklin, qui vient de réussir un trou en un télévisé quelques semaines plus tôt lors du Dunlop Masters, il est clair qu'ils n'ont aucune chance. Et ils sont d'ailleurs très vite écrasés.

Tout ne commence pas si mal pourtant avec le demi point récolté par Huggett/Will face à Casper/Boros et le succès engrangé par Jacklin/Thomas, 4&3, face à Sanders/Brewer. Mais cette joie est de courte durée face à des Américains qui creusent l'écart dès les foursomes de l'après-midi avant de s'envoler lors des « quatre balles » du lendemain qui leur valent sept points sur huit. Au seuil des simples, les Etats-Unis caracolent en tête 13-3. A l'issue de la dernière journée, les « locaux » ajoutent 10,5 points à leur total lors des simples qui voient Dickinson, Palmer et Geiberger s'imposer à deux reprises. Pour la Grande-Bretagne, c'est une déroute historique.

Pourtant, à l'exception du net succès, 5&3, de Palmer sur Huggett, la plupart des matches ont été plus ou moins disputés. Mais le résultat n'a jamais été mis en doute et le tableau de score vaut tous les discours pour la Grande-Bretagne (et peut-être pour l'épreuve). La performance des vainqueurs a été impitoyable. Reste à savoir si la Ryder Cup peut continuer à dérouler pareil scénario connu d'avance.

CI-DESSUS : *Arnold Palmer dans le brouillard épais du Texas lors d'un entraînement juste avant les simples.*

DEUXIEME ET TROISIEME JOURS

QUATRE BALLES (SAMEDI MATIN)

Casper/Brewer *b.* **Alliss/O'Connor,** *3 & 2*
Nichols/Pott *b.* **Hunt/Coles,** *1up*
Littler/Geiberger *b.* **Jacklin/Thomas,** *1up*
Dickinson/Sanders *b.* **Huggett/Will,** *3 & 2*
Score de la session : 4-0

QUATRE BALLES (SAMEDI APRÈS-MIDI)

Casper/Brewer *b.* **Hunt/Coles,** *5 & 3*
Dickinson/Sanders *b.* **Alliss/Gregson,** *3 & 2*
Palmer/Boros *b.* **Will/Boyle,** *1up*
Littler/Geiberger et Jacklin/Thomas, *match nul*
Score de la session : 3,5-0,5

SIMPLES (DIMANCHE MATIN)

Gay Brewer *b.* **Hugh Boyle,** *4 & 3*
Billy Casper *b.* **Peter Alliss,** *2 & 1*
Arnold Palmer *b.* **Tony Jacklin,** *3 & 2*
Julius Boros *perd c.* **Brian Huggett,** *1up*
Doug Sanders *perd c.* **Neil Coles,** *2 & 1*
Al Geiberger *b.* **Malcolm Gregson,** *4 & 2*
Gene Littler et Dave Thomas, *match nul*
Bobby Nichols et Bernard Hunt, *match nul*
Score de la session : 5-3

SIMPLES (DIMANCHE APRÈS-MIDI)

Arnold Palmer *b.* **Brian Huggett,** *5 & 3*
Gay Brewer *perd c.* **Peter Alliss,** *2 & 1*
Gardner Dickinson *b.* **Tony Jacklin,** *3 & 2*
Bobby Nichols *b.* **Christy O'Connor,** *3 & 2*
Johnny Pott *b.* **George Will,** *3 & 1*
Al Geiberger *b.* **Malcolm Gregson,** *2 & 1*
Julius Boros et Bernard Hunt, *match nul*
Doug Sanders *perd c.* **Neil Coles,** *2 & 1*
Score de la session : 5,5-2,5
Score final : Etats-Unis 23,5-Grande-Bretagne 8,5

> *“ Mesdames et messieurs, l'équipe américaine de Ryder Cup -les plus grands joueurs du monde ! ”*
>
> *Ben Hogan lors de la présentation de son équipe étoilée*

1969

Grande-Bretagne 16
Etats-Unis 16

Royal Birkdale, Southport

18-20 Septembre

LE PARCOURS

Royal Birkdale Golf Club
Lieu : Southport, Merseyside, Grande-Bretagne
Par : 72
Longueur : 6 233 m

Cadre de la Ryder Cup pour la deuxième fois, le Royal Birkdale renforce sa réputation de lieu particulièrement tonique pour regarder du golf entre dunes et vent venu de la mer d'Irlande. Cette fois, l'édition est nettement plus disputée et même inoubliable.

En deux ans, la Ryder Cup passe de son édition la moins compétitive en 1967 à la plus disputée en 1969. Cette rencontre est marquée par le geste immense et plein de sportivité de Jack Nicklaus qui, sur le tout dernier trou du week-end, empêche Tony Jacklin de jouer un putt tout à fait « manquable » afin de rester sur un match nul.

C'EST UN MOMENT QUI TIENT UNE PLACE À PART dans l'histoire de la Ryder Cup. Un instant où l'esprit de la Ryder Cup, tel que Sam Ryder l'avait imaginé, a jailli avec panache, même si Sam Snead, le capitaine américain à la personnalité volontiers tournée vers la victoire, en a été, paraît-il, furieux. Nicklaus, qui sait que les Etats-Unis ont la certitude d'un match nul et donc de conserver le trophée, a trop de respect pour son adversaire, Tony Jacklin, pour l'obliger à assurer un putt de 60cm. Cette élégance déclenche ce qui va unir les deux hommes par la suite, c'est-à-dire une énorme amitié entre deux légendes du golf qui vont même conjuguer leurs talents pour dessiner ensemble le Concession Golf Club, en Floride. Mais même sans ce moment unique, cette Ryder Cup serait restée dans les annales avec 17 des 32 matches conclus sur le trou n°18 et à chaque fois dans un excellent climat.

Lorsque Eric Brown, le capitaine britannique, indique à ses joueurs qu'il n'est pas question pour eux de perdre leur temps à aider leurs adversaires à chercher leur balle dans le rough, le ciel n'est pourtant pas aussi clair qu'à la fin du week-end. Quand les Américains Ken Still et Dave Hill sont pénalisés sur un trou lors des « quatre balles » parce que Hill ne putte pas au moment où c'est son tour, le vent de la colère se lève pendant quelques minutes.

Mais en dépit de ces rares incidents, tout est fascinant au cours de cette rencontre qui met en vedette de très jeunes joueurs du côté britannique comme Peter Townsend, 22 ans, et Bernard Gallacher qui, à 20 ans, devient le plus jeune joueur jamais sélectionné en Ryder Cup. Pari gagnant puisque la Grande-Bretagne s'échappe 3,5 à 0,5 au matin des premiers foursomes. De façon surprenante, Nicklaus

CI-DESSUS : *Eric Brown, le capitaine britannique, s'entretient avec Bernard Gallacher, 20 ans, plus jeune sélectionné de l'histoire de la Ryder Cup.*

PREMIER JOUR

CAPITAINES
Grande-Bretagne : Eric Brown — **Etats-Unis :** Sam Snead

FOURSOMES (JEUDI MATIN)
Coles/Huggett *b.* **Barber/Floyd,** *3 & 2*
Gallacher/Bembridge *b.* **Trevino/Still,** *2 & 1*
Jacklin/Townsend *b.* **Hill/Aaron,** *3 & 1*
O'Connor/Alliss *et* **Casper/Beard,** *match nul*
Score de la session : 3,5-0,5

FOURSOMES (JEUDI APRÈS-MIDI)
Coles/Huggett *perd c.* **Hill/Aaron,** *1up*
Gallacher/Bembridge *perd c.* **Trevino/Littler,** *1up*
Jacklin/Townsend *b.* **Casper/Beard,** *1up*
Butler/Hunt *perd c.* **Nicklaus/Sikes,** *1up*
Score de la session : 1-3

DEUXIEME ET TROISIEME JOURS

QUATRE BALLES (VENDREDI MATIN)

O'Connor/Townsend *b.* **Hill/Douglass,** *1up*
Huggett/Caygill et Floyd/Barbe, *match nul*
Barnes/Alliss *perd c.* **Trevino/Littler,** *1up*
Jacklin/Coles *b.* **Nicklaus/Sikes,** *1up*
Score de la session : 2,5-1,5

QUATRE BALLES (VENDREDI APRÈS-MIDI)

Butler/Townsend *perd c.* **Casper/Beard,** *2up*
Huggett/Gallacher *perd c.* **Hill/Still,** *2 & 1*
Bembridge/B. Hunt et Aaron/Floyd, *match nul*
Jacklin/Coles et Trevino/Barber, *match nul*
Score de la session : 1-3

SIMPLES (SAMEDI MATIN)

Peter Alliss *perd c.* **Lee Trevino,** *2 & 1*
Peter Townsend *perd c.* **Dave Hill,** *5 & 4*
Neil Coles *b.* **Tommy Aaron,** *1up*
Brian Barnes *perd c.* **Billy Casper,** *1up*
Christy O'Connor *b.* **Frank Beard,** *5 & 4*
Maurice Bembridge *b.* **Ken Still,** *1up*
Peter Butler *b.* **Ray Floyd,** *1up*
Tony Jacklin *b.* **Jack Nicklaus,** *4 & 3*
Score de la session : 5-3

SIMPLES (SAMEDI APRÈS-MIDI)

Brian Barnes *perd c.* **Dave Hill,** *4 & 2*
Bernard Gallacher *b.* **Lee Trevino,** *4 & 2*
Maurice Bembridge *perd c.* **Miller Barber,** *7 & 6*
Peter Butler *b.* **Dale Douglass,** *3 & 2*
Neil Coles *perd c.* **Dan Sikes,** *4 & 3*
Christy O'Connor *perd c.* **Gene Littler,** *2 & 1*
Brian Huggett et Billy Casper, *match nul*
Tony Jacklin et Jack Nicklaus, *match nul*
Score de la session : 3-5
Score final : Grande-Bretagne 16-Etats-Unis 16

a été laissé au repos lors de cette entame. En ayant opté pour Ray Floyd et Miller Barber pour ouvrir les hostilités face à Neil Coles et Brian Huggett, vainqueurs 3&2, Sam Snead s'est trompé. Mais les Etats-Unis reviennent vite dans la course lors de la deuxième session qu'ils dominent 3-1. Nicklaus fait du bien à l'équipe américaine qui doit tout de même se contenter d'un 8-8 à l'issue des doubles. Lors des simples, le coude à coude est spectaculaire. Quand Brian Huggett et Billy Casper en finissent sur un nul lors de l'avant-dernier simple, le score est de 15,5 partout. Ne reste plus que Jacklin et Nicklaus sur le parcours.

Alors que Jacklin vient de réussir un eagle sur le 17 pour revenir « all square » avec son rival du jour, Nicklaus lui demande sur le fairway du 18 comment il se sent après cet exploit : « Incroyablement bien », lui répond le Britannique. Les deux hommes arrivent en deux sur le green du 18 sous le regard de 10 000 spectateurs et des deux équipes rassemblées. Le putt de Nicklaus dépasse alors le trou quand celui de Jacklin s'en approche de 60cm. Avec des nerfs d'acier, Nicklaus rentre sa balle sur le coup suivant et assure ainsi (au moins) le match nul pour son pays certain de garder la Ryder Cup. Personne ne s'attend à ce qui va suivre. Nicklaus ramasse la marque laissée par Jacklin sur le green et lui concède ce putt pour un nul mémorable.

> *« Je ne pense pas que tu aurais manqué ce putt, Tony, mais je ne voulais pas t'en donner l'opportunité. »*
>
> *Jack Nicklaus après avoir « donné » son dernier putt à Tony Jacklin*

A DROITE : *Jack Nicklaus (dr.) serre la main de Tony Jacklin à qui il vient de faire l'offrande d'un putt, geste superbe qui permet aux deux équipes de se séparer sur un match nul.*

ACCUMU
OVERALL
Harbilt
400

Tony Jacklin (à dr.) reconduit Jack Nicklaus au club-house après l'avoir battu 4&3 lors des simples du matin. Les deux hommes se retrouveront l'après-midi et se sépareront sur un match nul resté dans les annales.

1971

Etats-Unis 18,5
Grande-Bretagne 13,5

Old Warson CC, Missouri

16-18 Septembre

Après le formidable suspense de l'édition 1969, retour à la routine deux ans plus tard. Sous l'impulsion de Lee Trevino, très inspiré, les Etats-Unis remportent une nouvelle victoire convaincante. Mais les Britanniques peuvent se consoler de leur avoir tenu la dragée haute et d'avoir ainsi préservé l'intérêt du public américain et des chaînes de télévision.

LE PARCOURS

Old Warson Country Club
Lieu : St. Louis, Missouri, Etats-Unis
Par : 71
Longueur : 6 142 m

Dessiné par Robert Trent Jones Sr, le par 4 du trou n°14 démarre d'une zone de départ surélevée et nécessite un coup initial d'environ 180m au-dessus d'un lac avec une zone d'arrivée très étroite. L'un des plus beaux trous existant au monde.

C'EST UNE GRANDE PREMIÈRE : dans le sillage de la précédente édition restée dans les mémoires et alors que Tony Jacklin a triomphé à l'US Open en 1970, la télévision américaine décide de diffuser la Ryder Cup pour la toute première fois. La rencontre est marquée par une météo capricieuse. Une vague de chaleur accueille les parties d'entraînement qui se déroulent sous un pic de 37,7°, mais le reste de la semaine est frappé par un déluge de pluie qui entraîne l'annulation de la cérémonie d'ouverture.

Eric Brown, le capitaine britannique, a fait appel aux « rookies » Harry Bannerman, John Garner et Peter Oosterhuis et a la joie de voir Neil Coles et Christy O'Connor surprendre 2&1 Billy Casper et Miller Barber lors du premier foursome. Le meilleur est encore à venir grâce à Tony Jacklin et Brian Huggett, vainqueurs 3&2 du tandem Nicklaus/Stockton lors d'un match où les Américains n'ont pas enregistré le moindre birdie. Plus tard, Maurice Bembridge et Peter Butler portent l'avance des Britanniques à 3 points à 1 en disposant de Charles Coody et Frank Beard.

Les Américains sont sous le choc. Jay Herbert, leur capitaine, doit composer

CI-DESSUS : *Eric Brown, le capitaine britannique, prêt à en découdre à la veille de cette Ryder Cup.*

PREMIER JOUR

CAPITAINES

Grande-Bretagne : Eric Brown — **Etats-Unis :** Jay Hebert

FOURSOMES (JEUDI MATIN)

Casper/Barber *perd c.* **Coles/O'Connor,** *2 & 1*
Palmer/Dickinson *b.* **Townsend/Oosterhuis,** *1up*
Nicklaus/Stockton *perd c.* **Huggett/Jacklin,** *3 & 2*
Coody/Beard *perd c.* **Bembridge/Butler,** *1up*
Score de la session : 1-3

FOURSOMES (JEUDI APRÈS-MIDI)

Casper/Barber *perd c.* **Bannerman/Gallacher,** *2 & 1*
Palmer/Dickinson *b.* **Townsend/Oosterhuis,** *1up*
Trevino/Rudolph et Huggett/Jacklin, *match nul*
Nicklaus/Snead *b.* **Bembridge/Butler,** *5 & 3*
Score de la session : 2,5-1,5

CI-DESSUS : *Tony Jacklin, lors d'une partie d'entraînement, devant un public déjà nombreux.*

avec des « rookies » comme Coody, Dave Stockton, Mason Rudolph et J.C. Snead (neveu du légendaire Sam Snead), mais il peut aussi compter sur les meilleurs golfeurs mondiaux avec Jack Nicklaus, Lee Trevino, Billy Casper et Arnold Palmer -même si Trevino revient de convalescence après une opération de l'appendicite et si Casper soigne encore un orteil cassé. Les Britanniques s'offrent un dernier baroud d'honneur quand Harry Bannerman et Bernard Gallacher démarrent les foursomes du jeudi après-midi en accrochant 2&1 le duo Casper/Barber à leur palmarès. Mais cet Etats-Unis-Grande-Bretagne bascule à partir de cette session gagnée 2,5 à 1,5 par les Américains. Les Britanniques n'ont plus qu'un point d'avance le jeudi soir et la suite pour eux est nettement plus compliquée.

Comme dans le passé, les « quatre balles » font le miel des Etats-Unis qui avalent la première session 4-0 avant de garder la main sur la seconde 2,5-1,5 et de se détacher ainsi 10-6 au seuil des simples. Un incident émaille ces « quatre balles » lorsque le caddie de Gallacher, impressionné par un coup de Palmer, demande à l'Américain quel club il a utilisé sur le par 3 du trou n°7. C'est une entorse au règlement qui interdit toute demande de conseil. Après de nombreux échanges verbaux, et tandis que Palmer tente diplomatiquement de calmer le jeu, l'arbitre donne le trou gagné aux Américains.

La confiance initiale des Britanniques a perdu de sa superbe et les simples sont une formalité américaine. Trevino écrase Huggett 7&6 et s'offre ainsi son quatrième point du week-end avant que le succès d'un point de J.C. Snead aux dépens de Tony Jacklin n'assure la victoire définitive des Etats-Unis. Même si les Britanniques réduisent l'ampleur de la défaite grâce à Barnes, Gallacher, Oosterhuis et Bannerman, le trophée est depuis longtemps dans les mains de l'équipe qui triomphe devant son public. La supériorité américaine est incontestable.

DEUXIEME ET TROISIEME JOURS

QUATRE BALLES (VENDREDI MATIN)

Trevino/Rudolph *b.* **O'Connor/Barnes,** *2 & 1*
Beard/Snead *b.* **Coles/Garner,** *2 & 1*
Palmer/Dickinson *b.* **Oosterhuis/Gallacher,** *5 & 4*
Nicklaus/Littler *b.* **Townsend/Bannerman,** *2 & 1*
Score de la session : 4-0

SIMPLES (SAMEDI MATIN)

Lee Trevino *b.* **Tony Jacklin,** *1up*
Dave Stockton et Bernard Gallacher, *match nul*
Mason Rudolph *perd c.* **Brian Barnes,** *1up*
Gene Littler *perd c.* **Peter Oosterhuis,** *4 & 3*
Jack Nicklaus *b.* **Peter Townsend,** *3 & 2*
Gardner Dickinson *b.* **Christy O'Connor,** *5 & 4*
Arnold Palmer et Harry Bannerman, *match nul*
Frank Beard et Neil Coles, *match nul*
Score de la session : 4,5-3,5

QUATRE BALLES (VENDREDI APRÈS-MIDI)

Trevino/Casper *perd c.* **Gallacher/Oosterhuis,** *1up*
Littler/Snead *b.* **Jacklin/Huggett,** *2 & 1*
Palmer/Nicklaus *b.* **Townsend/Bannerman,** *1up*
Coody/Beard et Coles/O'Connor, *match nul*
Score de la session : 2,5-1,5

SIMPLES (SAMEDI APRÈS-MIDI)

Lee Trevino *b.* **Brian Huggett,** *7 & 6*
J.C. Snead *b.* **Tony Jacklin,** *1up*
Miller Barber *perd c.* **Brian Barnes,** *2 & 1*
Dave Stockton *b.* **Peter Townsend,** *1up*
Charles Coody *perd c.* **Bernard Gallacher,** *2 & 1*
Jack Nicklaus *b.* **Neil Coles,** *5 & 3*
Arnold Palmer *perd c.* **Peter Oosterhuis,** *3 & 2*
Gardner Dickinson *perd c.* **Harry Bannerman,** *2 & 1*
Score de la session : 4-4
Score final : Etats-Unis 18,5-Grande-Bretagne 13,5

1973

GB & Irlande 13
Etats-Unis 19

Muirfield, East Lothian

20-22 Septembre

LE PARCOURS

Muirfield
Lieu : East Lothian, Ecosse
Par : 71
Longueur : 6 624 m

Le légendaire links de Muirfield, qui surplombe le fjord de Firth of Forth, a été ouvert en 1891. Son tracé, inhabituel, propose deux boucles de neuf trous : l'une jouée dans le sens des aiguilles d'une montre, l'autre dans le sens inverse.

En 1973, la Ryder Cup fait une incursion dans le berceau du golf - l'Ecosse. C'est également la première fois que la Grande-Bretagne et l'Irlande font alliance officiellement même si des joueurs irlandais étaient éligibles depuis de nombreuses années. Le résultat est habituel avec le net succès des Etats-Unis qui gardent leur trophée avec une avance de six points.

L'ÉQUIPE AMÉRICAINE QUI TRAVERSE L'ATLANTIQUE pour rejoindre l'Ecosse sous le capitanat de Jack Burke Jr est considérée comme la plus forte ayant jamais voyagé en Ryder Cup. Elle inclut des superstars comme Jack Nicklaus, Billy Casper, Lee Trevino et le tout récent vainqueur du British Open, Tom Weiskopf.

A eux tous, ils compilent 28 titres majeurs quand les Britanniques se contentent des deux de Tony Jacklin. Personne ne doute de l'issue du week-end à tel point que des débats s'engagent sur l'avenir de la compétition avant même le début de cette édition 1973.

Quelques changements ont été apportés au format avec le mélange de foursomes et de « quatre balles » lors des deux premières journées et il a été décidé d'officialiser, en quelque sorte, la contribution à la Ryder Cup de l'Irlande dont le nom apparaît désormais aux côtés de celui de la Grande-Bretagne. C'est une élégance dans la mesure où les Irlandais sont sélectionnables depuis 1953 alors que les Nord-irlandais le sont depuis 1947, même s'ils n'ont jamais été très nombreux à connaître ce privilège.

L'équipe britannique, qui inclut dans ses rangs des « rookies » comme Eddie Polland, Clive Clark et Tommy Horton, prend un bon départ sous le nouveau capitanat de Bernard Hunt. Et cela dès le premier trou du week-end qui voit le tandem Trevino/Casper avoir besoin de trois putts face à Bernard Gallacher et Brian Barnes qui triomphent d'un point conservé jusqu'à la fin. Christy O'Connor et Neil Coles complètent cette bonne entame en disposant, 3&2, de Weiskopf et

PREMIER JOUR

CAPITAINES

Grande-Bretagne & Irlande : Bernard Hunt **Etats-Unis :** Jack Burke Jnr.

FOURSOMES (JEUDI MATIN)

Barnes/Gallacher *b.* **Trevino/Casper,** *1up*
O'Connor/Coles *b.* **Weiskopf/Snead,** *3 & 2*
Jacklin/Oosterhuis et Rodríguez/Graham, *match nul*
Bembridge/Polland *perd c.* **Nicklaus/Palmer,** *6 & 5*
Score de la session : 2,5-1,5

QUATRE BALLES (JEUDI APRÈS-MIDI)

Barnes/Gallacher *b.* **Aaron/Brewer,** *5 & 4*
Bembridge/Huggett *b.* **Palmer/Nicklaus,** *3 & 1*
Jacklin/Oosterhuis *b.* **Weiskopf/Casper,** *3 & 1*
O'Connor/Coles *perd c.* **Trevino/Blancas,** *2 & 1*
Score de la session : 3-1

DEUXIEME ET TROISIEME JOURS

FOURSOMES (VENDREDI MATIN)

Barnes/Butler *perd c.* **Nicklaus/Weiskopf,** *1up*
Oosterhuis/Jacklin *b.* **Palmer/Hill,** *2up*
Bembridge/Huggett *b.* **Rodríguez/Graham,** *5 & 4*
Coles/O'Connor *perd c.* **Trevino/Casper,** *2 & 1*
Score de la session : 2-2

QUATRE BALLES (VENDREDI APRÈS-MIDI)

Barnes/Butler *perd c.* **Snead/Palmer,** *2up*
Jacklin/Oosterhuis *perd c.* **Brewer/Casper,** *3 & 2*
Clark/Polland *perd c.* **Nicklaus/Weiskopf,** *3 & 2*
Bembridge/Huggett et Trevino/Blancas, *match nul*
Score de la session : 0,5-3,5

SIMPLES (SAMEDI MATIN)

Brian Barnes *perd c.* **Billy Casper,** *2 & 1*
Bernard Gallacher *perd c.* **Tom Weiskopf,** *3 & 1*
Peter Butler *perd c.* **Homero Blancas,** *5 & 4*
Tony Jacklin *b.* **Tommy Aaron,** *3 & 1*
Neil Coles et Gay Brewer, *match nul*
Christy O'Connor *perd c.* **J.C. Snead,** *1up*
Maurice Bembridge et Jack Nicklaus, *match nul*
Peter Oosterhuis et Lee Trevino, *match nul*
Score de la session : 2,5-5,5

SIMPLES (SAMEDI APRÈS-MIDI)

Brian Huggett *b.* **Homero Blancas,** *4 & 2*
Brian Barnes *perd c.* **J.C. Snead,** *3 & 1*
Bernard Gallacher *perd c.* **Gay Brewer,** *6 & 5*
Tony Jacklin *perd c.* **Billy Casper,** *2 & 1*
Neil Coles *perd c.* **Lee Trevino,** *6 & 5*
Christy O'Connor et Tom Weiskopf, *match nul*
Maurice Bembridge *perd c.* **Jack Nicklaus,** *2up*
Peter Oosterhuis *b.* **Arnold Palmer,** *4 & 2*
Score de la session : 2,5-5,5
Score final : Grande-Bretagne 13-Etats-Unis 19

de J.C. Snead avant que l'exceptionnelle paire composée de Nicklaus et Palmer ne console spectaculairement l'orgueil américain, 6&5, face à Polland et Maurice Bembridge.

La Grande-Bretagne et l'Irlande bouclent la première journée avec un matelas de trois points d'avance grâce notamment à une autre victoire de Barnes/Gallacher lors des « quatre balles ». Mais dans la nuit, Gallacher fait une intoxication alimentaire et doit être remplacé au pied levé par Peter Butler qui joue aux côtés de Barnes dès le lendemain. Et Butler entre dans l'histoire de la compétition en devenant le premier homme à signer un trou en un sur le trou n°16 lors des foursomes du vendredi dans un match face à Nicklaus/Weiskopf. Mais le tandem américain, malgré ce coup d'éclat, triomphe sur le dernier trou, signant le retour en grâce de l'équipe américaine qui égalise 8-8 au terme de la deuxième journée.

Les deux premiers simples s'avèrent cruciaux pour la suite des événements. Barnes, fatigué, et Gallacher, encore pâle après quelques heures passées au lit, s'inclinent face à Casper et Weiskopf. Et lorsque Homero Blancas estourbit Peter Butler 5&4, le suspense n'est clairement plus d'actualité. Les Etats-Unis remportent la première session 5,5-2,5 et récidivent sur le même score dans celle de l'après-midi. La Ryder Cup a beau avoir trouvé refuge sur la terre nourricière du golf, elle reste encore la propriété des Américains.

A GAUCHE : *Peter Butler célèbre son trou en un, le premier de l'histoire de la Ryder Cup.*

A DROITE : *Jack Burke Jr, le capitaine américain, tient l'objet dont les Etats-Unis ont fait, en quelque sorte, leur jouet : la Ryder Cup.*

Légendes de Ryder Cup

Peter **ALLISS** et Christy **O'CONNOR**

Après avoir troqué son putter contre un micro dans les années 60, Peter Alliss est devenu la voix du golf en Grande-Bretagne. Christy O'Connor, surnommé affectueusement Himself, est resté de son côté l'une des figures sportives les plus respectées en Irlande. En Ryder Cup, l'un et l'autre ont composé l'une des paires les plus efficaces de l'histoire.

La paire sensationnelle, composée de Severiano Ballesteros et José María Olazábal, ne sera peut-être jamais dépassée en termes de réussite ou d'aura en Ryder Cup où elle peut être considérée comme la plus grande de l'histoire dans la compétition, mais de récents tandems, comme Nick Faldo-Ian Woosnam ou Darren Clark-Lee Westwood, ont montré qu'il était encore possible de réussir d'autres « mariages » heureux. En remontant plus loin dans le passé, l'association entre Peter Alliss et Christy O'Connor fait également partie de ces duos qui ont tellement compté. Ils ont joué 12 fois ensemble, se sont imposés à cinq reprises et ont signé un nul. A titre de comparaison, la meilleure paire américaine de l'histoire, constituée de Arnold Palmer et Gardner Dickinson, a, elle aussi, engrangé cinq succès.

EUX ET LA RYDER CUP

Peter ALLISS
Ryder Cups : 1953, 1957 (vainqueur), 1959, 1961, 1963, 1965, 1967, 1969 (match nul, mais les Etats-Unis gardent le trophée)
Total de victoires : 1
Matches : 30 (10 victoires, 5 nuls, 15 défaites)
Total de points : 12,5

Christy O'CONNOR
Ryder Cups : 1955, 1957 (vainqueur), 1959, 1961, 1963, 1965, 1967, 1969 (match nul, mais les Etats-Unis gardent le trophée), 1971, 1973
Total de victoires : 1
Matches : 36 (11 victoires, 4 nuls, 21 défaites)
Total de points : 13

En tant que paire
Matches : 12 (5 victoires, 1 nul, 6 défaites)
Total de points : 5,5

CI-DESSUS : *Christy O'Connor au départ du trou n°10 au Royal Birkdale en 1965. Peter Alliss (à g.) apprécie en toute décontraction.*

Entre 1953 et 1969, Alliss a participé à un total de huit Ryder Cups tandis que O'Connor n'a manqué aucune des dix éditions entre 1955 et 1973 -un record qui sera seulement battu par Nick Faldo en 1997. Bien qu'ils n'ont pas été réunis en double, les deux joueurs ont fait partie de la même équipe dès 1957 et O'Connor, en particulier, s'est montré décisif cette année-là dans la conquête du trophée au Lindrik Golf Club, dans le Yorkshire. En signant un retour éblouissant lors de la dernière journée, l'équipe britannique a remporté la compétition pour la première fois depuis 1933 lorsque O'Connor a parachevé une victoire écrasante sur Dow Finsterwald, 7&6. Deux ans plus tard, les Britanniques n'ont pas réussi à conserver leur trophée à l'Eldorado Country Club situé à Indian Wells, en Californie, mais Christy O'Connor et Peter Alliss, associés pour la première fois lors des foursomes, ont montré qu'ils étaient faits l'un pour l'autre en s'imposant, 3&2, face à Art Wall et Doug Ford. En 1961, les Etats-Unis ont encore gardé la main sur la Ryder Cup, mais O'Connor et Alliss ont fait à nouveau partie des vainqueurs, même si leur duo n'a pas été aussi heureux en 1963 lors d'un nouveau triomphe, large celui-là, des Etats-Unis.

En 1965, le format des « quatre balles » a été ajouté au programme et c'est cette année-là, au Royal Lytham & St Annes que Alliss et O'Connor se sont brillamment comportés pour gagner trois de leurs quatre matches. A une époque où les Américains étaient si insolents de domination, c'est un tour de force qui méritait le respect d'autant plus qu'il ne sera pas réédité lors des 20 années suivantes.

Alliss et O'Connor prenaient la vie (comme le golf) avec simplicité et tous les deux étaient des joueurs habités par leur passion née dès leur plus jeune âge et qui donnaient le sentiment de jouer constamment avec une sorte d'aisance naturelle. Lee Trevino, l'ancien grand joueur américain, a dit au sujet de O'Connor : « Christy traverse la balle aussi facilement qu'un couteau dans du beurre. » En dépit de plus de 20 succès glanés sur le circuit professionnel et de cinq apparitions dans le « top 5 » du British Open, Peter Alliss a toujours placé la Ryder Cup au sommet de son panthéon personnel en admettant que les plus grands (ou les plus mauvais) souvenirs de sa carrière ont toujours eu cette compétition pour cadre. « Mon plus mauvais moment reste lié à l'édition 1953 quand j'ai eu besoin de quatre putts sur le 18 pour signer ma défaite à Wentworth. Le meilleur : mon coup de bois 4 sur le dernier trou alors que Christy et moi affrontions Arnold Palmer et Dave Marr. La balle a fini à trois mètres du drapeau. » Son père, Percy, a également joué la Ryder Cup pour la Grande-Bretagne, une rareté père-fils que partagent également les Espagnols Antonio et Ignacio Garrido.

Christy O'Connor demeure, lui, éminemment respecté au-delà du fait qu'il détient le record du plus grand nombre de matches perdus en Ryder Cup (21). Il s'est notamment illustré avec brio lors de sa dernière sélection en 1973, à Muirfield. Alors qu'il avait perdu le matin du dernier jour contre J.C. Snead, Bernard Hunt, son capitaine, a insisté pour qu'il remette l'ouvrage sur le métier lors des simples de l'après-midi face à Tom Weiskopf, vainqueur cette année-là du British Open et de six autres tournois. O'Connor, à l'aube de ses 49 ans, a contraint le plus fort des Américains au match nul en arrachant un précieux demi point au 18e trou. Peter Alliss a dit de son partenaire : « « Himself » était un génie -une légende du golf irlandais et du golf en général. »

A l'âge de 38 ans, Alliss a cessé de son côté d'être un professionnel à plein temps pour se concentrer sur ses nouvelles occupations de commentateur, métier qui lui vaut aujourd'hui d'être plus connu pour son talent derrière un micro que pour son passé de golfeur. Sa carrière en Ryder Cup, aux côtés de Christy O'Connor, fait pourtant partie de l'histoire.

« Ce serait tellement facile de faire du romantisme au sujet de la Ryder Cup alors que c'est vraiment l'affrontement de deux équipes qui se rendent coup pour coup, mais de la manière la plus courtoise possible. »

Peter Alliss, à propos de la Ryder Cup

1975

Etats-Unis 21
GB & Irlande 11

Laurel Valley Golf Club, Pennsylvanie

19-21 Septembre

LE PARCOURS

Laurel Valley Golf Club
Lieu : Ligonier, Pennsylvanie, Etats-Unis
Par : 71
Longueur : 6 541 m

Le tracé, dessiné à l'origine par Dick Wilson, a été ensuite revu par Paul Erath en 1965. Arnold Palmer, qui dirige l'équipe américaine en 1975, le reverra de fond en comble à la fin des années 80. Le trou signature est le n°10, un par quatre.

L'équipe américaine, emmenée par Arnold Palmer, ne fait pas de détail en 1975 et ce large succès ne fait qu'entretenir les doutes sur l'avenir de l'épreuve telle qu'elle existe alors. Au moins la Grande-Bretagne et l'Irlande ont une raison de se réjouir grâce aux deux victoires en simple de Brian Barnes sur Jack Nicklaus.

BRIAN BARNES NE DOMINE PAS UNE FOIS, mais deux fois Jack Nicklaus lors de la journée des simples, un exploit qui peut être considéré comme l'un des plus grands tours de force individuels de l'histoire du golf. Mais hélas pour la Grande-Bretagne et l'Irlande, ce double triomphe n'est qu'un maigre rayon de soleil dans un ciel toujours sombre pour leurs couleurs. Les Américains s'imposent encore sans coup férir.

Dans cette rencontre, les Britanniques ne sont pas non plus très aguerris avec la présence de six « rookies » incarnés par Eamonn Darcy, Norman Wood, Tommy Horton, John O'Leary, Guy Hunt et Christy O'Connor Jr (le neveu de son homonyme). Face à eux, les Américains affichent de leur côté la présence de sept vainqueurs de l'US Open, avec Hale Irwin, Gene Littler, Johnny Miller et Lou Graham sans oublier le « big four » composé de Jack Nicklaus, Billy Casper, Ray Floyd et Lee Trevino. Difficile, en effet, de soutenir la comparaison.

Le temps, épouvantable, est une première indication de ce qui attend les Britanniques alors que des parties d'entraînement sont annulées en raison

CI-DESSUS : *Arnold Palmer supervise l'entraînement de ses troupes alors que le déluge s'abat sur la Pennsylvanie.*

PREMIER ET DEUXIEME JOURS

CAPITAINES

Etats-Unis : Arnold Palmer **Grande-Bretagne & Irlande** : Bernard Hunt

FOURSOMES (VENDREDI MATIN)

Nicklaus/Weiskopf *b.* **Barnes/Gallacher,** *5 & 4*
Littler/Irwin *b.* **Wood/Bembridge,** *4 & 3*
Geiberger/Miller *b.* **Jacklin/Oosterhuis,** *3 & 1*
Trevino/Snead *b.* **Horton/O'Leary,** *2 & 1*
Score de la session : 4-0

QUATRE BALLES (VENDREDI APRÈS-MIDI)

Casper/Floyd *perd c.* **Oosterhuis/Jacklin,** *2 & 1*
Weiskopf/Graham *b.* **Darcy/O'Connor,** *3 & 2*
Nicklaus/Murphy et Barnes/Gallacher, *match nul*
Trevino/Irwin *b.* **Horton/O'Leary,** *2 & 1*
Score de la session : 2,5-1,5

QUATRE BALLES (SAMEDI MATIN)

Casper/Miller *et* **Oosterhuis/Jacklin,** *match nul*
Nicklaus/Snead *b.* **Horton/Wood,** *4 & 2*
Littler/Graham *b.* **Barnes/Gallacher,** *5 & 3*
Geiberger/Floyd et Darcy/G. Hunt, *match nul*
Score de la session : 3-1

FOURSOMES (SAMEDI APRÈS-MIDI)

Trevino/Murphy *perd c.* **Jacklin/Barnes,** *3 & 2*
Weiskopf/Miller *b.* **O'Connor/O'Leary,** *5 & 3*
Irwin/Casper *b.* **Oosterhuis/Bembridge,** *3 & 2*
Geiberger/Graham *b.* **Darcy/G. Hunt,** *3 & 2*
Score de la session : 3-1

TROISIEME JOUR

SIMPLES (DIMANCHE MATIN)

Bob Murphy *b.* **Tony Jacklin,** *2 & 1*
Johnny Miller *perd c.* **Peter Oosterhuis,** *2up*
Lee Trevino et Bernard Gallacher, *match nul*
Hale Irwin et Tommy Horton, *match nul*
Gene Littler *b.* **Brian Huggett,** *4 & 2*
Billy Casper *b.* **Eamonn Darcy,** *3 & 2*
Tom Weiskopf *b.* **Guy Hunt,** *5 & 3*
Jack Nicklaus *perd c.* **Brian Barnes,** *4 & 2*
Score de la session : 5-3

SIMPLES (DIMANCHE APRÈS-MIDI)

Ray Floyd *b.* **Tony Jacklin,** *1up*
J.C. Snead *perd c.* **Peter Oosterhuis,** *3 & 2*
Al Geiberger et Bernard Gallacher, *match nul*
Lou Graham *perd c.* **Tommy Horton,** *2 & 1*
Hale Irwin *b.* **John O'Leary,** *2 & 1*
Bob Murphy *b.* **Maurice Bembridge,** *2 & 1*
Lee Trevino *perd c.* **Norman Wood,** *2 & 1*
Jack Nicklaus *perd c.* **Brian Barnes,** *2 & 1*
Score de la session : 3,5-4,5
Score final : Etats-Unis 21-Grande-Bretagne/Irlande 11

du déluge qui inonde le Laurey Valley Golf Club. La suite ressemble à une douche froide lors des premiers foursomes, tous gagnés par les Etats-Unis -une démonstration illustrée par la démolition 5&4 du tandem Brian Barnes/Bernard Gallacher par Jack Nicklaus et Tom Weiskopf. A la fin de la première journée, le score est sans appel, 6,5-1,5, avec les Britanniques obligés de se contenter d'un seul succès en huit matches grâce à Tony Jacklin et Peter Oosterhuis supérieurs à Billy Casper et Ray Floyd lors des « quatre balles » de l'après-midi.

En gagnant les deux sessions du samedi sur le même score de 3-1, les Etats-Unis s'envolent littéralement, 12,5-3,5, au seuil des simples. Leur équipe la plus « faible », composée de Lou Graham et Gene Littler (qui vient d'être opéré d'un cancer), participe à la fête en s'offrant un point aux dépens de Bernard Gallacher et Brian Barnes, histoire de démoraliser encore plus la concurrence. Le dimanche, les Américains ajoutent 8,5 points supplémentaires à leur total lors des simples, mais les Britanniques trouvent matière à se réjouir. En effet, Brian Barnes se débrouille pour battre deux fois Jack Nicklaus dans la même journée. Battu 4&2 le matin, la star américaine demande à son capitaine de pouvoir affronter le même adversaire l'après-midi, mais en dépit de quelques birdies en début de partie, Nicklaus fait à nouveau chou blanc. Ce petit exploit est une bouffée d'oxygène, même si les visiteurs ont été complètement asphyxiés par leurs hôtes. C'est même une débâche 21-11 qui relance le débat sur le devenir de la Ryder Cup.

CI-DESSUS : *Brian Barnes, pipe au bec, se joue de Jack Nicklaus à deux reprises en l'espace d'une même journée.*

« Tu m'a battu une fois, mais ne crois pas pouvoir me battre une deuxième fois ! »

Jack Nicklaus entre les deux simples du dimanche à l'adresse de Brian Barnes

Légendes de Ryder Cup

Billy **CASPER**

Billy Casper est probablement le joueur le plus sous-estimé de l'histoire du golf. Et même s'il n'a pas gagné autant de titres majeurs que Tiger Woods, Jack Nicklaus, Arnold Palmer ou Gary Player, il les domine dans de nombreuses statistiques et reste, de manière certaine, l'Américain le plus efficace en Ryder Cup.

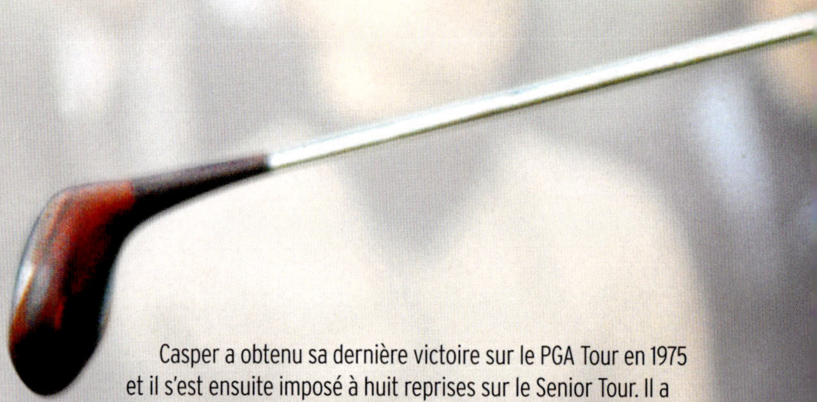

CI-CONTRE : *Le grand homme en action : Billy Casper, légende de Ryder Cup.*

Billy Casper, qui a également conduit l'équipe américaine vers la victoire en tant que capitaine en 1979, a été en tant que joueur, de 1961 à 1975, l'un des acteurs principaux de huit succès consécutifs signés par les Etats-Unis. Il a participé à 37 matches, en gagnant 20 pour sept nuls avec à l'arrivée un total record de 23,5 points. Alors qu'il n'a jamais perdu avec les Américains en Ryder Cup, il reste pourtant relativement méconnu, peut-être parce qu'il a toujours fait profil bas comparativement à ses glorieux concurrents des années 60 qui l'ont relégué dans l'ombre.

Casper a toujours préféré donner la préférence à sa famille plutôt que de chercher les lumières de la célébrité et son enfance, inhabituelle, explique en partie ce choix. Elevé entre le Nouveau Mexique et San Diego, il est né lors de la Grande dépression de la brève union de deux adolescents qui se sont rapidement séparés. Ce sont des proches qui ont, en fait, guidé ses premiers pas dans l'existence même si c'est son père qui lui a mis un club dans les mains dès l'âge de quatre ans. Le golf l'a probablement sauvé au milieu du chaos de ses premières années même s'il a su ne jamais dériver grâce également à son mariage précoce avec Shirley, son épouse, avec qui il a eu 11 enfants dont six adoptés. A ce total impressionnant, 34 petits enfants et 11 arrières petits enfants sont venus compléter son « palmarès » familial. Il est donc normal que Billy Casper se soit toujours déclaré plus heureux chez lui que sur la route à la poursuite de nouveaux sponsors ou d'exposition médiatique.

Peu de joueurs se sont montrés aussi solides que lui sous la pression grâce à son putting redoutable. Ses deux succès à l'US Open et son triomphe au Masters ont été des hauts faits d'arme, mais ils ne lui ont pas permis de le faire sortir d'une sorte d'anonymat relatif comparativement au « Big 3 » de l'époque : Nicklaus, Palmer et Player. Cela dit, entre 1964 et 1970, Casper s'est tout de même débrouillé pour gagner 27 tournois sur le PGA Tour -sur la même période, deux de plus que Nicklaus et six de plus que Palmer et Player réunis. Ses adversaires ont toujours eu de belles choses à dire sur Billy Casper, mais le plus beau compliment jamais fait sur son putting est probablement sorti de la bouche de Chi Chi Rodriguez : « Casper était vraisemblablement le plus grand joueur au putting que j'aie connu. Quand les balles quittaient l'usine, elles priaient pour être puttées un jour par Billy. »

En tout, Casper, qui était connu sous le surnom de « Bufflo Bill » parce qu'il raffolait de la viande de buffle, a compilé 51 titres. Seuls Sam Snead, Tiger Woods, Ben Hogan, Arnold Palmer et Byron Nelson ont fait mieux sur le PGA Tour. Et l'une de ses trois victoires dans un tournoi majeur est restée célèbre pour avoir été acquise dans ses conditions exceptionnelles.

Lors de l'US Open 1966, en effet, il ne restait plus que neuf trous à disputer et Billy Casper avait alors sept coups de retard sur Arnold Palmer (son premier partenaire en Ryder Cup). Ses nerfs et son putting se sont alors combinés pour lui permettre de refaire ce retard et rejoindre Palmer au tableau de score. Et le lendemain, lors d'un play-off de 18 trous, il s'est imposé relativement facilement.

Casper a obtenu sa dernière victoire sur le PGA Tour en 1975 et il s'est ensuite imposé à huit reprises sur le Senior Tour. Il a également passé sa retraite sportive à dessiner de nombreux parcours à travers l'entreprise qu'il avait créée. Il a été le deuxième joueur à franchir la barre du million de dollars de gains (après Arnold Palmer) le 11 janvier 1970 à l'occasion de son succès à l'Open de Los Angeles. Ses débuts en Ryder avaient eu lieu neuf ans plus tôt, en 1961, lorsqu'il avait été associé à Arnold Palmer pour dominer, 2&1, Dai Rees et Ken Bousfield. Cette première rencontre, au Lytham St Annes, lui avait permis de gagner trois des 14,5 points engrangés par les Etats-Unis.

Deux ans plus tard, il a amélioré ce score avec un total personnel de 4,5 points pour permettre à son pays de conserver son trophée à Atlanta. Accompagné de Gene Littler, il a concédé sa première défaite dans la compétition en 1965 au Royal Birkdale lors d'un foursome face à Peter Alliss et Christy O'Connor. En 1967, il est encore resté invaincu à Houston en compilant 4,5 points lors de l'éblouissant one man show américain (23,5 à 8,5). Trois nouveaux points sont tombés dans son escarcelle lors du célèbre match nul de 1969 avant un coup de mou en 1971 où il s'est retrouvé en échec. En 1973 et 1975, il a prouvé ensuite qu'il était resté jusqu'au bout un grand joueur de Ryder Cup.

En tant que capitaine, il s'est montré tout aussi efficace lors de l'édition 1979 qui voyait pour la première fois une équipe européenne face à celle des Etats-Unis. Grâce à ce succès 17-11, sa place dans l'histoire de la compétition en est sortie plus que jamais renforcée.

> *« Casper était toujours là. Il a été un grand joueur, mais certainement un immense joueur sous la pression. »*
>
> *Jack Nicklaus, icône du golf américain*

LUI ET LA RYDER CUP

Ryder Cups : 1961, 1963, 1965, 1967, 1969, 1971, 1973, 1975, 1979 (capitaine non joueur). Des victoires exclusivement à l'exception du match nul de 1969, les Américains gardant le trophée.

Total de victoires : 9 (plus un match nul en 1969, mais les Etats-Unis conservent le trophée)

Matches : 37 (20 victoires, 7 nuls, 10 défaites)

Total de points : 23,5

1977

GB & Irlande 7,5
Etats-Unis 12,5

Royal Lytham & St Annes Golf Club

15-17 Septembre

LE PARCOURS

Royal Lytham & St Annes Golf Club
Lieu : Lytham St Annes, Lancashire, Grande-Bretagne
Par : 70
Longueur : 6 508 m

Links authentique fondé en 1886, le club a déjà accueilli la Ryder Cup en 1961. Avec ses 203 bunkers, ce tracé est un rendez-vous habituel du British Open.

En 1977, les Etats-Unis signent leur 20e victoire en Ryder Cup au terme d'une nouvelle promenade de santé au Royal Lytham & St Annes. Cette édition signe la fin d'une ère placée sous la domination des Britanniques et des Irlandais. Face à cette déroute, en effet, de nombreuses personnalités appellent à l'élargissement de l'équipe britannique à des joueurs issus de l'Europe continentale.

LORS D'UNE DERNIÈRE TENTATIVE pour rendre la compétition plus serrée (et aussi pour repousser l'assaut des Américains qui suggèrent aux Britanniques de s'ouvrir à des joueurs issus du « reste du monde »), de nouveaux changements sont apportés au format de la Ryder Cup alors que débarquent en Angleterre les troupes de Dow Finsterwald, le capitaine américain, missionnées pour conquérir un nouveau trophée.

A la demande de la PGA britannique, le nombre des matches a été réduit de manière drastique avec, au programme, seulement cinq foursomes et cinq « quatre balles » répartis sur les deux premiers jours suivis de 10 simples le troisième. Il n'y a donc plus que 20 points en jeu. Mais l'espoir de voir Grande-Bretagne et Irlande combler une partie de leur retard voire même de triompher un jour est vite déçu tandis que les Britanniques sont cette fois dirigés par Brian Huggett.

En effet, les Américains démarrent au son du canon en s'imposant de deux points dans les foursomes avant d'accélérer le rythme lors des « quatre balles ». Passée à cinq points, leur avance reste la même à l'issue des simples, partagés sur le score de 5-5.

Cependant, la performance du jeune Nick Faldo, qui engrange trois points à seulement 20 ans, perce la grisaille anglaise. D'autant plus remarquable que quelques jours plus tôt les médecins ont constaté que Faldo était diminué par une forte fièvre glandulaire. On ne le sait pas encore, mais Faldo va disputer un total de 11 Ryder Cups et amasser un total record de 25 points. En fait, il fait ses débuts dans la compétition le même jour que Tom Watson. Tous les deux sont alignés lors des foursomes. Associé à l'expérimenté Peter Oosterhuis, Faldo s'impose 2&1 face à Ray Floyd et Lou Graham quand Watson, secondé par Nicklaus, n'est jamais menacé (5&4) par Tommy Horton et Mark James.

A GAUCHE : *Sous le regard de ses coéquipiers, parmi lesquels Tom Watson (au centre), Ray Floyd se sort d'une situation compliquée.*

A DROITE : *Nick Faldo (à g.), qui débute en Ryder Cup, et Peter Oosterhuis en pleine discussion stratégique lors des doubles où ils gagnent deux points.*

Des deux côtés, une nouvelle ère vient de commencer, mais cela ne suffit pas à sauver les Britanniques qui ont donc cinq points de retard à l'attaque des simples. Pour ajouter à leurs difficultés, Brian Huggett s'est privé de Tony Jacklin lors de ces simples avant de critiquer le champion anglais pour n'avoir pas été présent sur le parcours afin d'encourager ses coéquipiers. La brouille entre les deux hommes à ce sujet durera des mois, chacun refusant d'adresser la parole à l'autre.

Sur le parcours, les succès de Graham, Lanny Wadkins, Dave Hill, Hubert Green et Ray Floyd confortent la nouvelle mainmise américaine sur la Ryder Cup en dépit des points apportés par Peter Dawson, Brian Barnes, Faldo et Oosterhuis qui adoucissent le score final. Comme deux ans plus tôt en Pennsylvanie, la défaite britannique est minorée par le nouvel échec de Jack Nicklaus, surpris cette fois par le jeune Bernard Gallacher. La victoire de l'espoir britannique est d'autant plus remarquable qu'il a dû acheter un putter à la hâte après le vol de son habituel outil de travail (des petites histoires qui participent à la légende de la Ryder Cup). Mais après cette nouvelle démonstration américaine, il est de plus en plus clair qu'il n'est plus possible de ne pas faire évoluer la Ryder Cup pour le bien de sa pérennité sur le long terme.

LES TROIS JOURS

CAPITAINES

GB & Irlande : Brian Huggett **Etats-Unis :** Dow Finsterwald

FOURSOMES (JEUDI)

Gallacher/Barnes *perd c.* **Wadkins/Irwin,** *3 & 1*
Coles/Dawson *perd c.* **Stockton/McGee,** *1up*
Faldo/Oosterhuis *b.* **Floyd/Graham,** *2 & 1*
Darcy/Jacklin et Sneed/January, *match nul*
Horton/James *perd c.* **Nicklaus/Watson,** *5 & 4*
Score de la session : 1,5-3,5

QUATRE BALLES (VENDREDI)

Barnes/Horton *perd c.* **Watson/Green,** *5 & 4*
Coles/Dawson *perd c.* **Sneed/Wadkins,** *5 & 3*
Faldo/Oosterhuis *b.* **Nicklaus/Floyd,** *3 & 1*
Jacklin/Darcy *perd c.* **Hill/Stockton,** *5 & 3*
James/Brown *perd c.* **Irwin/Graham,** *1up*
Score de la session : 1-4

SIMPLES (SAMEDI)

Howard Clark *perd c.* **Lanny Wadkins,** *4 & 3*
Neil Coles *perd c.* **Lou Graham,** *5 & 3*
Peter Dawson *b.* **Don January,** *5 & 4*
Brian Barnes *b.* **Hale Irwin,** *1up*
Tommy Horton *perd c.* **Dave Hill,** *5 & 4*
Bernard Gallacher *b.* **Jack Nicklaus,** *1up*
Eamonn Darcy *perd c.* **Hubert Green,** *1up*
Mark James *perd c.* **Ray Floyd,** *2 & 1*
Nick Faldo *b.* **Tom Watson,** *1up*
Peter Oosterhuis *b.* **Jerry McGee,** *2up*
Score de la session : 5-5
Score final : Grande-Bretagne/Irlande 7,5-Etats-Unis 12,5

« En Amérique, l'intérêt pour la Ryder Cup se situe désormais entre un concours de saut de grenouilles dans le Tennessee et un concours de cracher de pépins de melon dans l'Alabama. »

Peter Dobereiner, journaliste anglais, au sujet de la Ryder Cup, si peu compétitive

Bernhard Langer savoure un putt réussi en dehors du green lors de la deuxième journée de la Ryder Cup au Belfry en 1985. Ce week-end-là, l'Allemand joue cinq matches et remporte trois points lors de la victoire 16,5 à 11,5 de l'Europe face aux Etats-Unis.

CHAPITRE CINQ

ET VOILÀ LES EUROPÉENS...

Alors que les Etats-Unis écrasent le plus souvent la compétition, quelque chose doit être imaginé pour sauver la Ryder Cup. La solution est trouvée en 1979 quand des joueurs de l'Europe continentale sont invités à rejoindre l'équipe constituée jusque-là de joueurs britanniques et irlandais. Une décision qui transforme la Ryder Cup pour le succès que nous connaissons aujourd'hui.

1979

Etats-Unis 17

Europe 11

The Greenbrier, Virginie Occidentale

14-16 Septembre

LE PARCOURS

The Greenbrier Course
Lieu : White Sulphur Springs, Virginie Occidentale, Etats-Unis
Par : 72
Longueur : 6 103 m

Situé dans une vallée boisée de quelque 2 600 hectares, The Greenbrier a été construit en 1924 par Seth Raynor. En 1977, il a été réaménagé par Jack Nicklaus et reste à ce jour probablement le resort le plus luxueux à avoir accueilli une Ryder Cup. En tout, 26 présidents américains y ont séjourné.

En 1979, alors que les Etats-Unis sont trop dominants et que l'intérêt pour la compétition commence à chuter, la Ryder Cup est à la croisée des chemins. Quelque chose doit être fait pour la sauver. La solution, mise au jour en Virginie Occidentale, consiste en l'agglomération d'une équipe britannique et d'une équipe européenne qui inclut une star de demain, Severiano Ballesteros.

APRÈS 18 DÉFAITES CONSÉCUTIVES, il est devenu vital pour la PGA britannique d'agir pour rendre la compétition plus intéressante au risque de constater que la Ryder Cup n'a plus d'avenir. En vérité, des discussions sont en cours depuis au moins dix ans, mais c'est peut-être une déclaration de Jack Nicklaus qui a finalement permis de trouver la clé. Après avoir aidé son équipe à triompher facilement au Lytham St. Annes en 1977, Nicklaus avait lancé : « Les Américains sont plutôt contents de considérer ce match comme un geste de fraternité, une façon de se retrouver, une occasion de s'amuser, mais en Grande-Bretagne, la chose est vue différemment. Les gens ici veulent une vraie opposition. Si c'est ce qu'ils désirent, eh bien qu'ils composent une équipe plus forte. »

Il avait suivi ses propos d'une lettre à Lord Derby, le président de la PGA britannique, et moins d'un an plus tard deux membres du comité britannique de la Ryder Cup se sont retrouvés à l'Augusta National Golf Club, en Géorgie, afin de convaincre les Américains d'accepter la présence d'Européens continentaux aux côtés des Britanniques. D'autres options avaient été envisagées : une équipe du Commonwealth, par exemple, ou une équipe du « reste du monde » comme suggérée par Nicklaus. Mais ces propositions avaient été rejetées en raison de l'éloignement de pays comme l'Afrique du Sud ou l'Australie. Et avec tant de joueurs venus d'horizons aussi divers, resterait-il encore assez de places pour les Britanniques ?

A GAUCHE : *Antonio Garrido (à g.) et Severiano Ballesteros (à dr.), premiers joueurs espagnols admis en Ryder Cup.*

A DROITE : *Le capitaine américain Billy Casper pose avec la Ryder Cup après une nouvelle victoire pour les Etats-Unis.*

PREMIER JOUR

CAPITAINES

Etats-Unis : Billy Casper | **Europe** : John Jacobs

QUATRE BALLES (VENDREDI MATIN)

Wadkins/Nelson *b.* **Garrido/Ballesteros,** *2 & 1*

Trevino/Zoeller *b.* **Brown/James,** *3 & 2*

Bean/Elder *b.* **Oosterhuis/Faldo,** *2 & 1*

Irwin/Mahaffey *perd c.* **Gallacher/Barnes,** *2 & 1*

Score de la session : 3-1

FOURSOMES (VENDREDI APRÈS-MIDI)

Irwin/Kite *b.* **Brown/Smyth,** *7 & 6*

Zoeller/Green *perd c.* **Ballesteros/Garrido,** *3 & 2*

Trevino/Morgan et Lyle/Jacklin, *match nul*

Wadkins/Nelson *b.* **Gallacher/Barnes,** *4 & 3*

Score de la session : 2,5-1,5

Score général : Etats-Unis 5,5-Europe 2,5

« Brown a joué comme s'il n'en avait rien à faire. »

Hale Irwin, surpris par l'attitude de Ken Brown

Tandis que le circuit européen est en train de prendre de l'ampleur et alors que le jeune Severiano Ballesteros attire tous les regards, une équipe européenne a été finalement considérée comme une idée plus séduisante en dépit de nombreuses oppositions des deux côtés de l'Atlantique. Le légendaire Arnold Palmer y est même allé de sa petite critique : « Il y a des moments dans le sport où il n'est pas important de savoir qui gagne et avec combien d'avance. » Mais c'était un avis minoritaire.

Lorsque la Ryder Cup commence en 1979 sur le parcours du Greenbrier en Virginie Occidentale, les Etats-Unis se retrouvent donc confrontés à une opposition présentant un autre visage. Pour la première fois, deux joueurs de l'Europe continentale se retrouvent parmi leurs adversaires en la personne des deux Espagnols Severiano Ballesteros et Antonio Garrido. En fait, cet ajout n'a pas beaucoup d'influence sur le résultat alors que la formule change à nouveau avec deux foursomes et deux « quatre balles » supplémentaires pour un total de 12 simples.

John Jacobs, le capitaine européen, a pourtant le sourire après avoir symboliquement choisi les deux Espagnols pour le premier des « quatre balles » qui lance le week-end. Ils gagnent les deux premiers trous face à Lanny Wadkins et Larry Nelson, mais s'inclinent finalement 2&1 dans ce qui promet d'être encore une promenade de santé pour les Américains, emmenés par leur capitaine, Billy Casper.

Au moins y a-t-il la victoire encourageante de Brian Barnes et Bernard Gallacher face à Hale Irwin et John Mahaffey, mais les Etats-Unis mènent 3-1 au terme de la première session. En réalité, l'Europe a presque plus à faire en coulisse en raison de l'attitude de deux de ses plus jeunes joueurs, Ken Brown et Mark James, qui sont arrivés à l'aéroport sans leur tenue officielle, puis ont manqué une sortie de l'équipe en ville. Certains critiques ont même demandé qu'ils soient exclus de l'équipe pour avoir montré leur désintérêt et leur désinvolture lors de la cérémonie d'ouverture. Mais leur capitaine leur a néanmoins fait confiance en les envoyant au front dès le vendredi matin où ils ont été battus par Lee Trevino et Fuzzy Zoeller, leur comportement en match étant à nouveau pointé du doigt. L'après-midi, Ken Brown, en foursomes avec Des Smyth qui remplace Mark James blessé, se montre encore plus sidérant de légèreté face à Irwin et Tom Kite. Il est même si mauvais que les Européens sont obligés de s'excuser en son nom après la déculottée de son équipe, 7&6.

Le vendredi après-midi est heureusement en partie sauvé par la première victoire de la paire espagnole Ballesteros-Garrido face à Zoeller et Hubert Green, mais ce succès reste éclipsé par le score nettement en faveur des

LE JOUEUR DU MATCH

Larry Nelson, qui a fini 2e de la money list en 1979, a été l'Américain du week-end en gagnant cinq points en cinq matches disputés à l'occasion de sa toute première Ryder Cup. Il gagnera aussi quatre points en 1981 et finira sa carrière en Ryder Cup avec un total de neuf victoires, trois défaites et un match nul -l'un des dix plus beaux scores d'un joueur américain dans l'histoire de cette compétition.

« Le score final n'était pas très serré, mais de nombreux matches n'ont connu leur verdict qu'à la fin. »

Billy Casper, le capitaine américain, au sujet de la Ryder Cup réformée

Américains au soir de la première journée, 5,5 à 2,5.

Pour des organisateurs nerveux et à la recherche de signes montrant que ce nouveau format permet de réduire les écarts des deux côtés de l'Atlantique, la journée du samedi est finalement signe d'espoir. Grâce à des performances nettement plus convaincantes, l'Europe gagne les foursomes du matin 3-1 et se retrouve soudain au coude à coude avec ses adversaires. Les belles victoires de Tony Jacklin et Sandy Lyle (5&4 contre Lee Elder et John Mahaffey) et de Nick Faldo et Peter Oosterhuis face à Andy Bean et Tom Kite (cette fois 6&5) ont remonté le moral des Européens. Lorsque Fuzzy Zoeller et Mark Hayes ont été battus par Gallacher/Barnes, un 4-0 a même semblé possible avant que Wadkins et l'impressionnant Nelson ne disposent de Ballesteros et Garrido, 3&2.

Dans l'après-midi, les Américains donnent le sentiment de se rétablir lorsque Wadkins et Nelson démolissent Ballesteros et Garrido, 5&4, histoire de rendre cette Ryder Cup bien compliquée pour les Espagnols. Irwin et Kite se lient ensuite pour prendre la mesure de Jacklin/Lyle à la dernière minute, mais la session n'est pas si mauvaise pour l'Europe qui la termine à 2-2. En effet, Faldo et Oosterhuis dominent Elder/Hayes pendant que Gallacher/Barnes se débarrassent facilement (3&2) de Trevino/Zoeller.

Avec les Américains menant d'un seul point au seuil des simples, l'Europe paraît avoir une petite chance de créer la surprise. Mais ce rêve est rapidement anéanti par les joueurs locaux lors de la journée du dimanche consacrée donc aux 12 simples. Même privés d'un leader comme Tom Watson, obligé de quitter son équipe la veille du week-end afin d'aller assister à la naissance de sa fille, et alors qu'ils alignent sept « rookies », les Etats-Unis restent les plus forts d'assez loin.

Gallacher, avec un succès 3&2 contre Wadkins, permet à l'Europe de prendre un bon départ, mais les Etats-Unis répliquent aussitôt avec le très solide Larry Nelson (cinq victoires en trois jours), Kite, Hayes, Bean et Mahaffey tous signant de beaux succès. Le stoïque Faldo ne se laisse pas démonter pour autant et apporte son point, mais les victoires de Irwin, Green et Trevino bouclent l'habituel triomphe américain. La tardive victoire de Brown sur Zoeller est un joli lot de consolation pour l'Europe, même si son attitude lors de deux premières journées n'a pas été oubliée. Clairement, l'Europe a encore du chemin à faire afin de rendre cette Ryder Cup aussi compétitive qu'espéré.

Cette édition a été aussi l'occasion d'un geste de sportivité signé du capitaine européen, John Jacobs, lors de la dernière journée. Les deux équipes devaient, dans une enveloppe cachetée, donner le nom d'un joueur dans l'hypothèse où l'un des compétiteurs serait blessé sachant que ce joueur désigné partagerait le point avec le joueur blessé. Mais Casper n'avait pas compris la finalité de la manœuvre et avait mis dans l'enveloppe le nom de son meilleur joueur, Lee Trevino. Jacobs a reconnu qu'il s'agissait d'une erreur et a proposé de reposer Gil Morgan à la place afin de partager son point avec Mark James, blessé. La Ryder Cup n'est peut-être pas encore totalement le lieu du suspense, mais un certain esprit continue d'y régner.

DEUXIEME ET TROISIEME JOURS

FOURSOMES (SAMEDI MATIN)

Elder/Mahaffey *perd c.* **Jacklin/Lyle,** *5 & 4*

Bean/Kite *perd c.* **Faldo/Oosterhuis,** *6 & 5*

Zoeller/Hayes *perd c.* **Gallacher/Barnes,** *2 & 1*

Wadkins/Nelson *b.* **Ballesteros/Garrido,** *3 & 2*

Score de la session : 1-3

QUATRE BALLES (SAMEDI APRÈS-MIDI)

Wadkins/Nelson *b.* **Ballesteros/Garrido,** *5 & 4*

Irwin/Kite *b.* **Jacklin/Lyle,** *1up*

Trevino/Zoeller *perd c.* **Gallacher/Barnes,** *3 & 2*

Elder/Hayes *perd c.* **Faldo/Oosterhuis,** *1up*

Score de la session : 2-2

SIMPLES (DIMANCHE)

Lanny Wadkins *perd c.* **Bernard Gallacher,** *3 & 2*

Larry Nelson *b.* **Severiano Ballesteros,** *3 & 2*

Tom Kite *b.* **Tony Jacklin,** *1up*

Mark Hayes *b.* **Antonio Garrido,** *1up*

Andy Bean *b.* **Michael King,** *4 & 3*

John Mahaffey *b.* **Brian Barnes,** *1up*

Lee Elder *perd c.* **Nick Faldo,** *3 & 2*

Hale Irwin *b.* **Des Smyth,** *5 & 3*

Hubert Green *b.* **Peter Oosterhuis,** *2up*

Fuzzy Zoeller *perd c.* **Ken Brown,** *1up*

Lee Trevino *b.* **Sandy Lyle,** *2 & 1*

Gil Morgan *et* **Mark James,** *match nul*

(James blessé, le match n'a pas été joué)

Score de la session : 8,5-3,5

Score final : Etats-Unis 17-Europe 11

A GAUCHE : *La très controversée équipe européenne composée de Ken Brown (à dr.) et de Mark James (en rouge) qui serre la main de Fuzzy Zoeller sous le regard de Lee Trevino.*

CI-DESSOUS : *Le jeune Sandy Lyle, qui frappe avec style, n'a pas réussi à faire triompher son équipe.*

1981

Europe 9,5
Etats-Unis 18,5

Walton Heath Golf Club, Surrey

18-20 Septembre

LE PARCOURS

The Old Course
Lieu : Walton Heath Golf Club, Surrey, Grande-Bretagne
Par : 72
Longueur : 6 914 m

Choisi à la dernière minute afin de remplacer le Belfry, Walton Heath, parcours classique, rapide, construit dans la lande et la bruyère par Herbert Fowler, a été considéré comme un bien meilleur choix. Ses petits greens réguliers étaient, en principe, favorables aux Européens.

Alors que l'arrivée d'Européens continentaux nourrit l'espoir d'une compétition plus serrée, les Etats-Unis délèguent peut-être leur équipe la plus forte de l'histoire pour démolir l'opposition avec un écart record. Le résultat souligne leur suprématie et stigmatise la dispute des Européens qui a empêché Severiano Ballesteros d'être présent.

RECONNAÎTRE QUE CETTE ÉDITION 1981 est un retour en arrière pour l'équipe européenne « new look » est un doux euphémisme. Les Américains sont si forts et si supérieurs que les troupes de John Jacobs se retrouvent complètement à terre face à l'impitoyable armada adverse pour ce qui reste à ce jour l'une des plus grandes démonstrations de l'histoire de l'épreuve.

En réalité, rien n'a marché pour les Européens dans tout ce qui a précédé la compétition sans parler évidemment de ce qui a suivi sur le parcours. Au départ, cette édition aurait dû être organisée au Belfry -le nouveau quartier général de la PGA des West Midlands- mais le parcours n'était pas prêt ou encore approprié pour un tel rendez-vous et il avait été décidé à la dernière minute de déménager cette Ryder Cup à Walton Heath, dans le Surrey. Ensuite, il y a eu de nombreuses polémiques au sujet de la sélection. La plus importante a concerné Severiano Ballesteros, désormais membre du PGA Tour américain et dont les gains amassés sur le circuit européen ne suffisaient pas à le qualifier sauf si le capitaine décidait de faire appel à lui en tant que choix personnel. En dépit de ses débuts plutôt moyens en Ryder Cup deux ans plus tôt, l'Espagnol aurait dû être une bonne recrue pour l'équipe compte tenu de son triomphe au British Open en 1979 au Royal Lytham et de son succès au Masters l'année suivante. Son style de jeu, fait de « recovery shots » audacieux, de sauvetages improbables depuis des positions impossibles sans oublier ses coups de toucher géniaux, l'ont rendu populaire des deux côtés de l'Atlantique. Mais il y avait un problème et il était d'ordre politique.

Severiano s'est retrouvé embarqué dans un petit scandale né du fait qu'il demandait désormais des garanties financières pour jouer sur le circuit européen (comme d'autres joueurs américains), ce qui allait à l'encontre de certains principes défendus par ceux qui dirigent le golf en Grande-Bretagne

A GAUCHE : *Jack Nicklaus et Tom Watson trouvent refuge sous un parapluie lors d'une première journée pluvieuse.*

A DROITE : *Dave Marr et son équipe américaine victorieuse ont la main sur le trophée après une facile victoire à Walton Heath.*

et en Europe. Quand le capitaine John Jacobs lui a demandé de disputer deux tournois préparatoires en Europe pour pouvoir être sélectionné, Ballesteros a refusé.

Quand l'équipe européenne a été dévoilée, le nom de Ballesteros manquait donc à l'appel. Désagréable surprise à laquelle s'est ajoutée la mise à l'écart de Tony Jacklin, délaissé au profit de Mark James dont l'attitude, deux ans plus tôt à The Greenbrier, avait pourtant été fortement critiquée. Une décision d'autant plus étonnante compte tenu des statistiques de Jacklin dans l'épreuve avec neuf défaites seulement en 35 matches. A l'inverse, les Etats-Unis n'ont peut-être jamais présenté une équipe aussi puissante en compilant 36 majeurs en son sein. Jack Nicklaus, Tom Watson, Ray Floyd, Lee Trevino, Hale Irwin, Ben Crenshaw et Tom Kite en tête de distribution, que demander de mieux ?

La différence de classe entre les deux équipes n'apparaît pas tout de suite. De manière surprenante, quand on connaît la fin du feuilleton du week-end, l'Europe termine même la première journée avec un point d'avance. Lee Trevino et Larry Nelson donnent pourtant le ton en triomphant d'un trou aux dépens des débutants Bernhard Langer et Manuel Piñero avant que les foursomes ne s'achèvent sur un score de parité, 2-2. Sandy Lyle et Mark James ont dominé Bill Rogers et Bruce Lietzke pendant que Bernard Gallacher et Des Smyth ont été plus forts que Hale Irwin et Ray Floyd. Le match de la journée a été constitué d'une bataille féroce entre Nick Faldo, associé à Oosterhuis face à la « dream team » constituée de Nicklaus et Watson. Nicklaus, alors « marié » avec Floyd, avait déjà perdu contre la même équipe quatre ans plus tôt et voulait clairement sa revanche. Mené 2 down après quatre trous, Nicklaus et Watson ont ensuite fait feu de tout bois avec une flopée de birdies pour triompher 4&3.

A la surprise générale, Faldo et Oosterhuis sont mis au repos le vendredi après-midi au cours duquel l'Europe, de manière presque sensationnelle, s'empare de la tête. Leurs remplaçants, l'Irlandais Des Smyth et l'Espagnol José María Cañizares, prouvent la justesse de cette décision du capitaine en écrasant Rogers/Lietske 6&5 avant que Sandy Lyle et Mark James ne fassent plier Ben Crenshaw et Jerry Pate 3&2. Sam Torrance et Howard Clark partagent ensuite leur match avec Tom Kite et Johnny Miller. La seule victoire américaine est l'œuvre du très populaire duo Irwin/Floyd. L'Europe se retrouve ainsi avec un avantage de 4,5 à 3,5 au moment d'aborder la deuxième journée.

Difficile de savoir si la contre-performance américaine est due à un excès de

PREMIER JOUR

CAPITAINES

Europe : John Jacobs — **Etats-Unis :** Dave Marr

FOURSOMES (VENDREDI MATIN)

Langer/Piñero *perd c.* **Trevino/Nelson,** *1up*

Lyle/James *b.* **Rogers/Lietzke,** *2 & 1*

Gallacher/Smyth *b.* **Irwin/Floyd,** *3 & 2*

Oosterhuis/Faldo *perd c.* **Watson/Nicklaus,** *4 & 3*

Score de la session : 2-2

QUATRE BALLES (VENDREDI APRÈS-MIDI)

Torrance/Clark *et* **Kite/Miller,** *match nul*

Lyle/James *b.* **Crenshaw/Pate,** *3 & 2*

Smyth/Cañizares *b.* **Rogers/Lietzke,** *6 & 5*

Gallacher/Darcy *perd c.* **Irwin/Floyd,** *2 & 1*

Score de la session : 2,5-1,5

Score général : Europe 4,5-Etats-Unis 3,5

> *« Nous avons un sous-marin de secours au cas où. »*
>
> *Dave Marr, le capitaine américain, évoquant son plan si son équipe venait à perdre*

DEUXIEME ET TROISIEME JOURS

QUATRE BALLES (SAMEDI MATIN)

Faldo/Torrance *perd c.* **Trevino/Pate,** *7 & 5*
Lyle/James *perd c.* **Nelson/Kite,** *1up*
Langer/Piñero *b.* **Floyd/Irwin,** *2 & 1*
Cañizares/Smyth *perd c.* **Nicklaus/Watson,** *3 & 2*
Score de la session : 1-3

FOURSOMES (SAMEDI APRÈS-MIDI)

Oosterhuis/Torrance *perd c.* **Trevino/Pate,** *2 & 1*
Langer/Piñero *perd c.* **Nicklaus/Watson,** *3 & 2*
Lyle/James *perd c.* **Rogers/Floyd,** *3 & 2*
Smyth/Gallacher *perd c.* **Kite/Nelson,** *3 & 2*
Score de la session : 0-4

SIMPLES (DIMANCHE)

Sam Torrance *perd c.* **Lee Trevino,** *5 & 3*
Sandy Lyle *perd c.* **Tom Kite,** *3 & 2*
Bernard Gallacher *et* **Bill Rogers,** *match nul*
Mark James *perd c.* **Larry Nelson,** *2up*
Des Smyth *perd c.* **Ben Crenshaw,** *6 & 4*
Bernhard Langer *et* **Bruce Lietzke,** *match nul*
Manuel Piñero *b.* **Jerry Pate,** *4 & 2*
José María Cañizares *perd c.* **Hale Irwin,** *1up*
Nick Faldo *b.* **Johnny Miller,** *2 & 1*
Howard Clark *b.* **Tom Watson,** *4 & 3*
Peter Oosterhuis *perd c.* **Ray Floyd,** *1up*
Eamonn Darcy *perd c.* **Jack Nicklaus,** *5 & 3*
Score de la session : 4-8
Score final : Europe 9,5-Etats-Unis 18,5

CI-DESSUS : *L'Américain Tom Kite dans une attitude déterminée lors de son succès 3&2 face à Sandy Lyle.*

A DROITE : *Lee Trevino sur le tee de départ alors que l'équipe américaine se dirige vers une victoire impressionnante.*

confiance ou à un manque de concentration, mais les Etats-Unis ne tardent pas à prouver qu'il s'agissait d'un simple accident.

Le samedi, ils prennent très vite les commandes de cette Ryder Cup pour ne plus les lâcher en s'arrogeant sept des huit points mis en jeu à l'occasion de l'une des journées les plus impressionnantes en termes de domination dans l'histoire de la Ryder Cup. Seuls Langer et Piñero se débrouillent pour gagner leur match aux dépens de Irwin/Floyd, 2&1 lors des « quatre balles » du matin. Mais les Américains survolent cette session matinale 3-1 en commençant notamment par la crucifixion de Faldo et Torrance (7&5) avant de planer lors des foursomes de l'après-midi grâce à un cinglant 4-0. Le tandem Nicklaus-Watson en a profité pour se montrer impérial ajoutant deux autres succès (3&2 contre Smyth et Cañizares dans les « quatre balles » et à nouveau 3&2 face à Langer et Piñero dans les foursomes). Comme deux ans plus tôt quand il avait apporté cinq points, Nelson n'a pas ménagé non plus son talent avec deux succès aux côtés de Kite de manière à assommer et à déprimer les Européens avant les simples.

Avec un avantage de 10,5 à 5,5 en faveur des Américains, la messe semble être dite d'autant que le premier simple voit Trevino se jouer de Torrance 5&3 et porter ainsi l'avance de son pays à six points. Les autres victoires tombent ensuite comme à Gravelotte : Kite face à Lyle, Nelson face à James, Crenshaw face à Smyth et Irwin face à Cañizares. Et le succès de Nelson -de deux trous- établit un nouveau record de Ryder Cup : il devient le premier joueur à remporter ses neuf premiers matches dans l'épreuve. Rares éclaircies pour l'Europe avec le match nul de Langer contre Lietzke tandis que Faldo fait grandir sa réputation en se défaisant de Miller avant que Piñero, lors de débuts impressionnants, ne se joue de Pate. Alors que les Etats-Unis ont Ryder Cup gagnée, Clark réussit même à créer la surprise face à Watson. Mais c'est loin d'être suffisant face à des adversaires d'une telle classe qui, de surcroît, ont semblé plus confiants sur les greens.

En guise de lot de consolation, l'Europe peut s'enorgueillir d'un bon niveau de golf et d'ailleurs Jacobs s'est toujours refusé à admettre que ses joueurs étaient loin derrière leurs rivaux comme l'indiquaient quelques critiques. Dave Marr, son homologue américain, déclare, lui, que la principale erreur du groupe adverse a été de blesser l'orgueil des Américains en menant lors de la première journée. Mais à l'arrivée, l'Europe sait qu'elle a encore fini deuxième et les Etats-Unis peuvent encore se prétendre comme les incontestables n°1.

En Angleterre, un débat naît alors pour savoir si l'addition de Ballesteros et de Jacklin aurait pu faire la différence -les deux ayant été écartés de l'équipe- mais alors que les avis sont partagés, il apparaît de plus en plus certain que ce duo sera le bienvenu en 1983. Et d'ailleurs, Jacklin, en tant que capitaine, et Ballesteros, en tant que porte-bonheur, vont aider plus tard la Ryder Cup à devenir ce qu'elle est devenue aujourd'hui. Après la victoire si large de 1981, personne ne pouvait, en revanche, l'imaginer. En ce 20 septembre qui voyait Nicklaus et Watson tenir le trophée, il n'y avait personne pour les approcher.

« Aucun d'entre eux n'était impressionné, mais ils n'ont pas tous été capables de donner leur meilleur. »

John Jacob, le capitaine européen, pour expliquer la défaite de son groupe

LE MATCH DU JOUR

La rencontre entre Tom Kite et Sandy Lyle est de très haut niveau et même si Kite s'impose 3&2, il a dû produire son meilleur golf pour y arriver. Lyle était à -6 au terme de la partie avec huit birdies à son actif, mais Kite était à -10 au trou n°16 qui scella la rencontre avec un score de 63.

Légendes de Ryder Cup

Nick **FALDO** et Peter **OOSTERHUIS**

Nick Faldo est Monsieur Ryder Cup –l'homme avec le plus de participations, le plus de matches joués, le plus de points engrangés sur le plan individuel, le plus de victoires et le moins de défaites- et il y a même peu de records qui lui échappent. Le prestige de la Ryder Cup lui doit beaucoup comme il doit également à Peter Oosterhuis qui, même dominé cinq fois consécutivement dans la compétition, a aussi permis que la Ryder Cup devienne ce qu'elle est devenue.

Lorsque l'Ecossais Sam Torrance a rentré le putt de la victoire en 1985 au Belfry, ce n'était pas seulement le triomphe des Européens, certes brillants, de l'époque. C'était aussi le succès de tous les joueurs qui s'étaient battus pendant des années pour cette quête, presque en désespoir de cause, tant la défaite avait paru à chaque fois comme annoncée l'espace de 28 ans. Deux joueurs ont incarné à la perfection ces deux faces d'une même pièce : Nick Faldo et Peter Oosterhuis.

Nick Faldo, l'homme qui a permis de localiser Welwyn Garden sur une carte, sait très bien ce qu'il doit à l'immense Peter Oosterhuis, cet Anglais de 1,95m qui a participé à cinq Ryder Cups de 1971 à 1981 pour s'incliner à chaque reprise. En dépit de cette statistique démoralisante, Oosterhuis, sur un plan personnel, s'est débrouillé, en effet, pour accrocher 14 victoires et 3 nuls à son palmarès pour un total de 11 défaites. Capable de sauver un par de n'importe quelle position, présageant, en quelque sorte, l'arrivée de Severiano Ballesteros, il devenait un autre joueur en Ryder Cup passant d'une sorte d'ordinaire habituel à une véritable attitude de fauve dans cette compétition. Parmi ses victimes en simple, Arnold Palmer, Johnny Miller et Gene Littler, mais le match peut-être le plus célèbre d'Oosterhuis a eu pour cadre l'édition 1973 contre Lee Trevino. La veille de leur match à Muirfield, Trevino avait dit à ses coéquipiers : « Si je ne bats pas Oosterhuis, j'embrasserai le cul de tout le monde présent dans cette salle. » Inutile de préciser que lorsqu'il est rentré aux vestiaires après avoir dû se contenter d'un match nul, ses partenaires l'attendaient de pied ferme -le pantalon baissé.

Mais la plus belle trace laissée par Oosterhuis se trouve peut-être sous les pas de Faldo à qui il a enseigné l'art d'aimer la Ryder Cup par tous les pores de sa peau. En 1977, alors qu'il souffrait de fièvre glandulaire, Faldo aurait pu tout aussi bien renoncer à sa sélection, mais comme il s'agissait de sa première participation à l'épreuve, il a décidé de passer outre ses problèmes de santé. A l'arrivée, le week-end s'est révélé difficile pour la Grande-Bretagne et l'Irlande, à cause de la défaite 12,5 à 7,5, mais Faldo et Oosterhuis en sont sortis la tête haute dans la mesure où ils avaient gagné tous les matches qu'ils avaient disputés ensemble. Ils ont battu Ray Floyd et Lou Graham dans les foursomes, Floyd et Nicklaus dans les « quatre balles » et en simple, ils ont remporté des succès individuels face à Tom Watson (Faldo) et Jerry McGee (Oosterhuis). Des résultats significatifs pour deux hommes encore associés en 1979. En Virginie Occidentale, ils ont eu moins de réussite, mais se sont tout de même offert une très large victoire, 6&5, sur Tom Kite et Andy Bean.

En 1981, lors de la dernière apparition d'Oosterhuis en Ryder Cup,

« Jusqu'à aujourd'hui, je veux que les gens puissent dire : « j'ai vu jouer Faldo. » »

Nick Faldo à la détermination éclatante

ils ont joué une dernière fois ensemble, le temps d'être corrigés 4&3 par Nicklaus et Watson avant d'être séparés le reste de la compétition (et pour toujours) en étant associés à tour de rôle avec Sam Torrance.

Ensuite, Faldo est devenu le joueur important que l'on sait pour l'Europe qui n'avait presque plus qu'à le suivre pour se diriger vers la victoire. Devenu une sorte de porte-bonheur européen, il n'avait pas peur de tenir la dragée haute aux Américains à l'image de ses cinq titres majeurs gagnés entre 1987 et 1992. Après avoir pris part au triomphe historique de 1985, il ne s'en est plus laissé compter par la suite. Tandis que les Etats-Unis avaient repris le contrôle de la Ryder Cup en 1991 et 1993, il a pesé de tout son poids en 1995 lors des simples où son match contre Curtis Strange a modifié la donne. Sur le 16, mené d'un coup alors que son point était vital pour ses couleurs, il s'est retrouvé égaré dans les arbres quand Strange était au milieu du fairway. Il a alors réussi une fantastique approche à quelques centimètres du drapeau pour le plus grand malheur de son adversaire qui s'est écroulé par la suite. Vainqueur, Faldo est ainsi devenu la figure emblématique de l'Europe au fil des années. Un statut que n'a pas entaché sa défaite en 2008 en tant que capitaine.

EUX ET LA RYDER CUP

Nick FALDO
Ryder Cups : 1977, 1979, 1981, 1983, 1985 (vainqueur), 1987 (vainqueur), 1989 (match nul mais l'Europe garde le trophée), 1991, 1993, 1995 (vainqueur), 1997 (vainqueur), 2008 (capitaine non joueur)
Total de victoires : 4 (plus un match nul pour garder le trophée en 1989)
Matches : 46 (23 victoires, 4 nuls, 19 défaites)
Total de points : 25

Peter OOSTERHUIS
Ryder Cups : 1971, 1973, 1975, 1977, 1979, 1981
Total de victoires : 0
Matches : 28 (14 victoires, 3 nuls, 11 défaites)
Total de points : 15,5

En tant que paire
Matches : 6 (4 victoires, 2 défaites)
Total de points : 4

CI-DESSUS : *Nick Faldo (à dr.), l'un des plus grands joueurs de l'histoire de la Ryder Cup aux côtés ici de Jack Nicklaus et en compagnie de son équipier, Peter Oosterhuis (à g.), lors de la Ryder Cup 1977 au Royal Lytham St. Annes.*

1983

Etats-Unis 14,5
Europe 13,5

PGA National Golf Club, Floride

14-16 Octobre

La « dream team » américaine est poussée dans ses retranchements en 1983. Avec Tony Jacklin, promu capitaine, et Severiano Ballesteros, de retour, l'Europe produit un superbe effort pour s'approcher de la victoire en se retrouvant à 8-8 au seuil des simples en Floride. Mais elle s'incline finalement d'un seul point. Le génie de Lanny Wadkins permet au capitaine, Jack Nicklaus, de s'offrir un 7e succès consécutif sur un plan personnel.

LE PARCOURS

The Champion Course
Lieu : PGA National Golf Club, Palm Beach Gardens, Floride, Etats-Unis
Par : 72
Longueur : 6 444 m

Créé par Tom et George Fazio, le parcours a été revu en 1990 par Jack Nicklaus, l'homme qui a mené les Etats-Unis à la victoire dans ces mêmes lieux. Le parcours original comportait un 18e trou long de 528m avec des bunkers qui ont joué un rôle important lors de cette Ryder Cup.

AVEC UNE ÉQUIPE AMÉRICAINE PLUS FORTE que jamais et n'ayant plus enlevé l'épreuve depuis tant d'années, les Européens -sélectionnés cette fois sur la base de l'ordre du mérite avec trois choix personnels laissés au capitaine- savent que cette édition 1983 est cruciale. Il est temps de montrer au monde entier que les joueurs du circuit européen sont capables de rivaliser avec leurs rivaux américains de l'autre côté de l'Atlantique. Ce but est atteint en Floride même si les Européens devront attendre au moins une édition de plus pour regagner la Ryder Cup. En revanche, personne ne semble plus douter que ce moment arrivera. Cette fois, les Européens font jeu égal avec les Américains jusqu'au 10e simple du dimanche et il faut tout le talent de Lanny Wadkins, qui réussit un coup de wedge magnifique en étant dos au mur, et un putt manqué de Bernard Gallacher pour les priver de ce triomphe transformé en défaite honorable.

Cette année-là, les Etats-Unis sont des grands favoris, ce qui est tout sauf une surprise compte tenu de leur réussite dans cette compétition avec 20 victoires, trois défaites et un match nul. Sans oublier que Jack Nicklaus est leur capitaine porte-bonheur. Aucun capitaine américain n'a perdu sur son sol depuis le début de la compétition en 1927 comme Nicklaus n'oublie pas d'ailleurs de le rappeler sèchement à ses joueurs après un début marqué par une trop grande nervosité de leur part. De son côté, Tony Jacklin est déterminé à mener son équipe, en progrès, à la victoire en demandant déjà des changements à commencer par le voyage en Concorde de ses joueurs (avec leurs compagnes) en passant par de nouvelles tenues élégantes jusqu'à l'exigence d'une salle commune à l'hôtel afin d'entretenir l'esprit d'équipe ainsi que le fait que les caddies soient rémunérés par le circuit européen. Mais son plus grand coup a été de séduire Ballesteros afin qu'il reconsidère son avenir en Ryder Cup et rejoigne le groupe à nouveau.

Les Etats-Unis sont portés par de nouvelles forces vives, comme Curtis Strange et Calvin Peete (le deuxième joueur de couleur noire américain membre de l'équipe après Lee Elder), mais avec Nicklaus, Lee Trevino et Johnny Miller

A DROITE : *L'équipe américaine en costume criard lors de la cérémonie d'ouverture.*

PREMIER JOUR

CAPITAINES

Etats-Unis : Jack Nicklaus — **Europe** : Tony Jacklin

FOURSOMES (VENDREDI MATIN)

Watson/Crenshaw *b.* **Gallacher/Lyle,** *5 & 4*

Wadkins/Stadler *perd c.* **Faldo/Langer,** *4 & 2*

Floyd/Gilder *perd c.* **Cañizares/Torrance,** *4 & 2*

Kite/Peete *b.* **Ballesteros/Way,** *2 & 1*

Score de la session : 2-2

QUATRE BALLES (VENDREDI APRÈS-MIDI)

Morgan/Zoeller *perd c.* **Waites/Brown,** *2 & 1*

Watson/Haas *b.* **Faldo/Langer,** *2 & 1*

Floyd/Strange *perd c.* **Ballesteros/Way,** *1up*

Crenshaw/Peete et Torrance/Woosnam, *match nul*

Score de la session : 1,5-2,5

Score général : Etats Unis 3,5-Europe 4,5

CI-DESSUS : *Severiano Ballesteros donne un conseil au jeune Paul Way lors d'une journée contrastée pour eux.*

en dehors cette fois de la sélection, ils n'apparaissent pas aussi intouchables. Nicklaus, en tant que capitaine non joueur, a beaucoup réfléchi à la tactique et prenant conscience que l'esprit d'équipe serait essentiel lors de cette Ryder Cup a composé des équipes en fonction de l'amitié et non des classements. De ce point de vue, Tom Watson et Ben Crenshaw le ravissent en gagnant le premier des foursomes, 5&4, face à Gallacher/Lyle.

Dans des conditions de jeu marquées par la chaleur avec des températures en permanence autour de 32°, il apparaît très vite que la partie s'annonce serrée quand Faldo/Langer rétablit l'équilibre face à Wadkins et Craig Stadler, 4&2. La session du matin se termine sur le score de 2-2. Sam Torrance et José María Cañizares surprennent Ray Floyd et Bob Gilder avant que le tandem Peet/Kite ne tempère la ferveur autour de Ballesteros, battu 2&1 aux côtés de son jeune partenaire anglais, Paul Way.

En dépit de ce dernier coup du sort, Jacklin démontre ses talents de meneur d'hommes en renvoyant Ballesteros sur le terrain dès l'après-midi alors que circulent des informations au sujet du mécontentement de l'Espagnol déçu d'avoir été associé à Way au lieu de son compatriote, Cañizares. En tant que capitaine, Jacklin a besoin que Ballesteros guide son jeune partenaire de 20 ans lors de la session de l'après-midi et c'est ce qu'il réussit à faire aux dépens de Floyd et Strange, battus sur le dernier trou.

> *« Je ne serai pas le premier capitaine à laisser filer ce truc. Maintenant les gars, montrez-moi de quel métal vous êtes faits ! »*
>
> *Jack Nicklaus « remontant » son équipe*

L'Europe termine la journée avec un point d'avance. Brian Waites et Ken Brown s'imposent 2&1 contre Gil Morgan et Fuzzy Zoeller quand Torrance et Ian Woosnam tiennent en respect, lors d'un match nul, Crenshaw/Peete. Les grands gagnants pour les Etats-Unis sont Watson et Jay Haas qui disposent 2&1 de ce qui est peut-être alors la meilleure paire européenne, Faldo/Langer. Malgré cette dernière satisfaction, Nicklaus sait qu'il a un combat à mener.

Si la première journée a été serrée, la deuxième l'est tout autant. Les Etats-Unis recollent au score 8-8. Pour la première fois peut-être depuis 1969, le résultat final demeure complètement incertain à l'aube des simples.

Les « quatre balles » du matin sont gagnés 2,5-1,5 par les hommes de Nicklaus avec Craig Stadler symbolisant la détermination et la résilience exigées par son capitaine. Mené 3 down à un moment donné, Stadler et Wadkins finissent par coiffer Waites/Brown sur le dernier trou grâce notamment à une merveille de chip rentrée de Stadler sur le 18. Watson et Gilder se montrent également plus costauds que Torrance/Woosnam. Mais les Européens ne sont pas en reste au niveau du caractère : Ballesteros frappe deux bois magnifiques pour arriver en deux au niveau du green du 18, un par 5, alors qu'il a besoin de gagner ce trou pour partager le point face à Morgan/Haas. Sous le regard de son partenaire Paul Way, un chip et un putt lui assurent le birdie et le demi point. Cette même paire Ballesteros-Way gagne encore l'après-midi face à Watson/Gilder lors d'une session encore au couteau (2-2). Et dimanche arrive avec les deux équipes à égalité et les Européens rêvant de la première victoire depuis 1957.

Jacklin opte pour faire jouer ses meilleures gâchettes d'entrée tandis que Nicklaus choisit de les engager un peu plus tard afin de boucher les trous en cas de souci. Peut-être que les Américains ont fait le meilleur choix dans la mesure où la journée est extrêmement tendue. Lors du premier match, Ballesteros est en état de grâce face à Zoeller, avec quatre birdies d'affilée pour se trouver 3up après le 11 avant que l'Américain ne réplique à son tour par quatre birdies consécutifs pour atteindre le 18e trou avec une courte avance. Mais Ballesteros sort un superbe coup depuis un bunker de parcours qui permet à l'Espagnol de partager le point du match nul.

La suite des simples est un incessant aller-retour entre des scores qui ne cessent d'évoluer en faveur de l'un ou de l'autre. Faldo bat Haas 2&1 ; Crenshaw réplique face à Lyle 3&1. Ensuite Langer domine Morgan pour reprendre les commandes ; Gilder répond face à Gordon Brand Junior avant que Peete n'offre une victoire capitale contre Waites. Mais lorsque Way se débarrasse d'un autre « rookie » en la personne de Strange, le balancier repart soudain de l'autre côté jusqu'au moment où les deux équipes se neutralisent à 12,5-12,5. Dans son buggy, l'oreille collée à son talkie-walkie, Nicklaus est à l'affût de la moindre information.

LE COUP DU JOUR

L'incroyable coup frappé depuis un bunker de parcours par Severiano Ballesteros sur le 18 face à Fuzzy Zoeller est souvent listé comme l'un des plus grands coups de l'histoire de la Ryder Cup. Bernhard Langer le décrit comme le « plus grand coup dont j'ai été le témoin ». Ballesteros, 1 down et à la recherche d'un match nul, décide de prendre un bois 3 dans un bunker où sa balle est légèrement enfoncée, et envoie la balle 220m plus loin à la lisière du green.

A GAUCHE : *Tom Watson à l'adresse à Palm Beach Gardens où les Américains ont dû faire preuve de sang froid face à des Européens en progrès.*

CI-DESSUS : *Calvin Peete (en partie caché) félicite son coéquipier Lanny Wadkins qui offre un précieux demi point à son équipe face à José María Cañizares.*

Et lorsque Torrance pitche magnifiquement sa balle sur le 18 pour partager son point avec Kite, l'Europe semble promise alors au moins à un match nul à moins que Wadkins, 1 down contre Cañizares, ne réussisse un coup capable de remettre en cause ce scénario. Ce qu'il fait.

Une merveille de coup de wedge sur un trou protégé par un immense bunker, la balle rentrant presque directement dans le trou alors que Nicklaus embrasse le divot laissé dans le sillage de Wadkins. Il y a encore presque autant de suspense à suivre avec Watson qui triomphe, 2&1, de Gallacher qui a commis un double bogey fatal sur le 17. Si l'Ecossais n'avait pas putté une fois de trop, le score aurait pu être différent. Mais le moment où les Etats-Unis ont vraiment arraché la victoire appartient pour toujours à Wadkins qui décrit alors ce dimanche comme « le plus important jour de (s)a vie ». Un coup qui a laissé les Européens au large de la victoire pour deux années de plus, mais au moins sont-ils de plus en plus proches du but.

> *“ C'est la première édition où je ne jouais pas et où je n'avais aucune prise sur le fil des événements. C'est le truc le plus dingue dans lequel je me suis retrouvé. ”*
>
> *Jack Nicklaus, le capitaine américain*

DEUXIEME ET TROISIEME JOURS

QUATRE BALLES (SAMEDI MATIN)

Wadkins/Stadler *b.* **Waites/Brown,** *1up*

Crenshaw/Peete *perd c.* **Faldo/Langer,** *4 & 2*

Morgan/Haas et Ballesteros/Way, *match nul*

Watson/Gilder *b.* **Torrance/Woosnam,** *5 & 4*

Score de la session : 2,5-1,5

FOURSOMES (SAMEDI APRÈS-MIDI)

Kite/Floyd *perd c.* **Faldo/Langer,** *3 & 2*

Morgan/Wadkins *b.* **Torrance/Cañizares,** *7 & 5*

Watson/Gilder *perd c.* **Ballesteros/Way,** *2 & 1*

Haas/Strange *b.* **Waites/Brown,** *3 & 2*

Score de la session : 2-2

SIMPLES (DIMANCHE)

Fuzzy Zoeller et Severiano Ballesteros, *match nul*

Jay Haas *perd c.* **Nick Faldo,** *2 & 1*

Gil Morgan *perd c.* **Bernhard Langer,** *2up*

Bob Gilder *b.* **Gordon J. Brand,** *2up*

Ben Crenshaw *b.* **Sandy Lyle,** *3 & 1*

Calvin Peete *b.* **Brian Waites,** *1up*

Curtis Strange *perd c.* **Paul Way,** *2 & 1*

Tom Kite et Sam Torrance, *match nul*

Craig Stadler *b.* **Ian Woosnam,** *3 & 2*

Lanny Wadkins et José María Cañizares, *match nul*

Ray Floyd *perd c.* **Ken Brown,** *4 & 3*

Tom Watson *b.* **Bernard Gallacher,** *2 & 1*

Score de la session : 6,5-5,5

Score final : Etats-Unis 14,5-Europe 13,5

Severiano Ballesteros joue un coup -resté célèbre- depuis un bunker lors de son simple contre Fuzzy Zoeller à Palm Beach Gardens, en Floride.

1985

Europe 16,5
Etats-Unis 11,5

The Belfry, Sutton Coldfield

13-15 Septembre

LE PARCOURS

Brabazon Course
Lieu : The Belfry, Sutton Coldfield, Grande-Bretagne
Par : 72
Longueur : 6 508 m

Engazonnement intensifié et plantage d'arbres, tels ont été les travaux effectués après le remplacement, à la dernière minute, du Belfry au profit de Walton Heath en 1981. Cette fois, le Belfry est un rêve de golfeur, désormais accompagné d'un hôtel qui a logé les deux équipes.

Pour l'Europe, 28 années d'attente et de frustration prennent fin lorsque Sam Torrance enquille un putt sur le 18e trou du Belfry en 1985 et lève ses bras en signe de célébration. Pour la première fois depuis 1957, la Ryder Cup quitte les mains des Américains et une nouvelle ère commence dans l'histoire de la compétition. L'architecte du triomphe européen, Tony Jacklin, devient un héros.

EN 1985, LES FANS DE GOLF EN ANGLETERRE mais aussi en Europe, sentent que quelque chose est en train de changer au moment où leur équipe prépare la 26e Ryder Cup avec une excitation et un optimisme croissants. Si déçu après l'échec deux ans plus tôt à Palm Beach Gardens, en Floride, l'espoir européen a grandi avec le triomphe de Bernhard Langer au Masters d'Augusta et celui de Sandy Lyle au British Open. S'agirait-il de l'année où tout pourrait changer ?

Un public record de plus de 25 000 personnes afflue chaque jour au Belfry pour encourager leurs héros dans une ambiance rarement vue en Ryder Cup. Cette effervescence est un choc pour certains joueurs américains, plus habitués à la tranquillité habituelle des Britanniques soucieux de l'étiquette, et forcément surpris lorsque certains de leurs coups ratés sont acclamés avec un volume vocal de plus en plus fort tandis que se dessine la victoire européenne. Soudain, moins de dix ans après que des critiques ont pu suggérer que la Ryder Cup était menacée dans son existence en raison de la domination américaine, elle passionne des amateurs de plus en plus jeunes dans une ferveur jamais imaginée.

Les opinions sont contrastées sur ce nouveau phénomène, certains, comme l'Américain Peter Jacobsen, s'en plaignent, alors que le capitaine des Etats-Unis, Lee Trevino, a décidé de faire avec en qualifiant certains membres de son équipe de « bébés qui pleurent ». Quel que soit le comportement de la foule, les Etats-Unis savent, de toute façon, qu'ils ne se présentent pas sous leur meilleur jour au Belfry même s'ils envoient une équipe très forte à qui il manque, toutefois, quelques stars. Tom Watson, qui ne s'est pas qualifié de justesse, n'est notamment pas là, mais sous la coupe de l'expérimenté Trevino, Andy North, vainqueur de l'US Open, Hubert Green, vainqueur du PGA Championship, et les grands espoirs Mark O'Meara, Peter Jacobsen et Hal Sutton, paraissent être des ajouts intéressants.

Dirigée comme deux ans plus tôt par Tony Jacklin, l'équipe européenne est assez semblable à celle qui a frôlé la victoire à Palm Beach Gardens, avec l'Espagnol José Rivero, comme seule vraie nouveauté. Mais le public anglais, qui s'attend à quelque chose de grand, doit se montrer patient. Les Américains prennent les commandes lors des premiers foursomes en récoltant trois des

A DROITE : *Severiano Ballesteros (debout) et Manuel Piñero étudient une ligne de putt lors de la deuxième journée de cette Ryder Cup 1985.*

A GAUCHE : *Du soleil, des fleurs, de l'eau, de la verdure, autant d'éléments de la carte postale du Belfry alors que Curtis Strange putte pour les Etats-Unis.*

quatre points mis en jeu. Calvin Peete et Tom Kite, vainqueurs 3&2, ne sont pas vraiment inquiétés par le tandem vedette constitué de Nick Faldo et Bernhard Langer avant le succès du duo, toujours aussi régulier, Wadkins/Floyd face à Lyle/Brown. Stadler/Sutton sont aussi faciles contre Clark-Torrance, 3&2. Pour les Européens, la seule étincelle vient de Severiano Ballesteros, associé à Piñero, face à Strange/O'Meara, 2&1.

Les « quatre balles » de l'après-midi sont plus équilibrés, mais les Etats-Unis terminent la journée avec un précieux point d'avance, grâce notamment au succès sur le fil de Floyd/Wadkins sur Torrance/Clark. Cependant, l'Europe est encouragée par les performances de son cadet, Paul Way, « marié » au plus expérimenté Ian Woosnam, avec à la clé un point remporté face à Fuzzy Zoeller et Hubert Green. Une autre victoire de Ballesteros et de Piñero, cette fois contre North/Jacobsen, assure aux « locaux » la victoire dans cette session, l'autre match Langer/Cañizares-Stadler/Sutton se finissant sur un nul. 4,5 à 3,5 pour les Etats-Unis, la Ryder Cup en a fini avec son échauffement.

Le samedi, le balancier penche plutôt en faveur de l'Europe lorsque le duo Torrance/Clark ouvre la journée des foursomes avec un succès sur Kite/North avant que Way et Woosnam ne doublent la mise face à Green/Zoeller. Mais une défaite surprise de Ballesteros/Piñero contre O'Meara/Wadkins douche l'enthousiasme ambiant. Dans le duel Langer/Lyle face à Stadler/Strange, les Européens sont ensuite mal partis, 2 down à deux trous de la fin. Lyle gagne le 17 avec un birdie puis sur le 18, Stadler manque l'« immanquable » sous la forme d'un putt de 45cm pour le grand bonheur du public et pour le désespoir du camp américain. Ce raté change l'état d'esprit de la rencontre avec désormais un score de parité 6-6 et l'Europe portée par un certain élan.

PREMIER JOUR

CAPITAINES

Europe : Tony Jacklin — **Etats-Unis :** Lee Trevino

FOURSOMES (VENDREDI MATIN)

Ballesteros/Piñero *b.* **Strange/O'Meara,** *2 & 1*

Langer/Faldo *perd c.* **Peete/Kite,** *3 & 2*

Lyle/Brown *perd c.* **Wadkins/Floyd,** *4 & 3*

Clark/Torrance *perd c.* **Stadler/Sutton,** *3 & 2*

Score de la session : 1-3

QUATRE BALLES (VENDREDI APRÈS-MIDI)

Way/Woosnam *b.* **Zoeller/Green,** *1up*

Ballesteros/Piñero *b.* **North/Jacobsen,** *2 & 1*

Langer/Cañizares et Stadler/Sutton, *match nul*

Torrance/Clark *perd c.* **Floyd/Wadkins,** *1up*

Score de la session : 2,5-1,5

Score général : Europe 3,5-Etats-Unis 4,5

En fait, l'Europe va gagner 8 des 12 points suivants, avec au passage un après-midi de « quatre balles » dominé 3-1 par ses hommes grâce notamment à l'influence grandissante du contingent espagnol. Cañizares et Rivero se jouent de Kite/Peete, 4&3, puis Ballesteros et Piñero écrasent 5&4 le tandem traumatisé Stadler/Sutton avant que Langer et Brown ne grignotent un point de plus. L'Europe aborde donc les simples avec une avance de deux points, pas assez pour faire figure de favorite, mais assez pour maintenir le public dans la bonne humeur. Cette fois, Jacklin adopte une bonne tactique en plaçant ses meilleurs joueurs en milieu de liste et en espérant que ses joueurs les plus inexpérimentés, envoyés les premiers au front, créent quelques dommages dans les lignes adverses. C'est ce qu'ils font avec Piñero qui terrasse Wadkins 3&2 grâce à des birdies sur les 10, 11 et 15. La bonne série continue avec Paul Way, tombeur de Ray Floyd, définitivement mis hors course en expédiant un coup tapé depuis le bunker dans le lac tout proche. Stadler se console un peu

DEUXIEME ET TROISIEME JOURS

FOURSOMES (SAMEDI MATIN)

Torrance/Clark *b.* **Kite/North,** *2 & 1*

Way/Woosnam *b.* **Green/Zoeller,** *4 & 3*

Ballesteros/Piñero *perd c.* **O'Meara/Wadkins,** *3 & 2*

Langer/Lyle et Stadler/Strange, *match nul*

Score de la session : 2,5-1,5

QUATRE BALLES (SAMEDI APRÈS-MIDI)

Cañizares/Rivero *b.* **Kite/Peete,** *4 & 3*

Ballesteros/Piñero *b.* **Stadler/Sutton,** *5 & 4*

Way/Woosnam *perd c.* **Strange/Jacobsen,** *4 & 2*

Langer/Brown *b.* **Floyd/Wadkins,** *3 & 2*

Score de la session : 3-1

SIMPLES (DIMANCHE)

Manuel Piñero *b.* **Lanny Wadkins,** *3 & 2*

Ian Woosnam *perd c.* **Craig Stadler,** *2 & 1*

Paul Way *b.* **Ray Floyd,** *2up*

Severiano Ballesteros et Tom Kite, *match nul*

Sandy Lyle *b.* **Peter Jacobsen,** *3 & 2*

Bernhard Langer *b.* **Hal Sutton,** *5 & 4*

Sam Torrance *b.* **Andy North,** *1up*

Howard Clark *b.* **Mark O'Meara,** *1up*

José Rivero *perd c.* **Calvin Peete,** *1up*

Nick Faldo *perd c.* **Hubert Green,** *3 & 1*

José María Cañizares *b.* **Fuzzy Zoeller,** *2up*

Ken Brown *perd c.* **Curtis Strange,** *4 & 2*

Score de la session : 7,5-4,5

Score final : Europe 16,5-Etats-Unis 11,5

A DROITE : *Sam Torrance, bras levés, célèbre la victoire européenne aux côtés de Ian Woosnam lors d'une dernière journée inoubliable.*

CI-DESSOUS : *Craig Stadler tourne le dos en signe de désespoir après avoir manqué un putt très court sur le 18 lors des foursomes du samedi matin.*

« J'étais sûr que Trevino mettrait ses meilleurs joueurs au début des simples. Donc, j'ai mis l'essentiel de la crème de ma crème au milieu du programme. »

Tony Jacklin sur sa tactique lors des simples

de son cauchemar de la veille aux dépens de Woosnam, mais Ballesteros, 3 down pendant quelques minutes, parvient à obtenir un nul face à Kite avec deux putts monstrueux sur les 14 et 15. Dans la foulée, Lyle et Langer donnent de plus en plus corps au succès européen face à Jacobsen et Sutton -la victoire de Lyle étant acquise par la grâce d'un putt rentré de 22m sur le 16.

Le point apporté par Cañizares place les Américains sous une énorme pression et lorsque la place se libère pour couronner un héros, Sam Torrance supplante Howard Clark après le putt manqué de ce dernier sur le 17, contre O'Meara, qui aurait matérialisé le triomphe européen. L'Anglais bat O'Meara sur le dernier trou, mais entre-temps, Torrance a saisi sa chance de devenir celui qui offre la coupe à l'Europe. Mené 3 down pendant un temps, il est revenu à égalité et aborde donc le 18ᵉ trou « all square » avec Andy North. Il tape alors le coup de départ de sa vie, magnifique, qui passe au-dessus des arbres et termine sa course majestueuse au milieu du fairway. Andy North, qui envoie sa balle dans le lac, ne peut que constater les dégâts quand Torrance expédie son deuxième coup à seulement 6m du drapeau. L'Ecossais sait qu'il a deux putts pour gagner la Ryder Cup et son chemin jusqu'au green ressemble à la marche du triomphe tant les acclamations sont énormes. Dans ce qui est devenu l'une des plus célèbres photos de l'histoire de la Ryder Cup, il lève ensuite les bras avant d'être assailli par ses partenaires. Le trophée est la possession de l'Europe, l'histoire lui a enfin souri.

Tony Jacklin résume le sens profond de ce triomphe historique avec cette formule. « Nous venons de vivre un rêve avec une équipe inoubliable. On ne ressentira peut-être plus jamais une ivresse pareille. Et pourtant, ce n'est qu'un commencement. La prochaine fois, nous jouerons peut-être avec des Suédois: « We are Europe ! » » Au crépuscule de ce dimanche renversant au Belfry, c'est, en fait, un grand lever de soleil pour le golf du Vieux Continent.

Légendes de Ryder Cup

Jack **NICKLAUS** et Tom **WATSON**

Presque injouables sur le plan individuel, Jack Nicklaus et Tom Watson, quand ils jouaient côte à côte, étaient vraiment impossibles à arrêter. Ensemble, ils ont disputé trois Ryder Cups au sein de la même équipe et ont triomphé à chaque fois. Grands amis en dehors des parcours, la perspective de les voir associés sonnait comme une défaite annoncée pour toute équipe européenne, ce record de 100% de succès soulignant la toute puissance de ces champions.

Jack Nicklaus et Tom Watson ont abordé la Ryder Cup 1981 non pas avec la volonté de gagner, mais avec celle de mettre en pièces leurs adversaires. Cette équipe américaine incluait des joueurs qui avaient remporté un total de 36 tournois majeurs et les meilleurs d'entre eux -Nicklaus et Watson qui en avaient gagné 26- étaient tout simplement imbattables ensemble. Ils avaient fait équipe commune quatre ans plus tôt au Royal Lytham & St. Annes et avaient montré à quel point ils étaient complémentaires en terrassant Tommy Horton et Mark James, 5&4, dans leur match des foursomes.

En 1981, ils ont commencé par un succès, 4&3, sur Peter Oosterhuis et Nick Faldo avant d'être reposés jusqu'au lendemain. Le samedi, les Etats-Unis, entre les foursomes et les « quatre balles », ont engrangé sept des huit points mis en jeu, à un demi point du record de la Ryder Cup. Ce jour-là, Nicklaus et Watson ont été aux avant-postes. Des Smyth et José María Cañizares ont été dominés 3&2 dans les « quatre balles » avant que Bernhard Langer et Manuel Piñero ne soient corrigés sur le même score dans les foursomes.

Watson a dit que Nicklaus était la raison pour laquelle ils avaient gagné, mais c'était se montrer bien modeste en ce qui le concerne. C'est exact, son partenaire avait trouvé le green quatre fois sur cinq tandis que son partenaire s'était égaré dans la bruyère en drivant, mais c'était une sacrée bonne équipe. Nicklaus a ensuite battu Eamonn Darcy lors des simples pour couronner cette parfaite Ryder Cup qui s'est terminée sur le score de 18,5 à 9,5 en faveur des Américains. La dernière fois où Nicklaus et Watson ont fait cause commune en Ryder Cup a correspondu, en fait, à la dernière très large victoire des Etats-Unis.

Ce duo a connu également de grands succès en simple lors de la Ryder Cup. En 1969, lors de sa première participation, au Royal Birkdale, Nicklaus a été au cœur de l'un des plus grands gestes de sportivité de l'histoire de la compétition. Alors que le suspense était au sommet lors du dénouement des simples, Jack Nicklaus a rentré un putt de 1,20m sur le dernier trou, sachant que son adversaire -Tony Jacklin- devait encore assurer un putt de 60cm pour partager le demi point du match nul. Nicklaus a concédé ce putt, permettant aux Britanniques de faire match nul sur l'ensemble de la rencontre (le premier de l'histoire de la Ryder Cup) même si les Etats-Unis conservaient le trophée.

Pour Nicklaus, cela a été le point de départ d'une très belle aventure en Ryder Cup avec 15 matches joués pour 10 points récoltés entre 1971 et 1975. Adhérant ensuite complètement au concept de la Ryder Cup, il a accepté plus tard le rôle de capitaine à deux reprises, en 1983 et 1987. Dans ces deux cas, il a affronté Tony Jacklin, également capitaine à chaque fois. En 1983, Nicklaus s'est imposé, mais en 1987, les Américains ont été dominés sur leur sol pour la toute première fois de leur histoire en s'inclinant 15-13.

Dans les pas de Nicklaus, Watson a été un joueur couronné de succès avant de l'être aussi dans la peau du capitaine. Il a joué sous l'« autorité » de Nicklaus en 1983 et a fait sa dernière apparition en 1989 au Belfry où sa victoire sur Sam Torrance a permis de participer au match nul des Etats-Unis en terre étrangère. En 1993, toujours au Belfry, mais cette fois dans le rôle du capitaine, il a triomphé avec son équipe au terme d'un superbe come-back. En 2014, il a remis le costume de capitaine à Gleneagles en Ecosse. Hélas, à cette occasion, il n'a pu empêcher un large triomphe européen et de nombreuses critiques concernant ses choix.

Mais Nicklaus et Watson resteront pour toujours associés dans nos mémoires à leurs superbes carrières de joueurs. Quand ils jouaient ensemble en Ryder Cup, ils étaient si dominants qu'ils n'ont jamais eu à aller au-delà du trou n°16 pour triompher côte à côte dans la moindre partie. Sur le plan individuel, ils étaient merveilleux. Ensemble, ils étaient intouchables.

“Il faut se résoudre à ne jamais abandonner, à ne jamais jeter l'éponge quelle que soit la situation.”

Jack Nicklaus

EUX ET LA RYDER CUP

Jack NICKLAUS
Ryder Cups : 1969 (match nul mais les Etats-Unis gardent le trophée), 1971, 1973, 1975, 1977, 1981, 1983 (capitaine non joueur), 1987 (capitaine non joueur). Que des victoires à l'exception du match nul de 1969 et de l'échec de 1987.
Total de victoires : 6 (plus un match nul en 1969 pour conserver le trophée)
Matches : 28 (17 victoires, 3 nuls, 8 défaites)
Total de points : 18,5

Tom WATSON
Ryder Cups : 1977, 1981, 1983, 1989 (match nul mais l'Europe garde le trophée), 1993 (capitaine non joueur), 2014 (capitaine non joueur). Que des victoires à l'exception de 1989 et 2014
Total de victoires : 5
Matches : 15 (10 victoires, 1 nul, 4 défaites)
Total de points : 10,5

En tant que paire
Matches : 4 (4 victoires)
Total de points : 4

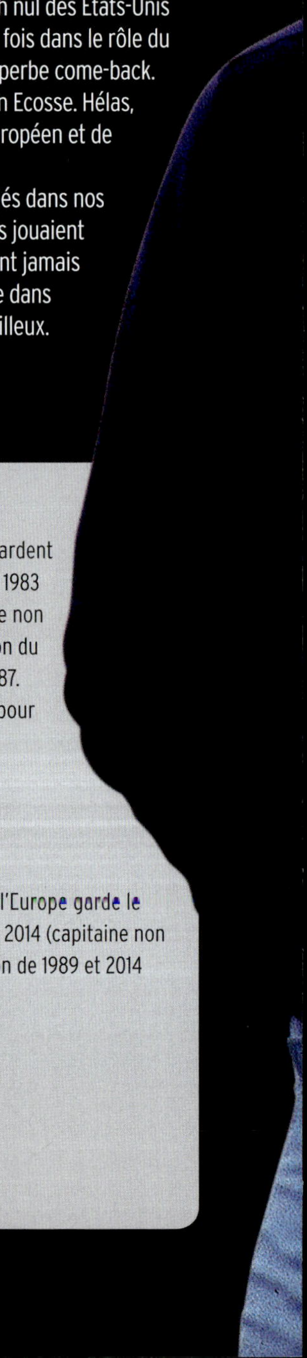

CI-DESSUS : *La paire invaincue composée de Jack Nicklaus (à dr.) et Tom Watson ici en pleine discussion lors de l'édition 1981 à Walton Heath.*

1987

Etats-Unis 13
Europe 15

Muirfield Village, Ohio

25-27 Septembre

Pour la première fois en 60 ans, et après 13 Ryder Cups organisées chez eux, les Etats-Unis sont battus à domicile en 1987. Les hommes de Tony Jacklin gardent leur trophée par le biais d'une victoire à Muirfield Village. Le triomphe est d'autant plus significatif que le parcours a été dessiné par Jack Nicklaus, le capitaine américain, et aurait dû avantager les joueurs locaux.

LE PARCOURS

Muirfield Village
Lieu : Dublin, Ohio, Etats-Unis
Par : 72
Longueur : 6 708 m

Le parcours a été dessiné par Jack Nicklaus et nommé en hommage au célèbre links écossais où le champion américain avait gagné son premier British Open en 1966. Bordé d'arbres, il est émaillé de nombreux obstacles d'eau et propose certains des greens les plus rapides aux Etats-Unis.

JOSÉ MARÍA OLAZÁBAL, DÉBUTANT EN RYDER CUP, qui danse le cha-cha-cha sur le green du trou n°18, cela résume tout ce qui rend l'équipe européenne si excitante à suivre : un groupe composé de vraies personnalités dotées d'un bel esprit et capables de jouer un golf brillant. Et une équipe qui aime aussi gagner. Dans la mesure où les Etats-Unis n'avaient jamais perdu à domicile depuis la première Ryder Cup en 1927, Olazábal a bien le droit, après tout, de s'amuser de la sorte alors que le public américain le regarde avec envie. Pourquoi ses joueurs ne pouvaient-ils pas montrer autant d'allant ?

Quel revirement de situation si l'on remonte six ans plus tôt quand les Etats-Unis étaient tout simplement trop forts pour leurs adversaires européens à Walton Heath et semblaient appelés à détenir le trophée pour l'éternité. A cette époque, avec Jack Nicklaus et Tom Watson en fers de lance, l'Amérique était le vivier des légendes du golf et pouvait logiquement prendre l'appellation de « dream team ».

Cette fois, Severiano Ballesteros a ajouté une nouvelle performance inoubliable à son palmarès alors que les Nick Faldo, Ian Woosnam, Sandy Lyle et Bernhard Langer -sans oublier le « rookie » Olazábal- ont été tout sauf des faire-valoir. Ce n'est pas que les Américains, qui alignaient cinq débutants, ont manqué de fighting spirit. Après avoir été écrasés lors des deux premières journées, ils ont gagné cinq des sept premiers simples le dimanche pour faire de cette édition une vraie bagarre. Mais les Européens ont seulement semblé avoir ce petit plus ou au moins ce dernier coup de rein supplémentaire pour s'offrir un résultat historique.

En dépit du niveau de l'équipe européenne, le résultat fait figure de sensation. Après tout, Jack Nicklaus a été choisi comme capitaine parce que c'était son parcours -il l'avait dessiné et en connaissait tous les recoins- et parce que Muirfield Village correspondait parfaitement aux golfeurs américains avec ses greens très rapides et ses fairways impeccables. Comme les Etats-Unis avaient perdu le trophée en Angleterre deux ans plus tôt, l'envie de revanche était également forte parmi les Américains et l'intérêt n'avait jamais paru aussi puissant à l'image de la décision de la chaîne ABC de diffuser cette Ryder Cup pour la toute première fois. Une proposition -rejetée par Tony Jacklin- avait même été faite d'ajouter une journée supplémentaire de simples pour rendre cette édition encore plus agréable pour le diffuseur, mais le capitaine européen savait parfaitement quelles

A GAUCHE : *Les supportrices américaines pleines de vigueur le samedi à Muirfield.*

CI-DESSUS : *Jack Nicklaus, le capitaine américain, donne des instructions à ses joueurs à Muirfield en 1987.*

seraient les conséquences pour ses troupes qui pouvaient, certes, rivaliser avec l'élite américaine, mais n'avaient peut-être pas la même épaisseur de talents. Heureusement, Nicklaus avait encouragé l'USPGA à oublier cette idée parce que le format en cours avait fait ses preuves lors des précédentes éditions, très compétitives, comme celle-ci marquée d'abord par la large avance de l'Europe, puis par le retour des Etats-Unis, avant une infernale dernière ligne droite.

A Muirfiled Village, les Européens bénéficient des encouragements de 2 000 supporters très bruyants, la plupart venus de Grande-Bretagne et d'Irlande, qui soulignent à quel point la Ryder Cup est en train de prendre de l'ampleur. Ces témoins privilégiés voient d'abord une première journée sidérante. Les foursomes du matin se terminent sur le score de 2-2, Faldo/Woosnam et ensuite Ballesteros/Olazábal gagnant leurs matches, après que Curtis Strange et Tom Kite, comme Hal Sutton et Dan Pohl, ont offert les premiers points aux Américains.

C'est un bon début pour Olazábal qui commence son partenariat, bientôt légendaire, avec Ballesteros, et ajoute une nouvelle victoire à son jeune palmarès dès l'après-midi lors des « quatre balles » aux dépens de Strange et Kite. Un apéritif puisque les Européens remportent ensuite les trois autres « quatre balles » pour signer un fantastique 4-0. De façon courageuse, Jacklin avait décidé de se passer des battus du matin et ses nouvelles paires ont signé de magnifiques performances, à commencer par celle du tandem composé de Gordon Brand Junior et José Rivero, vainqueur de Ben Crenshaw et Scott Simpson. Lyle et Langer ont ensuite pris la mesure de Andy Bean et Mark Calcavecchia d'un seul trou avant le succès de Faldo-Woosnam 2&1 contre Sutton et Pohl. Jusqu'au triomphe du duo espagnol pour couronner cette très belle journée du capitaine européen.

Le samedi matin, les Américains ont l'obligation de bien commencer -et c'est ce qu'ils réussissent à faire grâce à la confortable victoire de Strange/Kite face à Rivero et Brand Junior. Ensuite, lors de ces foursomes du matin, Sutton et Larry Mize contiennent Faldo/Woosnam empêchés de gagner un troisième point de suite en devant partager celui du match nul. Mais les deux rencontres suivantes donnent le ton de ce qui va suivre : Lyle/Langer gagne 2&1 contre Wadkins et Larry Nelson, avec un eagle sur le 11, avant que Ballesteros/Olazábal ne poursuive sa démonstration face à Ben Crenshaw et Payne Stewart. Le résultat a une vertu :

PREMIER JOUR

CAPITAINES

Etats-Unis : Jack Nicklaus **Europe** : Tony Jacklin

FOURSOMES (VENDREDI MATIN)

Strange/Kite *b.* **Torrance/Clark,** *4 & 2*

Sutton/Pohl *b.* **Brown/Langer,** *2 & 1*

Wadkins/Mize *perd c.* **Faldo/Woosnam,** *2up*

Nelson/Stewart *perd c.* **Ballesteros/Olazábal,** *1up*

Score de la session : 2-2

QUATRE BALLES (VENDREDI APRÈS-MIDI)

Crenshaw/Simpson *perd c.* **Brand/Rivero,** *3 & 2*

Bean/Calcavecchia *perd c.* **Lyle/Langer,** *1up*

Sutton/Pohl *perd c.* **Faldo/Woosnam,** *2 & 1*

Strange/Kite *perd c.* **Ballesteros/Olazábal,** *2 & 1*

Score de la session : 0-4

Score général : Etats-Unis 2-Europe 6

CI-DESSUS : *Severiano Ballesteros, heureux après un putt réussi contre Curtis Strange lors des simples où il gagne son 4e point du week-end.*

réveiller le public américain, muni de drapeaux stars and stripes, que Nicklaus a encouragé à se manifester davantage.

L'après-midi, les Européens jouent encore un golf superbe pour décrocher un 2-2. La performance de Nick Faldo et de Ian Woosnam est presque trop belle pour être vraie : Kite et Strange, vainqueurs des deux US Open suivants, forment une paire de grande qualité, mais ils sont mis en pièces, 5&4. « Je ne pense pas que les Américains ont compris ce qui leur était tombé dessus, répond Faldo quand il est interrogé au sujet de cette partie. « Woosie » et moi, nous avons réussi des birdies lors des cinq premiers trous en jouant un golf incroyable. » Sandy Lyle et Bernhard Langer se chargent ensuite de corser l'addition lors d'une longue rencontre face à Lanny Wadkins et Larry Nelson, battus lors du dernier trou, grâce au coup de la journée signé Lyle avec une approche merveilleuse au 18.

DEUXIEME ET TROISIEME JOURS

FOURSOMES (SAMEDI MATIN)

Strange/Kite *b.* **Rivero/Brand,** *3 & 1*

Sutton/Mize *et* **Faldo/Woosnam,** *match nul*

Wadkins/Nelson *perd c.* **Lyle/Langer,** *2 & 1*

Crenshaw/Stewart *perd c.* **Ballesteros/Olazábal,** *1up*

Score de la session : 1,5-2,5

QUATRE BALLES (SAMEDI APRÈS-MIDI)

Strange/Kite *perd c.* **Faldo/Woosnam,** *5 & 4*

Bean/Stewart *b.* **Darcy/Brand,** *3 & 2*

Sutton/Mize *b.* **Ballesteros/Olazábal,** *2 & 1*

Wadkins/Nelson *perd c.* **Lyle/Langer,** *1up*

Score de la session : 2-2

SIMPLES (DIMANCHE)

Andy Bean *b.* **Ian Woosnam,** *1up*

Dan Pohl *perd c.* **Howard Clark,** *1up*

Larry Mize et Sam Torrance, *match nul*

Mark Calcavecchia *b.* **Nick Faldo,** *1up*

Payne Stewart *b.* **José María Olazábal,** *2up*

Scott Simpson *b.* **José Rivero,** *2 & 1*

Tom Kite *b.* **Sandy Lyle,** *3 & 2*

Ben Crenshaw *perd c.* **Eamonn Darcy,** *1up*

Larry Nelson et Bernhard Langer, *match nul*

Curtis Strange *perd c.* **Severiano Ballesteros,** *2 & 1*

Lanny Wadkins *b.* **Ken Brown,** *3 & 2*

Hal Sutton et Gordon Brand, *match nul*

Score de la session : 7,5-4,5

Score final : Etats-Unis 13-Europe 15

A DROITE : *Tony Jacklin au comble du bonheur. L'Europe triomphe, mais le capitaine n'oublie pas d'arborer ses couleurs britanniques.*

Collectivement à -25 au terme de cet après-midi de samedi et ayant désormais cinq points d'avance à l'attaque des simples (10,5-5,5), les Européens ont presque « tué » le match puisqu'ils n'ont plus besoin que de quatre points pour s'imposer. Jack Nicklaus décide alors de tenter une tactique risquée. Lors des simples, il met d'abord en tête de liste ses joueurs réputés les plus « faibles » alors que les Européens s'attendent à ce que ce soit les meilleurs qui soient les premiers en action le dimanche. Cette audace est au bord de payer puisque les Américains gagnent cinq des sept premiers simples. Andy Bean surprend Ian Woosnam lors de la première partie en s'imposant au 18e trou tandis que le tableau de score indique que les Etats-Unis se détachent dans cinq rencontres et sont à égalité dans les six autres. Lorsque le porte-bonheur de l'Europe en la personne de Nick Faldo chute face à Mark Calcavecchia alors que Sandy Lyle perd face à Tom Kite et que José María Olazábal mord la poussière face à Payne Stewart, l'exploit paraît soudain réaliste. Mais en ayant sécurisé au passage un précieux point grâce à Howard Clark face à Dan Pohl, l'Europe a sauvé l'essentiel jusqu'au moment où elle se découvre un nouveau héros avec Eamonn Darcy. Il est en tête contre Ben Crenshaw qui va ensuite complètement craquer sous la pression et de façon spectaculaire. En colère d'avoir raté un putt sur le 6, l'Américain se venge sur son club en le frappant contre le sol en guise de frustration et l'endommage. Pour putter, il ne lui reste plus ensuite qu'à utiliser ses fers ! Incroyablement, il tient le score « all square » jusqu'au 18e trou, mais finit par saccager tous ses efforts en envoyant son coup de départ dans l'eau. Darcy ne rate pas ensuite l'occasion de conclure pour devenir à son tour l'un des héros de la Ryder Cup.

L'Europe, qui mène désormais 13-11, a besoin seulement de grappiller 1,5 point lors des cinq matches à terminer pour s'arroger une nouvelle Ryder Cup. Langer lui en donne le premier tiers en faisant match nul avec Nelson. De façon presque logique, Ballesteros lui offre le point qui lui manque en se défaisant du n°1 mondial, Curtis Strange, 2&1, avant de lever le bras en signe de triomphe. Les célébrations sont alors, doux euphémisme, très joyeuses avec des joueurs dansant sous le champagne. Jacklin a du mal à trouver les mots pour qualifier le tour de force de son équipe. C'est encore une inoubliable Ryder Cup.

> *« C'est la plus grande semaine de ma vie ! »*
>
> *Tony Jacklin saluant la victoire de l'Europe*

Légendes de Ryder Cup

Tony JACKLIN et Bernard GALLACHER

Tony Jacklin et Bernard Gallacher ont été de grands joueurs de Ryder Cup, mais ils ont été des capitaines encore plus extraordinaires. En 1985, Jacklin a radicalement changé la donne en menant l'Europe pour la première fois à la victoire après un long désert de défaites, avant de triompher deux ans plus tard sur le sol américain pour la première fois.

Tony Jacklin a d'abord rencontré la célébrité en remportant le British Open en 1969 et l'US Open en 1970. Avec deux titres majeurs en sa possession à l'âge de 26 ans, il est ensuite entré dans une autre dimension à partir de 1983 quand il est devenu pour la première fois capitaine de l'équipe européenne de Ryder Cup après avoir participé huit fois à la compétition avec un solde de sept défaites et d'un inoubliable match nul. En 1983, il a réussi à persuader Severiano Ballesteros de revenir au sein de l'équipe, et même si les Européens se sont inclinés de justesse cette année-là, Jacklin avait déjà modifié la donne, en quelque sorte. En 1985, il avait l'équipe pour gagner aux côtés de Ballesteros, avec des talents comme Ian Woosnam, Sandy Lyle, Bernhard Langer et Nick Faldo. Cette année-là, cette équipe était mieux préparée que jamais et a fini par triompher sans coup férir.

Le meilleur était encore à venir deux ans plus tard avec le premier succès en terre étrangère face à Jack Nicklaus dans le rôle de capitaine sur un parcours que la légende américaine avait dessiné : Muirfield Village. Un succès de Severiano Ballesteros sur Curtis Strange lors des simples a entériné la domination européenne 15-13 avec à la clé une première défaite américaine devant son public. « C'était mon plus beau moment », a souri Tony Jacklin. Lors de sa dernière année de capitanat, au Belfry en 1989, les Européens ont gardé le trophée par la grâce d'un match nul 14-14. Jacklin a donc gagné la Ryder trois fois sur quatre en tant que capitaine.

Bernard Gallacher a pris la succession de Tony Jacklin après avoir été lui-même joueur de Ryder Cup et assistant de son prédécesseur. En 1969, à 20 ans, Gallacher était devenu le plus jeune joueur de Ryder Cup de l'histoire. Club en main, il a participé à huit campagnes. Après y avoir battu Lee Trevino à cinq reprises, le célèbre Américain s'était exclamé : « En Ryder Cup, Bernard m'a toujours obligé à jouer mon meilleur golf. » Ses débuts de capitaine n'ont pas été aisés. En 1991, lors d'une rencontre rebaptisée « guerre de la côte » à Kiawah Island, la défaite n'a pu être évitée. Deux ans plus tard, au Belfry, tous les grands noms qui composaient l'équipe de Jacklin -Ballesteros, Woosnam, Langer, Faldo- ont failli, hélas, le dernier jour. Gallacher aurait voulu s'arrêter, mais ses joueurs l'ont poussé à persévérer. La troisième tentative a été la bonne.

En effet, en 1995, les Européens ont reconquis la coupe aux Etats-Unis. Gallacher a avoué que la clé de ce succès avait été son ouverture d'esprit. « Avant de jouer à Oak Hill, je n'avais jamais imaginé de faire jouer ensemble Sam Torrance et Constantino Rocca, mais comme d'autres étaient en moins bonne forme qu'eux, l'idée s'est imposée à moi et ils ont fait une paire parfaite », a-t-il analysé. Lorsque Gallacher a passé la main à Ballesteros en 1997, l'Europe est entrée dans une époque. Plus aucun capitaine européen n'a jamais dirigé une équipe plus d'une fois. La charge était devenue trop lourde.

EUX ET LA RYDER CUP

Tony JACKLIN
Ryder Cups : 1967, 1969, 1971, 1973, 1975, 1977, 1979, 1983 (capitaine non joueur), 1985 (vainqueur, capitaine non joueur), 1987 (vainqueur, capitaine non joueur), 1989 (match nul mais trophée conservé, capitaine non joueur)
Total de victoires : 2 (plus un match nul pour garder le trophée)
Matches : 35 (13 victoires, 8 nuls, 14 défaites)
Total de points : 17

Bernard GALLACHER
Ryder Cups : 1969, 1971, 1973, 1975, 1977, 1979, 1981, 1983, 1991 (capitaine non joueur), 1993 (capitaine non joueur), 1995 (vainqueur, capitaine non joueur)
Total de victoires : 1
Matches : 31 (13 victoires, 5 nuls, 13 défaites)
Total de points : 15,5

« La Ryder Cup, c'est plus que du golf -vous jouez pour votre pays, votre équipe, votre circuit, votre capitaine. C'est l'absolu du golf. »

Tony Jacklin

A GAUCHE : Deux légendes britanniques côte à côte : Tony Jacklin (à g.) et Bernard Gallacher évaluent la situation lors de l'édition 1991 à Kiawah Island.

1989

Europe 14
Etats-Unis 14

The Belfry, Sutton Coldfield

22-24 Septembre

LE PARCOURS

Brabazon Course
Lieu : The Belfry, Sutton Coldfield, Grande-Bretagne
Par : 72
Longueur : 6 508 m

Hôte de la Ryder Cup pour la deuxième fois, le Belfry, créé dans un parc de 220 hectares dans la campagne du Warwickshire, est, en quelque sorte, la maison de la Ryder Cup en Angleterre. Et les souvenirs y sont désormais très nombreux.

En 1989, le capitaine américain, Ray Floyd, présente de manière controversée son équipe comme celle des « 12 plus grands joueurs du monde ». Cependant, l'Europe, qui estime qu'elle a en son sein des joueurs méritant tout autant de faire partie de cette liste, fait jeu égal avec les Américains du début jusqu'à la fin d'une rencontre à suspense au Belfry qui se termine par un match nul -le deuxième seulement dans l'histoire de la Ryder Cup.

UN COUP D'ŒIL sur les installations du Belfry au moment où se prépare la 28e édition de la Ryder Cup montre à quel point la compétition a évolué : une foule très nombreuse, près de 1 000 journalistes accrédités, le plus grand village de tentes jamais monté en Grande-Bretagne lors d'un événement sportif et un public déjà chauffé à blanc par les manchettes des journaux avant même que la première balle ne soit frappée. Pour satisfaire tous ces appétits, il n'y a plus qu'à espérer que la compétition soit au niveau de l'excitation préalable qu'elle suscite et il faut bien reconnaître que l'édition 1989 de la Ryder Cup va dépasser toutes les attentes.

Comme l'Europe est favorite pour la toute première fois, l'intérêt en Angleterre est énorme, mais il est carrément gonflé à bloc par les déclarations de Ray Floyd, le capitaine américain, lors du dîner de gala qui précède la compétition. Peut-être parce qu'il souhaite fouetter l'orgueil de son équipe, il y présente ses joueurs comme les « 12 plus grands joueurs du monde », en partie en référence à l'illustre Ben Hogan qui avait décrit son équipe en 1967 avec des mots semblables. Mais cette fois-ci, cette formule verbale suscite un retour de flamme en attisant la colère de l'équipe européenne que son capitaine, Tony Jacklin, n'a aucune peine à motiver à la veille du match.

PREMIER JOUR

CAPITAINES

Europe : Tony Jacklin — **Etats-Unis :** Ray Floyd

FOURSOMES (VENDREDI MATIN)

Faldo/Woosnam *et* **Kite/Strange,** *match nul*
Clark/James *perd c.* **Wadkins/Stewart,** *1up*
Ballesteros/Olazábal et Watson/Beck, *match nul*
Langer/Rafferty *perd c.* **Calcavecchia/Green,** *2 & 1*
Score de la session : 1-3

QUATRE BALLES (VENDREDI APRÈS-MIDI)

Torrance/Brand *b.* **Strange/Azinger,** *1up*
Clark/James *b.* **Couples/Wadkins,** *3 & 2*
Faldo/Woosnam *b.* **Calcavecchia/McCumber,** *2up*
Ballesteros/Olazábal *b.* **Watson/M. O'Meara,** *6 & 5*
Score de la session : 4-0
Score général : Europe 5-Etats-Unis 3

A DROITE *: Le public massé autour des greens du Belfry alors que la tension monte dans une des rencontres les plus serrées de l'histoire de la Ryder Cup.*

A GAUCHE *: Le capitaine américain, Ray Floyd, dans son buggy lors des rencontres de cette Ryder Cup 1989.*

Tony Jacklin est capitaine pour la quatrième -et dernière- fois de suite. Il vient de traverser des moments extrêmement douloureux dans sa vie personnelle avec la perte de son épouse, Vivian, décédée dans un accident de la route en Espagne, mais son équipe est de premier plan. L'Ecossais Sandy Lyle est absent en raison d'un manque de forme, mais Bernhard Langer a réussi à vaincre ses yips à temps pour faire partie du groupe ; Christy O'Connor Junior et Howard Clark ont été les autres choix du capitaine, avec Ronan Rafferty, le seul « rookie » européen.

De leur côté, les Etats-Unis sont dans une phase de transition et sont représentés par cinq débutants -Paul Azinger, Chip Beck, Fred Couples, Mark McCumber et Ken Green- dont la présence est contrebalancée par la sélection de champions expérimentés comme Lanny Wadkins et Tom Watson qui ont été les choix personnels de Floyd. Les Américains sont les premiers en action lors de la journée inaugurale en se détachant 3-1 à l'issue des quatre premiers foursomes. Nick Faldo et Ian Woosnam partagent le point de la première partie avec Tom Kite et Curtis Strange, avant que Lanny Wadkins, qui avait manqué six cuts lors de ses huit derniers tournois, ne prouve que la Ryder Cup est une compétition d'une autre nature en triomphant aux côtés de Payne Stewart aux dépens de Howard Clark et de Mark James. Ensuite, lorsque la paire incomparable formée de Severiano Ballesteros et José María Olazábal mène de trois coups face à Chip Beck et Tom Watson, les Etats-Unis refusent de céder, avec notamment deux birdies de Watson qui leur permettent de faire match nul. Plus tard, l'Europe perd le dernier des quatre foursomes du matin, lorsque Bernhard Langer et Ronan Rafferty s'inclinent 2&1 face à Mark Calcavecchia et Ken Green.

Les favoris européens abordent donc les « quatre balles » de l'après-midi sans avoir remporté le moindre match. Les Américains ont déjà relevé un joli premier défi, mais la situation va changer très vite après le déjeuner, les Européens ne laissant pas le moindre demi point à leurs adversaires au terme d'un magnifique 4-0.

Dans une ambiance survoltée et patriotique, le public du Belfry n'en croit pas ses yeux en voyant les hommes de Tony Jacklin gagner leur quatre « quatre balles » pour finir la journée avec un avantage de 5-3 alors que le capitaine avait procédé à peu de changements par rapport au matin. Il a gardé trois de ses quatre paires, mais a remplacé le duo Langher-Rafferty en panne de sensations par Sam Torrance et Gordon Brand Junior. Comme à Muirfield, dans l'Ohio, deux ans plus tôt, son pari rapporte gros dans la mesure où cette nouvelle paire, envoyée au front la première, domine d'un trou Azinger et Strange. Les victoires suivantes de Clark et de James aux dépens de Couples/Wadkins (3&2) puis de Faldo et Woosnam face au tandem Calcavecchia/McCumber battu de deux trous placent les Européens dans un petit état d'euphorie. Ballesteros et Olazábal ajoutent ensuite un peu de chantilly sur le gâteau par le biais d'un très large succès (6&5) contre Watson et O'Meara. En quelques heures, les Européens sont passés de la frustration au bonheur absolu en donnant plein d'énergie à un public, d'abord enthousiaste et rapidement devenu électrique.

La deuxième journée de cette Ryder Cup 1989 est plus serrée que la première dans la mesure où les deux sessions de la journée se terminent à chaque fois sur le score de 2-2, permettant à l'Europe d'aborder les simples décisifs avec deux points d'avance. Seuls Ballesteros et Olazábal ont été capables de remporter leurs deux matches : d'un trou face à Kite et Strange grâce à deux excellents coups d'Olazábal dans les bunkers du 17 et du 18 puis en écrasant Calcavecchia/Green 4&2 dans l'après-midi. Il y a eu un moment, quand Kite et McCumber ont dominé Langer et Cañizares dans le deuxième « quatre balles » (après le succès de Azinger et de Beck face à Faldo/Woosnam), où l'Europe a semblé fragilisée, mais les victoires de Clark et James (d'un trou contre Stewart/Strange) puis celle des Espagnols ont restauré l'ordre.

Un public massif s'est déplacé au Belfry pour la dernière journée où il assiste aux deux succès pleins de rage des Américains lors des deux premiers simples : Azinger 1up contre Ballesteros et Beck, 3&2 contre Langer. Du grand golf, mais aussi du grand suspense lors de la bataille entre Ballesteros et Azinger sans oublier beaucoup d'intox. Ballesteros demande de changer sa

« Je me souviens avoir levé les yeux au ciel, avec mes bras tendus, et avoir senti des larmes couler sur mon visage. »

Christy O'Connor Junior décrivant le moment de sa victoire contre Fred Couples

LE COUP DU JOUR

Personne ne donnait la moindre chance à Christy O'Connor Junior contre Fred Couples lors des simples, mais au 18e trou, alors qu'il doit jouer un coup de fer difficile d'une longueur de 215m au-dessus de l'eau, il s'en sort avec maestria. Son coup de fer s'arrête à 1,20m du drapeau avant que Couple ne manque un putt vital synonyme de défaite. « Ce fut le plus grand et le plus émouvant moment de ma carrière », a avoué l'Irlandais.

A GAUCHE . *Christy O'Connor reçoit les félicitations de Fred Couples alors que le caddie de l'Irlandais ne cache pas son bonheur.*

A DROITE : *José María Cañizares (à d.), félicité par un José María Olazábal déchaîné.*

DEUXIEME ET TROISIEME JOURS

FOURSOMES (SAMEDI MATIN)

Woosnam/Faldo *b.* **Wadkins/Stewart,** *3 & 2*

Brand/Torrance *perd c.* **Beck/Azinger,** *4 & 3*

O'Connor/Rafferty *perd c.* **Calcavecchia/Green,** *3 & 2*

Ballesteros/Olazábal *b.* **Kite/Strange,** *1up*

Score de la session : 2-2

QUATRE BALLES (SAMEDI APRÈS-MIDI)

Faldo/Woosnam *perd c.* **Beck/Azinger,** *2 & 1*

Langer/Cañizares *perd c.* **Kite/McCumber,** *2 & 1*

Clark/James *b.* **Stewart/Strange,** *1up*

Ballesteros/Olazábal *b.* **Calcavecchia/Green,** *4 & 2*

Score de la session : 2-2

SIMPLES (DIMANCHE)

Severiano Ballesteros *perd c.* **Paul Azinger,** *1up*

Bernhard Langer *perd c.* **Chip Beck,** *3 & 2*

José María Olazábal *b.* **Payne Stewart,** *1up*

Ronan Rafferty *b.* **Mark Calcavecchia,** *1up*

Howard Clark *perd c.* **Tom Kite,** *8 & 7*

Mark James *b.* **Mark O'Meara,** *3 & 2*

Christy O'Connor *b.* **Fred Couples,** *1up*

José María Cañizares *b.* **Ken Green,** *1up*

Gordon Brand *perd c.* **Mark McCumber,** *1up*

Sam Torrance *perd c.* **Tom Watson,** *3 & 1*

Nick Faldo *perd c.* **Lanny Wadkins,** *1up*

Ian Woosnam *perd c.* **Curtis Strange,** *2up*

Score de la session : 5-7

Score final : Europe 14-Etats-Unis 14

balle sur le green du trou n°2 en disant qu'elle est abîmée, mais Azinger n'est pas de cet avis comme l'arbitre de la rencontre. La foule n'a pas besoin d'un tel incident pour se montrer survoltée et lorsque Azinger envoie sa balle dans l'eau du lac du n°18 alors qu'il est 1up, le vacarme devient infernal -encore plus quand Ballesteros se plaint qu'Azinger a bénéficié d'un drop favorable. Sorti des rails de sa concentration, l'Espagnol n'évite pas l'eau à son tour et perd donc la rencontre qui l'a hanté pendant de nombreuses années. « Quand j'y repense, je me dis que quelque chose n'allait pas », a-t-il déclaré un jour.

Au bout du compte, cela n'empêche pas l'Europe de garder le trophée car ses joueurs gagnent quatre des cinq simples suivants en dépit de la correction infligée par Kite à Clark (8&7). Olazábal bat Stewart 1up comme Rafferty face à Calcavecchia (les deux Américains ont fini dans l'eau au 18) avant que James ne prenne l'ascendant sur O'Meara, 3&2. A 12-10, l'Europe n'est plus qu'à deux points de conserver la Ryder Cup. C'est alors que l'Irlandais Christy O'Connor Junior, « all square » avec Fred Couples au moment d'aborder le 18e trou, réussit l'approche de sa vie pour s'offrir une victoire improbable et pleine d'émotion. Il ne reste plus qu'à José María Cañizares de « finir le travail » aux dépens de Ken Green qui est égalité avec lui au départ du dernier trou Ses nerfs, d'acier, ne vont pas le trahir. Alors que les deux hommes ont deux longs putts à exécuter Green depuis le bas du trou et Cañizares depuis le haut- l'Espagnol réussit à forcer le destin. Trois putts sont nécessaires à Green contre deux à Cañizares qui peut célébrer son bonheur avec toute son équipe.

Une résistance farouche des Américains (qui gagnent les quatre derniers simples) empêche, cependant, les Européens de s'offrir une victoire complète -McCumber, Watson, Wadkins et Strange jouent remarquablement alors que Faldo se loupe au dernier trou contre Wadkins en s'égarant dans l'eau. Woosnam, également, aurait pu faire mieux en réussissant un putt qui aurait dû lui permettre de partager le point avec Strange. Peu importe, cette Ryder Cup a été une grande cuvée avec un joli sprint d'arrivée -le premier match nul depuis 1969.

CHAPITRE SIX

SUR LES CHAMPS DE BATAILLES

Après l'Europe qui a gagné en stature dans les années 80 au point de s'arroger le trophée trois fois de suite, c'est au tour des Etats-Unis de tenter de reprendre la main lors des années 90. Les Américains arrivent à leurs fins au terme de Ryder Cups serrées et parfois houleuses.

Les Américains triomphent après être revenus de nulle part pour s'imposer d'un point lors de l'édition 1999.

1991

Etats-Unis 14,5

Europe 13,5

Kiawah Island, Caroline du Sud

27–29 Septembre

LE PARCOURS

The Ocean Course
Lieu : Kiawah Island Golf Resort, Kiawah Island, Caroline du Sud, Etats-Unis
Par : 72
Longueur : 6 726 m

Conçu par Pete Dye, le parcours est à peine terminé quand la Ryder Cup est organisée à Kiawah Island. Naturellement, tout n'est pas parfait dans ces circonstances, mais la vue sur l'océan depuis l'ensemble des trous rend le tracé extrêmement spectaculaire.

Avant même la première balle frappée face à l'Atlantique, l'édition 1991 de la Ryder Cup à Kiawah Island est déjà appelée « the war on the shore » (la guerre de la côte) par un magazine américain. Et en effet, elle se révèle particulièrement batailleuse et même controversée. La décision se fait dans l'ultime partie, sur le dernier green par l'horreur d'un putt manqué de Bernhard Langer.

DAVE STOCKTON, LE CAPITAINE AMÉRICAIN, conscient que son équipe a besoin de tous les atouts de son côté, ne fait rien pour apaiser les tensions au bord de l'Atlantique. Au contraire. Il suscite même la colère des Européens lorsqu'il les invite, en préambule du week-end, à assister au visionnage d'un film sur l'histoire de la Ryder Cup dans lequel ne sont compilées, pour ainsi dire, que les victoires américaines. Nick Faldo est même au bord de quitter la salle en signe de protestation. Dans ce contexte, il n'est plus question du mot amitié entre les deux équipes au moment où doit être donné le coup d'envoi de cette édition 1991.

Ce climat n'est guère adouci par la campagne de publicité d'une radio locale intitulée « Wake up the ennemy » (réveillez l'ennemi) et qui donne le numéro de téléphone de l'hôtel des Européens en enjoignant les habitants du coin à les appeler au beau milieu de la nuit. Certains ne se font pas prier et « the war on the shore » (la guerre de la côte), comme l'a appelé un magazine américain pour désigner cet Etats-Unis-Europe à l'heure de la Guerre du golfe, débouche sur quelques moments de mauvais goût. Corey Pavin et Steve Pate, lors de l'un des « quatre balles », couvrent, par exemple, leur tête d'une casquette sur laquelle on peut lire « Operation Desert Storm » (Opération tempête du désert).

CI-DESSUS : Severiano Ballesteros au départ du trou n°4 le premier jour sous le regard de José María Olazábal, son coéquipier, et de Chip Beck et Paul Azinger, pour les Etats-Unis.

PREMIER JOUR

CAPITAINES

Etats-Unis : Dave Stockton — **Europe** : Bernard Gallacher

FOURSOMES (VENDREDI MATIN)

Azinger/Beck *perd c.* **Ballesteros/Olazábal**, *2 & 1*

Floyd/Couples *b.* **Langer/James**, *2 & 1*

Wadkins/Irwin *b.* **Gilford/Montgomerie**, *4 & 2*

Stewart/Calcavecchia *b.* **Faldo/Woosnam**, *1up*

Score de la session : 3-1

QUATRE BALLES (VENDREDI APRÈS-MIDI)

Wadkins/O'Meara et Torrance/Feherty, *match nul*

Azinger/Beck *perd c.* **Ballesteros/Olazábal**, *2 & 1*

Pavin/Calcavecchia *perd c.* **Richardson/James**, *5 & 4*

Floyd/Couples *b.* **Faldo/Woosnam**, *5 & 3*

Score de la session : 1,5-2,5

Score général : Etats-Unis 4,5-Europe 3,5

CI-DESSUS : Fred Couples frappe un coup de départ à Kiawah Island avec, pour l'observer, Ray Floyd, son partenaire, et les Européens Nick Faldo et Ian Woosnam.

Cependant, il faut bien constater que cette intense atmosphère n'est pas sans conséquence sur les premières parties qui tournent clairement à l'avantage des Américains. D'entrée, Gallacher décide de faire jouer ensemble les « rookies » Colin Montgomerie et David Gilford, mais la sanction, venue de Lanny Wadkins et Hale Irwin, est sans appel (4&2). Ray Floyd et Fred Couples sont à peine moins inquiétés par Bernhard Langer et Mark James, battus 2&1. Payne Stewart et Mark Calcavecchia se jouent ensuite de Nick Faldo et Ian Woosnam. Heureusement lors de ces premiers foursomes, Severiano Ballesteros et José María Olazábal sauvent les meubles en s'imposant face à Paul Azinger et Chip Beck lors d'une rencontre controversée qui souligne bien l'ambiance électrique et donne le ton de ce qui va suivre au cours du week-end.

Au 10e trou, Ballesteros est en effet furieux de constater qu'Azinger utilise une nouvelle balle et accuse son adversaire de tricher (les joueurs doivent indiquer le type et le nombre de balles qu'ils utilisent dès le premier tee et doivent informer leurs concurrents quand des changements sont opérés). L'arbitre de la rencontre donne raison à Azinger à la colère de Ballesteros. Les deux hommes éprouvent toutes les peines à se serrer la main sur le 17e trou où les Espagnols concluent la partie à leur avantage. « Les 11 Américains ont 11 gars sympas et Paul Azinger », dit plus tard un Ballesteros très amer.

Dans ce face à face de plus en plus « amical », l'Europe se ressaisit lors des « quatre balles » de l'après-midi où les Espagnols, qui se retrouvent encore face à Azinger/Beck, triomphent sur le même score de 2&1 avant que le duo Richardson/James ne réduise encore plus l'écart grâce à un large succès 5&4 sur Pavin/Calcavecchia. La bataille a vraiment commencé. Wadkins/O'Meara et Torrance/Feherty se partagent le point suivant et il faut une surprenante et nette victoire de Floyd/Couples face à Faldo/Woosnam, 5&3, pour permettre aux Etats-Unis de mener d'un point au soir de la première journée.

Avec son équipe très légèrement décrochée et constatant que son tandem de choc composé de Nick Faldo et de Ian Woosnam est en retrait à l'image de ses deux sèches défaites du vendredi, Bernard Gallacher, le capitaine européen, sait qu'il doit faire des changements quitte à payer cette audace en fin de week-end.

Gallacher opte donc pour associer Faldo (qui n'a jamais été le partenaire le plus facile y compris pour un joueur expérimenté) au « rookie » David Gilford, personnage timide et réservé qui semble nerveux à l'ombre de son nouveau compagnon de parcours. C'est un choix risqué, voire même un pari, qui se révèle presque catastrophique. Aucune alchimie n'opère entre les deux joueurs. L'observateur le moins habitué le constate aisément par la simple distance semblant séparer Faldo et Gilford qui ne se parlent pas. Ils sont sévèrement punis par Azinger/O'Meara, vainqueurs 7&6. Plus tard, la presse britannique s'acharnera sur Faldo lui reprochant d'avoir manqué de soutien vis-à-vis de Gilford, mais Faldo répondra qu'il n'aurait jamais dû être associé à un « rookie ». Erreur admise a posteriori par Gallacher.

Avec Faldo confronté à ses propres problèmes et retiré ainsi dans sa coquille personnelle, il était évident qu'il ne pouvait pas « materner » Gilford dans ce contexte. Mais la posture de Faldo était dure pour un jeune espoir qui jouait bien à l'entraînement et qui ne jouera plus le reste du week-end en raison de la blessure de Steve Pate qui le privera de simple.

Loin de ces problèmes européens, les Américains tirent eux tout le bénéfice de ces foursomes du samedi matin. Ils engrangent trois succès consécutifs grâce à Irwin/Wadkins face à Feherty/Torrance, à Calcavecchia/Stewart face à James/Richardson et donc à Azinger/O'Meara aux dépens de Faldo/Gilford. Heureusement, le Vieux continent est soulagé de voir la paire Ballesteros/Olazábal marquer son point habituel -3&2 contre Couples/Floyd- et maintenir ainsi son équipe dans la course.

Le public est déjà bien « remonté » et il est vrai que la presse locale ne fait rien pour diminuer la pression. Le Charleston News, par exemple, rappelle avec emphase ce qui est en jeu lors de cette Ryder Cup : « Les équipes jouent pour leurs pays, leurs familles, leurs coéquipiers, l'Oncle Sam, la Reine, papa et maman, la mère patrie, tout cela réuni en seulement trois jours de golf. »

Avec des joueurs locaux de plus en plus sûrs d'eux, l'Europe a conscience de l'urgence d'une réaction afin de renverser la vapeur ou au moins de les calmer. Gallacher se risque encore à des choix audacieux lors des « quatre balles » de l'après-midi. Il essaie deux nouveaux duos, Langer/Montgomerie et Woosnam/Broadhurst, qui lui apportent deux points inespérés. Malgré le fait de disputer sa première Ryder Cup (et d'avoir été sélectionné in extremis sur la base d'une excellente semaine d'entraînement à la veille de la compétition), Broadhurst se montre sensationnel, avec des chips et des putts magnifiques réussis aux côtés de son partenaire si expérimenté, pour finalement prendre la mesure (2&1) de la très bonne paire Azinger/Irwin. Langer/Montgomerie s'impose aussi face à Pavin/Pate (le premier point du jeune Monty avant tant d'autres dans la compétition). Et lorsque James/Richardson ajoute un troisième point lors de ces « quatre balles » face à Wadkins/Levi, voilà l'Europe à égalité avec les Etats-Unis. Va-t-elle même virer en tête alors que le duo de choc Ballesteros/Olazábal est encore sur le parcours ?

La réponse à cette question est simplement « non », la faute à Payne Stewart et Fred Couples au sommet de leur art. Les Américains mènent la plupart du temps dans cette partie et il faut un putt crucial d'Olazábal sur le 18 pour les obliger à partager le point. A cet instant, avec quatre batailles déjà menées, personne ne sait qui va gagner la guerre puisque les deux équipes sont à égalité 8-8 et que tout donc reste à faire. Le fait que les Américains évoluent à domicile et qu'ils n'ont perdu les simples que quatre fois dans l'histoire fait plutôt pencher le pronostic en leur faveur, mais même le

A DROITE : *José María Olazábal étudie sa ligne de putt en compagnie de Severiano Ballesteros durant la journée du samedi. Le monde entier les regarde.*

CI-DESSOUS : *Corey Pavin (à g.) et Steve Pate en action lors des « quatre balles » du samedi après-midi où ils affrontent Bernhard Langer et Colin Montgomerie.*

DEUXIEME JOUR

FOURSOMES (SAMEDI MATIN)

Irwin/Wadkins *b.* **Feherty/Torrance,** *4 & 2*

Calcavecchia/Stewart *b.* **James/Richardson,** *1up*

Azinger/O'Meara *b.* **Faldo/Gilford,** *7 & 6*

Couples/Floyd *perd c.* **Ballesteros/Olazábal,** *3 & 2*

Score de la session : 3-1

QUATRE BALLES (SAMEDI APRÈS-MIDI)

Azinger/Irwin *perd c.* **Woosnam/Broadhurst,** *2 & 1*

Pavin/Pate *perd c.* **Langer/Montgomerie,** *2 & 1*

Wadkins/Levi *perd c.* **James/Richardson,** *3 & 1*

Stewart/Couples et Ballesteros/Olazábal, *match nul*

Score de la session : 0,5-3,5

Score général : Etats-Unis 8-Europe 8

« La guerre du Golfe venait se terminer. Le patriotisme était dans l'air du temps et je souhaitais en tirer avantage. Je voulais que mon équipe fasse des bonds. »

Dave Stockton, le capitaine américain au magazine Golf Digest au sujet des secrets de cette Ryder Cup 1991

plus zélé de leurs supporters doit bien admettre qu'ils sont loin d'être au bout de leurs peines.

Entre parenthèses, il faut d'ailleurs noter que cette Ryder Cup tombe à pic pour la Caroline du Sud en lui redonnant notamment une bouffée d'air frais sur le plan économique. En effet, deux ans plus tôt, l'ouragan Hugo a dévasté la région. Kiawah Island fait d'une pierre deux coups à cette occasion en engrangeant quelques revenus conséquents et en se faisant connaître du monde entier et des Etats-Unis à travers la vingtaine d'heures de retransmissions sur les chaînes NBC et USA.

Au moment où « la guerre de la côte » entre dans sa phase finale, c'est presque sans surprise, compte tenu des événements précédents, que survient un « incident » qui sème le trouble. Dave Stockton, le capitaine américain, est obligé d'annoncer que l'un de ses meilleurs joueurs - Steve Pate- est obligé de renoncer aux simples, mais il a oublié d'en avertir préalablement son homologue européen. Ce n'est pas une complète surprise dans la mesure où Steve Pate, victime d'un accident de la route avant cette Ryder Cup, avait mal aux côtes, mais la veille, lors des « quatre balles » de l'après-midi, il avait semblé dans une forme acceptable. Evidemment, l'Europe voit un loup dans ce retrait de dernière minute.

Le règlement de la Ryder Cup prévoit que chaque capitaine, dans une enveloppe cachetée, inscrive le nom d'un joueur « sacrifié » dans l'hypothèse où l'équipe adverse aurait un joueur incapable de tenir sa place en simple. David Gilford, l'heureux « élu » côté européen, est en route pour le club quand Gallacher prend connaissance de la nouvelle du forfait de Pate et se rend soudain compte qu'il ne peut plus compter que sur 11 hommes.

Le combat psychologique a déjà commencé, mais personne n'avait anticipé sa durée, si longue, et son âpreté dans un corps à corps irrespirable. La tactique de Gallacher est couronnée de succès lorsqu'il envoie un Faldo de mauvaise humeur en première ligne lors du simple initial que l'Anglais remporte face à Ray Floyd. Mais le tableau de score va ensuite évoluer de façon incessante.

Feherty, très nerveux au début, retrouve ses esprits pour battre Stewart alors que Montgomerie, mené de quatre points face à Calcavecchia avec seulement quatre trous à jouer, réussit à s'offrir un inestimable demi point. Mais les Américains remportent les deux matches suivants -Azinger face à Olazábal et Pavin contre Richardson- et la foule commence alors à jouer tout son rôle. Avec Azinger et Pavin à la baguette, l'atmosphère tient plus du match de football que d'une partie de golf, au rythme des « USA ! USA ! » scandés tout au long du parcours.

Très vite, le score se fixe à 12-12 avec quatre rencontres à terminer sachant que Beck a battu Woosnam et que Ballesteros a eu le dernier mot face à Levi. Terrible tension. L'impressionnant « rookie » Paul Broadhurst fait le bonheur de son capitaine en triomphant 3&1 de O'Meara. Mais deux succès, 3&2, de Couples et Wadkins aux dépens de Torrance et James, remettent les Etats-Unis en tête 14-13, avec un seul match à finir.

Tous les yeux se tournent alors vers Hale Irwin et Bernhard Langer. Leur match a progressé jusque là dans une certaine indifférence, à l'ombre des autres rencontres, mais tout dépend d'eux désormais. La pression est immense. Irwin est 2up au 14, mais Langer fait la moitié de son retard au 15 avant de le combler complètement au 17 grâce aux trois putts de son rival. Les deux hommes sont à égalité et ils s'apprêtent à jouer le dernier trou de la dernière partie.

Le coup de départ de Langer au 18 est bon alors que celui d'Irwin s'égare dans la foule. Sa balle doit être partie dans le rough, mais de manière étrange, la voilà à la lisière du fairway après avoir été probablement lancée là depuis le public. L'approche de Langer touche le green, ce qui n'est pas le cas d'Irwin. Avantage Europe, c'est du moins ce que tout le monde imagine surtout quand

« Dire à David qu'il ne jouerait pas fut l'un des moments les plus cruels de ma carrière. »

Bernard Gallacher, le capitaine européen, obligé de se passer de David Gilford en simple

CI-DESSOUS : *Le désespoir de Bernhard Langer qui vient de rater son putt condamnant l'Europe à la défaite.*

A DROITE : *Heureux, Payne Stewart arrose Hale Irwin de champagne à l'issue d'un insoutenable suspense.*

le coup suivant de l'Américain le laisse à 8m du drapeau. Au bord du green, Gallacher doit alors se voir brandir le trophée comme son prédécesseur Jacklin. Mais le drame est loin d'être fini. Le putt de Langer depuis le fond du green est bon, mais dépasse le trou plus qu'il ne l'avait imaginé en le laissant avec un putt d'1,80m à négocier. Irwin, ensuite, putte et sa balle termine sa course à 50cm du trou -un coup généreusement concédé par son adversaire du jour. Toute la Ryder Cup dépend du putt à venir de Langer. S'il le réussit, Etats-Unis et Europe sont à égalité et le Vieux continent garde la coupe.

La tension est à gratter au couteau lorsque Langer se penche pour exécuter ce coup dramatique. Hélas, il rate sa cible. Langer s'écroule alors que son visage trahit son désespoir. Pendant ce temps, les Américains célèbrent leur victoire avec faste tandis que les « USA ! USA ! » sont lâchés à pleins poumons. L'une des plus grandes Ryder Cups -et l'une des plus controversées- vient de se décider sur le dernier coup de la journée.

TROISIEME JOUR

SIMPLES (DIMANCHE)

Ray Floyd *perd c.* **Nick Faldo,** *2up*

Payne Stewart *perd c.* **David Feherty,** *2 & 1*

Mark Calcavecchia et Colin Montgomerie, *match nul*

Paul Azinger *b.* **José María Olazábal** *2up*

Corey Pavin *b.* **Steven Richardson,** *2 & 1*

Wayne Levi *perd c.* **Severiano Ballesteros,** *3 & 2*

Chip Beck *b.* **Ian Woosnam,** *3 & 1*

Mark O'Meara *perd c.* **Paul Broadhurst,** *3 & 1*

Fred Couples *b.* **Sam Torrance,** *3 & 2*

Lanny Wadkins *b.* **Mark James,** *3 & 2*

Hale Irwin et Bernhard Langer, *match nul*

Steve Pate et David Gilford, *match nul (non joué car Pate blessé)*

Score de la session : 6,5-5,5

Score final : Etats-Unis 14,5-Europe 13,5

17

Ian Woosnam joue un coup depuis le bunker du trou n°17 lors des simples de cette Ryder Cup, à Kiawah Island, en Caroline du Sud. Dans la foule, un drapeau gallois.

1993

Europe 13
Etats-Unis 15

The Belfry, Sutton Coldfield

24-26 Septembre

Après la controverse née de « la guerre de la côte », sans oublier les excès du public américain à Kiawah Island en 1991, la Ryder Cup veut revenir à ses origines et aux principes de ses créateurs. Le légendaire Tom Watson, capitaine de l'équipe américaine, est l'homme de la restauration.

LE PARCOURS

Brabazon Course
Lieu : The Belfry, Sutton Coldfield, Grande-Bretagne
Par : 72
Longueur : 6 508 m

Le Brabazon Course a déjà accueilli la Ryder Cup à deux reprises, en 1985 puis en 1989 quand le fameux trou n°18 avait causé tant de problèmes aux Américains lors de cette rencontre terminée par un match nul. Ouvert en 1977, ce parcours présente 13 trous avec des obstacles d'eau.

EQUITÉ, SPORTIVITÉ, AMITIÉ sont les maîtres mots d'une compétition où l'on se paye plus de gloire que de dollars, où l'on rapproche les adversaires plutôt qu'on les éloigne. Si ces vertus ont été oubliées, cette 30e Ryder Cup entend bien les remettre au goût du jour. Les spectateurs passionnés sont évidemment accueillis à bras ouverts -qu'ils encouragent ou qu'ils chantent, tout cela est parfait- mais un public prenant à partie des joueurs, affectant le résultat en se saisissant d'une balle pour la remettre en jeu, n'est pas le bienvenu. Non, il n'est plus question de revoir de tels débordements sachant que ces sujets épineux ont été abordés de manière presque philosophique à l'aube de cette édition 1993.

Les PGA britannique et américaine ont en effet passé du temps à discuter de ces excès et ont abouti à une série de propositions afin de résoudre ce type de problèmes.

Lorsque Tom Watson est nommé capitaine américain pour cette Ryder Cup, il semble être d'ailleurs la personnalité idoine pour justement apporter cette paix nécessaire. En tant que légende du golf, Watson est autant respecté en Europe qu'aux Etats-Unis où chacun connaît son respect des grandes traditions du jeu. En vérité, il paraît même être l'antidote à tous les débordements nationalistes aperçus à Kiawah Island.

De manière caractéristique, Watson se replonge dans l'histoire afin d'étudier scrupuleusement la tactique des capitaines qui l'ont précédé, histoire de ne rien laisser au hasard. En conséquence, il bâtit une équipe qui doit pouvoir se jouer de la pression loin de ses bases et c'est la raison pour laquelle il fait confiance à Ray Floyd et Lanny Wadkins qui sont ses deux choix personnels au sein de sa sélection.

En Europe, Bernard Gallacher, qui avait offert sa succession sur un plateau

A GAUCHE *: Le capitaine Tom Watson semble soucieux en suivant les événements de la Ryder Cup au Belfry.*

A DROITE *: Joakim Haeggman célèbre un moment historique. C'est la première fois qu'un Suédois est sélectionné en Ryder Cup. Il le fête à sa manière en gagnant son simple.*

après la défaite de 1991, a été persuadé de demeurer à son poste. Comme deux ans plus tôt, il reste aussi ouvert d'esprit et surprend en décidant de sélectionner un Suédois, Joakim Haeggman, une grande première en Ryder Cup. Parmi ses autres « rookies » figurent Peter Baker, Barry Lane et l'Italien Constantino Rocca.

Les deux équipes sont déjà formées quand le président des Etats-Unis fait savoir qu'il veut rencontrer celle représentant son pays. L'équipe américaine se rend ainsi jusqu'à la Maison Blanche pour recevoir les encouragements de Bill Clinton qui souhaite lui souhaiter bonne chance avant son vol vers l'Angleterre. Mais les joueurs ne se sont pas montrés pressés de répondre aussitôt à cette invitation. Certains, de couleur politique différente de Bill Clinton, n'ont visiblement pas digéré la réforme fiscale de leur président qui vise les plus riches et donc quelques golfeurs professionnels. Leurs hésitations ont été mal perçues aux Etats-Unis et certains gros titres de la presse ont enfoncé le clou. Heureusement, le bon sens a fini par prévaloir et l'équipe américaine a donc fait le voyage de Washington en traînant un peu les pieds.

Commencée avec deux heures de retard en raison d'un épais brouillard, cette Ryder Cup 1993 s'élance sous le signe de l'équilibre entre deux équipes qui ne se départagent pas au terme des foursomes matinaux du premier jour. Le choc pour les Européens vient de l'échec des invincibles Ballesteros/Olazábal dominés par Tom Kite et Davis Love. Le tournant de la rencontre a lieu sur le trou n°10 où Ballesteros opte pour la sécurité avec un fer sur un par 4 relativement court quand Kite se montre nettement plus aventureux avec un bois 3 qui le récompense bien de son audace en touchant le centre du green. Si Torrance/James s'incline 4&3 face à Wadkins/Pavin, la nouvelle paire composée de Faldo/Montgomerie ne fait qu'une bouchée de Floyd/Couples, 4&3, pendant que Woosnam/Langer est plein d'autorité face à Azinger/Stewart, balayé 7&5.

PREMIER JOUR

CAPITAINES

Europe : Bernard Gallacher — **Etats-Unis :** Tom Watson

FOURSOMES (VENDREDI MATIN)

Torrance/James *perd c.* **Wadkins/Pavin,** *4 & 3*

Woosnam/Langer *b.* **Azinger/Stewart,** *7 & 5*

Ballesteros/Olazábal *perd c.* **Kite/Love,** *2 & 1*

Faldo/Montgomerie *b.* **Floyd/Couples,** *4 & 3*

Score de la session : 2-2

QUATRE BALLES (VENDREDI APRÈS-MIDI)

Woosnam/Baker *b.* **Gallagher Jr/Janzen,** *1up*

Langer/Lane *perd c.* **Wadkins/Pavin,** *4 & 2*

Faldo/Montgomerie et Azinger/Couples, *match nul*

Ballesteros/Olazábal *b.* **Love/Kite,** *4 & 3*

Score de la session : 2,5-1,5

Score général : Europe 4-Etats-Unis 3,5

« Ce n'est pas la guerre, c'est juste du golf… Quand tout est fini, nous devons être capables de sortir ensemble, de boire un verre et de porter un toast à nos performances respectives. »

Tom Watson avant la Ryder Cup 1993

Au terme de cette première session, les organisateurs sont rassurés. L'atmosphère sur le parcours est joyeuse, mais amicale. Leurs efforts pour adoucir les mœurs de la Ryder Cup ont peut-être porté leurs fruits même si un incident à la veille de la compétition, causé par Watson, très à cheval sur les règles intérieures de son équipe, a semé la perturbation.

L'une des règles instituées par Watson auprès de ses joueurs consiste au fait qu'ils ne doivent signer aucun autographe la semaine de la compétition. Il les veut parfaitement concentrés sur leur sujet et il ne souhaite pas qu'ils dérogent à cette « interdiction » lors du dîner de gala du mercredi soir au Metropole Hotel. Ce dîner très formel et les discours qui l'accompagnent font partie de la tradition de la Ryder Cup, les compétiteurs se mêlant volontiers à la foule des participants sans rechigner généralement à se conformer aux sollicitations des demandeurs d'autographes. Existe aussi le rite de la signature, par les deux équipes, des menus officiels en guise de souvenirs. Malheureusement, après avoir décrété cette interdiction des autographes, Watson croit bon d'aller jusqu'au bout de sa logique en refusant de faire signer les menus par ses sélectionnés. Sam Torrance, l'un des joueurs européens, ne cache pas sa colère face à cette attitude et les tabloïds anglais sautent sur l'occasion à l'image du Sun qui titre « Fork Off ». Face à la polémique et constatant qu'il a peut-être commis une erreur, Watson doit publier un communiqué d'excuse. Pour détendre l'atmosphère, Bernard Gallacher, interrogé sur le fait de savoir si cet incident a influé sur le cours de la soirée, répond en souriant : « Seve a seulement eu quelques problèmes avec son fromage. »

Mais tout cela est déjà oublié depuis longtemps quand démarrent les « quatre balles » de l'après-midi avec ce score de 2-2. Et le tandem Ballesteros/Olazábal, déçu par son résultat quelques heures plus tôt, se venge grâce à une flopée de birdies qui assomment Tom Kite et Davis Love, le match se terminant sur le trou n°15. La bonne surprise pour l'Europe vient du régional de l'étape, Peter Baker, qui, à l'occasion de ses débuts, signe un succès aux côtés de Ian Woosnam face aux « rookies » américains, Gallagher Jr et Janzen en rentrant un putt de sept mètres sur le dernier trou. Alors que la lumière se fait de plus en plus rare en fin de journée, l'Europe se détache 4-3 avec une partie en cours entre Faldo/Montgomerie et Azinger/Couples. Le putt, qui assure le birdie à Faldo sur le 17, remet le score à égalité, mais il n'est pas possible de jouer le 18e trou en raison de l'obscurité.

“ C'est une bien longue nuit à passer pour jouer un seul trou. ”

Paul Azinger après la suspension de jeu du premier jour en raison de la nuit

DEUXIEME JOUR

FOURSOMES (SAMEDI MATIN)

Faldo/Montgomerie *b.* **Wadkins/Pavin,** *3 & 2*

Langer/Woosnam *b.* **Couples/Azinger,** *2 & 1*

Baker/Lane *perd c.* **Floyd/Stewart,** *3 & 2*

Ballesteros/Olazábal *b.* **Love/Kite,** *2 & 1*

Score de la session : 3-1

QUATRE BALLES (SAMEDI APRÈS-MIDI)

Faldo/Montgomerie *perd c.* **Cook/Beck,** *2up*

James/Rocca *perd c.* **Pavin/Gallagher Jr,** *5 & 4*

Woosnam/Baker *b.* **Couples/Azinger,** *6 & 5*

Olazábal/Haeggman *perd c.* **Floyd/Stewart,** *2 & 1*

Score de la session : 1-3

Score général : Europe 8,5-Etats-Unis 7,5

A GAUCHE : *Lanny Wadkins tellement frustré après un putt manqué de si peu.*

CI-DESSUS : *Des rivaux acharnés, Paul Azinger (à g.) et Nick Faldo, en lutte lors d'un simple terminé par un match nul.*

Lorsque la partie reprend le lendemain à 8h en présence d'un public déjà massif, elle se résume à un duel Azinger-Faldo. Sur le green, les deux hommes n'arrivent toutefois pas à se départager et le point est donc coupé en deux sous le regard de leurs partenaires qui reviennent du practice.

« Qu'est-ce qu'il y a au petit-déjeuner ? », s'amuse Faldo en direction de la foule avant de prendre le chemin du club-house où il feint l'évanouissement de l'affamé. Mais qui a besoin de petit-déjeuner quand le golf a tant à offrir pour combler les appétits ?

Désormais en tête 4,5 à 3,5 grâce à Faldo, l'Europe accentue ensuite son avance en remportant trois des quatre points suivants pour s'assurer une avance confortable. Faldo participe lui-même à la fête lors des foursomes en se jouant 3&2 de Wadkins/Pavin aux côtés de Montgomerie. Les Etats-Unis se consolent un peu grâce à Floyd/Stewart, vainqueur de Baker/Lane, 3&2. Watson a besoin de nouveaux ingrédients pour faire monter sa sauce le samedi après-midi et il choisit de prendre un risque un peu épicé. En faisant confiance à John Cook et Chip Beck, pourtant en petite forme ces derniers temps, pour affronter Faldo/Montgomerie, il fait un pari un peu fou. Qui marche.

Cook et Beck répondent coup pour coup à leurs adversaires avec un Beck en état de grâce dans le jeu court aussi bien en chip qu'au putting. Il sauve le par brillamment sur trois trous successifs. Au 18 (où Faldo était un héros quelques heures plus tôt), l'Anglais semble cette fois cuit physiquement et mentalement et doit accepter la défaite de son équipe après avoir manqué un putt de 2,50m. Un peu plus tôt, Woosnam et Baker ont triomphé, 6&5, contre Couples/Azinger, mais dans l'ensemble, cet après-midi est l'affaire des Etats-Unis. Avant les simples, Pavin/Gallagher Jr et Floyd/Stewart ont même ramené les Etats-Unis à un point derrière l'Europe.

En raison de leur réussite habituelle lors des simples, les Américains ont toutes les raisons d'être optimistes. Et cette réputation est justifiée puisqu'ils remportent six simples et signent deux nuls, inspirés par le vétéran Chip Beck, mené de trois points, mais finalement vainqueur de Barry Lane.

Pour l'Europe, les mauvaises nouvelles ont commencé à affluer dès le samedi soir avec le forfait de Sam Torrance, blessé à un orteil. Comme Gallacher deux ans plus tôt, c'est donc au tour de Watson de choisir un joueur à « sacrifier » pour les simples, mais Lanny Wadkins le met rapidement à l'aise en se désignant lui-même volontaire. Peter Baker doit, lui, se rendre à la hâte à l'hôpital où sa fille de 11 mois est souffrante, et ne peut revenir que le dimanche matin après avoir été rassuré par les médecins au sujet de la crainte d'une méningite.

Si Baker avait dû déclarer forfait à son tour, les Américains auraient pu se proclamer vainqueurs, même si Ray Floyd avait proposé de se dévouer en ne jouant pas si nécessaire. Revenu à temps, Baker, sans rien laisser paraître de sa fatigue, domine Corey Pavin de manière convaincante. Mais ce dimanche de simples est plein de hauts et de bas, à l'image de Woosnam qui laisse filer une avance de deux points avec seulement six trous à jouer pour finalement partager sa partie avec Fred Couples. L'indomptable Beck, mené donc de trois points, revient du diable Vauvert pour coiffer Barry Lane au poteau. Trois Européens s'imposent en succession -Montgomerie, Baker et Haeggman- et testent les Américains qui entendent encore les paroles de Tom Watson lors de son dernier discours : « Si cela devient dur pour vous aujourd'hui, n'oubliez pas ce que Lanny a fait pour vous. »

Stewart bat James et Ballesteros est dominé à la surprise de tous par Jim Gallagher Jr. Le score est alors de 12,5-12,5 avec trois parties à finir. Avec Ray Floyd devant Olazábal et Faldo en avance sur Azinger, tous les regards se tournent vers Costantino Rocca qui a un point d'avance sur Davis Love avec deux trous à jouer.

Complètement inconnu aux Etats-Unis, Rocca joue bien et semble bien parti jusqu'au 17 avant de craquer sous la pression, essentiellement au putting. Revenu à égalité, Love fait la différence au 18 grâce à un superbe coup de départ tandis que Rocca est arrêté dans son geste par l'explosion de joie du public sur le 14 où Faldo vient de réussir un trou en un contre Azinger. La tension de Rocca est palpable. Il a plus tard un putt difficile en pente quand Love, bien déterminé à triompher, se voit proposer un putt d'1,80m. Rocca se rate et Love enfonce le clou dans un silence de plomb.

Des joueurs de l'équipe américaine se jettent sur leur héros qui vient d'assurer le sacre américain puisque Floyd, qui a trois points d'avance sur Olazábal avec trois trous à jouer, ne peut plus être battu. Olazábal réduit l'écart de manière substantielle, mais au 18e trou, Floyd n'a aucun problème pour offrir la victoire définitive aux Etats-Unis.

LE COUP DU JOUR

Nick Faldo réussit l'un des coups les plus mémorables de cette édition 1993 de la Ryder Cup en signant un trou en un sur le par 3 du 14 lors de son simple contre Paul Azinger. Précédemment, Faldo et Montgomerie ont déjà réussi un birdie à quatre reprises sur ce trou, mais Faldo en voulait plus. « Je me souviens très bien l'avoir entendu me dire la veille en marchant sur le fairway du 14 que ce serait bien si la balle allait un jour directement dans le trou, a raconté Montgomerie. Et c'est ce qu'il a fait dès le lendemain ! »

CI-DESSUS : *Héros de cette Ryder Cup, Davis Love savoure sa victoire contre Constantino Rocca sur le green du 18.*

A DROITE : *Un capitaine aux anges, Tom Watson, brandit la Ryder Cup conquise de haute lutte avec deux points d'avance.*

TROISIEME JOUR

SIMPLES (DIMANCHE)

Ian Woosnam et Fred Couples, *match nul*

Barry Lane *perd c.* **Chip Beck,** *1up*

Colin Montgomerie *b.* **Lee Janzen,** *1up*

Paul Baker *b.* **Corey Pavin,** *2up*

Joakim Haeggman *b.* **John Cook,** *1up*

Mark James *perd c.* **Payne Stewart,** *3 & 2*

Costantino Rocca *perd c.* **Davis Love,** *1up*

Severiano Ballesteros *perd c.* **Jim Gallagher Jr,** *3 & 2*

José María Olazábal *perd c.* **Ray Floyd,** *2up*

Bernhard Langer *perd c.* **Tom Kite,** *5 & 3*

Nick Faldo et Paul Azinger, *match nul*

Sam Torrance et Lanny Wadkins, *match nul (Torrance blessé, match non joué)*

Score de la session : 4,5-7,5

Score final : Europe 13-Etats-Unis 15

Alors que le trophée est gagné depuis longtemps, Azinger se permet même le luxe de grignoter son demi point face à Faldo sur le green du 18e trou pour parachever la victoire 15-13 des Etats-Unis. Dans le sillage des effusions, Davis Love se met, lui, en quête de Constantino Rocca qu'il trouve en pleurs et qu'il tente de consoler. L'esprit de la Ryder Cup est bien de retour.

Meurtrie par cet échec, l'Europe est bien obligée de constater que ses durs à cuire, Severiano Ballesteros, Bernhard Langer et José María Olazábal, ont craqué alors qu'ils auraient dû la mettre sur orbite finale. Ce n'était pas prévu dans le plan de bataille de Bernard Gallacher qui remarque aussi que son homologue Tom Watson a pu lui, en revanche, s'appuyer sur ses vieux grognards incarnés notamment par Ray Floyd et Tom Kite. Destins décidément contraires dans le décor automnal du Belfry.

> *« C'est ma plus belle sensation jamais éprouvée dans ma vie de golfeur ! »*
>
> *Tom Watson sur son capitanat victorieux*

Légendes de Ryder Cup

Severiano **BALLESTEROS** et José María **OLAZÁBAL**

A DROITE : Amis inséparables, Severiano Ballesteros (à g.) et José María Olazábal se serrent la main avec le sourire après une autre victoire commune au Belfry en 1989.

Le torrent d'émotion qui a traversé le monde le 7 mai 2011 à l'annonce du décès de Severiano Ballesteros après une longue lutte contre une tumeur au cerveau n'a pas simplement démontré que l'Espagnol était l'un des plus grands golfeurs de l'histoire ou un colosse muni d'un club, mais qu'il était aussi l'une des figures les plus populaires et les plus importantes du sport mondial. Et qui peut oublier que nombre de ses exploits ont été signés en Ryder Cup aux côtés de son grand ami, José María Olazábal ?

L'énigmatique Ballesteros et son grand ami Olazábal ont formé la plus belle association jamais vue jusqu'ici en Ryder Cup, avec 11 victoires et 2 nuls au palmarès de leur duo aligné à 15 reprises, bien plus que tant d'autres tandems. Sur le plan individuel, ils ont été également performants. Ballesteros a engrangé un total de 22,5 points -deux de plus que son compatriote Olazábal- et tous les deux ont eu le privilège de diriger l'équipe européenne en tant que capitaine. Ballesteros a été le chef de guerre rêvé lors de la seule édition jouée en Espagne, à Valderrama en 1997, et gagnée 14,5-13,5. En 2012, comme un hommage posthume, Olazábal a fait triompher ses troupes sur le même score près de Chicago, à Medinah.

Mais au-delà des statistiques qu'elle a contribué à alimenter, cette « armada espagnole » a apporté beaucoup à la Ryder Cup en termes d'attitude, de style et de panache dès que la compétition s'est ouverte à toute l'Europe en 1979.

Ballesteros était présent lors de cette édition 1979 et même s'il n'a pas vraiment flambé à cette occasion en se contentant de remporter un match sur cinq lors d'une rencontre écrasée par les Américains, il a été une sorte de pionnier. Deux ans plus tard, il s'est retrouvé écarté de l'équipe après avoir beaucoup joué aux Etats-Unis et il s'était alors promis de ne plus se laisser tenter par la Ryder Cup. Heureusement, le capitaine Tony Jacklin l'a persuadé de revenir sur sa décision en 1983 et après ce retour, il n'a manqué aucune des cinq éditions suivantes. En 1985, il a goûté ainsi à la première victoire de son camp depuis 1957 -un succès qu'il a célébré avec éclat.

En 1987, son association avec Olazábal a vu le jour et elle n'a cessé de grandir pour devenir une référence en la matière. A Muirfield Village, en 1987, les deux hommes ont été partie prenante dans le triomphe européen, le premier de l'histoire sur le sol américain. La paire espagnole y a notamment remporté ses trois premiers matches et Ballesteros s'est distingué en simple face à Curtis Strange. En 1989 et 1991, ils se sont montrés presque imbattables en cumulant sept succès sur huit en foursomes et « quatre balles ».

Ce tandem a été constitué pour la dernière fois en 1993 par la grâce d'une victoire sur Davis Love et Tom Kite. Les deux champions se sont encore retrouvés en 1997, mais avec cette fois Ballesteros dans le rôle du capitaine. Olazábal a contribué au triomphe européen à Valderrama en dépit de crises de rhumatismes dans ses deux pieds. Il a ensuite déclaré que cette équipe était probablement la plus belle spirituellement dans laquelle il s'était retrouvé impliqué.

Au rayon des mauvais souvenirs, Olazábal restera pour toujours associé au sinistre moment de son putt manqué en 1999 dans des conditions controversées en raison de l'envahissement du green quelques minutes plus tôt par les Américains. Mais en 2006, il a eu la chance de refaire un retour triomphal en Ryder Cup où il a gagné ses trois matches avec Sergio Garcia lors d'une victoire record de l'Europe au K Club. Ses tout derniers matches, il les a donc joués sans son fidèle partenaire dont la mort l'a évidemment bouleversé. Le meilleur moyen de lui rendre hommage, avait-t-il souligné, était de mener l'Europe à la victoire. Mission brillamment accomplie en 2012.

> *« La Ryder Cup ne serait pas le sommet qu'elle est devenue aujourd'hui sans Severiano Ballesteros. »*
>
> *USA Today*

EUX ET LA RYDER CUP

Severiano BALLESTEROS

Ryder Cups : 1979, 1983, 1985 (vainqueur), 1987 (vainqueur), 1989 (match nul, mais l'Europe garde le trophée), 1991, 1993, 1995 (vainqueur), 1997 (vainqueur, capitaine non joueur)

Total de victoires : 4 (plus un match nul pour garder le trophée en 1989)

Matches : 37 (20 victoires, 5 nuls, 12 défaites)

Total de points : 22,5

José María OLAZÁBAL

Ryder Cups : 1987 (vainqueur), 1989 (match nul, mais l'Europe garde le trophée), 1991, 1993, 1997 (vainqueur), 1999, 2006 (vainqueur), 2014 (vainqueur, capitaine non-joueur)

Total de victoires : 4 (plus un match nul pour garder le trophée en 1989)

Matches : 29 (18 victoires, 3 nuls, 8 défaites)

Total de points : 20,5

En tant que paire

Matches : 15 (11 victoires, 2 nuls, 2 défaites)

Total de points : 12

RYDER CUP
THE BELFRY

1995

Etats-Unis 13,5

Europe 14,5

Oak Hill Country Club, New York

22-24 Septembre

LE PARCOURS

East Course
Lieu : Oak Hill, Rochester, New York, Etats-Unis
Par : 70
Longueur : 6 581 m

L'USPGA choisit l'un de ses parcours les plus difficiles pour cette Ryder Cup 1995 et le prépare pour favorises ses joueurs : le rough est dense, les greens sont très secs et le parcours ressemble à celui d'un US Open. Mais les Américains sont incapables d'en tirer parti.

Au moment où les Etats-Unis semblent tout désignés pour signer un « hat-trick » lors de cette Ryder Cup 1995, ils doivent baisser pavillon face à une Europe pourtant vieillissante. Le coup fatal est porté par un joueur dont les Américains avaient à peine entendu parler, un autre Irlandais talentueux, Philip Walton.

NICK FALDO A ÉTÉ PEUT-ÊTRE l'artisan principal de cette victoire et les Etats-Unis -Curtis Stange en particulier- ont toutes les raisons de s'en vouloir après avoir laissé filer un succès qui leur tendait les bras. Mais au terme de cette Ryder Cup 1995, Philip Walton (seulement sélectionné grâce au forfait de José María Olazábal, blessé) n'en reste pas moins le héros qui, venu de nulle part, enquille le putt du triomphe synonyme de trophée pour l'Europe.

Lorsque les Américains ont vu pour la première fois le nom de Philip Walton sur la liste des joueurs de cette Ryder Cup, leur réaction a été au minimum cynique -qui était donc ce joueur au cv si maigre qui, de surcroît, n'avait jamais joué aux Etats-Unis ? Lorsqu'ils regagnent leur domicile le dimanche soir, les spectateurs américains ont pourtant toutes les raisons désormais de se souvenir de lui. « Peut-être que les Américains savent maintenant qui je suis, pleure-t-il, enveloppé dans un drapeau irlandais, au milieu d'une nuit de fête. Dîtes-leur que j'ai un lien de parenté avec ce Walton dont tout le monde parle à la télévision. »

Des années plus tard, jusqu'à aujourd'hui, cette édition de la Ryder Cup reste encore en travers de la gorge des Américains pour qui Oak Hill est devenu Choke Hill (choke pour trembler), lieu de désespoir. Pour ceux qui ont le patriotisme chevillé au corps, cette défaite a sonné comme une véritable désillusion d'autant plus dure à avaler que les Américains étaient les grands favoris. En effet, cette année-là, sept joueurs de l'équipe de Bernard Gallacher ont plus de 37 ans et

CI-DESSUS : *Nick Faldo évalue la distance de son putt lors d'un match des foursomes contre Corey Pavin et Tom Lehman.*

A GAUCHE : *Le capitaine Lanny Wadkins (à g.) plaisante avec Curtis Strange sur le fairway du trou n°8 lors d'une partie d'entraînement à Oak Hill.*

PREMIER JOUR

CAPITAINES

Etats-Unis : Lanny Wadkins **Europe** : Bernard Gallacher

FOURSOMES (VENDREDI MATIN)

Pavin/Lehman *b.* **Faldo/Montgomerie,** *1up*

Haas/Couples *perd c.* **Torrance/Rocca,** *3 & 2*

Love/Maggert *b.* **Clark/James,** *4 & 3*

Crenshaw/Strange *perd c.* **Langer/Johansson,** *1up*

Score de la session : 2-2

QUATRE BALLES (VENDREDI APRÈS-MIDI)

Faxon/Jacobsen *perd c.* **Gilford/Ballesteros,** *4 & 3*

Maggert/Roberts *b.* **Torrance/Rocca,** *6 & 5*

Couples/Love *b.* **Faldo/Montgomerie,** *3 & 2*

Pavin/Mickelson *b.* **Langer/Johansson,** *6 & 4*

Score de la session : 3-1

Score général : Etats-Unis 5-Europe 3

> *« C'était un acte fort. Il était donc possible de battre la meilleure équipe européenne. »*
>
> *Tom Lehman, au bonheur d'avoir battu la paire Faldo/Montgomerie le premier jour*

seulement l'un d'entre eux (Per-Ulrik Johansson) en a moins de 30. Les médias locaux voient l'Europe comme un groupe « has been », prédisent une nette victoire des Américains et vont même jusqu'à imaginer que la Ryder Cup ne sera plus aussi compétitive dans les années à venir. De nombreux Européens affichent, il est vrai, une petite forme, certains étant même blessés. Olazábal a déjà jeté l'éponge en raison d'un problème à un orteil et Nick Faldo a des soucis avec un poignet. Sans compter que Faldo, à la veille de la compétition, doit gérer ses problèmes de couple largement commentés dans les tabloïds britanniques.

L'histoire sort au moment où l'équipe européenne vole depuis Heathrow vers les Etats-Unis dans un Concorde où se trouve aussi l'épouse de Faldo, Gil. Il reste à comprendre comment Faldo a été capable d'atteindre à la fin un tel niveau de jeu dans ces circonstances. Les photos qui le voient serrer froidement la main de sa femme à l'aéroport de New York font peine à voir. Et pourtant, il va démontrer de quel métal il est fait pour signer l'un des plus jolis tours de force de sa carrière. Et il faudra attendre le dernier jour des simples pour le voir enfin laisser éclater ses émotions après avoir surmonté un handicap de trois points face à Curtis Strange.

Deux jours plus tôt, ce moment de félicité est difficilement prévisible lorsque Faldo donne le coup d'envoi de cette Ryder Cup aux côtés de Colin Montgomerie. Deux ans plus tôt, cette même paire a fait des étincelles au Belfry, mais la magie semble avoir cette fois disparu lorsqu'ils trébuchent d'entrée face à Pavin/Lehman. Faldo est irritable, s'en prenant à Lehman qui a putté alors que le coup a été concédé par ses rivaux. « Quand je dis que c'est bon, c'est bon », murmure-t-il. Lehman reste stoïque et dit plus tard : « Je n'avais pas envie d'en rajouter, spécialement après son geste qui semblait indiquer « mets la balle dans ta poche, pauvre imbécile », même si j'étais très chaud ! »

Les foursomes du vendredi matin se terminent sur une égalité parfaite. Sam Torrance et Constantino Rocca s'associent pour prendre la mesure de Haas/Couples, 3&2, et redonner des forces à l'Europe. Après le succès aisé de Love/Maggert sur Clark/James, 4&3, les pendules sont remises à l'heure par Langer/Johansson, tandem qui décroche une victoire étroite sur Crenshaw/Strange à l'occasion du dernier trou. La promesse de la domination américaine semble déjà remise en cause, mais les « quatre balles » de l'après-midi leur redonnent des couleurs grâce aux points rapportés par Maggert/Roberts, Couples/Love et Pavin/Mickelson, le jeune Phil débutant dans la compétition.

De manière surprenante, Faldo et Montgomerie sont encore inefficaces, battus 3&2 par Couples et Love. Heureusement, le duo Ballesteros/Gilford sauve les meubles 4&3 face à Faxon/Jacobsen en permettant à l'Europe de ne pas complètement décrocher.

Pour les Etats-Unis, cette avance de deux points est une sorte de minimum syndical avant la journée du samedi, mais peut-être les médias américains surestiment-ils la force et la qualité réelle de leurs joueurs. L'âge moyen de l'équipe européenne est effectivement élevé, mais les troupes américaines comptent plusieurs joueurs de plus de 40 ans (un fait que semblent ignorer les journalistes locaux) et n'ont plus rien à voir avec celles qui ont triomphé deux ans plus tôt au Belfry.

Lanny Wadkins, le nouveau capitaine américain, doit prendre soin de cinq « rookies » -Brad Faxon, Phil Mickelson, Tom Lehman, Jeff Maggert et Loren Roberts- et subit le feu de la critique en raison de ses choix personnels de sélectionneur qui l'ont vu faire confiance à deux de ses amis, Fred Couples et Curtis Strange, joueurs en panne de résultats depuis une saison. En y regardant de plus près, aucun des 12 Américains n'a remporté le moindre tournoi depuis juin sachant que le leader de la money list américaine, Lee Janzen, ne fait même pas partie de l'aventure à cause d'un système de sélection basé cette fois sur une addition de points et non plus de dollars. Compte tenu du défi qui les attend, ne les a-t-on pas un peu vus trop beaux ?

Wadkins, dont l'altruisme en a fait un héros de la Ryder Cup depuis son renoncement volontaire deux ans plus tôt lors des simples après le forfait de Sam Torrance, blessé, sait de toute façon qu'il a du pain sur la planche. Et peu importe le score du premier jour ou les prévisions très optimistes. Il a raison d'être prudent comme le démontrent les quatre foursomes du samedi matin gagnés, pour trois d'entre eux, par les Européens. La gifle infligée par Torrance/Rocca à Love/Maggert, écrasé 6&5, fait aussi figure de piqûre de rappel à l'image du trou en un réussi sur le 6 par Rocca comme le symbole de ce retour de flamme. Le succès, rassurant, de Faldo/Montgomerie contre Strange/Haas, et le point de Langer/Gilford, 4&3, contre les héros du premiers jours, Pavin/Lehman, rassurent les Européens. Le seul motif de satisfaction des Américains vient de Roberts/Jacobsen, tandem vainqueur sur le dernier trou de Woosnam/Walton. Six partout, l'équilibre est parfait.

Subitement, l'Europe paraît avoir les commandes de la rencontre, mais c'est une illusion qui ne dure pas longtemps dans une Ryder Cup habituée ces dernières années aux renversements de situation. Le samedi après-midi, les Etats-Unis rebondissent lors des « quatre balles » où ils signent un trois sur quatre pour remettre les Américains dans une position plus favorable. Bernard Gallacher, le capitaine européen, n'est pas sans reproche dans cette affaire dans la mesure où il surprend beaucoup d'observateurs en modifiant sensiblement son casting malgré les bons résultats du matin. Après le déjeuner, ses paires sont très différentes. Peut-être a-t-il estimé que des jambes plus reposées ou des esprits plus frais permettraient un nouvel élan, mais son pari échoue et les Etats-Unis en profitent.

Faxon/Couples donne le signal de la reconquête en battant Torrance/Montgomerie, 4&2. Malgré l'échec de Love/Crenshaw face à Woosnam/Rocca, une impressionnante victoire de Haas/Mickelson aux dépens de Ballesteros/Gilford, 3&2, ne tarde pas à suivre confirmant les bons débuts dans la compétition de Mickelson qui finira d'ailleurs cette édition invaincu -une performance qu'il ne rééditera jamais plus jusqu'à ce jour.

LE COUP DU JOUR

Constantino Rocca devient le porte-bonheur de l'Europe lorsqu'il réussit un trou en un sur le trou n°6 lors des foursomes du samedi matin. Le troisième trou en un de l'histoire de la Ryder Cup. L'Italien s'est saisi d'un fer 5 pour signer cet exploit. Ce coup spectaculaire a permis notamment à son équipe, composée de Sam Torrance, de dominer facilement, 6&5, Davis Love et Jeff Maggert en donnant du punch à l'ensemble de la formation européenne. C'est une douce revanche pour Rocca, critiqué deux ans plus tôt après avoir plié sous la pression au Belfry. « C'était dur de perdre ainsi », se rappelle-t-il.

Les Etats-Unis gardent le meilleur pour la fin. Le fabuleux chip de Corey Pavin, qui rentre directement sa balle dans le trou depuis la partie supérieure du green du 18, offre un point inespéré à son pays face à Langer/Faldo, « all square » jusqu'à ce petit exploit personnel du camp d'en face. De bruyants « Corey ! Corey ! » accompagnent l'équipe américaine jusqu'au club-house et les fans ont toutes les raisons d'être sur un petit nuage puisque les Etats-Unis ont désormais l'avantage au tableau de score 9-7. Et pourquoi ne pas être optimistes puisque les Etats-Unis n'ont jamais perdu une Ryder Cup en menant au seuil des simples ?

« Nous allons gagner », insiste, pourtant, Bernard Gallacher lorsqu'il échange avec les journalistes ce soir-là, mais peu de ses interlocuteurs donnent l'impression de le croire même si Wadkins refuse poliment de crier victoire trop vite en invitant ses supporters à la prudence. Lorsque quelqu'un lui demande si la coupe n'est pas déjà dans la poche des Américains, il répond : « J'ai vraiment confiance parce que j'ai 12 gars qui jouent vraiment bien, mais on parle de golf et deux points, ce n'est vraiment pas grand-chose. »

Chaque dernière journée de Ryder Cup crée ses héros et ses maudits et en 1995, cette tradition se trouve largement respectée lors d'un après-midi qui voit les Européens survoler les simples (7,5-4-5) et récupérer la coupe. Curtis Strange se détache de trois points contre Nick Faldo et s'écroule ensuite au moment où les Etats-Unis n'ont besoin que d'un demi point pour s'imposer. Brad Faxon et Jay Haas ont aussi des chances pour faire gagner les Etats-Unis, mais ils échouent de la même manière.

DEUXIEME JOUR

FOURSOMES (SAMEDI MATIN)

Strange/Haas *perd c.* **Faldo/Montgomerie,** *4 & 2*

Love/Maggert *perd c.* **Torrance/Rocca,** *6 & 5*

Roberts/Jacobsen *b.* **Woosnam/Walton,** *1up*

Pavin/Lehman *perd c.* **Langer/Gilford,** *4 & 3*

Score de la session : 1-3

QUATRE BALLES (SAMEDI APRÈS-MIDI)

Faxon/Couples *b.* **Torrance/Montgomerie,** *4 & 2*

Love/Crenshaw *perd c.* **Woosnam/Rocca,** *3 & 2*

Haas/Mickelson *b.* **Ballesteros/Gilford,** *3 & 2*

Pavin/Roberts *b.* **Faldo/Langer,** *1up*

Score de la session : 3-1

Score général : Etats-Unis 9-Europe 7

A GAUCHE : *Le Oak Hill Country Club dans toute sa splendeur lors d'une spectaculaire cérémonie d'ouverture organisée devant une foule considérable.*

A DROITE : *Corey Pavin réagit avec éclat après avoir rentré directement sa balle depuis le bord du green du trou n°18.*

CI-DESSOUS : *Nick Faldo, porte-bonheur anglais de l'équipe européenne de Ryder Cup, sort du rough lors d'un simple tendu face à Curtis Strange.*

A DROITE : *Philip Walton soulage tous ses coéquipiers en leur offrant la victoire et tombe dans les bras de son capitaine, Bernard Gallacher.*

Parmi les héros du jour, tous ou presque sont Européens. Howard Clark, plutôt discret le reste du week-end, est survolté lors de ces simples où il réussit un trou en un avant de terrasser Peter Jacobsen. Même dominé par Tom Lehman, Severiano Ballesteros, le magicien espagnol qui est loin de son meilleur niveau, se bat comme un lion et est une source d'inspiration pour tous ses coéquipiers. Et puis arrive Nick Faldo...

Avec tant de problèmes à gérer dans sa vie privée, l'Anglais doit composer avec deux misérables birdies tout au long du week-end. Il est loin de son meilleur niveau. Mais contre Curtis Strange, il se débrouille pour revenir sur le devant de la scène. En vérité, il se contente d'être simplement régulier avec le souci de rester dans le par face à un adversaire ultra nerveux qui compte jusqu'à trois points d'avance au 11 -avant de trouver à qui parler avec Faldo.

Strange aurait pu (dû) engranger ce point, mais trois bogeys lors des trois derniers trous anéantissent tous ses rêves. Lorsque les deux champions arrivent au 17, Strange mène encore d'un point alors que le score général souligne une parfaite égalité. Maladroit au putting, Strange laisse Faldo revenir à sa hauteur. Dans une tension suffocante, l'histoire se répète au 18 sauf que cette fois, Strange a vraiment les cartes en main grâce à un coup de départ parfait sur le fairway qui contraste avec le coup manqué de Faldo, égaré dans le rough. L'Anglais se complique la tâche en manquant son deuxième coup en direction du green. Mais un coup de fer 3 loupé de Strange laisse l'Américain court de green. Avec son wedge, Faldo joue alors les artistes en approchant sa balle à 1,80m du trou. Strange réplique et sa balle finit sa course à 2,40m de la cible. Tout dépend du dernier putt.

Incapable de regarder, Faldo tourne le dos à Strange quand celui-ci voit sa balle dépasser le trou. Faldo saute sur l'occasion qui lui est offerte et putte au milieu du trou avant de lever ses bras en guise de triomphe. « Tout en moi tremblait, avoue-t-il plus tard. Tout sauf le putter. »

Pour l'Europe, un héros chasse l'autre avec Philip Walton. L'inconnu que les Américains ont toutes les peines à identifier est en route pour la gloire tandis que les Etats-Unis n'ont besoin que d'un demi point pour atteindre le total de 14 points et conserver la Ryder Cup. Sans faiblir, Walton dispose d'une avance de deux points à l'issue du 16. Jay Haas, son compagnon de partie, repousse l'échéance fatale au 17 quand son rival flanche pour enquiller un putt de 2m. Mais Walton refuse de ployer sous le poids du public américain. Et au 18, c'est au tour de Jay Haas de goûter à son tour aux tortures de la pression. Son drive dans les arbres le condamne à jouer le tout pour le tout et offre deux coups faciles à l'Irlandais pour rentrer le putt dont l'Américain, en fait, lui fait cadeau pour quelques centimètres. L'heure de gloire de Philip Walton est arrivée.

« Je ne peux pas mettre des mots sur ce que je ressens... C'est juste... Non, je ne peux pas ! »

Bernard Gallacher, le capitaine européen, au sujet du come-back européen

LE COUP DU JOUR

Un bonheur n'arrivant jamais seul, Howard Clark signe également un trou en un 24 heures après son coéquipier Constantino Rocca. Compte tenu de la rareté d'un tel exploit en Ryder Cup, c'est une sacrée réussite qui semble sourire aux Européens. Le moment de gloire de Clark survient au trou n°11 où son fer 6 fait mouche lors de son simple contre Peter Jacobsen.

TROISIEME JOUR

SIMPLES (DIMANCHE)

Tom Lehman *b.* **Severiano Ballesteros,** *4 & 3*
Paul Jacobsen *perd c.* **Howard Clark,** *1up*
Jeff Maggert *perd c.* **Mark James,** *4 & 3*
Fred Couples et Ian Woosnam, *match nul*
Davis Love *b.* **Costantino Rocca,** *3 & 2*
Brad Faxon *perd c.* **David Gilford,** *1up*
Ben Crenshaw *perd c.* **Colin Montgomerie,** *3 & 1*
Curtis Strange *perd c.* **Nick Faldo,** *1up*
Loren Roberts *perd c.* **Sam Torrance,** *2 & 1*
Corey Pavin *b.* **Bernhard Langer,** *3 & 2*
Jay Haas *perd c.* **Philip Walton,** *1up*
Phil Mickelson *b.* **Per-Ulrik Johansson,** *2 & 1*

Score de la session : 4,5-7,5
Score final : Etats-Unis 13,5-Europe 14,5

Légendes de Ryder Cup

Tom **KITE**

En Ryder Cup, Tom Kite a été l'homme sur qui les Etats-Unis ont toujours pu compter à l'image de ses quatre victoires et du match nul engrangés lors de ses sept participations. Sa régularité et sa concentration ont été très appréciées par tous les capitaines qui l'ont dirigé, des qualités également reconnues lorsqu'il a pris les rênes de l'équipe américaine en 1997.

Tom Kite a toujours fait partie de ceux qui pouvaient frapper un grand coup et même s'il n'a pas toujours été couronné de succès lors des tournois majeurs, il était très souvent en position de gagner. La preuve : il a passé 175 semaines dans le top 10 mondial entre 1989 et 1994.

Réputé pour son inlassable goût pour le travail, le champion venu du Texas, où il avait reçu les conseils du même professeur que Ben Crenshaw, Kite a toujours aimé repousser ses limites lors de sa longue et magnifique carrière. Kite qui, à l'exception de 1988, a gagné au moins un tournoi chaque saison sur la période 1981-1993, a été ainsi le premier golfeur à placer trois wedges dans son sac (un de plus avec le pitching wedge et le sandwedge), une sorte de norme désormais parmi les professionnels. Il a été aussi un pionnier dans sa façon d'aborder la problématique de la condition physique à une époque où cet aspect de la compétition n'était pas vraiment perçu comme un ingrédient de la victoire. Depuis, il a d'ailleurs collaboré à de nombreux livres et à de nombreuses vidéos sur tous ces sujets d'ordre technique.

Kite a été également l'un des premiers à se payer le luxe d'un psychologue du sport et c'est peut-être la raison pour laquelle sa concentration a été si rarement prise en défaut sans oublier son style tellement relâché, notamment dans tout ce qui avait trait au petit jeu. Son approche du sport a été rafraîchissante en permanence. Il a d'ailleurs déclaré un jour : « Le golf n'a jamais été un travail pour moi -le golf, ce n'est pas un travail, c'est un jeu. »

Cette philosophie a été payante pour lui. A son crédit, Kite, peut-être parce qu'il portait des lunettes à triple épaisseur de verre, a toujours eu une vision avant-gardiste dans sa manière de percevoir le jeu. Son attitude a été constamment positive sur les parcours et elle a été la même dans sa vie d'homme lorsqu'il a choisi, en 1998, de tenter une opération au laser, révolutionnaire pour l'époque, afin d'améliorer sa vue.

En 1997, quand il est devenu capitaine de Ryder Cup à Valderrama, où il avait bien failli se sélectionner en tant que joueur, il a évité, en revanche, de se montrer trop compliqué ou innovant pour ses sélectionnés à qui il s'est contenté de diffuser une vidéo appelée « Simply the best » et dans laquelle étaient compilés 207 coups géniaux de golf qui, pensait-il, pouvaient inspirer ses troupes. Mais son enthousiasme n'a pas été récompensé en retour dans la mesure où l'équipe américaine s'est inclinée d'un cheveu, 14,5-13,5.

En tant que joueur, ses statistiques sont remarquables grâce à quatre victoires, un match nul pour seulement deux défaites. Pour illustrer sa solidité, citons deux records qu'il a signés à l'époque : en 1989, au Belfry, il a écrasé Howard Clark, 8&7, une prouesse inédite sur 18 trous, et, deux ans plus tôt, avec Hale Irwin, il avait réduit en miettes Ken Brown et Des Smyth, 7&6, du jamais vu en foursomes, un score qui tient d'ailleurs toujours. L'historique de Tom Kite en Ryder Cup est impressionnant avec six victoires sur sept simples disputés et un total de 17 points glanés en 28 matches qui le place dans le top 10 américain.

Lors de ses années de joueur, le vainqueur de l'US Open 1992 s'est beaucoup investi pour la cause de la Ryder Cup, tout en louant l'aventure humaine de cette compétition. « Toute l'amitié que j'ai pu trouver sur le PGA Tour a toujours été amplifiée et renforcée lors des matches de Ryder Cup, a souligné celui qui a été admis au Hall of Fame en 2004. De l'amitié qui venait à la fois de mes coéquipiers, mais aussi de mes adversaires. Parmi les plus grands amis qui ont pu compter sur moi, certains savent ce que nous devons à la Ryder Cup qui est une compétition que j'ai adorée. »

Lors des dernières années, Kite a passé beaucoup de son temps à construire de nouveaux parcours en collaboration avec Bob Cupp, Randy Russell et Roy Bechtol. Il a été ainsi à l'origine du Liberty National, tout près des tours de Manhattan, de Comanche Trace, à Kerrville, dans le Texas, du Somersett Country Club à Reno, dans le Nevada, du Gaillardia Golf & Country Club à Oklahoma City ou du Legends on LBJ à Kingsland, au Texas. Si, un jour, l'une des créations de Tom Kite est choisie pour accueillir une Ryder Cup, ce serait comme une juste récompense. Après tout, il a tellement donné à cette compétition, en tant que joueur et capitaine.

« Il n'y a aucune manière de s'y habituer. Tous les huit tournois majeurs survient la Ryder Cup. »

Tom Kite au sujet de la nature unique de la Ryder Cup

LUI ET LA RYDER CUP

Ryder Cups : 1979 (vainqueur), 1981 (vainqueur), 1983 (vainqueur), 1985, 1987, 1989 (match nul, mais l'Europe garde le trophée), 1993 (vainqueur), 1997 (capitaine non joueur)

Total de victoires : 4

Matches : 28 (15 victoires, 4 nuls, 9 défaites)

Total de points : 17

A GAUCHE : *Tom Kite, les yeux rivés sur la balle à Walton Heath en 1981 à l'occasion de l'un des sept matches de Ryder Cup qu'il a disputés.*

1997

Europe 14,5
Etats-Unis 13,5

Valderrama Golf Club, Sotogrande

26-28 Septembre

La Ryder Cup 1997 est un moment historique car c'est la première fois que la Ryder Cup se déroule en Europe continentale. C'est la Ryder Cup de l'Espagne, la Ryder Cup de Severiano Ballesteros qui fait tout pour qu'elle reste la propriété des Européens. Il n'y avait qu'un homme pour mener l'équipe européenne à la victoire et c'était, bien sûr, Severiano Ballesteros.

LE PARCOURS

Valderrama
Lieu : Sotogrande, Espagne
Par : 72
Longueur : 6 234 m

Propriété de Jaime Ortiz-Patino et dessiné par Robert Trent Jones, Valderrama a dû déployer des montagnes d'efforts pour devenir le premier parcours, en dehors des îles britanniques, à accueillir la Ryder Cup en Europe continentale. Ses fairways étroits et ses petits greens, sans compter les 2 000 chênes-lièges plantés dans cet endroit du Sud de l'Espagne, font de lui un vrai test pour les golfeurs.

A 40 ANS, IL EST PROBABLEMENT TROP VIEUX ou plutôt trop hors de forme pour pouvoir prétendre jouer cette Ryder Cup, mais dans la peau du capitaine de l'équipe européenne Severiano Ballesteros donne, de toute façon, le sentiment d'être partout sur le parcours et d'accompagner ses joueurs sur chacun des greens tellement il ne les lâche pas du regard. Certes, quelques joueurs ont pu estimer qu'il en faisait trop quand d'autres observateurs ont pu juger qu'il était parfois à la limite du règlement. Qu'importe, le souvenir qui reste de Valderrama, c'est bien Ballesteros sillonnant le golf dans son buggy -toujours là quand il se passe quelque chose, observant chacun des coups avec inquiétude et donnant inévitablement son opinion sur la manière de frapper la moindre balle. « Je voulais que les Américains sentent ma présence partout où ils allaient et je crois que j'ai rendu leur situation inconfortable, a-t-il analysé plus tard. Il me semblait qu'à chaque fois que j'étais là, nous gagnions le trou. »

Quand Jack Nicklaus avait suggéré d'élargir l'équipe de Grande-Bretagne et d'Irlande au reste de l'Europe, il ne pouvait pas se douter à quel point la compétition deviendrait effectivement plus serrée sans imaginer non plus qu'elle serait aussi féroce.

Il était normal que l'Espagne devienne le premier pays de l'Europe continentale à organiser la Ryder Cup. Après tout, Severiano Ballesteros avait suffisamment payé de sa personne comme tous ses compatriotes. Antonio Garrido l'avait rejoint en 1979 au sein de l'équipe européenne puis il y avait eu Manuel Piñero, José María Cañizares, José Rivero et, surtout, le partenaire idéal de Seve, José María Olazábal -devenu à son tour capitaine en 2012. Dans ce contexte, lorsque arrive cette Ryder Cup, il est presque paradoxal de constater que ce sont les Espagnols qui causent des soucis à Ballesteros au moment de sa sélection. Miguel Martín s'est qualifié difficilement, mais Olazábal, qui revient de blessure, n'a pas décroché son ticket et Ballesteros, qui veut Olazábal avec lui, n'a que deux choix personnels possibles. Or Nick Faldo et Jesper Parnevik ne se sont pas non plus qualifiés. Qui sacrifier ? Heureusement, Miguel Martín, blessé au poignet, est contraint au forfait et épargne ainsi un choix cornélien au capitaine espagnol. C'est un énorme soulagement pour l'Europe qui a notamment besoin de Faldo même si son influence promet d'être moins grande à cause de la personnalité de Ballesteros. Et d'ailleurs, Ballesteros prouve qu'il a les cartes en main puisqu'il impose que, pour la première journée, les « quatre balles » précèdent les

CI-DESSUS : *Severiano Ballesteros, capitaine anxieux de Ryder Cup le premier jour.*

A DROITE : *L'ancien président George Bush félicite José María Olazábal après la victoire européenne.*

PREMIER JOUR

CAPITAINES

Europe : Severiano Ballesteros **Etats-Unis :** Tom Kite

QUATRE BALLES (VENDREDI MATIN)

Olazábal/Rocca *b.* **Love/Mickelson,** *1up*
Faldo/Westwood *perd c.* **Couples/Faxon,** *1up*
Parnevik/Johansson *b.* **Lehman/Furyk,** *1up*
Montgomerie/Langer *perd c.* **Woods/O'Meara,** *3 & 2*
Score de la session : 2-2
Score général : Europe 2-Etats-Unis 2

« Nous étions en Espagne… Perdre n'était pas une option. Avec Seve et le roi d'Espagne à nos côtés, nous nous sentions comme une force irrésistible. »

Colin Montgomerie à propos de cette victoire à Valderrama

foursomes parce qu'il estime que cet ordre avantage son équipe. Beaucoup de fans ainsi que de nombreux joueurs découvrent que cette possibilité est offerte au capitaine qui reçoit.

Severiano a quatre « rookies » dans ses rangs et sait que les Etats-Unis délèguent une très forte équipe, meilleure que celle qui s'est inclinée à Oak Hill deux ans plus tôt. Justin Leonard, vainqueur du British Open, est là comme Mark O'Meara, Lee Janzen (qui aurait dû être choisi en 1995) et Jim Furyk. Et puis il y a, bien sûr, pour la première fois en Ryder Cup, Tiger Woods, vainqueur du Masters quelques mois plus tôt. Les bras ouverts, l'Espagne accueille cette cohorte de stars avec chaleur, notamment lors d'une cérémonie d'ouverture où l'on danse le flamenco en présence du roi d'Espagne. Tout est prêt pour une Ryder Cup historique au petit bémol près qu'il a plu 12 heures d'affilée à la veille du coup d'envoi des premiers matches qui sont reportés à 11h30. Heureusement, le fantastique système de drainage de Valderrama a permis de minorer les problèmes.

Lors du premier match, Ballesteros envoie Olazábal au front en compagnie de Constantino Rocca et les deux hommes s'acquittent de leur tâche en dominant Davis Love et Phil Mickelson. Les Suédois Jesper Parnevik et Per-Ulrik Johansson gagnent aussi un point aux dépens de Jim Furyk et Tom Lehman, mais les paires plus chevronnées comme Nick Faldo/Ian Woosnam et Colin Montgomerie/Bernhard Langer s'inclinent respectivement contre Couples/Faxon et Woods/O'Meara, Tiger capitalisant donc son premier point dès son premier match.

En raison du retard pris dans la programmation, les foursomes du vendredi se terminent le samedi matin. Jolie session pour les Européens qui peuvent compter cette fois sur leurs meilleures gâchettes. Langer et Montgomerie se ressaisissent et écrasent cette fois Woods et O'Meara, 5&3, quand Faldo et Westwood sortent également de l'ornière aux dépens de Leonard et Maggert, 3&2. Parnevik (dont la sélection aux dépens de Padraig Harrington a été controversée) ne s'en laisse pas compter avec Ignacio Garrido et parvient à partager le point avec la redoutable association Lehman/Mickelson. Le seul revers enregistré par l'Europe : l'échec de Olazábal/Rocca face à Hoch/Janzen.

Les deux sessions du samedi qui suivent la fin du report des parties du vendredi donnent encore raison au capitaine dont certains choix ont fait lever quelques sourcils, comme lorsqu'il a décidé de laisser au repos Ian Woosnam et Darren Clarke lors de la première journée. Ces critiques se taisent avec les points qui tombent dans l'escarcelle de Ballesteros. De toute façon, Ballesteros décide de tout au point d'avoir même fait redessiner le 17 en rétrécissant les fairways à l'endroit où les gros frappeurs comme Woods étaient supposés faire tomber leur balle.

Les Américains n'ont pas apprécié la manœuvre -des joueurs se sont plaints de ce trou avant le début des hostilités- et il est probable que cela a impacté leurs résultats si l'on en juge par le tableau de score le samedi soir (en raison de la pluie deux matches doivent se finir le dimanche). Ils n'ont été capables de grignoter que 3,5 points sur 12 possibles. Avec une telle formation, beaucoup imaginaient aux Etats-Unis que les Américains ne pouvaient pas être battus, mais le dimanche matin, avant les simples, ils doivent bien constater les

CI-DESSOUS : *Tiger Woods, légende en marche, à l'occasion de ses débuts en Ryder Cup. Il ne récolte qu'un point et demi sur l'ensemble du week-end.*

A DROITE : *La foule, massive, autour du green du trou n°17 crée une atmosphère vibrante lors de cette Ryder Cup espagnole.*

DEUXIEME JOUR

FOURSOMES (VENDREDI APRÈS-MIDI, FIN SAMEDI MATIN)

Rocca/Olazábal *perd c.* **Hoch/Janzen,** *1up*

Langer/Montgomerie *b.* **O'Meara/Woods,** *5 & 3*

Faldo/Westwood *b.* **Leonard/Maggert,** *3 & 2*

Parnevik/Garrido et Lehman/Mickelson, *match nul*

Score de la session : 2,5-1,5

QUATRE BALLES (SAMEDI MATIN)

Montgomerie/Clarke *b.* **Couples/Love,** *1up*

Woosnam/Bjørn *b.* **Leonard/Faxon,** *2 & 1*

Faldo/Westwood *b.* **Woods/O'Meara,** *2 & 1*

Olazábal/Garrido et Mickelson/Lehman, *match nul*

Score de la session : 3,5-0,5

FOURSOMES (SAMEDI APRÈS-MIDI)

Montgomerie/Langer *b.* **Janzen/Furyk,** *1up*

Faldo/Westwood *perd c.* **Hoch/Maggert,** *2 & 1*

Parnevik/Garrido et Leonard/Woods, *match nul*

Olazábal/Rocca *b.* **Love/Couples,** *5 & 4*

Score de la session : 2,5-1,5

Score général : Europe 10,5-Etats-Unis 5,5

dégâts : l'Europe mène 10,5 à 5,5 avec cinq gros points d'avance. Comment en est-on arrivé là ?

Lors des « quatre balles », Clarke, enfin sur le parcours et associé à Montgomerie, a dominé de justesse Couples/Love. Puis Woosnam et Bjørn ont facilement eu raison, 2&1, de Leonard et Faxon. Faldo, pour sa 11e Ryder Cup et alors qu'il est en passe de battre tous les records de la compétition, est associé à Westwood pour battre Woods et O'Meara dans un match où Tiger finit dans l'eau sur le 17. Pour les Etats-Unis, le seul rayon de soleil est venu de Mickelson/Lehman qui a partagé le point avec Olazábal/Garrido alors qu'Olazábal a rentré un putt de 6m sur le dernier trou pour éviter la défaite. Les foursomes du samedi après-midi ont été presque aussi à sens unique avec des succès supplémentaires pour Montgomerie/Langer et Olazábal/Rocca et un nul de Parnevik/Garrido face à Leonard/Woods. Le désastre a été évité de peu par les Américains grâce à Hoch et Maggert qui ont surpris Faldo/Westwood pour le plus grand soulagement de Tom Kite, leur capitaine.

La samedi soir, donc, l'Europe a l'avantage 9-4 avec des trois doubles à finir le lendemain avant les simples, et rien alors ne laisse supposer qu'ils pourraient être battus sauf miracle hautement improbable.

C'est ce miracle que Tom Kite tente de susciter ce soir-là en s'adressant à son groupe et pour cela, il a trouvé un bon motivateur en la personne de l'ancien président George Bush, présent lors de la cérémonie d'ouverture et de retour de Cadiz pour flatter l'orgueil de ses compatriotes. Qui sait si ce discours au plus niveau a fait une différence, toujours est-il que les Américains affichent un autre état d'esprit le lendemain en frôlant même l'impossible exploit.

Comme personne ne lui donne la moindre chance de sauver la face des Américains, Tom Kite décide de risquer le tout pour le tout pour essayer de retourner la situation en sortant la grosse artillerie dès le début des simples. Avec cinq points de retard -la plus grande avance jamais enregistrée par les Européens à l'attaque de la dernière journée- il ne veut pas que le match soit terminé avant même que ses meilleurs joueurs aient eu le temps de produire leur effort. Le résultat qui va suivre démontre combien les Américains ont raté leurs deux premières journées dans la mesure où leur qualité de jeu, qui leur permet de triompher en simple 8 à 4, est tout simplement phénoménale.

CI-DESSUS : *Colin Montgomerie et Ignacio Garrido en fête sous un parapluie après la victoire historique de l'Europe en terre espagnole.*

Il ne leur manque même qu'un point pour renverser la table et il faut un superbe Montgomerie, dans la dernière partie contre Scott Hoch, pour les empêcher d'arriver à un match nul qui aurait été une petite victoire pour eux dans ce contexte. Ce demi point arraché par Montgomerie permet aux Européens de s'imposer.

A rebours du schéma tactique de Kite, Ballesteros laisse, lui, ses joueurs juger du moment où ils préféreraient s'aligner -un scénario guère apprécié par ses joueurs les plus expérimentés- et c'est, semble-t-il, une décision collective qui a placé Olazábal, Langer, Montgomerie et Faldo vers la fin dans l'hypothèse où les choses tourneraient mal. Peu importe qui a pris cette décision de programmation, mais il faut bien constater que l'Europe passe tout près de la correctionnelle lors de cet après-midi qui voit les Américains engloutir les points. Ian Woosnam, qui a peu joué le reste du week-end et paraît rouillé, est « liquidé » par Fred Couples, 8&7. Ce résultat donne le ton des heures suivantes vécues si nerveusement par les Européens. Heureusement, Per-Ulrik Johansson, vainqueur de Davis Love 3&2, permet à l'Europe d'éviter quatre défaites à la suite puisque Jesper Parnevik et Darren Clarke sont aussi battus. Lorsque Constantino Rocca surprend Tiger Woods 4&2, les Européens n'ont plus besoin que de 1,5 point pour s'octroyer la victoire.

Mais ce point et demi va se faire attendre d'autant que les Américains reviennent à la vie grâce à Lehman qui crucifie Garrido, 7&6, quand Maggert dispose de Westwood, 3&2. Même Faldo craque face à Furyk, vainqueur 3&2. Et lorsque Olazábal, le coffre-fort espagnol de cette équipe européenne, échoue face à Janzen en ayant été 2up, les mines commencent à s'allonger dans le camp de Ballesteros. Heureusement, loin de son cauchemar de 1991, Bernhard Langer assure un point qui vaut de l'or face à Brad Faxon : le 14e qui garantit au moins un nul à l'Europe, désormais certaine de garder son trophée. Mais au pays de Ballesteros, la victoire est requise et elle ne peut plus être que l'œuvre de Montgomerie engagé dans la dernière partie face à Hoch.

Au départ du 18e trou, les deux hommes sont à égalité. Hoch manque le fairway et est en trois sur le green, avec un putt de 4,50m à négocier. Montgomerie est en deux sur le green avec deux putts pour la victoire. Sur les instructions de Ballesteros, Montgomerie décide alors de concéder son putt à Hoch afin d'en finir sur ce nul qui permet, de toute façon, à l'Europe de s'imposer d'un point. C'est un étrange épilogue, mais les ordres de Severiano sont des ordres et quand bien même, personne ne peut dire maintenant que Ballesteros -comme l'Espagne- n'a pas été à la hauteur lors de cette Ryder Cup si particulière. En vérité, cette première Ryder Cup sur le continent européen a été un succès colossal. La pluie (de retour lors de la cérémonie de remise des prix) a rendu les conditions plus dures pour les spectateurs comme pour

« Je ne veux plus me retrouver dans une situation semblable - ce n'était pas une partie de plaisir. »

Colin Montgomerie, lancé en dernier lors des simples

les joueurs, mais cette 32e Ryder Cup a été une belle dramatique avec ce résultat si serré.

Ce jour-là encore, tout le monde pense à la dette que doit la Ryder Cup à Jack Nicklaus qui, 20 ans plus tôt, a eu cette idée d'élargir l'équipe des îles britanniques à tout le reste du continent européen même si les Américains doivent bien se demander aujourd'hui quand et comment ils vont bien pouvoir récupérer ce trophée qui leur échappe désormais régulièrement.

Le capitaine américain, Tom Kite, est amer dans la défaite et blâme le mauvais temps et le parcours, raisons de l'échec des siens. « C'est un golf qui réclame une véritable expertise comme je n'en ai jamais vu à l'exception d'Augusta, dit-il. La seule raison pour laquelle nous avons perdu est que ce parcours leur convenait mieux qu'à nous comme le mauvais temps. »

Il était écrit que cette victoire serait celle d'une équipe unie comme un seul homme dans l'exercice altruiste des doubles comme dans celui, solitaire, des duels en match-play lors des simples. Invaincu dans la spécialité en tant qu'amateur, Tiger Woods se sera notamment heurté à la dureté de l'exercice face au très rond Constantino Rocca qui, quelques mois plus tôt, s'était contenté de l'accompagner dans sa marche triomphale vers son premier titre au Masters (ils partageaient la dernière partie). Entre Augusta et Valderrama,il y avait, à l'évidence, plus que quelques milliers de kilomètres. Pour Tiger Woods, c'était même un autre monde.

TROISIEME JOUR

SIMPLES (DIMANCHE)

Ian Woosnam *perd c.* **Fred Couples,** *8 & 7*

Per-Ulrik Johansson *b.* **Davis Love,** *3 & 2*

Jesper Parnevik *perd c.* **Mark O'Meara,** *5 & 4*

Darren Clarke *perd c.* **Phil Mickelson,** *2 & 1*

Costantino Rocca *b.* **Tiger Woods,** *4 & 2*

Thomas Bjørn et Justin Leonard, *match nul*

Ignacio Garrido *perd c.* **Tom Lehman,** *7 & 6*

Bernhard Langer *b.* **Brad Faxon,** *2 & 1*

Lee Westwood *perd c.* **Jeff Maggert,** *3 & 2*

José María Olazábal *perd c.* **Lee Janzen,** *1up*

Nick Faldo *perd c.* **Jim Furyk,** *3 & 2*

Colin Montgomerie et Scott Hoch, *match nul*

Score de la session : 4-8

Score final : Europe 14,5-Etats-Unis 13,5

CI-DESSUS : *Severiano Ballesteros, fier capitaine de Ryder Cup, tient ce trophée qu'il tenait à conquérir devant le public de son pays.*

Légendes de Ryder Cup

Bernhard **LANGER**

« En 1985, ma vie était remplie à 95% de golf, le reste étant consacré à mon épouse. »

Bernhard Langer résume une partie de sa vie de golfeur professionnel

Il faut un caractère particulier pour devenir une légende de Ryder Cup, mais être capable de sublimer ses nombreux succès en tant que joueur par un capitanat victorieux quelques années plus tard exige des qualités exceptionnelles. C'est ce tour de force qu'a réussi Bernhard Langer et de tels résultats font évidemment de lui l'un des plus grands personnages de la Ryder Cup.

Dans un abécédaire de la Ryder Cup, le L serait dédié à Bernhard Langer. L'Allemand, si stylé, a participé à 10 éditions en tant que joueur et ses performances souvent impressionnantes ont été récompensées par cinq succès. Ce fils d'un réfugié allemand, qui s'était évadé d'un train de prisonniers russe en route vers la Sibérie, avait la force mentale en adéquation avec sa filiation : il était solide de caractère et agile intellectuellement.

La légende raconte que le jeune Bernhard, élevé en Allemagne où le golf était encore loin d'être populaire, écumait toutes les librairies de sa ville de Anhausen, en Bavière, à la recherche de publications pouvant lui donner les dernières nouvelles de la Ryder Cup. Très vite, alors qu'il n'avait pas encore 30 ans, le nom de Langer était déjà inextricablement lié à la compétition. Son superbe total de 24 points glanés en 42 rencontres le place aujourd'hui au sommet de l'histoire, juste derrière Monsieur Faldo, et sa mésaventure sur le dernier green de l'édition 1991 fait naturellement partie des événements inoubliables de la compétition.

Si le L appartient à Langer, le K peut être attribué, en effet, à Kiawah Island. La Ryder Cup 1991, ou « the war on the shore » (la guerre de la côte), s'est dénouée lors de la toute dernière partie et sur le tout dernier trou. Langer devait assurer un putt de 1,80m pour faire match nul avec Hale Irwin et offrir ainsi à l'Europe le demi point qui lui manquait pour garder le trophée. A la stupéfaction de tous, l'Allemand a manqué sa cible pour quelques millimètres et les Etats-Unis se sont emparés de la Ryder Cup. Mais Langer, qui avait assuré, en quelque sorte, le spectacle à Kiawah Island, a refusé de se laisser abattre à l'image de son succès, la semaine suivante, dans un tournoi en Allemagne. Sa carrière en Ryder Cup ne s'est pas arrêtée non plus à ce petit moment de désespoir comme l'ont montré les quatre autres victoires auxquelles il a participé ensuite.

En dehors de la Ryder Cup, Langer a également prouvé de quel métal il était fait en s'imposant au Masters à deux reprises et en devenant le premier n°1 mondial de l'histoire quand le classement a été créé en 1986. Célèbre pour l'usage régulier de très longs putters, il a aussi su surmonter le fait d'être affligé de « yips » (ces petits mouvements nerveux de la main au moment du putting), confirmant sa capacité à trouver une solution aux problèmes les plus complexes. C'est d'ailleurs pour cette raison que beaucoup n'ont pas compris qu'il puisse manquer « ce putt » en 1991.

Commencée en 1981 aux côtés de Manuel Piñero lors d'un foursome, sa carrière en Ryder Cup, marquée notamment par le duo qu'il formait avec Sandy Lyle, a connu une autre apothéose à Oakland Hills lors de l'édition 2004 quand il a assumé la charge de capitaine européen. Cette année-là, l'Europe a réduit les Etats-Unis de Tiger Woods en poussière, 18,5 à 9,5.

A DROITE : *Bernhard Langer en pleine réflexion sur un green du Belfry en 1993.*

LUI ET LA RYDER CUP

Ryder Cups : 1981, 1983, 1985 (vainqueur), 1987 (vainqueur), 1989 (nul, mais l'Europe garde le trophée), 1991, 1993, 1995 (vainqueur), 1997 (vainqueur), 2002 (vainqueur), 2004 (vainqueur, capitaine non joueur)

Total de victoires : 6 (plus un match nul pour garder le trophée)

Matches : 42 (21 victoires, 6 nuls, 15 défaites)

Total de points : 24

Paul **AZINGER**

Si Bernhard Langer était réputé pour sa force mentale, Paul Azinger n'avait pratiquement rien à lui envier dans ce domaine en étant capable de bâtir la carrière qui a été la sienne en dépit de son combat contre le cancer dont il a fini par triompher.

CI-DESSOUS : *Maîtrise et concentration lors d'une sortie de bunker pour Paul Azinger à l'occasion de la Ryder Cup 1991 à Kiawah Island.*

Peu de temps après la Ryder Cup en 1993, Paul Azinger s'est vu diagnostiquer un cancer apparu sous la forme d'un lymphome au niveau de son épaule. Mais le champion a refusé de se laisser abattre et est revenu plus fort lors d'un retour à la compétition dont le temps fort a eu pour cadre le Sony Open à Hawaii, en 2000, où il est parvenu à remporter son premier titre depuis près de sept ans. Les témoinsde la Ryder Cup 1993 ont eu du mal rétrospectivement à comprendre comment Azinger, qui était déjà malade au Belfry, avait pu se défendre avec une telle énergie, notamment lors de son simple contre Nick Faldo, resté dans les annales. Même lorsque Faldo avait réussi un trou en un, Azinger a refusé de rendre les armes pour finalement parvenir à décrocher un demi point et participer ainsi à la victoire 15-13 des Etats-Unis.

Dans toutes les autres Ryder Cups où il a été sélectionné, Azinger a évolué entre hauts et bas : match nul en 1989, victoire en 1991 (où il a empoché un point crucial contre José María Olazábal en simple) puis défaite en 2002. Mais dans son souvenir, rien ne dépasse peut-être le beau moment qu'il a vécu dans la peau du capitaine, poste qu'il a occupé en 2008. Alors que les Etats-Unis étaient désespérément en quête d'une victoire après neuf années parsemées de défaites, il a réussi à arrêter l'hémorragie par le biais d'un net succès 16,5-11,5 à Valhalla. Son style de capitanat, mélangeant avec talent l'énergie venue de jeunes talents et de joueurs plus expérimentés, a été l'une des raisons essentielles de cette embellie américaine qui lui donne une place à part dans l'histoire de la compétition.

Le reste de la carrière de Paul Azinger a été au diapason. Entre 1988 et 1994, il a passé près de 300 semaines consécutives dans le top 10 mondial et il s'est offert son unique titre majeur, au PGA Championship, en 1993, en dominant Greg Norman en play-off. Il s'est aussi arrogé 12 titres sur le PGA Tour et deux autres trophées sur le circuit européen.

Mais la Ryder Cup continue d'être la compétition qui semble principalement le faire vibrer aujourd'hui comme l'a attesté sa présence dans la cabine des commentateurs de la télévision américaine lors des dernières éditions.

« Le plus grand honneur qu'un golfeur professionnel puisse recevoir est d'être nommé capitaine de Ryder Cup. Je suis sous le choc ! »

Paul Azinger quand il a été désigné capitaine pour l'édition 2008

LUI ET LA RYDER CUP

Ryder Cups : 1989, 1991 (vainqueur), 1993 (vainqueur), 2002, 2008 (vainqueur, capitaine non joueur)
Total de victoires : 3
Matches : 15 (5 victoires, 3 nuls, 7 défaites)
Total de points : 6,5

1999

Etats-Unis 14,5
Europe 13,5

The Country Club, Massachusetts

24-26 Septembre

LE PARCOURS

The Country Club
Lieu : Brookline, Massachusetts, Etats-Unis
Par : 71
Longueur : 6 014 m

Le Country Club est l'un des plus vieux parcours des Etats-Unis et a une place à part dans l'histoire du golf américain. En effet, il fait partie des cinq clubs fondateurs à l'origine de l'United States Golf Association (USGA). Le club a été créé en 1890.

Cette édition 1999 de la Ryder Cup permet aux Etats-Unis de réussir alors la plus belle remontée de l'histoire de la compétition, mais elle devient aussi la rencontre la plus controversée et la plus débattue de tous les temps. Pour tous les participants et les témoins de cette « bataille de Brookline », le temps est resté comme suspendu au terme des simples du dimanche.

APRÈS TANT DE MATCHES SERRÉS lors des précédentes éditions, un sentiment domine : cette Ryder Cup 1999 promet peut-être comme aucune autre dans l'histoire. Ces espoirs ne se seront pas déçus -et de quelle manière ! A Boston, la rivalité entre Etats-Unis et Europe est non seulement exacerbée, elle dépasse les bornes dans les dernières minutes de cette édition. Sur le plan sportif, elle débouche sur la plus belle remontée alors jamais vue en Ryder Cup avec le retour gagnant des Etats-Unis pourtant distancés 10-6 au matin des simples, mais elle est entachée par la controverse accompagnant les derniers coups (bas) de ce bras de fer.

La PGA américaine aurait probablement dû anticiper de tels débordements. Huit ans après « la guerre de la côte » à Kiawah Island, la Ryder Cup n'arrive décidément pas à endiguer certaines vagues de patriotisme. Cet enthousiasme souligne, certes, le succès de la compétition de plus en plus suivie, mais où tout cela va-t-il finir ? En 1993, Tom Watson avait rappelé qu'il s'agissait de golf et rien de plus, mais qui se souvient de ces paroles pleines de sagesse ?

Avec l'Europe en passe de pouvoir signer un hat-trick et des Etats-Unis forcément sous pression dans ce contexte, Brookline devient le lieu de toutes les dérives. A la suite de ce week-end sulfureux, il est clair que les autorités dirigeant la Ryder Cup vont devoir prendre des mesures sous peine de voir la compétition défigurée. Les Européens quittent Boston la rage au cœur pas seulement parce qu'ils ont laissé filer une victoire qui leur était promise. Ce qui les rend malades, c'est bien sûr le comportement de l'équipe américaine sur le green du trou n°17 lors du simple entre Justin Leonard et José María Olazábal. En rentrant un putt de 14m, Leonard offre quasiment la Ryder Cup à son pays entraînant l'envahissement du green par ses coéquipiers suivis d'un caméraman de la télévision. Problème : Olazábal a encore un putt de 8m pour tenter de sauver miraculeusement ses coéquipiers. Sa ligne de putt est piétinée au mépris de l'étiquette du jeu. L'Espagnol rate sa cible et l'Europe peut laisser transpirer son amertume à l'image de Mark James, le capitaine du Vieux continent : « Tout cela nous laisse un mauvais goût dans la bouche. »

Ce dénouement particulier, antisportif sous bien des aspects, n'est pourtant pas la pire des choses vues lors de ce week-end. Compte tenu de la qualité de leur retour plein de passion combiné à six années de frustration, la faute éthique de l'équipe américaine pourrait presque être oubliée au regard des excès du public de Boston. Tout au long de la semaine, les joueurs européens subissent tous les outrages comme Colin Montgomerie dont le père âgé de 70 ans est obligé de

A GAUCHE . *Mark James, le capitaine européen, regarde les parties le regard déjà inquiet.*

A DROITE : *Colin Montgomerie au départ lors des foursomes où il joue aux côtés de Paul Lawrie face à Phil Mickelson et David Duval.*

quitter le parcours lors des simples en raison de la pression de la foule qui va même jusqu'à cracher sur Jane, son épouse.

La presse britannique jette du sel sur les plaies à l'instar du Daily Mirror qui titre : « United Slobs of America » (slobs voulant dire ploucs). Des excuses publiques de Ben Crenshaw, le capitaine américain, ne parviennent pas à éteindre les braises encore brûlantes. « C'est définitivement quelque chose dont nous n'avons pas à être fiers, a-t-il reconnu. Nous sommes vraiment désolés. » La réaction européenne est sans pitié. Colin Montgomerie le dit à sa manière : « Aucune excuse ne peut effacer ce qui est arrivé. »

Les spectateurs locaux ne sont pas les seuls à être pointés du doigt. Les supporters européens, parfois alcoolisés, ont abusé aussi de chants graveleux sans oublier que les joueurs du Vieux continent ont été également souvent excessifs au moment de fêter un putt réussi.

Lorsque débute la rencontre, deux jours plus tôt, personne ne peut imaginer un tel épilogue d'autant que tout commence fraîchement pour les Américains douchés dès le premier foursome qui voit le duo Duval/Mickelson boire la tasse face aux Ecossais Paul Lawrie et Colin Montgomerie. La suite n'est guère plus brillante avec l'échec de Tiger Woods, le n°1 mondial, décidément peu inspiré par la Ryder Cup, et de Tom Lehman contre Sergio García et Jesper Parnevik. Après deux matches, les Etats-Unis paraissent si loin de la victoire.

PREMIER JOUR

CAPITAINES

Etats-Unis : Ben Crenshaw — **Europe** : Mark James

FOURSOMES (VENDREDI MATIN)

Duval/Mickelson *perd c.* **Montgomerie/Lawrie,** *3 & 2*

Lehman/Woods *perd c.* **Parnevik/García,** *2 & 1*

Love/Stewart et Jiménez/Harrington, *match nul*

Sutton/Maggert *b.* **Clarke/Westwood,** *3 & 2*

Score de la session : 1,5-2,5

QUATRE BALLES (VENDREDI APRÈS-MIDI)

Love/Leonard *et* **Montgomerie/Lawrie,** *match nul*

Mickelson/Furyk *perd c.* **Parnevik/García,** *1up*

Sutton/Maggert *perd c.* **Jiménez/Olazabal,** *2 & 1*

Duval/Woods *perd c.* **Clarke/Westwood,** *1up*

Score de la session : 0,5-3,5

Score général : Etats-Unis 2-Europe 6

« ... nous ne méritions pas d'être traités ainsi. »

Mark James, capitaine européen choqué par l'attitude de l'équipe européenne

CI-DESSUS : *Payne Stewart dans les profondeurs d'un bunker. L'Américain disparaîtra un mois plus tard dans un accident d'avion.*

La seule éclaircie pour les Américains en ce vendredi matin est offerte par le tandem Sutton/Maggert qui écrase 3&2 le très réputé duo Clarke-Westwood qui perd rarement. Davis Love et Payne Stewart ne s'en sortent pas si mal de leur côté en partageant le point du match nul avec Padraig Harrington et Miguel Angel Jiménez. A l'évidence, Ben Crenshaw s'attendait à mieux lors de ces foursomes qu'il avait placés en début de programme contrairement à la décision de Severiano Ballesteros qui, deux ans plus tôt, avait opté pour les « quatre balles » en guise d'apéritif. Pour Mark James, en revanche, cette bonne entame est un soulagement après toutes les critiques qui lui sont tombées dessus en Grande-Bretagne quand il avait préféré choisir Paul Lawrie à la place du légendaire Nick Faldo, souvent décisif en Ryder Cup.

Mais Mark James est têtu comme le prouve sa tactique mise en place lors des deux premières journées qui le voit tout miser sur ses meilleurs cadres en laissant de côté ses « rookies » qui auront à peine touché un club avant d'être précipités dans l'aventure des simples. C'est une option sujette à débat et certains anciens joueurs et observateurs ne se sont pas privés de la remettre en cause, mais elle n'est pas complètement condamnable non plus dans la mesure où elle permet aux Européens de compter une avance de quatre points au terme des doubles.

Le vendredi soir, les Européens mènent déjà 6-2 en gagnant cinq des huit premiers matches et en signant deux autres nuls. Mark James ne peut pas rêver mieux.

Le samedi, la rencontre s'équilibre davantage avec un partage des points équitable (4-4), mais l'Europe a clairement une bonne option sur la victoire à la veille des simples, en menant 10-6. Cette deuxième journée des doubles est mitigée pour Tiger Woods. Après avoir gagné son foursome du matin avec Steve Pate face à Jiménez/Harrington sur le dernier trou, il est obligé de s'incliner l'après-midi, toujours avec Pate, face à Montgomerie/Lawrie, 2&1.

Tous les matches sont serrés, notamment les « quatre balles ». Aucun des « quatre balles » de l'après-midi ne se décide ainsi avant la fin du 17. Lors des foursomes du matin, Sutton et Maggert attendent, eux, le dernier trou pour coiffer Montgomerie/Lawrie au poteau. Mais la réplique européenne ne se fait pas attendre avec le succès 3&2 de Clarke/Westwood face à Furyk/O'Meara et la victoire sur le même score de Parnevik/García aux dépens de Stewart/Leonard. L'après-midi, Mickelson/Lehman domine 2&1 Clarke/Westwood, mais c'est le seul

« full » point gagné par les Etats-Unis. Love/Duval doit partager le sien avec Parnevik/García comme Leonard/Sutton face à Jiménez/Olazábal avant la défaite de Woods/Pate contre les Ecossais Lawrie et Montgomerie.

La nette avance des Européens, 10-6, est inespérée et le capitaine Mark James a du mal à cacher sa satisfaction, mais cet écart sera-t-il suffisant ? Après tout, les Américains avaient failli revenir d'encore plus loin à Valderrama en échouant de très peu. « La différence n'est pas si grande, déclare avec aplomb Hal Sutton aux journalistes. Nous avons 12 très grands joueurs dans cette équipe. Nous nous sommes déjà bien battus et nous avons encore de grandes réserves. »

Le capitaine Ben Crenshaw affiche, lui aussi, un optimisme qui semble sincère en répétant inlassablement à ceux qui veulent bien l'écouter qu'il a « un bon feeling » pour dimanche. C'est du bluff, peut-être. C'est aussi une foi presque aveugle, mais c'est certainement le style de paroles que ses joueurs, comme les fans américains, ont envie d'entendre. Evidemment, personne ne peut imaginer ce qui va suivre, mais tout est prêt pour un sprint final qui va se transformer en 10 heures irrespirables et inoubliables de Ryder Cup.

Alors que George Bush avait tenté de motiver les troupes américaines deux ans plus tôt à Valderrama où son discours avait semblé toucher l'orgueil des joueurs, c'est au tour, cette fois, de son fils, George W. Bush, de monter au créneau pour tenter de faire gagner son pays.

En effet, Ben Crenshaw a demandé à celui qui est alors gouverneur du Texas de s'adresser à ses joueurs après deux mornes premières journées qui les ont placés au pied du mur. Bush tente de les inspirer en leur lisant les mémoires d'un soldat ayant participé au siège de Fort Alamo et il sera tout content de constater que l'équipe des Etats-Unis se saisira de cette inspiration du passé pour aller chercher un triomphe inattendu.

Jusque-là, aucune équipe n'a jamais gagné la Ryder Cup en surmontant un handicap de plus de deux points au seuil des simples. Mais les Etats-Unis vont renverser la table en gagnant 56 trous contre 33 pour les Européens et avoir ainsi rendez-vous avec l'histoire. Lors des six premiers simples, tous avalés par les Américains, aucune des partie ne dépasse le trou n°17. Les meilleurs golfeurs européens ne sont pas seulement battus, ils sont écrasés. « C'était une sacrée démonstration de puissance », s'emballe Hal Sutton, sans pitié pour Darren Clarke, estourbi 4&2.

« Je crois fermement au destin -j'ai un bon feeling pour demain, c'est tout ce que je peux dire. »

Ben Crenshaw, le capitaine américain contraint à l'exploit lors des simples

DEUXIEME JOUR

FOURSOMES (SAMEDI MATIN)

Sutton/Maggert *b.* **Montgomerie/Lawrie,** *1up*

Furyk/O'Meara *perd c.* **Clarke/Westwood,** *3 & 2*

Pate/Woods *b.* **Jiménez/Harrington,** *1up*

Stewart/Leonard *perd c.* **Parnevik/García,** *3 & 2*

Score de la session : 2-2

QUATRE BALLES (SAMEDI APRÈS-MIDI)

Mickelson/Lehman *b.* **Clarke/Westwood,** *2 & 1*

Love/Duval et Parnevik/García, *match nul*

Leonard/Sutton et Jiménez/Olazábal, *match nul*

Pate/Woods *perd c.* **Montgomerie/Lawrie,** *2 & 1*

Score de la session : 2-2

Score général : Etats-Unis 6-Europe 10

A GAUCHE : *La frustration de Tiger Woods après un putt manqué lors des « quatre balles » dans un match perdu contre Colin Montgomerie et Paul Lawrie.*

CI-DESSUS : *Justin Leonard, submergé par ses coéquipiers après avoir rentré un putt énorme et libérateur contre José María Olazábal sur le green du trou n°17.*

A DROITE : *Scènes de jubilation autour du green du trou n°17 où les Etats-Unis viennent de reconquérir la Ryder Cup.*

TROISIEME JOUR

SIMPLES (DIMANCHE)

Tom Lehman *b.* **Lee Westwood,** *3 & 2*

Hal Sutton *b.* **Darren Clarke,** *4 & 2*

Phil Mickelson *b.* **Jarmo Sandelin,** *4 & 3*

Davis Love *b.* **Jean van de Velde,** *6 & 5*

Tiger Woods *b.* **Andrew Coltart,** *3 & 2*

David Duval *b.* **Jesper Parnevik,** *5 & 4*

Mark O'Meara *perd c.* **Padraig Harrington,** *1up*

Steve Pate *b.* **Miguel Angel Jiménez,** *2 & 1*

Justin Leonard et José María Olazábal, *match nul*

Payne Stewart *perd c.* **Colin Montgomerie,** *1up*

Jim Furyk *b.* **Sergio García,** *4 & 3*

Jeff Maggert *perd c.* **Paul Lawrie,** *4 & 3*

Score de la session : 8,5-3,5

Score final : Etats-Unis 14,5-Europe 13,5

La foule est déjà au taquet lorsque Tom Lehman remporte le premier simple face au n°5 mondial, Lee Westwood. Lehman ne s'est plus imposé sur le PGA Tour depuis 1996 alors que Westwood a compilé 14 succès dans la même période. Mais l'Américain signe trois birdies de suite et se retrouve déjà 2up au n°6 avant de ne rien louper pour finir par conclure, 3&2. Il devient vite évident que Mark James a fait une grosse erreur de jugement. En ayant tout misé sur ses meilleurs joueurs lors des 16 premiers matches, il s'est trompé : la moitié de son équipe est fatiguée et une autre partie est complètement sans repères. Andrew Coltard, Jarmo Sandelin et Jean Van de Velde n'ont pas tenu le moindre club le vendredi et le samedi à leur plus grande colère et les voilà obligés de se « coltiner » les meilleurs joueurs du monde -et de les battre. C'est un fiasco.

Mickelson démolit Sandelin, 4&3, quand Love survole les débats face à Van de Velde, 6&5, et Woods se joue de Coltard pour porter le total des Américains à déjà cinq points lors des simples. Pour la première fois, les Etats-Unis mènent la danse. L'atmosphère, jusqu'alors joyeuse, mais avec mesure, devient subitement explosive, car la foule, qui sent l'odeur du sang, commence à monter le son à chacun des putts enquillé par les siens -ou raté par les Européens.

David Duval empoche le point capital du jour en surclassant 5&4 Jesper Parnevik, pourtant en forme, un point sur lequel James devait compter en ayant programmé le Suédois au milieu des matches. Mais l'énergie dépensée lors des deux premières journées a, semble-t-il, un coût pour Parnevik alors que Duval ne rate rien. La même constatation peut être faite au cours du duel entre García et Furyk. Furyk a remarqué que García ne tapait pas si bien la balle lors des doubles avec Parnevik. En simple, sa tactique est simple : garder la balle sur le fairway pour mettre l'Espagnol sous pression. Cela marche : 3&2.

Le succès étroit de Padraig Harrington sur Mark O'Meara garde l'Europe dans la course. C'est encore plus vrai avec la victoire rapide de Paul Lawrie sur Jeff Maggert. Mais alors qu'il ne reste plus que deux parties en cours, les Etats-Unis n'ont plus besoin que d'un demi point pour triompher. Leonard-Olazábal et Stewart-Montgomerie sont ces deux matches décisifs. Final insoutenable. Avec tant d'enjeux concentrés sur le trou n°17, Leonard, à égalité avec Olazábal, a un putt de 14m devant lui quand Olazábal a six mètres de moins à évaluer. C'est alors, on le sait, le moment que choisit Leonard pour envoyer sa balle dans le trou avant des célébrations rarement vues sur un terrain de golf. Les Etats-Unis en ayant sécurisé le demi point qui leur manque ne peuvent plus être battus. Sauf que...

Sauf que les joueurs, leurs épouses, les caddies et les hommes de la télévision oublient, c'est que le match n'est pas terminé : Olazábal a encore un putt pour assurer le nul ce trou. Mais ce « détail » n'existe plus au moment où un caméraman marche sur la ligne de putt de l'Espagnol. Les joueurs européens n'en reviennent pas. Nous ne referons jamais l'histoire et nous ne saurons jamais si Olazábal aurait manqué son putt de toute façon. Les Etats-Unis ont gagné, voilà ce qui compte en ce moment particulier.

Avec grande sportivité, Stewart concède ensuite son match face à Montgomerie. Le score final s'établit donc à 14,5-13,5 pour la troisième fois de suite. De manière tragique, Stewart se tuera dans un accident d'avion un mois plus tard. Il venait de participer à l'une des plus grandes Ryder Cups de l'histoire que personne n'a oubliée pour toutes ces raisons.

> *« Ils ont eu très vite le vent en poupe en rentrant beaucoup de putts. Nous n'avons pas su répondre avec notre meilleur golf et tout a fini par nous échapper. »*
>
> *Mark James, le capitaine européen, expliquant les raisons de la défaite*

La nouvelle génération européenne symbolisée ici par l'union de Rory McIlroy (à g.) et Graeme McDowell lors de l'édition 2010 de la Ryder Cup à Celtic Manor.

CHAPITRE SEPT

SOUS UNE NOUVELLE ETOILE

Après la bataille de Brookline, la notoriété de la Ryder Cup est devenue plus forte que jamais, mais la compétition a besoin de revenir à la source des valeurs prônées par son fondateur. Au moment où le match entre dans le XXIe siècle, il reste dominé par son intensité, mais tente de ne pas oublier la notion de respect. Sur le plan des résultats, l'Europe a, elle, désormais la main.

2002

Europe 15,5
Etats-Unis 12,5

The Belfry, Sutton Coldfield

27-29 Septembre

LE PARCOURS

Brabazon Course
Lieu : The Belfry, Sutton Coldfield, Grande-Bretagne
Par : 72
Longueur : 6 726 m

Dessiné par Peter Alliss, le Belfry accueille la Ryder Cup pour la quatrième fois. Sur le trou n°10, le par 4 signature du parcours, les joueurs peuvent tenter de toucher le green en un, mais à leurs risques et périls en raison de l'eau toute proche.

Après l'amertume laissée par les événements de Brookline en 1999, la Ryder Cup 2002 est attendue tout particulièrement d'autant plus que la compétition a été reportée d'un an. L'Europe en profite pour prendre sa revanche au terme d'une dernière journée à couper le souffle au Belfry qui impressionne les supporters des deux camps.

DANS L'HISTOIRE DE LA TÉLÉVISION MODERNE, peu de jours ont paru plus excitants que ce 29 septembre 2002 pour tout spectateur passionné de sport et de golf en particulier. Lorsque Etats-Unis et Europe entament la dernière journée des simples, le score en est, en effet, à 8 partout avec la perspective de voir s'affronter en tête-à-tête les meilleurs joueurs de la planète.

En fait, cette Ryder 2002 restera dans les mémoires pour tant de raisons : le putt libérateur de Paul McGinley, la victoire impressionnante du Gallois Phillip Price sur le n°2 mondial, Phil Mickelson, le génie tactique du capitaine européen, Sam Torrance, la régularité métronomique de Colin Montgomerie et les célébrations débridées de l'équipe européenne. Mais peut-être que le souvenir le plus marquant demeure attaché à l'esprit dans lequel se déroule cette Ryder Cup, les cendres de Brookline paraissant définitivement éteintes.

Oh, c'est vrai, il y a quelques moments de tension quand, par exemple, Sergio García donne un coup de pied de dépit dans son sac alors que les Américains éclatent de joie. Mais après toute l'amertume laissée par les événements de Brookline, il est clair qu'au Belfry les joueurs des deux équipes ont décidé d'en revenir aux sources des valeurs originelles de la compétition avec des totems aussi importants que le fair-play et la camaraderie. C'est une Ryder Cup particulière aussi parce qu'elle a été reportée d'un an en raison des événements du 11 septembre 2001 qui ont notamment endeuillé New York 17 jours seulement avant le début prévu de cette édition au Belfry. D'un commun accord, les deux capitaines ont décidé de garder les 24 joueurs sélectionnés en septembre 2001. Dans ce contexte tragique, un climat serein est évidemment de rigueur. « J'ai eu de la chance que le capitaine américain soit Curtis Strange, remarque Sam Torrance. Nous avons eu besoin de seulement deux ou trois secondes pour nous mettre d'accord sur le fait qu'il n'était pas question de revoir des scènes semblables à celles de Brookline. »

Très vite, il apparaît presque comme une évidence lors de cette édition 2002 que les Européens vont vivre une Ryder Cup tout à fait spéciale. La première journée, qui les voit se détacher 4,5-3,5, en est le premier indicateur visible. Lors des « quatre balles » qui ouvrent le week-end, Thomas Bjørn, qui joue aux côtés

A GAUCHE *: Curtis Strange, le capitaine américain, a choisi son poste d'observation pour regarder les « quatre balles » du vendredi matin. Mais la route est déjà mauvaise pour son équipe.*

A DROITE *: Colin Montgomerie et Bernhard Langer (accroupi) sont très songeurs sur le green au moment d'étudier une ligne de putt lors de leur foursome contre Jim Furyk et Scott Hoch.*

PREMIER JOUR

CAPITAINES

Europe : Sam Torrance — **Etats-Unis :** Curtis Strange

QUATRE BALLES (VENDREDI MATIN)

Clarke/Bjørn *b.* **Woods/Azinger,** *1up*

García/Westwood *b.* **Duval/Love,** *4 & 3*

Montgomerie/Langer *b.* **Hoch/Furyk,** *4 & 3*

Harrington/Fasth *perd c.* **Mickelson/Toms,** *1up*

Score de la session : 3-1

FOURSOMES (VENDREDI APRÈS-MIDI)

Clarke/Bjørn *perd c.* **Sutton/Verplank,** *2 & 1*

García/Westwood *b.* **Woods/Calcavecchia,** *2 & 1*

Montgomerie/Langer et Mickelson/Toms, *match nul*

Harrington/McGinley *perd c.* **Cink/Furyk,** *3 & 2*

Score de la session : 1,5-2,5

Score général : Europe 4,5-Etats-Unis 3,5

« Les gars étaient vraiment prêts et la façon dont ils ont joué a été incroyable. C'est notre meilleur départ en Ryder Cup depuis plus de 30 ans. »

Sam Torrance, le capitaine européen, après la première journée

de Darren Clarke, est le premier à se mettre en évidence face à Tiger Woods et Paul Azinger. Son sensationnel putt de 6m permet non seulement aux Européens de partager le 18e trou avec les Américains, mais il leur permet surtout de garder la main d'un point sur l'ensemble de la partie et de positionner l'Europe en tête d'entrée. Pourtant, un trou plus tôt, Woods avait semblé être l'homme décisif quand il avait comblé une partie du retard de son équipe face à la paire européenne en parvenant à prolonger le match jusqu'à l'ultime trou. Mais le putt de Bjørn (son septième birdie de ce match) finit par libérer les hommes du Vieux continent et par faire le malheur de Woods qui concède ainsi sa septième défaite en 11 matches de Ryder Cup. « Je suis tellement fier de Darren et de Thomas qui ont mené de bout en bout », déclare le capitaine Sam Torrance.

Lee Westwood et Sergio García, qui n'ont jamais perdu en « quatre balles » ou en foursomes, apportent ensuite leur obole en battant David Duval et Davis Love, 4&3 : un putt de 4,50m de Westwood sur le 15 conclut la rencontre. Colin Montgomerie, donnant le tempo de ce que ce week-end va démontrer en ce qui le concerne, assure un autre point avec Bernhard Langer aux dépens de Scott Hoch et Jim Furyk sur le même score de 4&3. Parmi les quatre birdies des Européens, un putt de 6m de Langer sur le 14. Soudain, les Américains paraissent déjà au bord du K.O., mais le succès de Phil Mickelson et David Toms, arraché d'un point face à Padraig Harrington et Niclas Fasth, fait office de petite bouffée d'oxygène pour eux.

Ce résultat décevant semble réveiller les troupes de Curtis Strange lors des foursomes de l'après-midi. Hal Sutton et Scott Verplank entament le début d'une petite remontée grâce à leur emprise sur Clarke et Bjørn, dominés 2&1, alors qu'ils avaient deux points de retard au 12. Mais García et Westwood réagissent pour leurs couleurs face à Woods et Mark Calcavecchia grâce à une impressionnante solidité sur les neuf derniers trous, mais grâce aussi à deux terribles erreurs consécutives au putting de Woods. Les Etats-Unis ont-ils déjà un pied dans la tombe ? Non, comme l'atteste le match nul de Mickelson et Toms face à Montgomerie/Langer malgré un déficit de trois points en cours de route. Cink et Furyk allègent l'addition en début de soirée en conservant la main face à Harrington et McGinley si bien que les Américains n'ont qu'un point de retard au terme de cette journée initiale.

Avec autant de points restant à être distribués et avec un écart aussi mince, il est évident que les Américains ont toutes les raisons de garder bon moral. Ce vendredi, après un départ timide, les tenants du titre ont d'ailleurs retrouvé progressivement de la confiance et leur seule déception est liée au fait que Tiger Woods, leur meilleur joueur, a échoué à leur ramener un point. Mais au soir de la deuxième journée, les voilà à nouveau avec le sourire aux lèvres alors que les pendules sont remises à l'heure avec un tableau de scores complètement rééquilibré. En 24 heures, ils effacent leur ardoise et ils peuvent légitimement croire à la victoire finale.

Alors que l'atmosphère générale devient de plus en plus chaleureuse, la paire Mickelson/Toms montre qu'elle est décidément en forme en disposant, 2&1, des inexpérimentés Pierre Fulke et Phillip Price lors des foursomes du matin. Pourtant, les Européens mènent jusqu'au 10, mais le match tourne au 12 quand Fulke rate un putt qui aurait permis à son tandem de doubler son avance. Sans pitié, Toms et Mickelson remportent trois trous d'affilée pour renverser la situation. La superbe sortie de bunker de Mickelson sur le 16 pour partager le trou finit d'écoeurer le Suédois et le Gallois.

Mais la réplique des Européens ne se fait pas attendre avec le succès de García/Westwood sur Cink/Furyk, 2&1, qui permet à l'Espagnol et à l'Anglais de rester invaincus en double même s'ils ont dû batailler férocement dans une partie au diapason de ce qu'est en train de devenir cette édition de Ryder Cup de plus en plus serrée au fil des minutes. Même les vétérans Langer et Montgomerie, en forme exceptionnelle, ont toutes les peines à se débarrasser de Verplank/Hoch. Après avoir mené de deux points, ils voient leurs adversaires revenir à leur hauteur au 15 et il faut un putt sous pression de Montgomerie au 17 pour leur permettre de reprendre les commandes. Leur soulagement se lit sur leurs visages et Langer est tout heureux de s'offrir une 11e victoire en 18 foursomes de Ryder Cup. La matinée se termine par une bonne nouvelle pour le clan américain grâce à Tiger Woods et Davis Love, vainqueurs 4&3 de Darren Clarke et Thomas Bjørn. L'Europe a toujours un point de plus que les Etats-Unis.

A DROITE : *Colin Montgomerie (à g.) et Padraig Harrington, ravis du mauvais tour qu'ils sont en train de jouer en « quatre balles » à Phil Mickelson et David Toms.*

CI-DESSOUS : *Tiger Woods et Davis Love se félicitent de leur succès en « quatre balles » face à Sergio García et Lee Westwood.*

DEUXIEME JOUR

FOURSOMES (SAMEDI MATIN)

Fulke/Price *perd c.* **Mickelson/Toms,** *2 & 1*

Westwood/García *b.* **Furyk/Cink,** *2 & 1*

Montgomerie/Langer *b.* **Verplank/Hoch,** *1up*

Clarke/Bjørn *perd c.* **Woods/Love,** *4 & 3*

Score de la session : 1,5-2,5

QUATRE BALLES (SAMEDI APRÈS-MIDI)

Fasth/Parnevik *perd c.* **Calcavecchia/Duval,** *1up*

Montgomerie/Harrington *b.* **Mickelson/Toms,** *2 & 1*

García/Westwood *perd c.* **Woods/Love,** *1up*

Clarke/McGinley et Hoch/Furyk, *match nul*

Score de la session : 1,5-2,5

Score général : Europe 8-Etats-Unis 8

Les « quatre balles » de l'après-midi s'avèrent être encore plus électriques avec les nerfs des deux équipes mis à contribution. Un incident survient même lors de la rencontre opposant García/Westwood à Woods/Love et fait rejaillir subitement les mauvais souvenirs de Brookline. García est furieux lorsque les membres de l'équipe américaine, accompagnés d'un journaliste et d'un cameraman, se précipitent sur le green du 18 alors que l'Espagnol et le Britannique viennent de voir la fin leur invincibilité. Westwood a raté un putt de 1,50m qui, s'il avait été réussi, aurait débouché sur un match nul. De rage, García envoie une balle dans le lac et quitte le green à toute vitesse en n'oubliant pas de donner un coup de pied dans son sac.

« C'est son sac et il peut en faire ce qu'il veut », explique Sam Torrance alors qu'affleurent à la surface les souvenirs de Brookline quand le green du 17 avait été envahi au mépris du putt que devait ensuite assurer José María Olazábal dans sa partie contre Justin Leonard. « Il a juste perdu un match qu'il espérait pouvoir gagner », ajoute Torrance avant de sourire : « Heureusement que je n'étais pas là, sinon il m'aurait sans doute donné aussi un coup ! » Ce moment d'humour, ajouté à la volonté des Américains de faire profil bas, efface aussitôt ce moment de frustration qui n'a ensuite aucune incidence sur le cours des événements. Ce que le public retient surtout de cet après-midi est le fait que les Américains reviennent progressivement à égalité jusqu'à rattraper leurs adversaires au Belfry.

Calcavecchia et David Duval font partie de ceux qui redonnent du tonus aux Américains grâce à leur succès sur Fasth/Parnevik en dépit d'un retard de trois points à un moment donné. Le match tourne sur le 10 quand Duval, grâce un coup de départ stupéfiant, trouve le green tandis que les deux Européens finissent dans l'eau pour avoir voulu trop répliquer à l'Américain. Associé à Harrington, Montgomerie reste, lui, sur sa lancée : le duo Mickelson/Toms, battu 2&1, n'y résiste pas. Mais la victoire de Woods et Love face à García/Westwood ainsi que le match nul de Hoch/Furyk face à Clarke/McGinley font pencher la balance en faveur des Américains lors de ces « quatre balles » et le score est donc de 8-8 au seuil des simples.

Mais les Européens ont toutes les raisons de se sentir plutôt satisfaits car le dernier match n'a tenu qu'à un putt de McGinley sur le 18. En effet, les Européens avaient un point de retard au 17 après un birdie de Hoch, mais en dépit de l'ambiance survolée autour de l'ultime green, l'Irlandais a su trouver toute sa concentration pour enquiller ce putt crucial. Oui, quelle maîtrise avant une autre journée qui va en exiger tellement.

Avec ce score nul de 8-8 à l'attaque des simples, personne n'a envie de se risquer à un pronostic, mais tout le monde anticipe le fait que c'est une journée qui va compter dans l'histoire de l'épreuve. Les Américains ont toutes les raisons d'afficher une relative tranquillité. S'ils font match nul, ils gardent le trophée sachant que l'Europe n'a plus remporté les simples depuis 1995. Mais peut-être oublient-ils d'anticiper le génie tactique de Sam Torrance, l'un des capitaines les plus marquants de la compétition. En allant à rebours de la tradition de la Ryder Cup, l'Ecossais décide de placer ses huit meilleurs joueurs lors des huit premiers simples. A l'opposé, Curtis Strange diffère le départ de ses meilleurs compétiteurs en les mettant en fin de programme comme Woods et Mickelson. L'idée de Torrance est d'essayer de faire que le public devienne un acteur de la journée le plus vite possible au gré de points engrangés dès les premières rencontres.

Montgomerie donne la mesure en gagnant le premier match, 5&4, face à Hoch lors d'une démonstration rarement vue en Ryder Cup. Soutenu par une foule déjà bien vibrante, il commence son festival dès le premier trou en rentrant un putt de 5,50m qui lui offre une avance immédiate. Hoch le rattrape dès le trou n°3, mais à la fin de l'aller, Montgomerie s'est envolé de trois points. « Je ne peux pas mieux jouer que cela, avoue-t-il plus tard. Scott est un très bon joueur et un adversaire redoutable, mais à la fin, je crois que j'étais à -8 et il n'y a rien que vous puissiez faire contre cela non plus. »

Les Américains n'ont pas l'intention, toutefois, de se laisser manger la laine sur le dos et David Toms ne tarde pas à s'illustrer en dominant de justesse Sergio García qui expédie son coup de départ dans l'eau sur le 18. Clarke et Duval font ensuite match nul, mais la tactique de Torrance devient alors payante : Langer, Harrington et Bjørn apportent trois points d'affilée. C'est le tournant de ces simples même si Scott Verplank, « rookie » et choisi personnellement par Curtis Strange, se joue de Lee Westwood, assommé d'entrée par un birdie sur le 1 et un eagle sur le 3.

Paul Azinger, l'un des joueurs les plus réguliers côté américain, refuse aussi de plier contre Fasth qu'il contraint à un match nul sur le 18 en rentrant directement sa sortie de bunker. Ce coup venu d'ailleurs lui permet ainsi d'éviter miraculeusement la défaite et d'arracher ce demi point qui semble valoir de l'or sur le moment. Il lui permet aussi de rester invaincu en simple en Ryder Cup.

Mais le point clé pour les Européens provient lors du match qui oppose le « rookie » Phillip Price à Mickelson -rencontre qui, dans un autre contexte que celui de la Ryder Cup, n'aurait probablement pas fait un pli. Mais Price ne se laisse pas démonter par la stature de son adversaire qu'il bat au terme du trou n°16 en rentrant un putt en descente de 7,60m alors que la Ryder Cup n'est pas encore tombée dans l'escarcelle européenne et que la pression est terrible. « Dîtes-leur qui j'ai battu ! Dîtes-leur qui j'ai battu ! », s'emballe le Gallois après son exploit -et qui d'ailleurs pourrait le blâmer pour tant d'exubérance ?

LE COUP DU JOUR

C'était un risque de placer en 11e position un joueur aussi peu expérimenté que Phillip Price, 119e mondial, mais le coup de poker de Sam Torrance lors des simples est récompensé par le fait que le Gallois joue le golf de sa vie pour dominer Phil Mickelson, n°2 de la hiérarchie internationale. Price a pourtant trois points de retard au 5, mais sa remontée fantastique commence au 6 lorsque les pieds pratiquement dans l'eau après avoir envoyé son coup de départ au bord du lac, il signe alors un formidable second coup qui catapulte la balle sur le green. Cet instant change l'atmosphère de la rencontre avec des conséquences immenses sur la suite de cette édition de la Ryder Cup. Soutenu par le public, Price, trou après trou, devient alors un autre joueur.

“Le club le plus important utilisé lors de cette Ryder Cup n'a pas été un putter ou un driver, mais le stylo du capitaine européen, Sam Torrance.”

USA Today

A GAUCHE : *Paul McGinley vient de rentrer le putt qui entérine la victoire des Européens. Sacrée délivrance.*

A DROITE : *Sam Torrance, un capitaine européen au comble du bonheur. Champagne au Belfry !*

Aussi remarquable qu'est la victoire de Price, elle ne suffit pas, toutefois, à donner la coupe à l'Europe -le coup miracle d'Azinger a empêché que cela soit le cas. Cet honneur d'enfoncer le clou revient à Paul McGinley contre Jim Furyk. L'Irlandais a seulement besoin d'un match nul et la tension est à couper au couteau sur le 18. Il a été derrière l'Américain pendant toute la partie depuis le 2 jusqu'au 17 où il est enfin revenu à sa hauteur. Maintenant, tout est entre les mains de McGinley face à la montagne que représente soudain ce putt de 3m alors que Furyk vient de chipper joliment depuis le bord du green. Mais McGinley garde ses nerfs et la balle prend la direction du trou sans ciller. Les célébrations européennes peuvent commencer.

Le champagne est débouché et Torrance finit rapidement sous une douche alcoolisée quand McGinley termine, lui, dans le lac à côté du 18. « Je suis tellement fier, sourit Torrance. A part mon mariage et la naissance de mes enfants, c'est le plus beau moment de ma vie. » Une déclaration que peut faire chaque capitaine de Ryder Cup victorieux, toujours épuisé, mais heureux à jamais.

TROISIEME JOUR

SIMPLES (DIMANCHE)

Colin Montgomerie *b.* **Scott Hoch,** *5 & 4*

Sergio García *perd c.* **David Toms,** *1up*

Darren Clarke et David Duval, *match nul*

Bernhard Langer *b.* **Hal Sutton,** *4 & 3*

Padraig Harrington *b.* **Mark Calcavecchia,** *5 & 4*

Thomas Bjørn *b.* **Stewart Cink,** *2 & 1*

Lee Westwood *perd c.* **Scott Verplank,** *2 & 1*

Niclas Fasth et Paul Azinger, *match nul*

Paul McGinley *et* **Jim Furyk,** *match nul*

Pierre Fulke *et* **Davis Love,** *match nul*

Phillip Price *b.* **Phil Mickelson,** *3 & 2*

Jesper Parnevik et Tiger Woods, *match nul*

Score de la session : 7,5-4,5

Score final : Europe 15,5-Etats-Unis 12,5

Légendes de Ryder Cup

Colin **MONTGOMERIE**

Il est difficile de trouver joueur plus imprégné de l'histoire de la Ryder Cup que Colin Montgomerie. Pendant 20 ans, son nom est resté lié à cette compétition qu'il a à la fois gagnée en tant que joueur et capitaine. Même s'il n'a jamais remporté de titre majeur, l'Ecossais a une place à part dans l'histoire du jeu grâce à ses exploits sous les couleurs européennes.

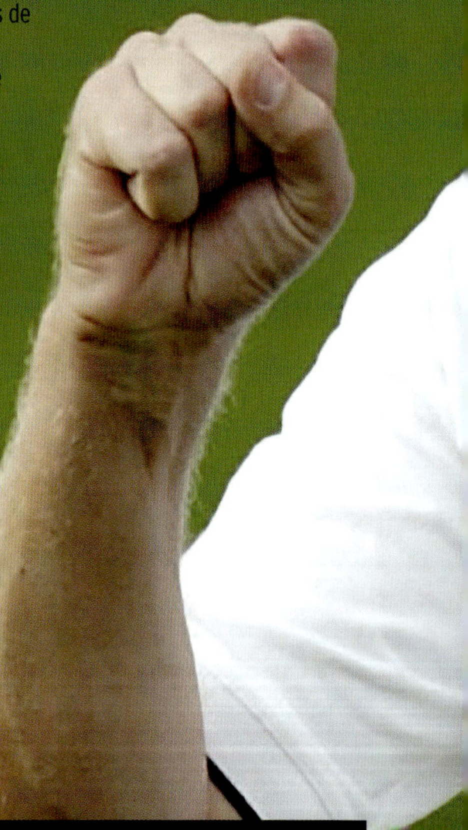

A DROITE : *Colin Montgomerie dans une attitude caractéristique chez lui (et mesurée) au moment d'un joli coup. Ici lors de la Ryder Cup 2002.*

Quelle est la place de Colin Montgomerie dans l'histoire du golf ? Disons-le nettement, « Monty », comme il est surnommé, fait partie de l'aristocratie de la Ryder Cup. De ses débuts dans la compétition en 1991 jusqu'à l'édition 2010 où il a porté les habits de capitaine, il a semblé être là à chaque fois où se passait l'événement. En 2004, au Oakland Hills Country Club, dans le Michigan, il a ainsi enquillé le putt qui a entériné la facile victoire des Européens lors de son simple contre David Toms. En 1997, à Valderrama, en Espagne, il s'est encore retrouvé à la conclusion du match à l'occasion de son match nul décroché contre Scott Hoch qui a permis à Severiano Ballesteros, le capitaine, de triompher devant les siens. En huit participations, il n'a tout simplement jamais perdu un simple : six victoires et deux nuls ! Tout le monde ne l'aimait pas, notamment aux Etats-Unis où le public pouvait se montrer agressif à son égard comme à Brookline, lors de la Ryder Cup 1999, quand il a été la cible de nombreuses injures avec ses parents, mais en tant que joueur, il n'a jamais laissé personne indifférent.

A première vue, il n'avait pas la silhouette qui aurait pu le faire passer pour le golfeur le plus athlétique du circuit. Ses larges épaules, son léger embonpoint et sa démarche un peu léthargique contrastaient avec les joueurs d'aujourd'hui qui, comme Tiger Woods, n'oublient pas de passer par la salle de gym pour commencer leur journée. Mais ils sont rares ceux qui peuvent rivaliser club en main avec ce champion né à Glasgow en 1963, mais ayant grandi dans le Yorkshire, tant il était naturellement doué pour être toujours d'une précision remarquable. Pendant les 24 années de sa longue carrière, Colin Montgomerie a tout simplement rayonné sur le golf européen en réservant nombre de ses meilleurs coups lors de la Ryder Cup où il a empoché la bagatelle de 23,5 points en huit participations. Nick Faldo, le recordman avec 25 points, a, lui, atteint ce total en 11 éditions. Mais Montgomerie, contrairement à Faldo, s'est offert le luxe de triompher en tant que capitaine en 2010, à Celtic Manor, au terme d'un suspense à couper le souffle puisque le match s'est dénoué lors du 12e et dernier simple.

Dans ce rôle de capitaine, Montgomerie s'est imposé comme un vrai leader et un fin stratège auprès d'une équipe qu'il a su galvaniser d'un bout à l'autre du week-end. Plus tard, il a décrit cette expérience de Celtic Manor comme « le plus grand moment de golf de (s)a vie. » Ce qui a frappé au Pays de Galles, ce n'est pas tant la méticulosité avec laquelle il avait préparé son affaire -il s'est même dépensé sans compter dans cette fonction de capitaine- c'est aussi la générosité et l'enthousiasme qu'il a mis dans la balance pour créer une véritable atmosphère au sein de cette équipe européenne.

Certaines personnes se trompent sur son compte, notamment outre-Atlantique, où sa mauvaise humeur a pu transparaître à certains moments pour le plus grand malheur parfois d'un caméraman placé trop près de lui sur le parcours ou de spectateurs trop bruyants qu'il accusait de troubler sa concentration. Ceux qui l'ont vraiment approché savent que sa personnalité est à rebours de cette image caricaturale. Montgomerie a un fameux sens de l'humour et un vrai goût pour les choses de la vie -des qualités humaines qui ont fait de lui un grand capitaine.

A Celtic Manor, il n'a pas hésité à s'entourer de conseillers aussi différents en termes de sensibilité que Darren Clarke et José María Olazábal. Il a également délivré des discours plein de passion à ses joueurs et a eu la grandeur d'âme de ne pas oublier Severiano Ballesteros, victime d'une tumeur au cerveau, à qui il a demandé de s'adresser à ses troupes pour les motiver par le biais d'une conversation téléphonique chargée d'émotion. « Monty était avec tous les joueurs et chaque joueur était avec lui, a résumé Padraig Harrington une fois le trophée reconquis. Nous ne voulions pas le laisser tomber d'une manière ou d'une autre. Nous souhaitions gagner pour lui. »

LUI ET LA RYDER CUP

Ryder Cups : 1991, 1993, 1995 (vainqueur), 1997 (vainqueur), 1999, 2002 (vainqueur), 2004 (vainqueur), 2006 (vainqueur), 2010 (vainqueur, capitaine non joueur)
Total de victoires : 6
Matches : 36 (20 victoires, 7 nuls, 9 défaites)
Total de points : 23,5

« D'un point de vue personnel, c'est sans signification. Il s'agit d'une compétition par équipes et rien d'autre. »

Colin Montgomerie comme il voit la Ryder Cup

Lors de la conférence de presse finale au Pays de Galles, il est clairement apparu que Montgomerie avait fait confiance à ses joueurs et que ceux-ci avaient absolument compté sur lui. Après Celtic Manor, l'Ecossais a laissé le capitanat à José María Olazábal pour l'édition 2012 tout en continuant peut-être à rêver au fond de lui-même de pouvoir remettre cela un jour ou l'autre. Mais de toute façon, il n'est jamais très loin de l'équipe européenne qu'il suit attentivement depuis sa cabine de commentateur pour le compte de la télévision britannique.

Flamboyant en Ryder Cup, couronné à huit reprises à l'ordre du mérite européen, Colin Montgomerie n'a bizarrement jamais inscrit de titre majeur à son palmarès, ce qui est une sorte de petite injustice au regard de son immense carrière. Il a fini cinq fois deuxième : trois fois à l'US Open, une fois au British Open et une autre fois au PGA Championship. Une anomalie que la Ryder Cup fait joliment oublier dans son cas.

2004

Europe 18,5
Etats-Unis 9,5

Oakland Hills CC, Michigan

17-19 Septembre

LE PARCOURS

Oakland Hills Country Club
Lieu : Bloomfield Township, Michigan, Etats-Unis
Par : 70
Longueur : 6 471 m

Le South Course, imaginé par Donald Ross en 1918, est appelé « le monstre ». Dix tournois majeurs s'y sont déroulés avant cette édition 2004 de la Ryder Cup. Le légendaire Ben Hogan a décrit ce parcours comme « le plus grand test de golf jamais affronté lors de ma carrière. »

Ceux qui estiment encore que l'Europe reste l'outsider d'une rencontre de Ryder Cup sont fermement remis à leur place en 2004 lors d'une édition qui démontre avec éclat que plus rien n'est comme avant. Non seulement les joueurs du Vieux continent gagnent aux Etats-Unis, mais ils se permettent aussi d'infliger à leurs hôtes une immense défaite dans le Michigan, soit leur plus joli tour de force de l'histoire moderne.

PERSONNE NE POUVAIT PRÉVOIR ce qui est arrivé lors de cette Ryder 2004. Tout d'un coup, les Etats-Unis, qui avaient dominé la compétition pendant tant et tant d'années, sont obligés de prendre conscience que posséder les meilleurs joueurs du monde ne suffit plus pour triompher. Les Européens, emmenés par leur capitaine Bernhard Langer, viennent de réussir à transporter le jeu par équipes dans une autre dimension. Avec un score de 18,5-9,5, ils frappent un coup jamais vu depuis 1979 et l'élargissement de leur équipe à l'Europe continentale. C'est la pire défaite de l'histoire pour les Etats-Unis, pire même que leur échec 16,5-11,5 au Belfry en 1985. Et c'est un prélude à ce qui va suivre plus tard lors des éditions à venir. Comme le dit Colin Montgomerie, une fois le succès acquis, l'équipe européenne sera pour la première fois obligatoirement favorite en 2006.

A Oakland Hills, près de Detroit, c'est d'ailleurs Monty qui s'offre le luxe de rentrer le putt qui offre la victoire à l'Europe confirmant ainsi sa réputation de Monsieur Ryder Cup. Mais chaque membre de l'équipe a apporté sa pierre à l'édifice et cela dès la première session qui donne le ton du reste du week-end.

Lors de ces « quatre balles » du vendredi matin, Colin Montgomerie ouvre le bal aux côtés de Padraig Harrington et il ne trahit pas la confiance de son capitaine en délivrant une performance habituelle chez lui en Ryder Cup. Un vrai match de gala en guise d'entame face à la paire composée de Tiger Woods et Phil Mickelson qui font mentir la rumeur selon laquelle cette « dream team » ne s'entendrait pas du tout.

Montgomerie, encore lui, ne laisse à personne le soin de signer le premier birdie sur le premier trou. Les Européens, qui signent sept birdies lors des huit premiers trous, s'imposent 2&1 avec style. Avant même que ce match vedette soit terminé, Darren Clarke et Miguel Angel Jiménez ont ouvert le score de cet Etats-Unis-Europe en disposant aisément, 5&4, de Davis Love et Chad Campbell. Sergio García et Lee Westwood ne traînent pas en route non plus face à David Toms et Jim Furyk, dominés 5&3. Le seul demi point grignoté par les Etats-Unis survient lors d'une

A DROITE : *Colin Montgomerie s'extrait d'un bunker de parcours lors des « quatre balles » de la première journée.*

A GAUCHE : *Tiger Woods et Phil Mickelson, une paire rêvée, mais qui échoue d'entrée lors de cette Ryder Cup 2004.*

lutte typique de Ryder Cup entre Chris Riley et Stewart Cink pour les Etats-Unis et Paul McGinley et le « rookie » Luke Donald pour l'Europe. Sur le 18, les Américains ne sont pas loin de la correctionnelle lorsque Donald réussit un magnifique coup de fer 2, mais Riley, en rentrant un putt crispant d'1m, permet à son pays d'éviter un 0-4. Langer a toutes les raisons d'être satisfait au terme de cette première session. « Je suis ravi comme mes joueurs, déclare-t-il. Nous voulions réussir un très bon départ et nous ne pouvons pas être mieux servis. »

Lors des foursomes de l'après-midi, l'Europe écrase de la même manière la concurrence en remportant trois des quatre parties si bien que le Vieux continent caracole en tête le vendredi soir 6,5-1,5. Une fois encore, Montgomerie et Harrington sont des hommes clés, en signant cinq birdies lors des neuf premiers trous, pour survoler les débats, 4&2, face à Love et Fred Funk. Le tandem Woods Mickelson continue, lui, de ne pas être au rendez-vous fixé par leur capitaine, Hal Sutton. Ils mènent de trois points après cinq trous, mais réussissent à être battus par Clarke/Westwood. Les deux équipes sont encore « all square » au départ du 18, mais un mauvais coup de départ de Mickelson, parti à gauche, oblige Woods -qui cache mal sa frustration- à prendre un drop de pénalité. Cela suffit au bonheur de Clarke et Westwood face au duo de rêve devenu celui du cauchemar. « Qui croyait que cela arriverait ?, dira plus tard Hal Sutton. Qui pensait aussi que Davis Love ne gagnerait pas un point lors de ses deux matches ? Vous m'auriez plumé si vous aviez fait ce pari avec moi parce que j'aurais tout misé là-dessus, mon ranch compris. » Tout est en faveur de l'Europe. García et Donald battent Perry et Cink. Heureusement, DiMarco et Haas se jouent de Jiménez et Levet, 3&2, pour offrir un premier point entier aux Etats-Unis.

Après ce vendredi noir dont il faut chasser les mauvais souvenirs, les Américains n'ont pas 36 solutions lors de la deuxième journée pour tenter de se remettre dans la bonne direction. Il s'agit de passer à l'attaque. Mais après un

PREMIER JOUR

CAPITAINES

Etats-Unis : Hal Sutton — **Europe** : Bernhard Langer

QUATRE BALLES (VENDREDI MATIN)

Mickelson/Woods *perd c.* **Montgomerie/Harrington,** *2 & 1*

Campbell/Love *perd c.* **Clarke/Jiménez,** *5 & 4*

Riley/Cink et McGinley/Donald, *match nul*

Toms/Furyk *perd c.* **García/Westwood,** *5 & 3*

Score de la session : 0,5-3,5

FOURSOMES (VENDREDI APRÈS-MIDI)

DiMarco/Haas *b.* **Jiménez/Levet,** *3 & 2*

Love/Funk *perd c.* **Montgomerie/Harrington,** *4 & 2*

Mickelson/Woods *perd c.* **Clarke/Westwood,** *1up*

Perry/Cink *perd c.* **García/Donald,** *2 & 1*

Score de la session : 1-3

Score général : Etats-Unis 1,5-Europe 6,5

A GAUCHE : *Sergio García en difficulté, mais une image qui ne reflète pas tout à fait son week-end où il est resté invaincu en cinq matches.*

départ prometteur, la tâche se révèle décidément bien compliquée. Les « quatre balles » du matin offrent une lueur d'espoir, notamment pour Tiger Woods qui semble plus inspiré aux côtés de Chris Riley. La paire se défait sans problème de Darren Clarke et Ian Poulter, 4&3. Cela donne l'opportunité au public américain de redonner de la voix par le biais des « USA ! USA ! » qui retentissent le long du parcours quand un retour des Etats-Unis paraît envisageable. Alors qu'un 4-0 n'est pas exclu à un moment donné -raison peut-être pour laquelle on voit apparaître un sourire sur le visage de Tiger Woods- Stewart Cink et Davis Love apportent de leur côté un point très important face à Colin Montgomerie et Padraig Harrington, rarement battus dans cet exercice.

Mais l'Europe n'a pas l'intention de se laisser marcher sur les pieds. García et Westwood parviennent ainsi à partager un point avec Haas/DiMarco. De façon surprenante, alors qu'elle est menée d'un point avec deux trous à jouer, la paire de « rookies » composée de David Howell et Paul Casey se débrouille pour s'imposer sur le 18 aux dépens de Furyk/Campbell. Il fallait remonter à 1979 pour retrouver trace d'une première victoire de deux novices européens lors de leur premier match en Ryder Cup. Casey et Howell réussissent ce joli tour de force grâce au putt gagnant de Casey sur l'ultime trou.

« Beaucoup d'entre vous ont peut-être pensé que je sacrifiais un point en les envoyant sur le parcours ce matin, mais au plus profond de moi, j'étais persuadé qu'ils pouvaient être la surprise de cette session, analyse Bernhard Langer. Et je suis d'autant plus satisfait de la manière avec laquelle ils s'en sont sortis. En gagnant les deux derniers trous pour nous gratifier de ce point, ils nous ont redonné la bonne nouvelle dont nous avions besoin. » Ce dernier succès permet à l'Europe de garder fermement les commandes du match et de surtout doper sa confiance. « Nous devons tous une bière à David et Paul, confie Lee Westwood plus tard. C'était le point le plus important du week-end. » Hal Sutton, le capitaine américain, a quelques raisons aussi d'être satisfait. Au moins son équipe a réagi et a pu lui donner le sentiment qu'elle avait envie de se battre jusqu'au bout, ce dont il aurait pu douter 24 heures plus tôt. Il résume la situation à sa manière un peu originale. « Les gars ont très bien joué et j'ai senti leur énergie, commente-t-il. Quand je les ai appelés, je les ai bien eus au bout du fil, ce n'était pas leur boîte vocale. » Hélas pour lui, lors de l'après-midi des foursomes, ses joueurs sont à nouveau aux abonnés absents puisque les Européens gagnent la session 3-1 pour se catapulter au tableau de scores avec un avantage de 11-5 à la veille des simples. Ils n'ont plus besoin que de trois points pour conserver le trophée.

Lors de ces foursomes, les Européens remportent trois matches sur quatre. La nette victoire de Montgomerie/Harrington aux dépens de Woods/Love, 3&2,

LE COUP DU JOUR

Lors des « quatre balles » du samedi matin, le putt rentré de Sergio García sur le 18 fait sensation et il est vrai qu'il est incroyable en raison de sa longueur -40m- et de la cassure du green sur environ 7m sans compter une rigole assez gênante. Mais son coup est d'une précision diabolique que ce soit en distance et en dosage. Ce coup miraculeux correspond en fait à un bogey, mais il permet à l'Espagnol et à Lee Westwood de partager leur point avec Jay Haas et Chris DiMarco.

CI-DESSUS : *David Howell (à g.) et Paul Casey, nouveaux venus en Ryder Cup et récompensés par un exploit inédit depuis 1979.*

DEUXIEME JOUR

QUATRE BALLES (SAMEDI MATIN)

Haas/DiMarco et García/Westwood, *match nul*

Woods/Riley *b.* **Clarke/Poulter,** *4 & 3*

Furyk/Campbell *perd c.* **Casey/Howell,** *1up*

Cink/Love *b.* **Montgomerie/Harrington,** *3 & 2*

Score de la session : 2,5-1,5

FOURSOMES (SAMEDI APRÈS-MIDI)

Haas/DiMarco *perd c.* **Clarke/Westwood,** *5 & 4*

Mickelson/Toms *b.* **Jiménez/Levet,** *4 & 3*

Furyk/Funk *perd c.* **García/Donald,** *1up*

Love/Woods *perd c.* **Harrington/McGinley,** *4 & 3*

Score de la session : 1-3

Score général : Etats-Unis 5-Europe 11

est un résultat évidemment important. Woods est méconnaissable par rapport à son match de la matinée à l'image de ses putts manqués aux 8 et 9 et à un chip loupé sur le 11. « En fait, j'ai raté quelques putts , j'ai joué quelques mauvais coups et je nous ai mis dans une situation trop difficile pour espérer gagner le match, concède-t-il. C'était un jour sans et c'est bien dommage que cela arrive un jour comme celui-ci. » Cette défaite plonge les Américains dans l'embarras d'autant que García et Donald s'imposent d'un point contre Furyk et Funk et que Westwood et Clarke font du petit bois, 5&4, de DiMarco et Haas. Le seul point arraché par les Etats-Unis est l'œuvre de Mickelson et Toms, 4&3, face à Jiménez et Levet, mais ce n'est évidemment pas suffisant. Langer est légitime à se déclarer heureux et fier de son équipe car il sait que les Européens sont au bord de l'exploit, même si Mickelson refuse de se déclarer vaincu malgré un déficit de points presque impossible à combler lors des simples : « Nous allons devoir livrer une performance exceptionnelle. A ce stade, c'est peut-être improbable, mais nous n'avons pas l'intention de déposer les armes. »

Considérant l'état du champ de bataille, c'est bien le minimum à demander aux troupes américaines : qu'elles combattent au moins vaillamment lors de ces simples. Mais les Européens n'ont pas l'intention de partir non plus la fleur au fusil. Quand Tiger Woods apporte le premier point face à Paul Casey, battu 3&2, et lorsque Jim Furyk dispose aisément de David Howell, 6&4, l'espoir revient soudain dans le camp américain qui semble profiter d'un nouvel élan. Mais l'Europe est

> *« Nous avons creusé notre propre trou, mais nous avons une équipe suffisamment puissante pour nous sortir de là. »*

Hal Sutton essayant de remonter le moral de ses troupes

décidément trop forte et c'est encore Montgomerie, qui a eu besoin d'une invitation pour prendre part à cette édition en raison de résultats décevants lors de l'année écoulée, qui va avoir la chance de rentrer le putt final et de couronner une très large victoire sur le plan historique.

La saison 1999 est la dernière où Montgomerie a été le n°1 européen. C'est déjà loin, mais il semble qu'à chaque fois que la Ryder Cup pointe le bout de sa coupe, elle l'inspire suffisamment pour lui faire jouer son meilleur golf. Mais avant que le moment du triomphe ne vienne du bout du putter de Monty, le succès de Sergio García aux dépens de Phil Mickelson est une première étape sur ce chemin. García, qui n'a jamais empoché un point en simple lors de ses deux précédentes apparitions en Ryder Cup, a deux points de retard au 8, mais l'Espagnol remporte trois trous d'affilée pour renverser la situation à son profit. Il s'impose aussi sur le 13 et conclut au 16 lorsque Mickelson se noie une bonne fois pour toute dans l'eau toute proche. « C'est important de marquer ce premier point pour notre équipe, souligne García. Je ne voulais pas regarder le tableau de scores parce que nous avions mal commencé, mais je sentais que je pouvais le battre. »

L'Europe va d'autant mieux quand Clarke lui donne un demi point supplémentaire face à Love et quand surtout Westwood surmonte un handicap de deux points pour coiffer Perry au poteau du 18. Elle sait déjà qu'elle ne peut plus perdre cette Ryder Cup, il reste à mettre la touche finale.

Elle est donc l'œuvre de Montgomerie, vainqueur d'un point de Toms sur le dernier trou. Son dernier putt plein d'autorité en dépit de la forte tension est un modèle du genre. « Monty ! Monty ! », chante la foule des supporters européens alors que l'Ecossais connaît ce petit instant d'extase si loin des débordements de Brookline qui l'avaient laissé si amer sinon furieux. Cette fois, il a gagné le respect -si ce n'est un peu d'affection- de la part du public américain dans un contexte défavorable pour lui puisqu'il a divorcé de son épouse Eimear une semaine avant cette Ryder Cup et que sa vie privée a été étalée pendant des mois dans les tabloïds britanniques. Mais tous ces mauvais souvenirs semblent comme balayés par le flot des compliments qui tombent sur lui. « Les quatre derniers mois ont été très durs d'un point de vue personnel, confie-t-il. Je ne veux pas en parler, mais en même temps tout le monde est au courant. Je suis revenu de loin lors de ces quatre mois. Je suis fier de moi en cet après-midi si particulier. »

Ce moment à la gloire de Monty est très bien vécu par ses coéquipiers à l'image

TROISIEME JOUR

SIMPLES (DIMANCHE)

Tiger Woods *b.* **Paul Casey,** *3 & 2*

Phil Mickelson *perd c.* **Sergio García,** *3 & 2*

Davis Love et Darren Clarke, *match nul*

Jim Furyk *b.* **David Howell,** *6 & 4*

Kenny Perry *perd c.* **Lee Westwood,** *1up*

David Toms *perd c.* **Colin Montgomerie,** *1up*

Chad Campbell *b.* **Luke Donald,** *5 & 3*

Chris DiMarco *b.* **Miguel Angel Jiménez,** *1up*

Fred Funk *perd c.* **Thomas Levet,** *1up*

Chris Riley *perd c.* **Ian Poulter,** *3 & 2*

Jay Haas *perd c.* **Padraig Harrington,** *1up*

Stewart Cink *perd* **c. Paul McGinley,** *3 & 2*

Score de la session : 4,5-7,5

Score final : Etats-Unis 9,5-Europe 18,5

de Paul Casey : « Que ce soit lui qui rentre le putt final, c'est juste parfait parce nous savions qu'il ne pourrait pas le manquer. » D'autres succès viennent ensuite compléter cette massive victoire européenne. Levet contre Funk, Poulter contre Riley, Harrington contre Haas et McGinley contre Cink font de cette journée une parenthèse historique : 18,5-9,5, c'est la plus grande déroute américaine en 77 ans de Ryder Cup. Dans un dernier élan, Hal Sutton a tout tenté en envoyant ses meilleurs joueurs en première ligne des simples avec Woods, vainqueur de Casey, ou Furyk, le tenant du titre de l'US Open, tombeur de Howell. Mais cela n'a pas suffi en dépit d'un beau sursaut d'orgueil. « Nous avons été nettement dominés, concède Hal Sutton inconsolable. J'ai fait des erreurs et j'en suis le seul responsable. » Bernhard Langer est évidemment dans un tout autre état d'esprit, proche de l'euphorie. « J'ai eu tellement de plaisir à travailler avec cette équipe, admet-il. Je suis absolument fier d'eux. Ils ont eu du mal au début de ces simples, mais ils sont revenus très fort. Ils ont beaucoup de courage en eux. »

« Nous avons battu l'une des équipes américaines les plus fortes jamais constituées. Un formidable exploit pour chacun d'entre nous. »

Bernhard Langer, capitaine européen

A GAUCHE : *Colin Montgomerie triomphe aux dépens de David Toms pour le plus grand bonheur de ses supporters qui savent qu'à cette seconde, la Ryder Cup reste européenne.*

A DROITE : *Bernhard Langer, porté en triomphe par Darren Clarke (à g.) et Lee Westwood. Pour le capitaine européen, une victoire historique.*

CI-DESSOUS : *Thomas Levet, deuxième sélectionné français en Ryder Cup cinq ans après Jean Van de Velde. Mais le premier qui repart avec la coupe.*

2006

Europe 18,5
Etats-Unis 9,5

The K Club, County Kildare

22-24 Septembre

LE PARCOURS

The K Club
Lieu : County Kildare, Irlande
Par : 72
Longueur : 6 707 m

Propriété de Sir Michael Smurfit et dessiné par Arnold Palmer, ce parcours, situé à 32km au Sud-ouest de Dublin, a ouvert en 1991. Parce qu'il est signé d'un Américain, certains ont pensé que ce tracé était favorable aux Etats-Unis.

La 36e Ryder Cup se fait une place dans l'histoire de la compétition en offrant un hat-trick à l'Europe au K Club, en Irlande, lors d'un week-end parcouru par de multiples émotions. L'implication du public irlandais, le putt libérateur de Henrik Stenson, le leadership de Ian Woosnam sont autant d'images qui resteront dans les mémoires, même si cette Ryder Cup appartient surtout à Darren Clarke

LES HÉROS DE RYDER CUP SONT NOMBREUX que ce soit du côté américain ou européen, mais peu ont généré autant de sympathie et d'émotion que celui de l'édition 2006 au K Club. Cette année-là, Darren Clarke, 38 ans, est sélectionné personnellement par le capitaine de l'équipe européenne, Ian Woosnam. Mais il arrive à County Kildare un mois à peine après le décès de son épouse, Heather, emportée par un cancer du sein. La tragédie intime qui est la sienne influe sur l'atmosphère de la rencontre car le visage du joueur nord-irlandais est forcément guetté à chaque seconde.

« Pendant longtemps, je n'ai pas su si je serais capable de jouer, avoue-t-il plus tard à la BBC. Mais j'ai pris le temps de réfléchir pour prendre ma décision en pesant le pour et le contre. Puis j'ai opté pour le fait d'être là. Et je ne le regrette pas. » L'équipe européenne peut, en effet, compter sur lui car Clarke remporte les trois matches dans lesquels il est engagé avant de s'effondrer en larmes dans le sillage immédiat de sa victoire en simple, 3&2, sur Zach Johnson qui permet alors à l'Europe de mener 16-8, la Ryder Cup ayant été définitivement conquise quelques minutes plus tôt.

Depuis le début du week-end, Clarke est resté une source d'inspiration non seulement pour ses coéquipiers, mais aussi pour le public sans oublier ses adversaires qui mesurent la douleur de son deuil. Tiger Woods, qui a perdu son père quelques mois plus tôt des suites d'un cancer, sait parfaitement par quels

états d'âme passe le Nord-irlandais. Neuf semaines plus tôt, lors de son succès à Hoylake, près de Liverpool, lors du British Open, l'Américain a montré ses larmes alors qu'il venait de remporter son premier tournoi majeur sans son père.

Dès la première journée, il est clair que Darren Clarke est au cœur de toutes les attentions de la foule qui ne lui ménagera pas son soutien. « Je n'oublierai jamais l'accueil que j'ai reçu en me présentant sur mon premier tee de départ », confie-t-il, dès le vendredi, après avoir dominé, lors des « quatre balles » du matin, Phil Mickelson et Chris DiMarco en compagnie de Lee Westwood. « C'était un moment très, très spécial », ajoute-t-il. Il se débrouille ensuite, toujours aux côtés de Westwood -autre choix personnel du capitaine qui a suscité la controverse parce que beaucoup auraient préféré voir Thomas Bjørn à la place de l'Anglais- pour dominer Tiger Woods et Jim Furyk, 3&2, le samedi matin. Puis il garde le meilleur pour la fin en s'imposant aux dépens de Johnson. Un birdie au 5, un putt rentré de 7,50m au 10 et un remarquable chip de 65m au 12 construisent un succès noyé par les larmes alors qu'il est rejoint par ses parents, Godfrey et Hetty, sa sœur Andrea, et qu'il embrasse son caddie Billy Foster. Tout contribue à faire de ce week-end un moment spécial à la gloire de Darren Clarke, même si ce n'est pas à lui que revient l'honneur de rentrer le putt de la victoire européenne -responsabilité laissée au Suédois Henrik Stenson. Il y a aussi tellement d'autres héros, il est vrai, à célébrer au K Club pour les Européens.

Lorsque les premières parties démarrent le vendredi matin devant un public déjà chauffé à blanc, il est difficile d'imaginer la large victoire européenne à venir puisque les hommes de Ian Woosnam perdent le premier point. Colin Montgomerie, 43 ans, et Padraig Harrington, le héros local, sont battus lors d'un duel plein de sel face à Tiger Woods et Jim Furyk. Les Américains triomphent d'un point, donnant d'entrée beaucoup d'énergie à leurs coéquipiers. Mais le public refuse de se laisser abattre pour autant en restant mobilisé tout au long du parcours. « Je n'avais jamais eu affaire à des spectateurs aussi bruyants et aussi chaleureux dans toute ma carrière en Ryder Cup », remarque Colin Montgomerie.

Lors d'une première journée, âpre et serrée, les événements tournent ensuite progressivement en faveur des Européens. Paul Casey et Robert Karlsson partagent leur point avec Stewart Cink et J.J. Henry puis les Espagnols Sergio García et José María Olazábal impriment un véritable élan en surclassant, 3&2, David Toms et Brett Wetterich. Le succès étroit de Clarke/Westwood sur Mickelson/DiMarco est une autre excellente nouvelle pour le Vieux continent avant les foursomes de l'après-midi. Ceux-ci sont aussi disputés que les « quatre balles ». Les trois premières rencontres se terminent, en effet, sur trois matches nuls : les enfants du pays McGinley/Harrington face à Campbell/Johnson, Howell/Stenson contre Cink/Toms et Westwood/Montgomerie face à Mickelson/DiMarco. Il a fallu un putt compliqué réussi de Montgomerie pour sauver in extremis ce demi point du match nul. Mais les Européens peuvent se réjouir au terme de cette première journée grâce à la paire García/Donald qui domine

« Le fait que Darren soit là était déjà une source d'inspiration. Son golf a été, lui, tout simplement remarquable. »

Tiger Woods rend hommage à Darren Clarke, présent au K Club en dépit du décès de son épouse quelques semaines plus tôt

CI-DESSUS : *Sergio García (à g.) et Luke Donald en pleine réflexion lors de leur foursome face à Tiger Woods et Jim Furyk.*

A GAUCHE : *Darren Clarke, très ému, dans les bras de Lee Westwood alors que les deux hommes viennent de dominer Chris DiMarco (à g.) et Phil Mickelson en « quatre balles ».*

PREMIER JOUR

CAPITAINES

Europe : Ian Woosnam — **Etats-Unis :** Tom Lehman

QUATRE BALLES (VENDREDI MATIN)

Harrington/Montgomerie *perd c.* **Woods/Furyk,** *1up*

Casey/Karlsson et Cink/Henry, *match nul*

García/Olazábal *b.* **Toms/Wetterich,** *3 & 2*

Clarke/Westwood *b.* **Mickelson/DiMarco,** *1up*

Score de la session : 2,5-1,5

FOURSOMES (VENDREDI APRÈS-MIDI)

Harrington/McGinley et Campbell/Johnson, *match nul*

Howell/Stenson *et* **Cink/Toms,** *match nul*

Westwood/Montgomerie *et* **Mickelson/DiMarco,** *match nul*

Donald/García *b.* **Woods/Furyk,** *2up*

Score de la session : 2,5-1,5

Score général : Europe 5-Etats-Unis 3

« C'est peut-être un homme de petite taille, mais il a un cœur gros comme ça et c'est un type formidable. »

Sergio García, élogieux au moment d'évoquer Ian Woosnam, son capitaine

Woods/Furyk de deux points. « Avoir deux points d'avance à l'issue de cette première journée est formidable et je suis fier et heureux pour mes gars », analyse Ian Woosnam.

La deuxième journée est marquée par un événement exceptionnel par la grâce du trou en un réussi sur le 14 par Paul Casey, mais au-delà de ce coup d'éclat, c'est encore un très beau samedi de golf pour les couleurs européennes qui sont encore dominantes lors des deux sessions pour permettre au tableau de scores de se fixer à 10-6 à l'orée des simples.

Ce samedi démarre par un match nul entre Cink/Henry et Casey/Karlsson, même si l'eagle signé par le « rookie » J.J. Henry sur le 16, un par 5, aurait mérité peut-être de faire pencher la balance en faveur des Etats-Unis. Sergio García et José María Olazábal n'ont aucun problème ensuite pour dompter, 3&2, Mickelson/DiMarco dans une partie où Mickelson, le n°2 mondial, se montre particulièrement transparent. Aux côtés de Jim Furyk, le n°1 mondial, Tiger Woods, n'est guère mieux inspiré lors d'un match perdu 3&2 ensuite contre Clarke/Westwood où il n'a l'air d'en faire qu'à sa tête. Le superbe chip réussi par Clarke sur le 16 est un élément supplémentaire ajouté aux difficultés de Woods. Le champion américain paraît tellement à côté de la plaque que des rumeurs commencent à circuler au sujet de son éventuelle absence lors des foursomes de l'après-midi. Le voilà en tout cas avec cette mauvaise statistique en Ryder Cup : 13 défaites pour 23 matches disputés.

Heureusement, ce samedi après-midi, il fait fi des critiques pour gagner cette fois son match, toujours avec Furyk, face à Harrington-McGinley, battus 3&2. Et Tom Lehman, le capitaine américain, balaie d'ailleurs toutes les histoires circulant au sujet de sa prétendue défiance par rapport à son joueur n°1. « Il n'a jamais été question de le mettre sur le banc, s'insurge-t-il. Comment peut-on se priver du meilleur joueur du monde ? C'est tout simplement impossible ! » Peu importe la vérité, Lehman a toutes les raisons de se féliciter du rendement

A GAUCHE : *Paul Casey (à dr.) vient de réaliser un trou en un sur le 14 lors des foursomes du samedi. David Howell, son partenaire, apprécie l'exploit.*

LE COUP DU JOUR

Le sensationnel coup en un de Paul Casey sur le 14 est joué lors des foursomes du samedi. Associé à David Howell, Casey affronte Stewart Cink et Zach Johnson qui seront battus 5&4. L'Anglais, âgé de 29 ans, qui a remporté le World Match Play quelques jours plus tôt, envoie son coup de départ directement dans le trou à une distance de 195m. C'est seulement le cinquième trou en un de l'histoire de la Ryder Cup, le premier depuis un autre Anglais, Howard Clark, en 1995. Peter Butler (1973), Nick Faldo (1993), Constantino Rocca (1995) sont les autres « miraculés ». Un jour plus tard, sur le même trou, Scott Verplank réussit le même prodige en devenant le premier Américain ainsi consacré dans ce registre, mais c'est quasiment un exploit pour rien car la défaite des Etats-Unis est alors déjà largement consommée.

soudain de Woods qui a amélioré toutes ses statistiques en drive et en petit jeu l'espace d'une partie. C'est au moins une éclaircie dans la grisaille américaine qui concède un retard de quatre points au terme des foursomes. Les victoires de García/Donald sur Mickelson/Toms (2&1) et de Casey/Howell (grâce, entre autres, au trou en un de Casey) sur Cink/Johnson (5&4) pèsent lourd dans la balance. Le match nul de Campbell/Taylor face à Montgomerie/Westwood est néanmoins un joli lot de consolation pour Tom Lehman.

Tous les observateurs notent que les 12 Européens ont tous contribué au total des points de leur équipe au cours des deux premières journées. Cela prouve l'homogénéité et la solidité du groupe de Ian Woosnam. « Je suis ravi d'avoir 10 points, s'enthousiasme le capitaine gallois. J'ai voulu que tout le monde ait une chance de jouer et chacun a réussi à apporter sa contribution d'un demi point ou d'un point. Nous avons joué comme une équipe et c'est ce que nous ferons encore demain. »

Pour Lehman, l'histoire paraît déjà écrite d'avance, mais il n'a pas encore envie de déposer les armes avant les simples. « La plupart des matches ont été serrés et la différence s'est faite sur le nombre de putts enquillés, analyse-t-il. Mais nous devons regarder le bon côté des choses parce que certains de mes gars ont vraiment très bien joué aujourd'hui. Il n'y a pas grand-chose entre 0 point, 0,5 point et 1 point. »

La dernière journée de cette 36e Ryder Cup promet toutefois d'être celle de l'Europe en raison de cet avantage de quatre points. Alors que les fans sont

DEUXIEME JOUR

FOURSOMES (SAMEDI MATIN)

Casey/Karlsson et Cink/Henry, *match nul*

García/Olazábal *b.* **Mickelson/DiMarco,** *3 & 2*

Clarke/Westwood *b.* **Woods/Furyk,** *3 & 2*

Stenson/Harrington *perd c.* **Verplank/Johnson,** *2 & 1*

Score de la session : 2,5-1,5

QUATRE BALLES (SAMEDI APRÈS-MIDI)

García/Donald *b.* **Mickelson/Toms,** *2 & 1*

Montgomerie/Westwood et Campbell/Taylor, *match nul*

Casey/Howell *b.* **Cink/Johnson,** *5 & 4*

Harrington/McGinley *perd c.* **Furyk/Woods,** *3 & 2*

Score de la session : 2,5-1,5

Score général : Europe 10-Etats-Unis 6

CI-DESSUS : *Zach Johnson (à g.) et Scott Verplank ont le sourire. Une rareté pour l'équipe américaine lors d'un sombre week-end.*

déjà prêts à fêter la victoire, Colin Montgomerie est appelé, sans surprise, à donner le coup d'envoi des simples pour le compte de l'Europe. Et comme souvent, l'Ecossais s'acquitte de sa tâche avec perfection grâce un festival de coups de fer qui lui permet de dominer David Toms d'un point. Ses très belles approches sur les trous 3 et 4 lui offrent deux birdies précieux et sa sortie de bunker parfaitement maîtrisée sur le 18 maintiennent ses statistiques au plus haut : huit simples et jamais aucune défaite ! Ce résultat est une belle avant-première de ce qui suit pour les Européens qui s'imposent avec maestria.

Les Américains trouvent, cependant, un joueur pour les faire vibrer en la personne de Stewart Cink, auteur de quatre birdies lors des cinq premiers trous avant de rentrer un putt de 15m au 12. Pour Sergio García, pourtant en forme, c'en est trop et il est battu 4&3. Les Américains ne sont pas tout à fait « morts ». Tiger Woods s'impose ensuite 3&2 face à Robert Karlsson dans son meilleur match de la semaine même si Karlsson contribue à sa propre perte en drivant dans le lac au 15 et en expédiant son deuxième coup toujours dans l'eau au 16. Woods connaît néanmoins quelques émotions sur le green du 7 lorsqu'il voit son fer 9 disparaître dans l'eau. En effet, occupé à nettoyer la balle boueuse de Woods avec sa serviette, Steve Williams, son caddie, qui tient en même temps le fer 9 du coup précédent dans sa main, glisse sur une pierre au bord du lac tout proche et laisse tomber le fer 9 dans l'eau. Impossible de le récupérer en raison de la profondeur. Woods doit attendre d'être sur le 15 pour pouvoir le remettre dans son sac après la baignade improvisée d'un volontaire parti chercher le club manquant.

Alors qu'il a empoché trois points sur cinq possibles -son meilleur total en Ryder Cup- Woods n'a pas envie de se réjouir. « Je ne suis pas vraiment satisfait, avoue-t-il. Je n'ai gagné qu'une Ryder Cup en cinq participations. Cela ne me fait pas plaisir. Ils ont été simplement trop forts pour nous. » En effet, au-delà de ce simple remporté par Woods, l'Europe poursuit sa marche triomphale avec les points empochés par Casey face à Furyk (2&1) et Howell face à Wetterich (5&4).

Lors du cinquième simple, gagné par Luke Donald face à Chad Campbell dès

TROISIEME JOUR

SIMPLES (DIMANCHE)

Colin Montgomerie *b.* **David Toms,** *1up*

Sergio García *perd c.* **Stewart Cink,** *4 & 3*

Paul Casey *b.* **Jim Furyk,** *2 & 1*

Robert Karlsson *perd c.* **Tiger Woods,** *3 & 2*

Luke Donald *b.* **Chad Campbell,** *2 & 1*

Paul McGinley et J.J. Henry, *match nul*

Darren Clarke *b.* **Zach Johnson,** *3 & 2*

Henrik Stenson *b.* **Vaughn Taylor,** *4 & 3*

David Howell *b.* **Brett Wetterich,** *5 & 4*

José María Olazábal *b.* **Phil Mickelson,** *2 & 1*

Lee Westwood *b.* **Chris DiMarco,** *2up*

Padraig Harrington *perd c.* **Scott Verplank,** *4 & 3*

Score de la session : 8,5-3,5

Score final : Europe 18,5-Etats-Unis 9,5

A GAUCHE : *Henrik Stenson, félicité par sa compagne, alors qu'il vient de rentrer le putt qui offre la victoire à l'Europe.*

CI-DESSOUS : *Ian Woosnam, mousse sur les lèvres, lève son verre à la santé de ses troupes en présence, joyeuse, de Sam Torrance, Darren Clarke et Lee Westwood (de g. à dr.).*

le 17, l'Europe est déjà certaine au moins d'un match nul et a donc l'assurance de garder son trophée. Avec encore sept partie en cours, la question est maintenant de savoir qui va donner la victoire à l'Europe. Et si c'était Darren Clarke pour compléter ce petit conte de fée ? Mais tandis que le Nord-irlandais joue son approche sur le 16, le Suédois Henrik Stenson rentre sur le 15 un putt de 2m qui règle l'affaire. Ce petit moment de gloire est pour lui. Mais tout cela n'a en définitive aucune importante tant il s'agit d'une belle victoire pour l'Europe à laquelle contribue Clarke ensuite sur le trou 16 en dépit d'un putt trop court. Mais Johnson, dans un joli geste de sportivité, relève sa marque, préférant en rester là sous les acclamations de la foule. Les célébrations qui suivent sont joyeuses, endiablées et assourdissantes.

Tandis que la tension se relâche, Darren Clarke éclate alors en sanglots et les joueurs des deux équipes se relaient pour venir lui témoigner leur amitié. Tom Lehman et Tiger Woods font partie de ces hommes au moment où les fairways sont envahis par des milliers de fans en folie. « Darren, tu nous a fait très mal, mais nous sommes heureux que tu aies pu être là », résume Lehman. C'est encore une victoire historique pour l'Europe en raison de l'écart record, égal à celui de 2004. Les succès de Olazábal sur Mickelson, de Westwood, pourtant malade, sur DiMarco et le nul de McGinley face à J.J. Henry contribuent à le creuser. Les Américains ne peuvent même pas se réjouir de la nette victoire de Verplank, 4&3, sur Harrington et du trou en un réussi par leur joueur sur le 14. Les Européens, à l'image de Clarke, ne leur ont laissé que des miettes à tous les niveaux. A la fin de la journée, Woosnam soulève le bras de Clarke comme s'il était agi de celui d'un boxeur à la fin d'un combat. Clarke revient de tellement loin, il est vrai. En Irlande, personne ne boude évidemment son bonheur en buvant allègrement à ce triomphe. Clarke engloutit une pinte de Guinness sur le balcon du club bientôt imité et égalé par Woosnam. Tom Lehman ne peut que rendre hommage à ses valeureux adversaires : « Je ne crois pas qu'il y ait jamais eu déjà une équipe européenne aussi forte que celle-là. »

« Notre équipe était prête, mais peut-être n'étions-nous pas assez prêts. »

Tom Lehman, le capitaine américain, tente de comprendre la défaite de ses hommes

Henrik Stenson vient de rentrer son putt sur le 15 face à Vaughn Taylor. La Ryder Cup 2006 sourit encore à l'Europe pour le plus grand bonheur d'un public irlandais survolté.

MATCH STATE
USA
1 HOLE
TOMS
4 & 3
CINK
2 & 1
FURYK
3 & 2
WOODS
1 UP
CAMPBELL
A/S
HENRY
3 UP
4 UP
4 UP
4 UP
2 UP
VERPLAN
EUROPE
12

CI-CONTRE : *Tiger Woods et Phil Mickelson associés en 2004, mais le pari n'a pas fonctionné. La paire a été défaite à deux reprises.*

Légendes de Ryder Cup

Tiger **WOODS** et Phil **MICKELSON**

Tiger Woods est peut-être le plus grand joueur de l'histoire quand Phil Mickelson est peut-être le golfeur qui lui a donné le plus de fil à retordre dans sa carrière. Etrangement, les deux hommes n'ont jamais totalement donné la pleine mesure de leur talent en Ryder Cup, épreuve qu'ils ont néanmoins contribué à faire rayonner.

Tiger Woods demeure l'un des plus grands centres d'intérêt de la Ryder Cup en raison de la fascination liée à sa personnalité et à son charisme de champion. Mais son histoire au sein de cette compétition est compliquée et parsemée de mauvais souvenirs pour lui. Depuis 1997, date de sa première participation à Valderrama, il s'est contenté d'une seule victoire pour un total de six échecs. Phil Mickelson a, lui, perdu plus de matches qu'aucun autre Américain dans toute la saga d'une compétition à laquelle il est fidèle, il est vrai, depuis 1995. L'un et l'autre ont tout gagné, ou presque, ce qu'il était possible de remporter dans la carrière d'un golfeur, mais ces deux poids lourds, tellement habitués aux triomphes les plus retentissants, ont été souvent contrariés en Ryder Cup comme si le fait d'enfiler la tenue de l'équipe américaine semblait les rendre plus ordinaires.

Peut-être que Woods, monstre d'individualisme tant il faut savoir rester concentré sur soi pour demeurer au sommet aussi longtemps, est un peu désorienté dès lors qu'il doit disputer un double ou à partir du moment où il se retrouve un parmi les autres au milieu d'une équipe. Il est possible que cette situation inhabituelle pour lui ne lui permette pas d'avoir son efficacité coutumière. Un jour, il avait semé l'effroi parmi ses partenaires en déclarant qu'il avait « un million de raisons » (on parle ici d'argent) de disputer le WGC American Express -un tournoi du PGA Tour- plutôt que la Ryder Cup. Mais avec le temps, et même si ses résultats dans l'épreuve ne sont pas au diapason du reste de son palmarès (en 2012, il a grignoté le maigre total de 0,5 point en quatre matches !), Woods a montré combien il était désormais parfaitement motivé par la conquête du trophée doré. Il ne lui reste plus qu'à y connaître enfin ce moment qui ferait toute la différence pour lui en offrant peut-être un jour le point de la victoire finale aux Etats-Unis. En 2012, il s'en est presque approché. Programmé lors du 12e simple face à Francesco Molinari, il a pu croire l'espace de quelques minutes qu'il serait l'homme de la libération pour ses couleurs, et puis Steve Stricker, dans l'avant-dernière partie de Medinah, a fini par céder face à Martin Kaymer pour faire le bonheur de l'Europe. En 2014, comme en 2008, une blessure (au dos) l'a empêché d'être cette fois à Gleneagles sachant qu'il ne s'était pas qualifié directement pour la compétition. De guerre lasse, il a préféré s'éloigner du circuit pour se soigner après le PGA Championship.

Phil Mickelson n'a pas toujours été non plus à son zénith en Ryder Cup où, pour lui aussi, les victoires se comptent sur les doigts de la moitié d'une main, mais il lui est arrivé d'y briller davantage, comme en 2008, lors de la nette victoire américaine à Valhalla à laquelle Woods, blessé, n'avait pu contribuer. Dans le Kentucky, il avait semblé trouver le partenaire idéal en la personne d'Anthony Kim. Cela a été aussi le cas à Medinah, en 2012, aux côtés de Keegan Bradley avec qui il a décroché trois points lors de trois doubles où il a paru transfiguré au contact de son jeune compatriote. En 2012, toutefois, il n'a pas réussi à faire triompher ses couleurs en perdant en simple un match crève-cœur contre Justin Rose qui a pesé très lourd dans la balance (il était pourtant 1up au départ du 17). A Celtic Manor, en 2010, il avait vécu aussi un autre moment difficile en cédant trois points en double. Et 2014 n'a pas été plus favorable au point que Tom Watson, son capitaine, l'a carrément mis sur le banc pendant toute la deuxième journée en doutant visiblement de sa forme.

Tiger Woods et Phil Mickelson ont remporté une fois ensemble la Ryder Cup, en 1999, quand l'un et l'autre s'étaient imposés en simple pour aller chercher l'improbable succès de Brookline. En 2004, ils ont été associés pour la toute première fois en double, mais pour le pire, si l'on peut dire, par leur capitaine Hal Sutton qui avait eu l'idée de les « marier » lors de deux matches. Le résultat a été presque catastrophique avec deux points perdus et aucun autre capitaine n'a plus eu envie ensuite de récidiver après ce double échec symbole, en quelque sorte, de la déroute cette année-là des Etats-Unis dans le Michigan. Tiger Woods et Phil Mickelson ont souvent dû prendre leur mal en patience en Ryder Cup. Cela ne donne que plus de prix à l'attachement qu'ils paraissent éprouver vis-à-vis de cette compétition.

> *« C'est juste chouette de faire partie d'une équipe et sincèrement, cela ne nous arrive pas souvent. »*
>
> *Tiger Woods à propos de la Ryder Cup*

EUX ET LA RYDER CUP

Tiger WOODS
Ryder Cups : 1997, 1999 (vainqueur), 2002, 2004, 2006, 2010, 2012
Total de victoires : 1
Matches : 33 (13 victoires, 3 nuls, 17 défaites)
Total de points : 14,5

Phil MICKELSON
Ryder Cups : 1995, 1997, 1999 (vainqueur), 2002, 2004, 2006, 2008 (vainqueur), 2010, 2012, 2014
Total de victoires : 2
Matches : 41 (16 victoires, 6 nuls, 19 défaites)
Total de points : 19

En tant que paire
Matches : 2 (2 défaites)
Points : 0

2008

Etats-Unis 16,5
Europe 11,5

Valhalla Golf Club, Kentucky

19-21 Septembre

Après trois défaites consécutives, le Valhalla Golf Club, dans le Kentucky, est le lieu de la reconquête pour les Etats-Unis qui s'offrent leur plus large succès depuis 1981 sous l'impulsion de Paul Azinger, le capitaine américain, et d'une belle armée de « rookies ». L'Amérique redécouvre le bonheur d'une victoire en Ryder Cup.

LE PARCOURS

Valhalla Golf Club
Lieu : Louisville, Kentucky, Etats-Unis
Par : 70
Longueur : 6 581 m

Dans la mythologie nordique, Valhalla est le lieu où reposent tous les guerriers défunts, une sorte de paradis viking. Le Valhalla Golf Club, ouvert en 1981 et propriété en partie de la PGA américaine, a accueilli trois fois le PGA Championship en 1996, 2000 et 2014.

EN 2008, ALORS QUE SE PROFILE LA RYDER CUP, les Américains ressentent une appréhension légitime. Les deux dernières éditions ont été suffisamment traumatisantes pour qu'il en soit autrement. Coup sur coup, les Européens ont signé leurs deux plus larges victoires dans la compétition. Sur les parcours, les joueurs américains ont paru perdre de leur enthousiasme et de leur hargne quand les Européens semblent en déborder tous les deux ans. Mais dans le Kentucky, Paul Azinger inverse totalement les rôles lors de la très large victoire de ses troupes -16,5-11,5- qui voit les Etats-Unis mener au score à chaque fin de session. Ce triomphe ne doit rien au hasard. Il est la conséquence d'une volonté affichée en amont de la rencontre de modifier radicalement l'atmosphère autour de l'équipe américaine.

Avant ce match, Azinger a deux objectifs en la matière : il veut à ses côtés des golfeurs qui ont une envie féroce de jouer la Ryder Cup et il entend que le public joue aussi son rôle tout au long du week-end. Pour cela, il fait ardemment campagne afin de disposer de quatre invitations personnelles au lieu de deux. Il choisit aussi de sélectionner un joueur local en la personne de J.B. Holmes qui

A GAUCHE : *Lors d'une cérémonie officielle, Paul Azinger (à g.) et Nick Faldo se retrouvent côte à côte, mais la coupe semble déjà échapper à l'Anglais.*

A DROITE : *Justin Leonard, toute rage dehors après un superbe coup depuis le rough lors des « quatre balles » du vendredi.*

rejoint un autre golfeur du Kentucky, Kenny Perry. Puis il met en place sa stratégie autour du « 13e homme » avec tout un lot de tee-shirts aux couleurs de ce slogan.

« Les fans du Kentucky peuvent être le 13e homme, note Azinger. Ce sont des fans enragés, ils comprennent le sens des rivalités. Ici, ils servent aussi de l'alcool, donc tout est possible. Mon message est simple : je veux que le public soit un acteur de cette rencontre. » Cette campagne est un vrai succès. Lorsque l'équipe américaine débarque sur le parcours lors des premières parties d'entraînement le mardi, les joueurs distribuent eux-mêmes une dizaine de milliers de pins. En centre-ville, à Louisville, ils participent aussi à une manifestation lors de laquelle des centaines de tee-shirts sont dispersés dans la foule par le biais d'un canon. Le jeudi, ils ont encore rendez-vous avec le public lors d'une séance d'autographes.

Azinger n'a pas pu, hélas, compter sur la présence de Tiger Woods, récemment opéré du genou, mais il se rattrape largement avec le populaire Boo Weekley. Ce dernier est adopté comme l'un des leurs par les spectateurs du Kentucky qui l'aiment encore plus à partir du moment où Weekley, alors qu'il vient de prendre le départ sur le 1 lors de son simple contre Oliver Wilson, décide de dévaler le fairway en chevauchant son club tel un cow-boy et en se donnant des tapes sur les fesses à l'image d'un cheval au galop. Le public est aux anges et ne cessera d'être derrière lui tout au long du parcours.

Originaire du Kentucky, Kenny Perry, 48 ans, s'est battu comme un beau diable toute la saison pour décrocher son ticket en sélection lors de cette Ryder Cup « à la maison ». Il n'est donc pas le seul joueur du coin puisque J.B. Holmes, 56e mondial, est également choisi par le capitaine qui a le nez creux. Holmes reste invaincu à Louisville. Il gagne deux matches et fait un match nul.

Mais en dépit de toute cette agitation avant la rencontre, c'est pourtant l'Europe qui prend le meilleur départ lors de cette 37e Ryder Cup. Lors des foursomes du vendredi matin, elle mène à un moment donné dans les quatre matches en cours. C'est une situation temporaire et les hommes de Paul Azinger prouvent à quel point ils n'entendent pas lâcher le morceau. A la fin de la matinée, ils mènent 3-1.

Justin Leonard et Hunter Mahan sont notamment intouchables face à Henrik Stenson et Paul Casey, battus 3&2. Stewart Cink et Chad Campbell s'imposent sur le fil, d'un point, contre Justin Rose et Ian Poulter. Kenny Perry et Jim Furyk tiennent en respect Lee Westwood et Sergio García, contraints au match nul. Mais c'est une rencontre qui retient l'attention et symbolise, en fait, le message délivré par Paul Azinger : battez-vous jusqu'au bout ! La paire composée d'un joueur expérimenté, Phil Mickelson, et d'un « rookie », Anthony Kim, fait des miracles face à Padraig Harrington et Robert Karlsson. Menés de trois points, les Américains finissent par combler leur retard pour s'offrir un match nul inespéré au 18e trou. Mickelson ne tarit pas d'éloges sur son jeune partenaire : « Sa jeunesse, sa ferveur et sa joie de jouer ont été contaminantes pour moi. J'ai eu beaucoup de chance d'être à ses côtés. J'ai éprouvé beaucoup de plaisir avec lui. »

Du plaisir ? Il est évident que toute l'équipe américaine en a comme le prouvent les « quatre balles » de l'après-midi. Au terme des neuf premiers

> *« Mes joues sont épuisées d'avoir tant souri toute la journée. »*
>
> *Justin Leonard résume à sa manière l'état d'esprit de l'équipe américaine*

PREMIER JOUR

CAPITAINES

Etats-Unis : Paul Azinger — **Europe** : Nick Faldo

FOURSOMES (VENDREDI MATIN)

Mickelson/Kim et Harrington/Karlsson, *match nul*

Leonard/Mahan *b.* **Stenson/Casey,** *3 & 2*

Cink/Campbell *b.* **Rose/Poulter,** *1up*

Perry/Furyk et Westwood/García, *match nul*

Score de la session : 3-1

QUATRE BALLES (VENDREDI APRÈS-MIDI)

Mickelson/Kim *b.* **Harrington/McDowell,** *2up*

Stricker/Curtis *perd c.* **Poulter/Rose,** *4 & 2*

Leonard/Mahan *b.* **García/Jiménez,** *4 & 3*

Holmes/Weekley et Westwood/Hansen, *match nul*

Score de la session : 2,5-1,5

Score général : Etats-Unis 5,5-Europe 2,5

CI-DESSUS : *Nick Faldo (à g.), attentif, alors que Stewart Cink et Chad Campbell (à dr.) sont au bord de la défaite face à Ian Poulter et Justin Rose.*

trous, les Européens ont l'avantage dans trois parties sur quatre, mais au 18, le butin est maigre pour eux avec un seul point engrangé. Si bien que les Etats-Unis virent en tête avec une avance inédite pour eux depuis 1979 au terme de la première journée.

Une fois encore, Mickelson et Kim font des prodiges face à Harrington/McDowell (2&1). Leonard et Mahan se défont des Espagnols García et Jiménez (4&3). Holmes/Weekley et Westwood/Hansen font match nul de leur côté. C'est déjà une certitude : cette Ryder Cup ne ressemblera pas à ses trois devancières.

Les Européens savent qu'ils doivent impérativement réagir lors de la deuxième journée pour se remettre dans la bonne direction. Mais tout le monde est stupéfait de voir Nick Faldo mettre au repos deux de ses meilleurs gâchettes, Lee Westwood et Sergio García, lors des foursomes du samedi. Des sourcils se froncent des deux côtés de l'Atlantique en apprenant cette étrange décision. Westwood, invaincu en 12 matches de Ryder Cup, est, semble-t-il, victime d'ampoules. Quant à García, qui n'a jamais perdu un match en foursomes, il est dit fatigué. Mais si Faldo se retrouve au centre de la critique, il est bien vite soulagé de voir ses joueurs briller lors de cette session matinale. Oliver Wilson, débutant en Ryder Cup, et Henrik Stenson s'offrent ainsi un succès détonnant face à Phil Mickelson et Anthony Kim. Pourtant, après six trous, cette équipe a quatre coups de retard, mais elle s'ébroue pour triompher 2&1. Elle prend la tête dès le 15 quand Mickelson s'égare dans les arbres et Kim finit dans l'eau. Wilson assure le point du succès sur le 17 grâce à un putt de 6m.

Faldo a ensuite toutes les raisons de se réjouir quand Ian Poulter -l'un de ses choix personnels tant critiqué en Grande-Bretagne- et Justin Rose n'ont aucune peine à se défaire, 4&3, de Cink/Campbell. Et comme Jiménez et McDowell se débrouillent pour faire match nul avec Leonard/Mahan, le capitaine anglais sait qu'il ne s'est pas trompé. Les Américains empochent néanmoins un point important grâce à Kenny Perry et Jim Furyk, vainqueurs 3&1, de Karlsson et Harrington, ce dernier en panne de sensations étant mis au repos l'après-midi. « C'était une matinée plus satisfaisante que la précédente, constate Faldo. Hier, c'était la journée des Etats-Unis, mais nous n'en avons pas été affectés. C'est une bataille physique et mentale et il me paraît opportun de reposer certains joueurs à certains moments. Nous étions un peu sortis de la route, nous voilà à nouveau remis d'aplomb. »

Les « quatre balles » de l'après-midi offrent un spectacle encore plus intense avec des parties extrêmement serrées. Trois des quatre matches se concluent au 18

DEUXIEME JOUR

FOURSOMES (SAMEDI MATIN)

Cink/Campbell *perd c.* **Poulter/Rose,** *4 & 3*

Leonard/Mahan et Jiménez/McDowell, *match nul*

Mickelson/Kim *perd c.* **Stenson/Wilson,** *2 & 1*

Furyk/Perry *b.* **Harrington/Karlsson,** *3 & 1*

Score de la session : 1,5-2,5

QUATRE BALLES (SAMEDI APRÈS-MIDI)

Weekley/Holmes *b.* **Westwood/Hansen,** *2 & 1*

Curtis/Stricker et García/Casey, *match nul*

Perry/Furyk *perd c.* **Poulter/McDowell,** *1up*

Mickelson/Mahan et Stenson/Karlsson, *match nul*

Score de la session : 2-2

Score général : Etats-Unis 9-Europe 7

et les deux équipes se partagent les quatre points mis en jeu. Les Etats-Unis ont donc l'avantage 9-7 au seuil des simples. Les Américains sont tout heureux de s'en être sortis aussi favorablement car les Européens auraient pu tout aussi bien être littéralement au coude à coude avec eux tant ils ont bien joué. Comme le matin, c'est encore Ian Poulter qui se met en vedette lors de ces « quatre balles » du samedi après-midi. Avec un autre « rookie », Graeme McDowell, il réussit à prendre la mesure de Kenny Perry et Jim Furyk et de quelle façon. Dans cette partie, les Européens font constamment la course en tête. McDowell, sur les 15 et 16, se montre nerveusement solide lors de deux putts cruciaux, mais c'est Poulter qui fait une première différence au 17 en rentrant un putt de 5m avant de signer un autre putt décisif au 18. « Ce putt sur le dernier trou était très spécial, sourit-il. Quelle journée ! G-Mac (Graeme McDowell) a joué de manière fantastique. De mon côté, je n'en reviens pas d'avoir été aussi performant. Je suis sans voix et tellement fier de la confiance de Nick. Pour lui, je savais que je devais être à la hauteur cette semaine. »

A la fin du week-end, Poulter sera d'ailleurs le meilleur joueur en termes de points récoltés les deux équipes confondues. Cela montre à quel point il est fort mentalement et déterminé. Mais la joie de Poulter lors de ces « quatre balles » est atténuée par la victoire de Boo Weekley et J.B. Holmes face à Westwood et au Danois Hansen. C'est un coup d'autant plus dur que ce match met un terme à l'invincibilité de Westwood dans la compétition avec une série de 12 matches remportés. Dans les autres rencontres, les Suédois Robert Karlsson et Henrik Stenson, qui ont signé quatre birdies lors des sept derniers trous, font match nul avec Phil Mickelson et Hunter Mahan. Mais le résultat le plus critique, et peut-être le plus décevant pour Nick Faldo, survient lors d'un autre match nul. Steve Stricker et Ben Curtis réussissent, en effet, à tenir en échec Sergio García et Paul Casey. C'est une partie extrêmement âpre : 16 des 18 trous sont partagés. Tout se dénoue sur le 18 dans une tension extrême. Les Européens pensent peut-être avoir point gagné quand les Américains se retrouvent dans le rough après une approche imprécise. Mais Stricker, par la grâce d'un putt extrêmement compliqué, rentre sa balle sur une distance de 5,50m. Casey est ensuite soulagé d'assurer son putt de 3m pour grignoter ce demi point vital. « Ils ont très bien joué et ne nous ont certainement pas facilité la tâche, remarque Casey. Nous aurions pu ramener un point, mais un demi point dans ce contexte n'est pas si mal. »

CI-DESSUS : *Ian Poulter, choix contesté de Nick Faldo, mais meilleur Européen lors de ce week-end difficile.*

LE COUP DU JOUR

Lors des « quatre balles » du samedi alors qu'il affronte Lee Westwood et Søren Hansen aux côtés de J.B. Holmes, Boo Weekley réussit un fantastique coup depuis le milieu du fairway du 15. La balle finit à 50cm du drapeau. Quand un journaliste lui demande s'il s'agit du meilleur coup de sa carrière, l'Américain répond : « C'est mon neuvième plus beau coup car j'ai déjà signé huit trous en un. » Toutefois, l'équipe européenne n'entend pas se laisser impressionner, Westwood refusant de concéder le putt à suivre, ce qui lui vaut les huées du public. En Ryder Cup, il n'y a pas de petit cadeau.

Voilà l'heure des simples. Après avoir porté du blanc le vendredi, du bleu le samedi, les Américains annoncent qu'ils seront en rouge le dimanche. Et Paul Azinger enjoint les supporters d'être au rendez-vous pour mettre de l'ambiance afin de permettre aux Etats-Unis de remettre la main sur la Ryder Cup pour la première fois depuis 1999. Son appel est largement entendu, même si Lee Westwood aura plus tard l'occasion de laisser transpirer son amertume à ce sujet : « Certaines personnes ne savent pas faire la différence entre encourager leur équipe et s'en prendre à l'adversaire. Du début jusqu'à la fin de mon parcours, j'ai été fréquemment insulté. » Mais ces critiques seront vite oubliées plus tard tant les Etats-Unis survolent cette ultime journée, sans aucune discussion possible.

En tant que tenants du titre, les Européens ont besoin de sept points pour garder leur trophée quand les Etats-Unis doivent marquer 5,5 points pour la récupérer. Là encore, Faldo surprend en plaçant ses trois meilleurs hommes lors des trois dernières parties : Harrington, Westwood et Poulter. Ils n'ont pas l'occasion de peser sur le sort de la rencontre car tout est « plié » plus tôt que prévu. Anthony Kim donne le ton en surclassant Sergio García, 5&4, lors de la première partie. Les Etats-Unis vont s'imposer ensuite dans sept des 12 simples lors d'un après-midi héroïque pour les joueurs locaux. Perry, Weekley, J.B. Holmes, Furyk, Curtis et Campbell s'imposent tous alors que le « rookie » Mahan partage son match avec Casey. Pour l'Europe, les seuls points sont rapportés par Karlsson, Rose, McDowell et Poulter.

Anthony Kim, 23 ans, symbolise, en quelque sorte, l'état d'esprit conquérant des Etats-Unis en portant une ceinture voyante et criarde dont la boucle porte les lettres USA en rouge. Cette assurance teintée d'arrogance lui permet, on l'a dit, d'écraser Sergio García. Le début des ennuis pour l'Europe qui compte ses bons moments sur les doigts d'une main : la superbe performance de Karlsson face à Leonard (5&3) grâce notamment à quatre birdies ; le très joli succès, 3&2, de Rose aux dépens d'un Mickelson étrangement timoré, l'Anglais terminant son match dès le 15 grâce à un putt de 5,50m ; le combat de Casey pour arracher le nul face à Mahan est également source de fierté. Mais c'est à peu près tout au milieu des célébrations américaines.

TROISIEME JOUR

SIMPLES (DIMANCHE)

Anthony Kim *b.* **Sergio García,** *5 & 4*

Hunter Mahan et Paul Casey, *match nul*

Justin Leonard *perd c.* **Robert Karlsson,** *5 & 3*

Phil Mickelson *perd c.* **Justin Rose,** *3 & 2*

Kenny Perry *b.* **Henrik Stenson,** *3 & 2*

Boo Weekley *b.* **Oliver Wilson,** *4 & 2*

J.B. Holmes *b.* **Søren Hansen,** *2 & 1*

Jim Furyk *b.* **Miguel Angel Jiménez,** *2 & 1*

Stewart Cink *perd c.* **Graeme McDowell,** *2 & 1*

Steve Stricker *perd c.* **Ian Poulter,** *3 & 2*

Ben Curtis *b.* **Lee Westwood,** *2 & 1*

Chad Campbell *b.* **Padraig Harrington,** *2 & 1*

Score de la session : 7,5-4,5

Score final : Etats-Unis 16,5-Europe 11,5

A DROITE : *L'équipe américaine parade au balcon du club-house de Valhalla. Première victoire pour les Etats-Unis depuis 1999.*

CI-DESSOUS : *A l'assaut ! C'est ce que veut dire Boo Weekley en chevauchant son club, comme un cow-boy, après son premier coup sur le trou n°1 lors de son simple contre Oliver Wilson.*

Kenny Perry est l'un des joueurs les plus heureux compte tenu de la présence derrière les cordes de toute sa famille et de tous ses amis, y compris son grand-père de 84 ans également prénommé Ken. C'est un moment d'autant plus fort pour lui qu'en 1996, sur ce même parcours, lors du PGA Championiship, il avait saccagé un avantage de deux points sur le dernier trou, tragique erreur qui lui avait coûté un succès dans un majeur. Tout concourt donc à faire de cette journée un moment exceptionnel pour lui. Son succès sur Stenson, 3&2, mâtiné de sept birdies et d'un eagle, ressemble à une petite extase personnelle. « Je savais que cette Ryder Cup serait un tournant dans ma carrière, analyse-t-il. Aujourd'hui, je peux le dire : j'ai réussi ma carrière de joueur ! »

L'effervescent Boo Weekley ne laisse pas non plus sa part de gloire aux autres. Vainqueur 4&2 d'Oliver Wilson, il signe un résultat qui ne souffre d'aucune contestation comme celui de J.B. Holmes face à Søren Hansen (2&1) qui donne encore raison à Paul Azinger. Ce dernier l'avait choisi non seulement parce qu'il était natif du Kentucky, mais aussi parce que sa force phénoménale au drive était adaptée au tracé de Valhalla. Jim Furyk est celui qui offre définitivement le trophée aux Etats-Unis aux dépens de Miguel Angel Jiménez qui, comme ses coéquipiers, est emporté par la vague. Curtis et Campbell corsent ensuite l'addition pour des Européens K.O. debout.

C'est la pire défaite des Européens depuis Walton Heath en 1981 lorsqu'ils s'étaient inclinés 18,5-9,5. Faldo croule sous les critiques, mais ses joueurs viennent à sa rescousse à l'image de Westwood qui déclare : « Nous étions ceux qui tenaient les clubs et frappions les coups. Ce n'était pas le capitaine qui était sur le parcours. » Paul Azinger peut, lui, trompeter : « C'était impressionnant. C'était du très grand golf des deux côtés, mais nos gars ont été au sommet de leur jeu. Je ressens tellement d'émotions. Nous avions un plan et il a été respecté à la lettre. » Mélange à la fois de « rookies » et de vétérans, l'équipe américaine a pu compter aussi sur son « 13e homme » sacrément au rendez-vous. Ce dimanche soir de 2008, le Kentucky peut faire la fête sans retenue.

> *“C'est la plus belle journée de ma vie de golfeur. Je ne l'échangerais pas contre 10 millions de dollars.”*
>
> *Anthony Kim après sa victoire sur Sergio García*

Légendes de Ryder Cup

Darren **CLARKE** et Lee **WESTWOOD**

CI-CONTRE : *Les deux font la paire. Lee Westwood (à g.) et Darren Clarke, partenaires complices comme ici à Brookline en 1999.*

Les grandes amitiés débouchent parfois sur de belles alliances que ce soit dans le domaine professionnel, mais aussi sur les parcours de golf. En Ryder Cup, Darren Clarke et Lee Westwood ont su faire de leur complicité dans la vie une formidable machine de guerre pour le compte de l'équipe européenne.

Darren Clarke et Lee Westwood s'entendent comme larrons en foire sur les parcours, mais aussi en dehors. Ils ont tellement partagé de parties ensemble qu'ils ont fini par tout connaître l'un de l'autre sur le plan golfique. Lors de la Ryder Cup 2004, où ils venaient de tourner à plein régime en foursomes, Clarke a parfaitement résumé leur association par ces mots : « Nos jeux respectifs n'ont aucun secret l'un pour l'autre. Ensemble, nous nous faisons parfaitement confiance parce que nous nous connaissons à la perfection. Peu importe le coup de chacun. Nous savons qu'au coup suivant, il n'y a pas péril en la demeure. »

L'histoire de Darren Clarke en Ryder Cup a atteint un pic d'émotion en 2006 quand, six semaines après le décès de son épouse, Heather, emportée par un cancer du sein, il a fait le choix de participer à la rencontre en acceptant l'invitation de Ian Woosnam, le capitaine européen. Personne n'a oublié ses larmes sur le trou n°16 du K Club, en Irlande, au terme de son simple remporté contre Zach Johnson ainsi que l'étreinte de Ian Woosnam. Ce week-end-là, pour participer au net succès européen, le Nord-irlandais a joué un golf proche de la perfection et il a trouvé en Lee Westwood le partenaire idéal pour l'épauler lors des doubles et pour faire retomber la pression comme lorsque Clarke a été accueilli par de longues minutes d'applaudissements au moment de prendre le départ de son premier match. Les deux hommes ont été étincelants pour disposer d'abord de Chris DiMarco et Phil Mickelson avant de faire trébucher, le lendemain, Tiger Woods et Jim Furyk, nettement distancés. Lors de cette dernière session, Clarke s'est même offert le luxe de remporter personnellement trois des quatre trous gagnés par les deux Britanniques. Et il n'a pas été loin ensuite d'être en simple celui qui aurait pu entériner le triomphe européen avant d'être coiffé au poteau par Henrik Stenson.

De 1997 à 2006, Darren Clarke n'a manqué aucune Ryder Cup, cumulant 11,5 points en 20 matches, la plupart auprès du fidèle Westwood. Les deux hommes ont même formé le deuxième duo le plus prolifique de l'histoire de la Ryder Cup en gagnant six points en huit matches -leurs deux seules défaites ont été encaissées en 1999. Les deux joueurs, dont la particularité a été aussi de partager le même manager, Chubby Chandler, sont parfaitement complémentaires et possèdent tous les deux une même rage de vaincre. En 2010, quand il a accepté d'être l'un des assistants de Colin Montgomerie à Celtic Manor, Darren Clarke n'a pas été le moins déterminé à faire triompher ses couleurs et il est évident qu'il sera bientôt un magnifique capitaine.

Compte tenu de son déjà long passé dans l'épreuve, Lee Westwood est appelé aussi à assumer cette charge un jour ou l'autre sachant qu'il ne faut pas oublier qu'il a été celui qui a fait tomber Tiger Woods en le délogeant de son piédestal de n°1 mondial en

EUX ET LA RYDER CUP

Darren CLARKE
Ryder Cups : 1997 (vainqueur), 1999, 2002 (vainqueur), 2004 (vainqueur), 2006 (vainqueur)
Total de victoires : 4
Matches : 20 (10 victoires, 3 nuls, 7 défaites)
Total de points : 11.5

Lee WESTWOOD
Ryder Cups : 1997 (vainqueur), 1999, 2002 (vainqueur), 2004 (vainqueur), 2006 (vainqueur), 2008, 2010 (vainqueur), 2012 (vainqueur), 2014 (vainqueur)
Total de victoires : 7
Matches : 41 (20 victoires, 6 nuls, 15 défaites)
Total de points : 23

En tant que paire
Matches : 8 (6 victoires, 2 défaites)
Points : 6

« Cela aide d'être de très grands copains. Quand vous frappez un mauvais coup, vous ne vous sentez pas si mal après. »

Lee Westwood, partenaire heureux de Darren Clarke

2010. Westwood a débuté en Ryder Cup dès l'âge de 24 ans. Son premier partenaire a été Nick Faldo puis est arrivé Darren Clarke avec un intermède à succès en compagnie de Sergio García en 2002 (trois points sur quatre en double).

En 2004, Lee Westwood a réussi la prouesse de s'arroger 3,5 points en quatre doubles partagés avec Clarke et García avant de triompher en simple face à Kenny Perry lors du très large succès des Européens en terre américaine. Depuis, il est resté une figure incontournable de l'équipe européenne même s'il n'a plus Darren Clarke à ses côtés. Lors de l'édition 2014, alors que ses résultats étaient très moyens, il a su notamment bénéficier de la confiance de Paul McGinley, le capitaine européen, qui l'a sélectionné parmi ses trois choix personnels aux dépens de Luke Donald. L'Anglais lui a donné raison à Gleneagles en se montrant à nouveau très solide particulièrement en double aux côtés du Gallois Jamie Donaldson avec qui il a remporté deux foursomes. Quand Darren Clarke a enlevé le British Open en 2011, son premier titre majeur à l'âge de 42 ans, l'une de ses premières pensées a été pour Lee Westwood : « J'espère qu'il sera le prochain, a-t-il souri. Parce que lui aussi mérite de gagner un majeur un jour. »

2010

Europe 14,5
Etats-Unis 13,5

Celtic Manor Resort, Newport

1er–4 Octobre

LE PARCOURS

Twenty Ten Course, Celtic Manor Resort
Lieu : Newport, Pays de Galles
Par : 71
Longueur : 6 746 m

Ce nouveau parcours a été spécialement construit pour cette Ryder Cup et a été ouvert en juillet 2007. Il est un alliage entre neuf anciens trous dessinés par Robert Trent Jones et complètement retravaillés et neuf nouveaux trous créés pour l'occasion par European Golf Design.

Le soleil fait une apparition au moment où Graeme McDowell permet à l'Europe de triompher, mais cette 38e Ryder Cup restera à jamais marquée par les intempéries survenues au Pays de Galles, contraignant les organisateurs à prolonger la rencontre d'une journée pour la toute première fois. Lors de ce lundi magique pour leurs couleurs, les Européens battent les Américains sur le fil du dernier simple. Colin Montgomerie, leur capitaine, connaît ainsi un nouveau sommet en Ryder Cup.

C'EST UN WEEK-END QUI SEMBLE NE PAS FINIR, mais quel dénouement au bout de cette Ryder Cup gagnée d'un seul point par l'Europe et définitivement conquise sur le 17e green lors du 12e et dernier simple -jamais depuis Kiawah Island en 1991, la compétition n'avait connu épilogue aussi haut en suspense.

Alors qu'il sait qu'il doit impérativement remporter son match contre Hunter Mahan, Graeme McDowell, le 12e homme, a des nerfs d'acier sur le 16 en rentrant un putt de 6m qui vaut de l'or. Car un match nul lui est interdit sous peine de permettre aux Etats-Unis de conserver leur trophée. Quelques minutes plus tard, sur le par 3 du 17, Mahan, qui a désormais un retard de deux points irrattrapable, est obligé d'admettre sa défaite face à un adversaire bientôt submergé par ses coéquipiers devant un public gallois en fusion. McDowell, vainqueur de l'US Open quelques mois plus tôt à Pebble Beach, prouve qu'il est décidément un joueur à part. Quant à Colin Montgomerie, qui a participé à tant de succès européens club en main, il vient de faire la démonstration de ses autres talents en tant que maître d'œuvre de ce triomphe arraché lors des dernières minutes de cet éreintant Europe-Etats-Unis. Pour ses nombreux et prestigieux assistants-entraîneurs, Thomas Bjørn, Darren Clarke, Sergio Garcia, Paul McGinley et José María Olazábal, c'est également un moment spécial dans leur carrière.

L'équipe américaine, au sein de laquelle le jeune Rickie Fowler a réussi des débuts remarqués et où le capitaine Corey Pavin a été aidé dans sa tâche par Tom Lehman et Davis Love, s'est bien battue. En cet instant douloureux pour elle, elle doit même se dire qu'après tout, l'avenir n'est pas si noir en raison de son réservoir de jeunes talents.

Tiger Woods, écarté de la sélection en 2008 à cause d'une opération au genou, est encore défait en Ryder Cup, mais il a montré enfin quelques très belles choses

CI-DESSUS : *Phil Mickelson au milieu des parapluies lors de la première journée alors que le ciel se déchaîne sur Celtic Manor.*

PREMIER JOUR

CAPITAINES

Europe : Colin Montgomerie | **Etats-Unis :** Corey Pavin

QUATRE BALLES (VENDREDI, FIN SAMEDI MATIN)

Westwood/Kaymer *b.* **Mickelson/D. Johnson,** *3 & 2*

McIlroy/McDowell *et* **Cink/Kuchar,** *match nul*

Poulter/Fisher *perd c.* **Stricker/Woods,** *2up*

Donald/Harrington *perd c.* **Watson/Overton,** *3 & 2*

Score de la session : 1,5-2,5

Score général : Europe 1,5-Etats-Unis 2,5

« Lee Westwood est mon meilleur joueur et il l'a prouvé, c'est aussi simple que cela. Il a été incroyable à l'hôtel, dans le vestiaire, au practice et sur le parcours. »

Colin Montgomerie dithyrambique au sujet de l'Anglais

A GAUCHE : *Martin Kaymer (à g.) et Lee Westwood sont les premiers vainqueurs de cette Ryder Cup humide lors des « quatre balles » du vendredi qui se terminent le samedi.*

au cœur de la compétition à l'image de ses coéquipiers, vainqueurs 7-5 des simples. L'avance de trois points creusée par les Européens au terme des doubles s'est avérée juste trop large lors de ce lundi historique de prolongations. « C'est dingue, s'emballe Graeme McDowell à la fois épuisé et au comble du bonheur. Je ne m'étais jamais senti aussi nerveux dans toute mon existence. Je jouais non seulement pour mes 11 coéquipiers, mais aussi pour nos fans, nos caddies, pour l'Europe et pour Monty -et nous voulions tous gagner également pour Seve. »

En ce moment chargé d'émotions, McDowell fait évidemment référence à celui qui reste peut-être le phare insubmersible de cette équipe européenne, Severiano Ballesteros, absent au Pays de Galles, parce qu'il se remet d'une grave opération rendue nécessaire pour traiter une tumeur au cerveau. Hélas, Ballesteros perdra ce dernier match et mourra sept mois plus tard, mais aucun des membres de l'équipe européenne de Celtic Manor n'oubliera jamais le message qu'il leur avait adressé. « Par le biais d'un haut-parleur, l'équipe lui a parlé pendant une dizaine de minutes et il s'est évidemment montré très ému, mais aussi plein d'énergie pour nous donner du moral même si nous étions tristes de le savoir dans cet état, raconte Colin Montgomerie. C'était inspirant pour nous tous et notamment pour les « rookies » qui ont eu la chance de l'entendre et de dialoguer avec lui. » Cela dit, Severiano Ballesteros n'aurait probablement eu aucun conseil particulier à leur prodiguer face à la situation exceptionnelle devant laquelle ils se sont retrouvés à partir de la première journée en raison d'une météo infernale. Retour sur ce flot d'événements... et d'averses...

En effet, cette 38e Ryder Cup démarre sous la pluie tandis que Dustin Johnson en frappe le tout premier coup. Deux heures plus tard, le déluge est tel que les parties doivent être suspendues. L'Europe mène dans trois des quatre matches en cours et la reprise n'intervient qu'en fin d'après-midi. « Je suis vraiment déçu pour tous ceux qui sont ici à Celtic Manor ou tous ceux qui ont travaillé pour rendre cet événement possible, regrette Lee Westwood, associé à Martin Kaymer, et qui mène de deux points au 5 face à Dustin Johnson et Phil Mickelson. Il y a 10 ans de boulot derrière toute cette organisation. »

Le jeu redémarre à 17h et la pause a plutôt fait du bien aux Américains parce que les positions changent radicalement, même si aucun match de ces « quatre balles » ne peut se conclure avant la nuit. Les Etats-Unis mènent désormais dans deux rencontres et sont « all square » dans une autre. Seuls Westwood et Kaymer sont en tête face à Johnson/Mickelson. Stewart Cink et Matt Kuchar sont en avance sur Rory McIlroy et Graeme McDowell comme Bubba Watson et Jeff Overton face à Padraig Harrington et Luke Donald. Dans le même temps, Ian Poulter et Ross Fischer tiennent en échec Tiger Woods et Steve Stricker.

Avec un tel retard dans la programmation, les organisateurs sont obligés de prendre des mesures radicales lors de la deuxième journée. Décision est prise d'adopter en conséquence un format hybride. Ce bouleversement renforce le sentiment que cette Ryder Cup est déjà spéciale et qu'elle nous réserve peut-être d'autres surprises.

La priorité est d'abord donnée aux « quatre balles » du vendredi qui doivent se terminer le samedi matin. La deuxième session est, elle, composée de six foursomes au lieu de quatre avant une troisième session émaillée de deux foursomes et de quatre « quatre balles ». Les 12 simples restent prévus le dimanche dans le meilleur des cas en fonction du ciel. Ce marathon de golf commence par le succès de Kaymer/Westwood, 3&2, sur Mickelson/Johnson. Le premier point est enfin attribué. McDowell et McIlroy, malgré un retard de deux points, parviennent à refaire leur handicap et à partager un point avec Cink/Kuchar. Les Etats-Unis ouvrent la marque en ce qui les concerne grâce au succès de Watson/Overton, 3&2, sur Donald/Harrington, et à celui de Woods/Stricker, de deux points, sur Poulter/Fischer. Les tenants du titre se détachent 2,5-1,5 à l'issue de cette première session. La deuxième les voit prendre les devants 6-4.

Zach Johnson et Hunter Mahan sont les premiers joueurs récompensés lors de ces nouveaux foursomes. Ils se jouent des frères Molinari, adversaires coriaces jusqu'au bout. En retard depuis le 6, les Italiens reviennent à la hauteur de leurs concurrents au 16, mais un putt fantastique de Johnson sur le 17 -l'un des coups les plus importants de la journée- a raison de leur résistance. L'Europe réplique grâce à Ross Fischer et Padraig Harrington qui, d'un point de vue personnel, met un terme à une mauvaise série de 10 matches sans victoire. Phil Mickelson et Dustin Johnson (3&2) sont leurs deux victimes. Les Etats-Unis gardent leur optimisme néanmoins grâce aux étincelles du tandem Tiger Woods-Steve Stricker qui tourne en 32 à l'aller et ne fait qu'une bouchée, 4&3, de Miguel Angel Jiménez et Peter Hanson. Le match nul de Furyk et Fowler face à Westwood et Kaymer est un autre résultat satisfaisant pour Corey Pavin. Ce dernier match est d'autant plus réjouissant que les Américains, longtemps distancés, ont égalisé sur le 18 grâce à putt de 1,20m parfaitement maîtrisé par Fowler, 21 ans, mis sur orbite par une merveille de chip de Furyk. « Nous n'étions pas très bien pendant une bonne partie du match, alors s'en sortir de cette façon est un véritable soulagement pour nous et pour l'équipe », note Furyk. Les deux autres foursomes répartissent de manière égale

LE COUP DU JOUR

Le coup de départ de Luke Donald sur le 17 lors de la deuxième session des foursomes qui le voit affronter Bubba Watson et Jeff Overton en compagnie de Ian Poulter est un petit bijou. De la classe pure. La balle atterrit à 1m du drapeau et ce coup assure la victoire des Européens, 2&1.

CI-CONTRE : *Tiger Woods en spectateur sur le green du 13 alors qu'il vient de perdre en foursomes contre Lee Westwood et Luke Donald.*

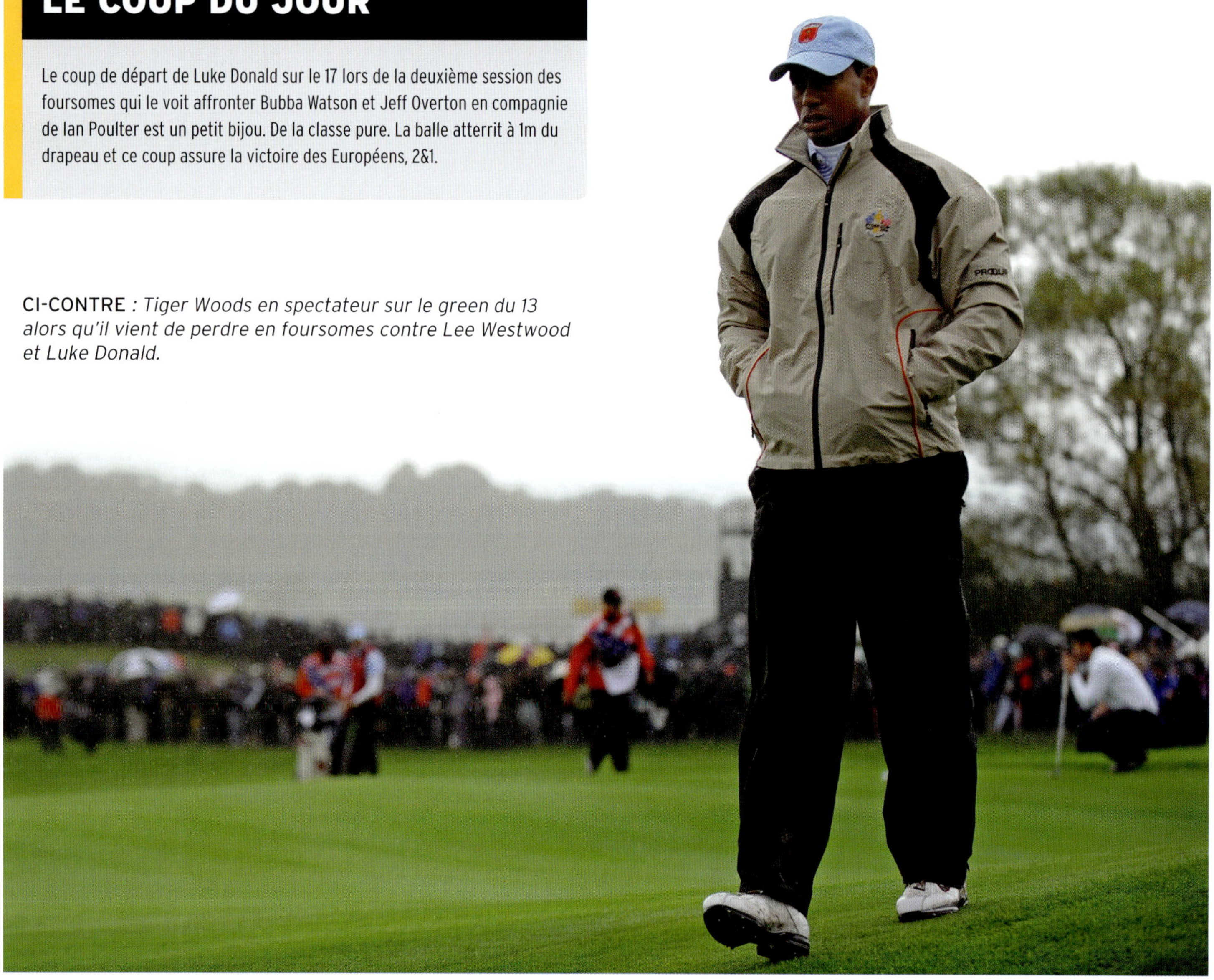

les points. Poulter et Donald, un temps distancés, arrivent à leurs fins, 2&1, face aux « rookies » Watson et Overton. La défaite d'un point de McIlroy/McDowell face à Cink/Kuchar est un autre petit caillou dans la chaussure de Colin Montgomerie.

Tellement de golf a déjà été joué lors de cette journée, mais il n'est pas question de dételer tant que la nuit n'est pas définitivement tombée. Il est vital pour l'Europe d'avoir une réaction lors de la troisième session pour ne pas finir ce samedi le moral en berne. Colin Montgomerie décide alors de secouer ses joueurs en fin d'après-midi lors d'une réunion tactique qui relève davantage, comme il le reconnaîtra plus tard, de la grosse « engueulade ». Peu importe les mots, ils ont une vertu car les Européens, lors des deux foursomes et des quatre « quatre balles » disputés en même temps, font feu de tout bois et mènent lors des six matches jusqu'à l'interruption due à la médiocre luminosité. Westwood et Donald sont déchaînés face à Woods et Furyk. Il ne reste plus que neuf trous à jouer, mais ils ont déjà quatre points d'avance sur leurs adversaires pour la plus grande satisfaction d'un public très réactif.

McDowell et McIlroy, qui débute en Ryder Cup avec excitation, sont, eux, 3up au bout de sept trous face à Zach Johnson et Hunter Mahan. Un sentiment d'euphorie envahit les 45 000 spectateurs de Celtic Manor au crépuscule. « C'est une superbe session pour le moment, pourvu que ça dure, commente Colin Montgomerie. Les deux dernières heures de jeu ont été capitales pour nous. Nous avons relevé nos couleurs. Le boulot est encore loin d'être terminé, mais j'espère que nous pourrons rester sur cette trajectoire dimanche. » De leur côté, les Américains ne sont pas fâchés de rentrer à l'hôtel après cette orageuse fin de journée pour leurs troupes.

La troisième journée de cette Ryder Cup s'annonce morose au risque d'être

DEUXIEME ET TROISIEME JOURS

FOURSOMES (SAMEDI MATIN)

Jiménez/Hanson *perd c.* **Woods/Stricker,** *4 & 3*

E. Molinari/F. Molinari *perd c.* **Z. Johnson/Mahan,** *2up*

Westwood/Kaymer et Furyk/Fowler, *match nul*

Harrington/Fisher *b.* **Mickelson/D. Johnson,** *3 & 2*

Poulter/Donald *b.* **Watson/Overton,** *2 & 1*

McDowell/McIlroy *perd c.* **Cink/Kuchar,** *1up*

Score de la session : 2,5-3,5

FOURSOMES (SAMEDI APRÈS-MIDI, DIMANCHE APRÈS-MIDI)

Donald/Westwood *b.* **Striker/Woods,** *6 & 5*

McDowell/McIlroy *b.* **Z. Johnson/Mahan,** *3 & 1*

Score de la session : 2-0

QUATRE BALLES (SAMEDI APRÈS-MIDI, DIMANCHE APRÈS-MIDI)

Harrington/Fisher *b.* **Furyk/D. Johnson,** *2 & 1*

Hanson/Jiménez *b.* **Watson/Overton,** *2up*

E. Molinari/F. Molinari *et* **Cink/Kuchar,** *match nul*

Poulter/Kaymer *b.* **Mickelson/Fowler,** *2 & 1*

Score de la session : 3,5-0,5

Score général : Europe 9,5-Etats-Unis 6,5

« Ce n'était pas plus mal de voir la nuit arriver. »

Corey Pavin au soir de la deuxième journée

CI-DESSUS : *Rory McIlroy exulte au moment où Graeme McDowell, son partenaire, vient d'enquiller un putt important sur le 15.*

carrément tronquée. En effet, la pluie, tombée toute la nuit, revient faire un tour en force à Celtic Manor et les simples semblent devenir du coup une hypothèse improbable. La deuxième partie des doubles de la veille est reportée à 13h30 et tout le monde sait alors que cette édition se terminera inévitablement lundi, une première en 83 ans d'histoire de la Ryder Cup. Mais dans cet automne gallois noyé par les eaux, les Européens réchauffent le cœur de leurs supporters lors d'un après-midi renversant. Menés 4-6, les voilà qui se détachent 9,5-6,5. Lors des foursomes, Donald/Westwood et McIlroy/McDowell achèvent leur travail bien entamé la veille. Un départ rêvé pour Montgomerie aux anges ensuite après les succès en « quatre balles » de Harrington/Fischer, Jiménez/Hanson et Kaymer/Poulter. Le seul tout petit bémol au milieu de ce concert bruyant de victoires vient des frères Molinari obligés de partager leur point avec Cink/Kuchar. Mais c'est aussi un petit succès en soi pour les Italiens qui égalisent sur le 18 grâce à tout le talent de Francesco Molinari au putting.

Pour les Etats-Unis, c'est la soupe à la grimace. Tiger Woods subit ainsi sa pire défaite en Ryder Cup. Avec Steve Stricker, il est balayé 6&5 par Westwood/Donald. Un superbe putt rentré de 10m de Westwood sur le 10, dès la reprise, résume la supériorité européenne. Et Phil Mickelson n'est guère plus en veine aux côtés de Rickie Fowler face à Poulter/Kaymer. La statistique est rude pour Mickelson qui compte désormais un record de 17 défaites pour 34 matches disputés en Ryder Cup.

Pour Montgomerie, qui n'a jamais enlevé le moindre titre majeur, mais qui a toujours brillé en Ryder Cup, le scénario de ce dimanche après-midi est absolument idyllique. « C'est ahurissant ce qui s'est passé en seulement quatre heures », constate-t-il, ravi. Les simples du lundi ne le font pas descendre de son petit nuage. A midi, sept des 12 simples engagés sont menés par les Européens. Mais les Américains ont de la ressource à l'instar de Steve Stricker qui signe quatre birdies d'affilée face à Lee Westwood pour réussir à renverser complètement la vapeur. Lorsque Westwood envoie son coup de départ dans l'eau du 13, l'Anglais sait que les carottes sont cuites pour lui. Dustin Johnson cause ensuite bien des misères à Martin Kaymer, écrasé 6&4. Heureusement, Ian Poulter, le meilleur « scoreur » pour l'Europe, calme les nerfs du public gallois en survolant les débats, 5&4, face à Matt Kuchar. Durant sa partie, sur le 11, il exécute un splendide « chip » rentré depuis le fairway. Luke Donald est tout aussi solide face à Jim Furyk même si le match dure jusqu'au 18. Miguel Angel Jiménez signe enfin son premier succès en simple dans la compétition (4&3) face à Bubba Watson après un coup rentré depuis un bunker du 8. Les Américains desserrent un peu l'étau grâce au « rookie » Jeff Overton qui, un temps en retard, s'impose 3&2 face à Ross Fischer. Tiger Woods, remis d'aplomb, n'est pas en reste face à Francesco Molinari, dompté 4&3.

La performance de Tiger Woods est l'une des meilleures de sa carrière en Ryder Cup. Lors des 10 derniers trous, il est à -8. Sa carte inclut un eagle sur le 12 et un putt génial de 15m sur le 13. Phil Mickelson se montre quant à lui nettement mieux disposé en prenant le meilleur sur Peter Hanson. Zach Johnson est également plus fort que Padraig Harrington. Le score est alors de 13-11 pour l'Europe.

Les Européens comptent sur Edoardo Molinari et Graeme McDowell pour atteindre le total de 14,5, indispensable pour décrocher la coupe. Avec trois points d'avance alors qu'il ne reste que trois trous à jouer, Edoardo Molinari paraît jouer sur du velours. Mais Rickie Fowler se rebelle et s'impose lors des trois trous suivants en rentrant notamment un putt de 6m sur le 18 qui enchante naturellement les Américains. Match nul ! Tous les yeux se tournent désormais vers la 12e et dernière partie qui va décider de tout entre Graeme McDowell et Hunter Mahan. Les deux joueurs sont sur le 16 et le Nord-irlandais n'a plus qu'un point d'avance alors qu'il en a compté trois de plus que son rival, ce dernier venant de gagner le 15. La pression est évidemment insoutenable dans les deux camps, mais McDowell offre une énorme bouffée d'oxygène aux Européens en

« Monty n'a pas d'égal. Il incarne la Ryder Cup pour l'Europe et réussir ça pour lui, rend cette journée encore plus spéciale. »

Graeme McDowell après sa victoire qui soulage son capitaine, Colin Montgomerie

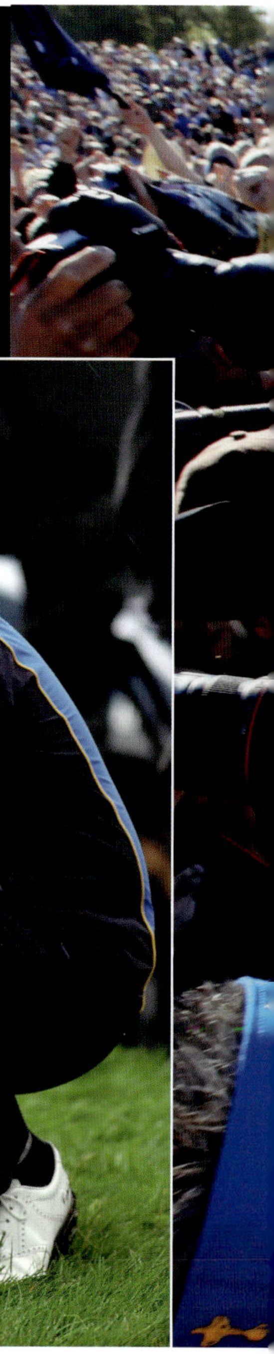

A DROITE : *Graeme McDowell (de dos au premier plan) est assailli par ses coéquipiers et les médias tandis que la foule se mêle à la fête.*

CI-DESSOUS : *L'anxiété visible de Colin Montgomerie, le capitaine européen, accroché à son talkie-walkie. Toujours à l'affût de la bonne ou de la mauvaise nouvelle.*

enquillant un putt de 4,50m sur ce 16. Birdie et du coup deux points d'avance ! Pour Mahan, c'est une sorte de coup fatal et l'Américain n'a pas d'autre choix que d'accepter sa défaite au 17 au milieu de quelques larmes. Chez les Européens, la fête a déjà commencé dans un festival débridé.

Colin Montgomerie est évidemment au bord de l'extase : « Nous sommes tellement fiers de nous, sourit-il. Nous avons été des hommes courageux. Nous avons donné 110% de ce que nous avions. Je ne pouvais pas leur demander davantage. » Les torrents de pluie ont soudain laissé la place au soleil. Pour les Américains, il s'agit, en revanche, d'une nouvelle sombre journée de Ryder Cup. Dans deux ans, à Medinah, près de Chicago, ils devront chasser ce mauvais souvenir qui risque de les hanter pendant de longs mois.

QUATRIEME JOUR

SIMPLES (LUNDI)

Lee Westwood *perd c.* **Steve Stricker,** *2 & 1*

Rory McIlroy et Stewart Cink, *match nul*

Luke Donald *b.* **Jim Furyk,** *1up*

Martin Kaymer *perd c.* **Dustin Johnson,** *6 & 4*

Ian Poulter *b.* **Matt Kuchar,** *5 & 4*

Ross Fisher *perd c.* **Jeff Overton,** *3 & 2*

Miguel Angel Jiménez *b.* **Bubba Watson,** *4 & 3*

Francesco Molinari *perd c.* **Tiger Woods,** *4 & 3*

Edoardo Molinari et Rickie Fowler, *match nul*

Peter Hanson *perd c.* **Phil Mickelson,** *4 & 2*

Padraig Harrington *perd c.* **Zach Johnson,** *3 & 2*

Graeme McDowell *b.* **Hunter Mahan,** *3 & 1*

Score de la session : 5-7

Score final : Europe 14,5-Etats-Unis 13,5

EUX ET LA RYDER CUP

Rory McILROY
Ryder Cups : 2010 (vainqueur), 2012 (vainqueur), 2014 (vainqueur)
Total de victoires : 3
Matches : 14 (6 victoires, 4 nuls, 4 défaites)
Total de points : 8

Graeme McDOWELL
Ryder Cups : 2008, 2010 (vainqueur), 2012 (vainqueur), 2014 (vainqueur)
Total de victoires : 3
Matches : 15 (8 victoires, 2 nuls, 5 défaites)
Total de points : 9

En tant que paire
Matches : 6 (2 victoires, 1 nul, 3 défaites)
Total points : 2,5

CI-CONTRE : Rory McIlroy (à g.) et Graeme McDowell, deux joueurs complémentaires venus d'Irlande du Nord. Ils ont commencé leur association à Celtic Manor en 2010.

Légendes de Ryder Cup

Rory **McILROY** et Graeme **McDOWELL**

Ils incarnent la nouvelle génération qui a pris les commandes de l'équipe européenne et ils n'ont pas attendu longtemps avant d'y imprimer leur marque. Venus d'Irlande du Nord, Rory McIlroy et Graeme McDowell -« Little Mac » et « G Mac » comme ils sont surnommés- ne sont pas seulement des amis relativement proches. Ils ont aussi formé l'une des paires les plus redoutables de la compétition. Lors des moments les plus « chauds » de la Ryder Cup, ils ne sont jamais loin.

Lorsque l'Europe est à la recherche d'un héros, il semble qu'il finisse toujours par être Irlandais ou Nord-irlandais. En 2006, Darren Clarke avait été cet homme-là lors d'une édition empreinte d'émotion au K Club, près de Dublin. Mais il faut aussi se souvenir d'Eamonn Darcy en 1987 à Muirfield Village, de Christy O'Connor en 1989 au Belfry, de Phillip Walton en 1995 à Oak Hill ou de Paul McGinley en 2002 au Belfry. Il s'avère que la nouvelle génération n'est pas en reste à l'image de Graeme McDowell, le champion par qui le triomphe est arrivé en 2010 à Celtic Manor. Rory McIlroy, qui a accédé à la place de n°1 mondial en 2012, ne s'est pas contenté non plus de jouer les utilités dans une compétition où son duo avec McDowell a fait quelques étincelles.

Avant de surgir en sauveur du continent en 2010, McDowell avait déjà la réputation d'un joueur aux nerfs solides. Lors de ses débuts en 2008, au sein d'une équipe européenne en difficulté, il avait été l'un des rares à surnager en empochant 2,5 points. En 2010, sa carrière a véritablement pris son envol par le biais de son triomphe à l'US Open où il est devenu le premier Européen à s'y imposer depuis Tony Jacklin en 1970. Alors qu'il avait enlevé l'Open du Pays de Galles à Celtic Manor quelques jours avant l'US Open à Pebble Beach, il avait aussitôt prévenu son compatriote Rory McIlroy qu'ils formeraient un double efficace en Ryder Cup quelques mois plus tard. Chose promise, chose vue si l'on peut dire...

A Celtic Manor, Colin Montgomerie, le capitaine européen, a effectivement vite décrété que McIlroy et McDowell devaient faire alliance dès la première session du week-end, celle des « quatre balles », où ils se sont retrouvés opposés à Matt Kuchar et Stewart Cink. Dans des conditions délicates en raison des fortes pluies, ils n'ont pas été franchement à leur affaire dans un premier temps. Au moment de l'interruption due à l'obscurité, ils avaient, en effet, deux points de retard au 11. Heureusement, le lendemain matin, ils se sont montrés sous un nouveau jour pour réussir à arracher un précieux demi point. En foursomes, les deux copains ont été ensuite dominés par les mêmes Cink et Kuchar avant un succès, toujours en foursomes, aux dépens de Zach Johnson et Hunter Mahan.

Deux ans plus tard, à Medinah, José María Olazábal, le capitaine européen, a reconduit leur association lors de trois des quatre doubles, mais cette fois, leur ratio a été négatif avec deux échecs contre Keegan Bradley et Phil Mickelson en « quatre balles » et Jim Furyk et Brandt Snedeker en foursomes pour un unique succès face aux mêmes Furyk et Snedeker en foursomes. En 2014, Paul McGinley a préféré ne plus les « marier », Graeme McDowell devenant le « tuteur » de Victor Dubuisson avec qui il a gagné deux foursomes.

Lors des simples, chacun de leur côté, ils se sont sinon illustrés avec brio. Pour Graeme McDowell, l'édition 2010 à Celtic Manor a même correspondu, on l'a évoqué, à un petit moment de gloire personnelle puisque c'est lui, en tant que 12e joueur programmé ce jour-là, qui a offert la victoire à l'Europe en se montrant plus fort que Hunter Mahan. En dépit de la pression considérable, McDowell a montré à quel point il avait le contrôle de ses émotions et de sa technique pour réussir à devenir le golfeur providentiel du Vieux continent. Mais il a toujours aimé, il est vrai, ce genre de défi. En 2001, il a fait partie, par exemple, de l'équipe britannique et irlandaise qui a remporté la Walker Cup face aux Américains. Et il est, en quelque sorte, un joueur fait pour la Ryder Cup en ayant toujours partagé son temps entre la Grande-Bretagne et les Etats-Unis car il a fait des études à l'Université de l'Alabama. Il est également très présent sur le PGA Tour où le public américain a appris à le connaître.

Vainqueur de l'US Open (2011) comme Graeme McDowell, Rory McIlroy est encore plus connu outre-Atlantique. Il y a été présenté comme le nouveau rival de Tiger Woods avec qui il a développé une certaine complicité par le biais de spots publicitaires souvent drôles imaginés par leur équipementier commun. Initié au jeu par Gerry, son père, du côté de Hollywood, près de Belfast, McIlroy a débuté en Ryder Cup à Celtic Manor où son demi point gagné en simple face à Stewart Cink s'est révélé très précieux au décompte final. A Medinah, dans cet exercice solitaire, il s'est encore montré déterminant en prenant le meilleur sur Keegan Bradley, pourtant intouchable lors des doubles avec Phil Mickelson. Il s'est aussi fait une belle frayeur en ayant presque manqué son départ cet après-midi-là après s'être trompé sur l'heure de sa partie. Escorté de policiers, il est arrivé à la hâte au club et n'a même pas eu le temps de s'échauffer normalement avant de s'élancer sur le parcours et de s'imposer. Mais McIlroy a suffisamment de talent pour se permettre ce genre de tour de force. Professionnel depuis l'âge de 17 ans, il a gagné son premier titre significatif deux ans plus tard sur le circuit européen avant de se catapulter dans le Top 10 mondial dès ses 20 ans. Sa première place au sommet de la hiérarchie, à 23 ans, en 2012, est logiquement venue récompenser cette ascension vertigineuse complétée par un deuxième titre majeur au PGA Championship en août 2012 sur le parcours de Kiawah Island, lieu historique de la Ryder Cup en 1991. En 2014, il est entré dans une autre dimension en enlevant coup sur coup le British Open et le PGA Championship. Pour saluer la réussite de McDowell et McIlroy, il ne reste plus désormais qu'à organiser une édition de la Ryder Cup en Irlande du Nord après l'Angleterre, l'Ecosse, l'Irlande et le Pays de Galles. En attendant, les deux compères font quelques misères aux Américains...

> *« Il va me manquer demain. »*
>
> *Graeme McDowell à l'orée des simples en 2010 et à la perspective de ne plus être épaulé par Rory McIlroy*

2012

Etats-Unis 13,5

Europe 14,5

Medinah Country Club, Illinois

28-30 Septembre

LE PARCOURS

Medinah Country Club, Parcours n°3
Lieu : Medinah, Illinois, Etats-Unis
Par : 72
Longueur : 7 001 m

Inauguré en 1924, ce club historique comporte trois parcours signés Tom Bendelow. Mais le plus connu est le n°3 qui est l'un des plus longs tracés des Etats-Unis. Il a accueilli cinq tournois majeurs avant cette Ryder Cup 2012.

Davis Love, le capitaine américain, a toutes les raisons d'être confiant grâce à l'avantage de jouer « à la maison ». Il s'est inspiré de la réussite de l'équipe américaine en 2008 pour échafauder sa stratégie en espérant venger l'amère défaite de Celtic Manor deux ans plus tôt. Les deux premières journées sont une rampe de lancement idéale vers la victoire pour les Etats-Unis jusqu'à ce que survienne, pour les Européens, « le miracle de Medinah ».

ALORS QUE S'ACHÈVE LA DEUXIÈME JOURNÉE de cette 39e Ryder Cup au terme des « quatre balles », Davis Love, le capitaine américain, est un homme heureux. Les Américains mènent 10-6 au Medinah Country Club, près de Chicago, et tout laisse déjà croire qu'ils se dirigent vers la victoire finale tant leur niveau de jeu est élevé. Parmi les Européens, les plus têtus continuent néanmoins de rester optimistes à l'image du capitaine de l'équipe du Vieux continent, l'Espagnol José María Olazábal, qui se réfère à l'esprit de résistance de son ami et compatriote Severiano Ballesteros, disparu en 2011, et dont la carrière a été émaillée de coups miraculeux capables de le sortir des pires ornières. Mais à ce stade de la compétition, un tel esprit de révolte peut-il ressusciter l'équipe européenne face à une équipe américaine aussi forte composée de nombreux joueurs ayant déjà gagné un titre majeur ?

Au seuil des simples, les Etats-Unis sont portés par une vague de confiance qui semble tout emporter sur son passage. Ils sont sortis en tête des deux journées de double sur le même score de 5-3 en faisant étalage de beaucoup de classe et en s'extirpant avec art de situations parfois compliquées.

Le capitaine américain s'est appuyé sur la même stratégie que celle déployée quatre ans plus tôt, dans le Kentucky, par Paul Azinger. Il a demandé au public de Chicago de pousser avec énergie derrière ses joueurs qui offrent aux spectateurs de quoi, il est vrai, se réjouir. Davis Love lui a également donné mission de bien soutenir les quatre « rookies » sélectionnés à Medinah alors que l'Europe ne présente qu'un seul nouveau visage, le Belge Nicolas Colsaerts.

« Il n'y a aucun outil qu'il est possible de sortir de sa poche. Vous devez jouer avec ce que vous avez dans le pantalon. »

Nicolas Colsaerts, « rookie », au sujet de ses débuts

CI-CONTRE *: Davis Love (à g.), le capitaine américain, en compagnie de son frère, Mark, lors des « quatre balles » de la première journée.*

CI-DESSUS : *Rory McIlroy offre son premier point à l'Europe en compagnie de Graeme McDowell. Ici dans un bunker du trou n°10.*

Mais cette relative inexpérience américaine ne doit pas être perçue non plus comme un désavantage comme l'a noté Bernard Gallacher, l'ancien joueur et capitaine européen, à l'aube de cet Etats-Unis-Europe. « Les Etats-Unis ont peut-être plus de débutants que les Européens, mais il faut examiner qui sont ces « rookies », a-t-il tempéré en évoquant Webb Simpson et Keegan Bradley. L'un a remporté l'US Open et l'autre le PGA Championship. Même s'ils sont nouveaux en Ryder Cup, ils sont loin d'être des novices au plus haut niveau. » Dave Stockton, capitaine américain victorieux lors de la Ryder Cup 1991 à Kiawah Island restée célèbre pour son dénouement à suspense, a été d'un avis semblable. « Certains des joueurs américains les plus expérimentés portent les cicatrices de certaines défaites passées, a-t-il remarqué. Les débutants n'ont pas ces mauvais souvenirs ancrés en eux. »

Lorsque démarre cette Ryder Cup alors que le jour se lève à peine sur l'Illinois, Keegan Bradley, l'un de ces « rookies » américains avec Webb Simpson, Brandt Snedeker et Jason Dufner, est d'ailleurs le premier à montrer qu'il n'est certainement pas impressionné par l'occasion même s'il bénéficie, à ses côtés, de l'aide précieuse d'un champion aussi expérimenté que Phil Mickelson. Lors de leur foursome matinal qui les oppose à Luke Donald et Sergio García, Bradley, vainqueur du PGA Championship en 2011, et Mickelson connaissent une entame délicate face à une paire invaincue en quatre matches dans ce format. Mais c'est Bradley, et non pas son prestigieux partenaire, qui sème la révolte sur le 9 en rentrant un putt de 2,50m. Sur le retour, lors des neuf derniers trous, les deux Européens déclinent quand les deux Américains se déchaînent sur quatre trous consécutifs en signant

PREMIER JOUR

CAPITAINES

Etats-Unis : David Love III — **Europe** : José María Olazábal

FOURSOMES (VENDREDI MATIN)

Furyk/Snedeker *perd c.* **McIlroy/McDowell,** *1 up*
Mickelson/Bradley *b.* **Donald/García,** *4 & 3*
Dufner/Z Johnson *b.* **Westwood/Molinari,** *3 & 2*
Woods/Stricker *perd c.* **Poulter/Rose,** *2 & 1*
Score de la session : 2-2

QUATRE BALLES (VENDREDI APRÈS-MIDI)

Watson/Simpson *b.* **Lawrie/Hanson,** *5 & 4*
Mickelson/Bradley *b.* **McIlroy/McDowell,** *2 & 1*
Woods/Stricker *perd c.* **Westwood/Colsaerts,** *1 up*
D Johnson/Kuchar *b.* **Rose/Kaymer,** *3 & 2*
Score de la session : 3-1
Score général : Etats-Unis 5-Europe 3

notamment des birdies au 13 et au 15. Mickelson et Bradley, qui donne raison à Gallacher et Stockton, s'imposent 4&3 et inscrivent le premier point de cette Ryder Cup.

Cette même paire récidive avec brio l'après-midi en « quatre balles » si bien que Mickelson semble évoluer sur un petit nuage en dépit du fait qu'il s'agit de sa neuvième Ryder Cup, longue habitude qui aurait pu le blaser un peu. « C'est super ! C'est génial ! C'est probablement l'une de mes plus belles journées en Ryder Cup. J'adore jouer avec Keegan. Il me porte. Il est extraordinaire. »

Un autre débutant, Brandt Snedeker est, lui, moins heureux lors de ses premiers pas en Ryder Cup. Associé à Jim Furyk, il fait néanmoins preuve de beaucoup de caractère lors d'un foursome qui les oppose aux redoutables Rory McIlroy et Graeme McDowell. Les deux Nord-irlandais, qui ont trois points d'avance au 11, perdent, en effet, de leur superbe face à des adversaires qui alignent les birdies à partir du 13 pour se retrouver encore dans la course au départ du 18. Hélas pour lui, Snedeker rate son coup de départ sur ce dernier trou, malheur qui fait le bonheur des Européens. Ces derniers concluent sur un dernier putt de 3m plein de sang-froid de McDowell.

Lors de la rencontre entre les paires Tiger Woods/Steve Stricker et Justin Rose/Ian Poulter, c'est une succession de hauts et de bas de part et d'autre. Jusqu'au 6, tandis que les Américains sont distancés de deux points, Woods paraît littéralement à côté de la plaque. En face, Poulter tient les rênes comme Stricker dans l'équipe adverse. Par instants, l'Anglais montre quelques petits coups de génie qui préfigurent ce qui va suivre en ce qui le concerne tout au long du week-end. Au 11, il rentre ainsi une sortie de bunker et au 12, il enquille un putt qui porte l'avance de son duo à trois points. Woods et Stricker ont une belle réaction d'orgueil lors des deux trous suivants, mais au 17, ils sont officiellement battus 2&1 après une approche de Rose à seulement 15cm du drapeau.

Woods et Stricker sont déconfits et peuvent se reprocher d'avoir peut-être trop forcé leurs coups. Woods a « gratté » un chip et ses drives se sont parfois égarés dans la nature en dépit de la largeur du parcours. Il a même réussi à envoyer sa balle sur une cabine de wc publics et, comble du comble, a blessé un spectateur qui s'est mis à saigner après avoir reçu une balle du Tigre. Heureusement, Jason Dufner, autre « rookie » sans peur et sans reproche, et Zach Johnson font un peu oublier les mésaventures de Woods en disposant aisément, 3&2, de Lee Westwood et Francesco Molinari.

Après les quatre premiers matches, les deux équipes sont donc à égalité 2-2. Place aux « quatre balles » de l'après-midi. Olazábal crée une petite surprise en maintenant sa confiance à Westwood, pourtant bien décevant en foursomes, alors que Donald et Poulter sont mis au repos. Des sourcils se froncent à l'annonce de cette triple décision étrange qui instille le doute dans quelques esprits au sujet de la clairvoyance de l'Espagnol.

Toutefois, Poulter précise qu'il est parfaitement à l'aise avec le choix de son capitaine. « J'aurais naturellement aimé jouer cinq matches, mais nous formons une équipe et cette équipe est très, très forte cette

CI-DESSUS : *Phil Mickelson (à g.) et Keegan Bradley, nouveau tandem de choc de l'équipe américaine. Trois doubles, trois victoires et un record au passage.*

année, argumente-t-il. Ollie voulait que tout le monde joue vendredi, donc quatre gars du matin devaient être forcément écartés l'après-midi. Il m'a dit qu'il voulait me garder le plus frais possible pour la suite des événements. »

Westwood est l'un des joueurs les plus expérimentés en Ryder Cup côté européen, mais sa performance lors des « quatre balles » est tout aussi terne que celle des foursomes. Et beaucoup estiment alors qu'Olazábal a manqué de jugement en la matière tandis que la deuxième session voit les Américains gagner trois matches sur quatre en étant au bord de grignoter un demi point supplémentaire lors de la seule rencontre qu'ils perdent. Mickelson et Bradley sont sans pitié pour McIlroy et McDowell. Bubba Watson et Webb Simpson sont encore moins tendres pour Peter Hanson et Paul Lawrie, balayés 5&4. Martin Kaymer, le remplaçant de Poulter, et Justin Rose sont tout aussi démunis face à Dustin Johnson et Matt Kuchar.

Le seul rayon de soleil pour Olazábal vient de Belgique en la personne de Nicolas Colsaert. Ce Bruxellois, qui ne faisait même pas partie des 1 000 meilleurs mondiaux trois ans plus tôt, a remporté le World Match Play Championship en mai et fait partie, avec Ian Poulter, des deux wild cards désignées par Olazábal. Associé à Westwood, il parvient à surprendre d'un point Woods et Stricker au terme d'un véritable festival personnel.

En effet, lors de ses débuts en Ryder, Colsaerts est quasiment magique en signant huit birdies et un eagle et en terminant son parcours à -10. Westwood est admiratif : « Vous pouvez constater comment il se joue de la pression. Il a été fantastique dans tous les compartiments du jeu notamment au putting. De mon côté, je n'ai pas été terrible alors que lui a été tout simplement brillant. Je l'ai épaulé comme j'ai pu, mais il faut bien admettre que c'était son jour. »

Steve Stricker ne peut qu'acquiescer : « Il tape plus loin qu'aucun autre gars qu'il m'a été donné de voir. Il a rentré tous les putts qu'il voulait. Il a attaqué avec justesse. En résumé, il a été parfait. » Woods qui, pour la quatrième fois, commence une Ryder Cup par deux échecs, se joint à ces louanges : « Au putting, Nicolas a peut-être signé la plus belle performance au putting à laquelle j'ai eu la chance d'assister. » Soulagé, Olazábal s'emballe à son tour : « Pour un « rookie », je crois que c'est un score historique en Ryder Cup et cela souligne bien la qualité sensationnelle de son golf. Ce point offert par Nicolas Colsaerts et Lee Westwood nous fait vraiment du bien à l'issue d'un après-midi difficile. » Nicolas Colsaerts a, lui, un joli trait d'humour : « J'ai eu beaucoup de plaisir. Je n'en avais jamais eu autant et j'en veux encore plus. Il faut aller sur le parcours avec ce que vous avez dans le pantalon. »

CI-DESSUS : *Encore un week-end difficile pour Tiger Woods en Ryder Cup. Il récolte 0,5 point en quatre matches.*

« Je vais faire passer le message aux gars qu'il est temps de réagir. Il n'y a pas de secret au golf. Vous devez faire plus de birdies que votre adversaire. Si vous ne faites pas cela, vous êtes mal. »

José María Olazábal « remonté » après une première journée maussade

DEUXIEME JOUR

FOURSOMES (SAMEDI MATIN)

Simpson/Watson *perd c.* **Poulter/Rose,** *1 up*

Bradley/Mickelson *b.* **Westwood/Donald,** *7 & 6*

Dufner/Z Johnson *b.* **Colsaerts/García,** *2 & 1*

Furyk/Snedeker *b.* **McIlroy/McDowell,***1 up*

Score de la session : 3-1

QUATRE BALLES (SAMEDI APRÈS-MIDI)

Simpson/Watson *b.* **Rose/Molinari,** *5 & 4*

D Johnson/Kuchar *b.* **Colsaerts/Lawrie,** *1 up*

Woods/Stricker *perd c.* **García/Donald,** *1 up*

Dufner/Z Johnson *perd c.* **McIlroy/Poulter,** *1 up*

Score de la session : 2-2

Score général : Etats-Unis 10-Europe 6

En dépit de ce coup d'éclat, les Européens sont dominés 5-3 par des Américains à qui tout semble réussir grâce à des conditions de jeu idéales pour eux. « Tous mes joueurs ont été parfaits et se sont accrochés, constate Davis Love. Et il semble que lorsque le soleil est apparu, ils se sont mis à jouer de mieux en mieux. »

Après ce rude après-midi, Olazábal tente de faire contre mauvaise fortune bon cœur et minore l'impact de cette journée difficile : « Nous sommes seulement deux points derrière eux et il y a huit points à prendre demain. Nous sommes plutôt bien armés en foursomes et si nous parvenons à prendre un bon départ samedi matin, tout cela sera vite oublié. L'atmosphère autour du parcours est déjà super, mais lorsque le public encourage les siens, nous devons savoir garder notre concentration. Pour nous, cela n'a rien à voir avec Celtic Manor il y a deux ans. »

A Celtic Manor, comme en 1995, les Européens étaient également distancés 5-3 et ce handicap ne les avait pas empêchés de triompher en ces trois occasions, ce qui conduit les Américains à rester évidemment sur leurs gardes. Mais le samedi soir, tandis que le score entre les deux adversaires se fixe à 10-6 toujours en leur faveur, ils peuvent franchement y croire plus que jamais. Certains pensent même que le match est terminé et que, comme un boxeur mis K.O., il ne va pas falloir attendre longtemps avant de voir l'éponge européenne jetée lors des simples du dimanche.

Le samedi matin, lors des foursomes, les Américains écrasent littéralement la concurrence en avalant trois points sur quatre et en se permettant le luxe de se priver de Tiger Woods, mis au repos avec Steve Stricker. Phil Mickelson et Keegan Bradley sont encore aux avant-postes en mettant en pièces, 7&6, Luke Donald et Lee Westwood. Le match d'ouverture est cependant l'affaire des Européens grâce à Justin Rose et Ian Poulter, vainqueurs d'un point aux dépens de Bubba Watson et Webb Simpson, mais ce succès ne donne pas du tout le tempo de la journée. Lors de cette rencontre acharnée, Poulter et Rose se montrent presque intouchables au putting, une partie du jeu où les Américains sont obligés de constater leur supériorité. Sur le 18, Simpson ne convertit pas un putt de 3,50m et soulage les hommes de Olazábal. S'il l'avait réussi, le point aurait été partagé. Une fois encore, Poulter paraît transfiguré par la Ryder Cup où il affiche des statistiques étincelantes : 11 victoires pour seulement trois défaites. Son émotion se lit sur son visage à chaque coup frappé. Et il ne mollira pas lors des « quatre balles » de l'après-midi en surmontant un déficit de deux points avec six trous à jouer et encore la victoire au bout. En conférence de presse, en début de soirée, il évoquera en ces termes sa belle journée passée à Medinah : « C'était incroyable, mais il fallait bien que nous réagissions d'une façon ou d'une autre. A partir

A DROITE : Bubba Watson (à g.) et Webb Simpson après un birdie sur le 13 lors de leur victoire en « quatre balles » face à Justin Rose et Francesco Molinari.

CI-DESSOUS : *Jim Furyk (à g.) et Brandt Snedeker, alliance entre un joueur expérimenté et un « rookie ». Ils dominent Rory McIlroy et Graeme McDowell en foursomes.*

de là (avec six trous à jouer), mon putter s'est mis à joliment chauffer après avoir été bien froid pendant 13 trous. Après, tout est devenu fou. C'était dur dehors. Nous sommes à Chicago, certains avaient bu quelques verres aujourd'hui et ils ne nous ont pas rendu la tâche facile. Je vais être honnête -c'était brutal. »

Brutal comme le résultat des foursomes pour les Européens qui perdent donc les trois matches suivants face aux troupes de Love de plus en plus confiantes. Keegan Bradley et Phil Mickelson, on l'a dit, ne font pas de détail face à Lee Westwood et Luke Donald en égalant le score record jamais signé lors d'un foursome en Ryder Cup au moment où les Etats-Unis s'envolent 8 points à 4. Déjà remarquables lors des foursomes et des « quatre balles » du vendredi, Bradley et Mickelson sont encore plus dévastateurs face à Donald et Westwood,

“ C'était dur dehors. Nous sommes à Chicago, certains avaient bu quelques verres aujourd'hui et ils ne nous ont pas rendu la tâche facile. Je vais être honnête -c'était brutal. ”

Ian Poulter en parlant des spectateurs américains

désintégrés 7&6. Ce tandem européen était pourtant supposé être le plus fort du Vieux continent depuis qu'il avait écrasé en foursomes, 6&5, Tiger Woods et Steve Stricker en 2010. Mais les deux Britanniques doivent cette fois se contenter de rejoindre dans les statistiques Nick Faldo et David Gilford ainsi que Ken Brown et Des Smyth corrigés sur le même score infâmant en 1991 et 1979. Donald et Westwood n'ont pas bien joué, mais Bradley et Mickelson les ont empêchés d'exister en étant à -6 lors des seuls 12 trous nécessaires à leur triomphe. Les trois putts des Anglais sur le 12 sont, en quelque sorte, les témoins de leur déroute. Westwood, en vraie difficulté depuis le début de la compétition et notamment à l'agonie le vendredi, sera d'ailleurs mis au repos l'après-midi, un choix peut-être trop tardif pour Olazábal. Donald, à qui beaucoup prédisaient un excellent week-end parce qu'il joue à domicile en habitant à Chicago, s'est à peine montré plus inspiré : « Keegan n'a rien raté, ce qui n'a pas été notre cas pour leur mettre un peu de pression. Ce n'était pas évident. »

Le public ne leur a pas facilité la tâche non plus en rappelant bruyamment aux deux Anglais qu'ils n'avaient aucun titre majeur à leur palmarès, ce qui était loin d'être le cas pour Mickelson, trois fois vainqueur du Masters, et Bradley, sacré au PGA Championship l'année précédente. Bradley semble vraiment fait pour cette Ryder Cup qui l'anime en permanence avec moult gestes démonstratifs. Il paraît même infuser de la passion dans le comportement de l'habituellement paisible Mickelson comme si cette paire, à l'image d'autres avant elle, était une sorte de duo idéal. « Dans l'histoire, les Européens ont eu de grands doubles composés de personnalités qui « matchaient » comme Olazábal et Ballesteros ou d'autres, remarque Mickelson. Avec Keegan, tout fonctionne à la perfection. »

Lors du match suivant, Sergio García et Nicolas Colsaerts subissent la loi de Jason Dufner et Zach Johnson. Pourtant, cela ne passe pas loin pour les Européens qui reviennent à un point de leurs concurrents sur le 16 où un chip de l'Espagnol finit sa course directement dans le trou. Mais Colsaerts n'a plus son état de grâce de la veille et est un peu moins performant. Au 17, après avoir déjà manqué un putt crucial de 60cm au 13 malgré un birdie quelques minutes plus tôt sur le 11, il envoie sa balle dans l'eau et les Américains n'ont plus qu'à ramasser leur point. Ailleurs, sur le parcours, Graeme McDowell et Rory McIlroy encaissent également une défaite face à Brandt Snedeker et Jim Furyk. Les Européens sont dans de sales draps.

Ils ne sont pas mieux lotis lors des « quatre balles » de l'après-midi. Alors que Bradley et Mickelson sont mis au repos, Watson et Webb ont l'air de leur avoir emprunté leurs bottes de sept lieues pour survoler, 5&4, leur match contre Francesco Molinari et Justin Rose. Le parcours n°3 de Medinah, préparé minutieusement par Davis Love, a été adapté aux très gros frappeurs comme Bubba Watson. Son drive peut bien s'égarer, ce n'est pas un problème en raison des larges fairways roulants de l'endroit et de l'absence de rough. Même s'ils dévient de la « route », des joueurs comme Watson et Woods ne sont pas gênés pour se rattraper depuis les bordures. Watson sait également jouer avec le public qui s'enthousiasme à chacun de ses coups de départ et vibre en raison de son extrême créativité. Simpson, avec son style si réservé et sa maîtrise froide au putting, paraît être le compagnon idéal à ses côtés.

LE COUP DU JOUR

Il est signé par Phil Mickelson lors des foursomes de la deuxième journée. Depuis un petit rough, il catapulte sa balle dans le trou à une distance de 55m. Ce petit exploit a pour cadre le trou n°1 et c'est l'occasion pour lui de donner le ton d'une matinée largement favorable aux Américains.

A GAUCHE *: Dustin Johnson tombe dans les bras de Lance Bennett, le caddie de Matt Kuchar (à g.). Les Américains viennent de signer un birdie crucial sur le 17 en « quatre balles » face à Nicolas Colsaerts et Paul Lawrie.*

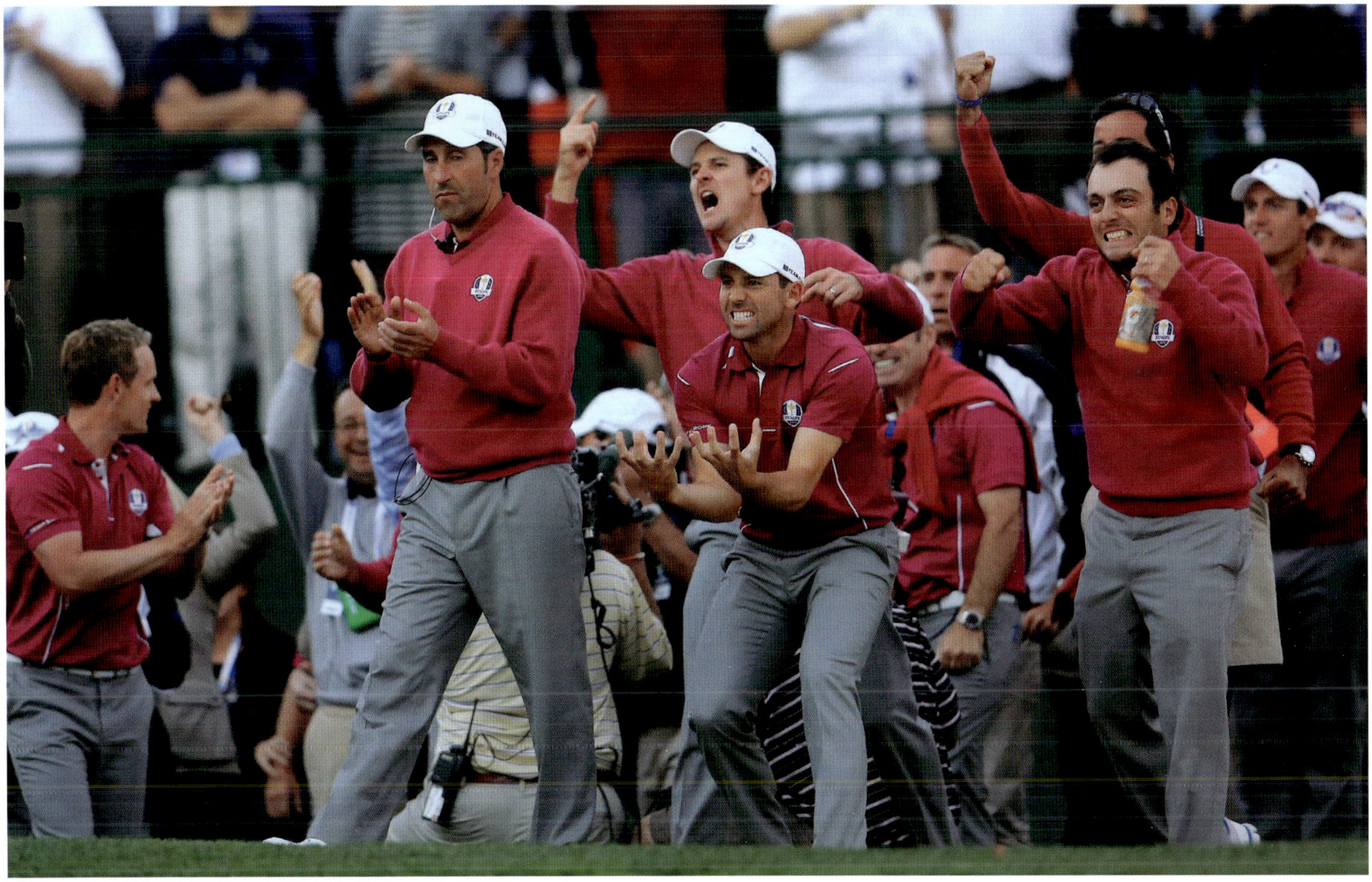

CI-DESSUS : *José María Olazábal (au centre) semble entraîner derrière lui toute l'équipe européenne alors que se terminent les « quatre balles » de la deuxième journée. Ian Poulter est en train de réussir des prodiges aux côtés de Rory McIlroy.*

Lors des autres « quatre balles », Dustin Johnson se signale par un putt rentré de près de 10m sur le 17 lors de son match gagné à l'arraché aux côtés de Matt Kuchar face à Paul Lawrie et Nicolas Colsaerts. Le Belge, si étincelant au putting 24 heures plus tôt, est, cette fois, un peu plus ordinaire. Ce putting qui, de manière générale, fait un peu défaut aux Européens en dépit de l'insistance d'Olazábal dans ce domaine à chacune de ses interventions face à ses joueurs.

Et puis voilà Tiger Woods qui sort de sa tombe, ou presque. Une fois encore, rien n'est facile pour la star américaine. Toujours flanqué du fidèle Steve Stricker, il est encore dans les cordes au bout de neuf trous face à Luke Donald et Sergio García, 4up. Une série de birdies portant sa patte rééquilibre le match. Mais patatras au 18. Stricker manque d'un souffle son putt de 2,50m et le duo américain se retrouve accablé d'une troisième défaite en deux jours. Tout ça pour ça, doit penser Woods.

La dernière partie des « quatre balles » est peut-être un tournant de toute cette Ryder Cup. Avec McIlroy, Poulter, on l'a déjà évoqué, fait des prodiges face à Zach Johnson et Jason Dufner. Menés de deux points, les Européens alignent cinq birdies successifs entre le 14 et le 18 avant de conclure superbement au 18. Un point essentiel. Vital même.

Peter Alliss, au micro de la BBC, a bien saisi l'importance du moment : « Le dernier putt de Poulter a redonné le sourire aux Européens. Il n'a pas sauvé leur journée, mais il a aidé à faire passer la pilule. Poulter a été l'auteur de ces cinq birdies d'affilée, ce qui est incroyable. Il a ranimé les couleurs européennes qui semblaient en berne en fin de matinée. Je ne dis pas qu'ils vont le faire, mais ils se sont offert une chance de pouvoir le faire. » Poulter, comme d'autres et comme Olazábal au premier chef, ont encore la conviction qu'il est toujours possible de renverser la table malgré ce score de 10-6. Mais pour cela, il leur faudra mieux putter car c'est dans ce secteur de jeu qu'ils ont été moins précis que leurs rivaux.

Depuis que l'Europe est devenue une équipe en 1979, le plus grand come-back de l'histoire de la Ryder Cup a été réalisé à Brookline, en 1999, quand les Etats-Unis étaient justement dominés 10-6. Mais les Américains étaient revenus de nulle part devant leur public alors que les Européens sont contraints, eux, de réussir cet exploit en terre étrangère. Pour corser le tout, dans toute la saga de la Ryder Cup, les Etats Unis n'ont jamais gâché un avantage de plus deux points à l'attaque des simples. Alors quatre…

Dans ce contexte déprimant pour lui et ses hommes, José María Olazábal paraît brasser de l'air quand il déclare : « Ce n'est pas fini. C'est aussi simple que cela. Notre tâche est ardue, mais c'est faisable. C'est ce que j'ai appris de Seve (Ballesteros) et c'est le message que je vais faire passer aux joueurs. Les événements ne sont pas en notre faveur, notamment sur les greens, mais tout peut tourner demain. »

Peut-être que ces paroles fortes n'ont pas échappé aux joueurs américains, toujours est-il que Davis Love préfère se montrer prudent tant il connaît les caprices de la Ryder Cup. En 1999, il était l'un des joueurs qui ont permis au capitaine Ben Crenshaw de réussir l'impossible à Brookline et il sait donc que rester sur ses gardes est une nécessité. « Nous sommes heureux de notre situation, mais comme l'a dit Ollie, ce n'est pas encore fini, évalue-t-il. La seule chose à faire est de jouer son match et de le gagner sans se soucier du tableau de scores général et des autres parties en cours parallèlement. Je ne veux pas savoir combien il nous reste de points à nous mettre dans la poche pour triompher, on ne s'impose pas avec cette mentalité-là. Il nous reste un jour à jouer qui va déterminer les deux années suivantes en Ryder Cup. Les joueurs ont toutes les raisons d'être motivés. »

Matt Kuchar n'a pas oublié non plus 1999 et préfère avertir : « Il y a tous ces souvenirs qui remontent à 13 ans, mais que nous devons avoir clairement en tête. Oui, une différence de quatre points peut être facilement effacée. Il faut aller sur le parcours avec le but de jouer notre meilleur golf pour empêcher pareil retournement de situation. » Il n'empêche : il est difficile de ne pas se rendre compte que les Etats-

« Nous sommes heureux de notre situation, mais comme l'a dit Ollie, ce n'est pas encore fini. »

Davis Love, le capitaine américain avant les simples

CI-DESSUS : *Ian Poulter, l'homme du match pour l'Europe, en communion avec Terry Mundy, son caddie. Il joue quatre matches et les remporte tous.*

TROISIEME JOUR

SIMPLES (DIMANCHE)

Bubba Watson *perd c.* **Luke Donald,** *2 & 1*

Webb Simpson *perd c.* **Ian Poulter,** *2up*

Keegan Bradley *perd c.* **Rory McIlroy,** *2 & 1*

Phil Mickelson *perd c.* **Justin Rose,** *1up*

Brandt Snedeker *perd c.* **Paul Lawrie,** *5 & 3*

Dustin Johnson *b.* **Nicolas Colsaerts,** *3 & 2*

Zach Johnson *b.* **Graeme McDowell,** *2 & 1*

Jim Furyk *perd c.* **Sergio García,** *1up*

Jason Dufner *b.* **Peter Hanson,** *2up*

Matt Kuchar *perd c.* **Lee Westwood,** *3 & 2*

Steve Stricker *perd c.* **Martin Kaymer,** *1up*

Tiger Woods et Francesco Molinari, *match nul*

Score de la session : 3,5-8,5

Score final : Etats-Unis 13,5-Europe 14,5

Unis ont besoin de 4,5 points seulement pour reconquérir le trophée quand l'Europe est obligée d'ajouter huit points à son total pour un match nul, qui leur permettrait de conserver la Ryder Cup, et 8,5 points pour un succès vraiment, mais alors vraiment hypothétique.

Mais on ne sait jamais et pour cela, les Européens sont équipés pour le combat en portant du bleu et du blanc, les couleurs de Severiano Ballesteros, mort en 2011 et à qui le Vieux continent a décidé de dédier cette Ryder Cup. Olazábal a été un ami fidèle de Ballesteros avec qui il a composé probablement le plus grand double de l'histoire. L'image de Ballesteros figure également sur les sacs des joueurs. Sa silhouette est, elle, imprimée sur les tenues des 12 Européens. Comme le souligne Poulter, rien n'a été laissé au hasard en espérant que là où il est, Ballesteros aura une chance d'assister au spectacle.

Mais l'Europe ne doit pas compter sur la seule chance pour arrêter le train américain lancé à toute vitesse. En 1995, à Oak Hill, les Européens, menés de deux points au seuil des simples, avaient foncé vers la victoire en jouant du très grand golf à l'image de Nick Faldo cet après-midi-là. Devant des adversaires d'un tel niveau et face à un public aussi chaud que celui de Chicago, ils n'ont pas d'autre alternative que d'être au sommet de leur art.

Lors de ces simples, tout commence justement sous les meilleurs auspices pour les Européens tandis que les Américains semblent afficher très vite quelques failles. Luke Donald prend rapidement un avantage de deux points sur Bubba Watson, histoire de calmer la

CI-DESSUS : *Début d'un dimanche historique pour l'Europe au moment où Luke Donald ouvre le premier simple de la journée sur le tee du 1 en compagnie de Bubba Watson.*

foule. Justin Rose creuse le même écart face à Phil Mickelson. Rory McIlroy part vite contre le jusqu'ici intouchable Keegan Bradley et Paul Lawrie surprend Brandt Snedeker comme au point mort. Le rôle de Donald est considérable car en marquant le premier point, dès le 17, après une belle réaction de Watson, il envoie un message encourageant à tous ses coéquipiers sur le parcours.

Le succès de McIlroy sur Bradley est moins net, mais peu importe au regard de sa frayeur juste avant cette rencontre puisqu'il était encore à l'hôtel 25 minutes avant son premier coup de la journée. Il y a eu dans l'équipe un malentendu au sujet de l'heure de son départ et c'est escorté de policiers qu'il a rejoint le club pour arriver presque à bout de souffle sur le tee du 1. Le match qui suit entre les deux hommes est un florilège de technicité et d'audace. McIlroy prend les commandes du match au 14, se détache de deux points au 15 et parachève son œuvre au 17 sur un très long putt. Qu'en aurait-il été de l'issue de ce match si McIlroy avait manqué le départ du 1 en devant concéder le premier trou ? Quelques policiers américains ne venaient-ils pas de sauver la mise européenne ?

Poulter, loin de ces supputations, trace, lui, sa route sans faiblir : quatrième match, quatrième victoire ! Webb Simpson fait les frais de la maîtrise de l'Anglais, mené pourtant de deux points en début de rencontre. Poulter doit attendre le 17 pour passer en tête quand Simpson, sur ce par 3, expédie son coup de départ dans un bunker à gauche. L'Américain n'est pas mieux inspiré au 18 alors que l'Anglais exécute un magnifique coup de fer depuis le pied d'un chêne pour catapulter sa balle à 4m du drapeau. Simpson doit s'avouer vaincu.

LE COUP DU JOUR

Sur le 17, lors des simples, Justin Rose rentre un putt de plus de 9m en dépit d'une pente compliquée tandis que Phil Mickelson a bien failli rentrer son chip quelques secondes plus tôt. A quoi tient une victoire ou une défaite...

CI-CONTRE : *Justin Rose vient de réussir l'un des coups magistraux de cette Ryder Cup en rentrant son putt sur le 17 lors de son simple contre Phil Mickelson.*

A DROITE : *Jason Dufner (à d.), l'un des trois vainqueurs américains de la journée des simples. Il s'impose face à Peter Hanson et remet les deux équipes à égalité : 13-13.*

Les trois premiers points sont déjà dans l'escarcelle des Européens.

Et bientôt quatre avec le succès de Paul Lawrie, 5&3, aux dépens de Brandt Snedeker qui vient d'empocher les 10 millions de dollars de la FedEx Cup sur le PGA Tour, mais tout le monde le sait : la Ryder Cup n'est pas une affaire d'argent.

Le cinquième simple est encore dominé par un Européen, Justin Rose, mais quel match face à Phil Mickelson, si bon en double. Cette rencontre est appelée à rester dans les annales de la compétition. Rose doit d'abord composer avec un public qui ne le ménage pas et Mickelson est même obligé d'intervenir personnellement en appelant la sécurité afin d'écarter les spectateurs indélicats. Rose garde son calme dans la tourmente tandis que Mickelson fait superbement honneur aux valeurs de fair-play de la Ryder Cup. « A partir du moment où la Ryder Cup reste saine entre les cordes, le golf est un sport merveilleux », commentera Rose plus tard.

Mais il n'aurait pas été aussi positif, s'il n'avait pas enquillé un putt de 3m sur le 16 pour empêcher Mickelson d'avoir deux points d'avance. Sur le 17, il signe ensuite l'un des coups qui font la légende de la Ryder Cup en tapant dans le mille sur un putt en descente de plus de 9m sous les applaudissements de Mickelson qui, quelques secondes plus tôt, a manqué d'un cheveu de rentrer son chip depuis le bord du green. Destins contraires à quelques millimètres près. A égalité désormais, les deux champions abordent le 18 dans un état d'esprit opposé après ce double coup du sort. Et sur le green du 18, Rose fait encore la différence au putting après que Mickelson soit allé au-delà du green sur son deuxième coup. Un putt de 4,50m envoie Rose au paradis. Cinq simples, cinq points !

Dustin Johnson, contre Nicolas Colsaerts, et Zach Johnson, face à Graeme McDowell, arrêtent l'hémorragie au soulagement d'un public qui n'en revient pas. Puis Jim Furyk, 1up au départ du 17, explose littéralement contre Sergio García en ratant deux putts d'environ 2m au 17 et au 18, deux cadeaux pour l'Espagnol qui arrache un point inespéré. Lorsque Lee Westwood en termine avec Matt Kuchar, 3&2, stupeur : l'Europe mène 13-12. Mais Jason Dufner remet ensuite les deux équipes à égalité en disposant de Peter Hanson au 18.

Il ne reste plus que deux matches entre quatre hommes qui n'ont pas gagné le moindre point de tout le week-end : Steve Stricker et Martin Kaymer d'un côté, Tiger Woods et Francesco Molinari de l'autre. Le premier homme qui craque est Steve Stricker sur le 17 en raison d'un chip trop long. Kaymer, loin de sa meilleure forme depuis de longues semaines et mis de côté lors de trois des quatre doubles, est 1up et joue ensuite sur le 18 un excellent coup depuis un bunker de parcours. Mais sur le green, Stricker l'oblige à rentrer un putt de près de 2m qui, s'il ne touche pas sa cible, rend un demi point aux Etats-Unis, mais qui, s'il fait mouche, permet à l'Europe de garder sa coupe avec un total de 14 points. La balle n'hésite pas une seconde et 21 ans après le putt manqué de Langer à Kiawah Island, son compatriote Kaymer le venge par procuration. Il le révèlera plus tard : « José María m'a dit : 'Nous avons besoin de ton point. Je me fous de la manière, mais ne rate pas cette occasion !' J'aime ce genre de putt comme celui du 18. Il faut aller droit et nous sommes comme cela les Allemands, nous allons droit. »

Alors que les Européens tombent dans les bras des uns des autres, il reste un match en cours avec Woods 1up au départ du 18 face à Molinari. Mais l'Américain rate le putt de 2,50m qui aurait donné match nul aux Etats-Unis et préfère priver Molinari du putt qu'il lui reste à assurer. « Je savais que tout se jouerait dans les dernières parties, sourit Molinari après le seul match nul du week-end. Martin (Kaymer) a vraiment assuré et quant à moi, je me suis battu jusqu'au bout pour gagner quelque chose. »

L'Europe triomphe 14,5-13,5 au terme d'une journée exceptionnelle

« Une semaine incroyable. Seve nous a poussés fort. »

Ian Poulter

CI-DESSUS : *Martin Kaymer exulte. Son putt sur le 18 contre Steve Stricker permet à l'Europe de conserver son trophée lors de cette 39e Ryder Cup. Le score est alors de 14-13 pour son équipe.*

CI-CONTRE : *Nicolas Colsaerts (à g.) et Graeme McDowell s'apprêtent à aller féliciter Martin Kaymer. Soulagement et bonheur.*

pour elle puisqu'elle n'a perdu que trois matches. Olazábal éclate en sanglots, larmes de joie, de soulagement et de tristesse se mêlant dans un même flot en cet instant où il songe tellement à Severiano Ballesteros. Il dit alors : « Aux 12 joueurs européens, ce que vous avez réussi était impressionnant. Tous les hommes meurent, mais tous ne vivent pas pleinement. Vous m'avez fait me sentir vivant cette semaine. Je ne sais pas si le paradis existe, mais si c'est le cas, il doit ressembler à ça. Seve sera toujours avec cette équipe européenne. Il a été tellement déterminant pour cette compétition. Hier soir, quand nous nous sommes réunis, les garçons ont compris que tout partait de la foi que nous mettions à croire en notre victoire. Ils y ont cru. » Davis Love essaie de rester magnanime face à la terrible réalité de ce dimanche soir. « C'est dur évidemment, admet-il. Nous sommes un peu sous le choc. Nous jouions si bien. »

Peter Alliss, l'ancien joueur de Ryder Cup qui commente le match à la BBC, est admiratif : « C'était une magnifique performance de l'équipe européenne et peut-être le plus beau dénouement d'une rencontre de Ryder Cup et j'en ai vu beaucoup (il a alors 81 ans). » Six des 12 simples ont été jusqu'au terme du 18 et les Américains n'ont remporté qu'un seul de ces six matches au couteau.

Après s'être retrouvés dans les cordes au bout de deux jours, les Européens goûtent naturellement au bonheur de ce triomphe. Certains d'entre eux, y compris Olazábal, n'hésitent pas à se lancer dans quelques danses endiablées comme en 1987 à Muifield Village où le capitaine espagnol était déjà l'un des héros de la fête. Ils chantent et ils pleurent tandis que les Américains n'en reviennent toujours pas. Si trois jours devaient résumer la vie presque centenaire de la Ryder Cup, le film de ce week-end à Medinah, joué par ces 24 hommes, en serait le probable classique absolu.

« Aux 12 joueurs européens, ce que vous avez réussi était impressionnant. Tous les hommes meurent, mais tous ne vivent pas pleinement. Vous m'avez fait me sentir vivant cette semaine. »

José María Olazábal

CI-CONTRE : *José María Olazábal n'en revient toujours pas face à la presse. Mais comment l'Europe a-t-elle pu battre les Etats-Unis pour conserver la Ryder Cup ?*

LUI ET LA RYDER CUP

Ian POULTER

Ryder Cups : 2004 (vainqueur), 2008, 2010 (vainqueur), 2012 (vainqueur), 2014 (vainqueur)

Total de victoires : 4

Matches : 18 (12 victoires, 2 nuls, 4 défaites)

Total de points : 13

CI-CONTRE : *La rage de vaincre de Ian Poulter. La Ryder Cup est son affaire.*

Légendes de Ryder Cup

Ian **POULTER**

En Ryder Cup, tout se lit dans le regard de Ian Poulter pour qui cette compétition suscite un déchaînement de passion. Lee Westwood a décrété que son compatriote devrait bénéficier d'une invitation à chaque édition dans l'hypothèse où il ne se serait pas qualifié. Il est vrai que l'élégant Anglais a pris l'habitude d'être l'homme clé de l'équipe européenne face à des Américains qui adorent le détester.

Ian Poulter a adopté le mode de vie des Américains puisqu'il vit depuis longtemps en Floride avec son épouse et leurs quatre enfants. Mais s'il y a bien un endroit où le joueur anglais se sent chez lui, c'est bien en Ryder Cup, face justement aux Etats-Unis qui lui doivent quelques petites désillusions.

Souvent placé lors des tournois majeurs, Ian Poulter a le don de ne jamais passer à côté de la Ryder Cup qui non seulement le galvanise, mais parvient à chaque fois à tirer le meilleur de son jeu. Cette passion remonte à l'édition 1993 lorsqu'il a vu Nick Faldo affronter Paul Azinger et réussir un fabuleux trou en un lors de ce simple disputé au Belfry. « Cette Ryder Cup a changé mon opinion sur le golf, a-t-il admis. A partir de ce jour-là, j'ai décidé de devenir le meilleur joueur possible. C'est là où je me suis fixé des buts à commencer par celui de me retrouver un jour entre les cordes pour jouer pour le compte de l'Europe. Si je n'avais pas eu la chance d'assister à ce match au Belfry, peut-être que je n'aurais pas fait la carrière que j'ai faite. »

Agé alors de 17 ans, Poulter pouvait difficilement imaginer que 15 ans plus tard, il serait sélectionné en Ryder Cup par le même Nick Faldo et qu'il serait cette année-là l'un des très rares Européens à émerger du lot à Valhalla lors de la très nette défaite du Vieux continent face aux Etats-Unis.

Au fil du temps, et depuis sa première apparition dans la compétition en 2004, Ian Poulter s'est constitué l'un des palmarès les plus impressionnants de l'histoire moderne en affichant un ratio de presque 70% de victoires pour déjà près de 20 matches disputés. Certains de ses exploits ont leur place dans la légende de l'épreuve. Lors de ses débuts à Oakland Hills, dans le Michigan, où les Européens avaient obtenu la plus large victoire de leur histoire en terre « ennemie », Poulter avait commencé par une défaite. Associé à Darren Clarke, il s'était incliné, 4&3, face à Tiger Woods et Chris Riley, mais ce n'était pas un résultat très important compte tenu de la nette domination des Européens ce week-end-là. Un jour plus tard, en simple, Poulter a néanmoins mis les choses au point à sa manière en prenant facilement la mesure du même Riley (3&2). Une star était née.

C'est à Celtic Manor, en 2010, que son impact sur l'équipe européenne est devenu évident. Dans des conditions climatiques dantesques, qui ont obligé les organisateurs à prolonger la rencontre d'une journée, Poulter, après une défaite en « quatre balles » lors de la première session, a clairement accéléré en remportant ses deux doubles suivants et en étrillant, 5&4, Matt Kuchar en simple pour apporter sa pierre à l'édifice de la courte victoire de son équipe sur le score de 14,5-13,5.

Tiger Woods, par ailleurs souvent malheureux dans cette épreuve, a été jusqu'à présent le seul à pouvoir vraiment lui résister en Ryder Cup. En effet, lors des trois seuls matches perdus par Poulter dans la compétition, Woods a été responsable de deux de ses échecs. Mais à Medinah, en 2012, personne, y compris Woods dominé en foursomes par Poulter, n'a rien pu faire pour empêcher l'Anglais d'être véritablement la tour de contrôle européenne et le champion par qui le miracle est finalement arrivé. Il a joué quatre matches et les a tous gagnés. Avec Rory McIlroy, il s'est même payé le luxe d'un invraisemblable renversement de situation face à Jason Dufner et Zach Johnson. Cinq birdies consécutifs de Poulter sur la fin du parcours ont permis à l'Europe d'engranger un point aussi improbable que capital.

Malgré un déficit de quatre points à l'orée des simples, Poulter n'a jamais cru à l'échec programmé par tous comme il l'a confié plus tard : « Il y avait une telle ambiance dans cette équipe qu'il était impossible d'imaginer que nous avions un tel retard. Nous sentions que nous avions encore une petite chance et nous avons prouvé qu'il était possible d'avoir rendez-vous avec l'histoire. Ces matches de Ryder Cup sont mes tournois majeurs à moi. Si ma carrière doit s'arrêter aujourd'hui, je serai un homme heureux. J'éprouve plus de fierté et de passion en Ryder Cup que lors d'un tournoi majeur. Mais rassurez-vous, je veux en gagner un et je sais que cela changera beaucoup de choses pour moi si cela arrive. Mais en l'état, la Ryder Cup reste mon sommet personnel. » En 2014, à Gleneagles, il l'a encore montré superbement en dépit d'une forme très moyenne. Après une déroute aux côtés de Stephen Gallacher le premier jour, il a réussi un coup majeur le lendemain lors d'un « quatre balles » avec Rory McIlroy en rentrant un chip sur le trou n°15 depuis l'extérieur du green. Un exploit qui a changé le sort de ce match capital.

Supporter invétéré d'Arsenal, collectionneur passionné de belles voitures, toujours impeccablement habillé de tenues qu'il élabore lui-même par le biais de sa propre société, Ian Poulter est un grand joueur de match-play. Il a d'ailleurs enlevé les deux titres les plus prestigieux dans cette spécialité -le WGC Accenture Match Play Championship en Arizona en 2010 et le Volvo World Match Play Championship en Angleterre en 2011- en montrant à quel point il savait montrer des nerfs d'acier au putting dans les instants les plus cruciaux.

Luke Donald, son partenaire de Ryder Cup, a dit de lui : « Il est le cœur battant du groupe. Il est tellement motivé que vous sentez son énergie. Il n'aime pas perdre et il fera tout ce qui est en son pouvoir pour donner de l'influx à l'équipe. » Peut-être que le plus bel hommage à son sujet est sorti de la bouche de José María Olazábal, joueur émérite de Ryder Cup et capitaine inoubliable en 2012 : « Je crois que la Ryder Cup devrait lui édifier une statue. »

> *« C'est mon majeur personnel. Pour moi, rien n'arrive à la cheville de la Ryder Cup. Sans contestation aucune. »*
>
> *Ian Poulter*

2014

Europe 16,5
Etats-Unis 11,5

Gleneagles Hotel, Gleneagles

26-28 Septembre

La Ryder Cup revient en Ecosse pour la première fois depuis 1973. Lors de cette 40e édition, l'Europe, qui défend son titre conservé à Medinah, fait confiance à un capitaine irlandais, Paul McGinley, invaincu en Ryder Cup aussi bien en tant que joueur que vice capitaine. Face à lui, les Etats-Unis ont choisi Tom Watson qui n'a pas non plus connu la défaite dans la compétition et qui reste surtout le dernier capitaine américain à avoir conduit ses troupes à la victoire en terre étrangère 21 ans plus tôt.

LE PARCOURS

PGA Centenary Course, Gleneagles Hotel
Lieu : Perthshire, Ecosse
Par : 72
Longueur : 6 640 m

Gleneagles, domaine qui couvre 350 hectares près d'Edimbourg, a été le lieu de la première rencontre internationale entre les Etats-Unis et la Grande-Bretagne en 1920, mais il n'y avait pas alors d'hôtel. Le parcours du Centenary, l'un des trois golfs de l'endroit, a été dessiné par Jack Nicklaus, l'une des légendes de la Ryder Cup.

EN RENOMMANT TOM WATSON dans le rôle de capitaine à l'âge de 65 ans, soit le plus âgé à occuper ce poste dans l'histoire, les Etats-Unis ont fait le choix de la rédemption alors que le même Watson reste le dernier capitaine à avoir conduit les Américains à la victoire en terre étrangère, en 1993. Cette légende du golf mondial, qui a remporté quatre de ses cinq British Open en Ecosse, paraît être le personnage idéal sur les terres de Gleneagles pour faire oublier le « miracle de Medinah », comme l'ont appelé les Européens, même si les Américains ont probablement perçu cette funeste journée de 2012 comme avant tout la conséquence de leur propre effondrement lors des simples.

Face à Tom Watson, Paul McGinley, le capitaine irlandais élu par les Européens et qui considère le même Watson comme l'une de ses idoles de jeunesse, ne paraît pas de taille à lutter sur le papier. Peu connu des Américains, McGinley, qui a fait sa carrière sur le circuit européen, va pourtant les surprendre dans les grandes largeurs. Ont-ils sous-estimé McGinley, adoubé par ses propres troupes dans une quasi absolue unanimité ? C'est difficile à dire, mais toujours est-il que l'Europe remporte aisément cette 40e édition de la Ryder Cup sachant qu'il faut tout de même attendre le milieu de l'après-midi des simples pour que son succès se matérialise pour de bon. Il n'y avait d'ailleurs personne pour imaginer, le vendredi midi, au terme des premières « quatre balles » du week-end, remportées par les Américains, que les Européens pourraient s'offrir un si net succès.

Sous un ciel lumineux, aux premières heures du jour, le vendredi, personne n'a l'idée de penser, en effet, que les Américains, même privés de Tiger Woods, blessé au dos, vont être

CI-DESSUS : *En compagnie de Webb Simpson, Bubba Watson donne le coup d'envoi de cette Ryder Cup 2014 lors des premières « quatre balles » du vendredi matin.*

A DROITE : *Patrick Reed (accroupi) et Jordan Spieth, 45 ans à eux deux, forment la plus jeune équipe américaine jamais constituée en Ryder Cup.*

des victimes accommodantes au moment où Bubba Watson et Webb Simpson donnent le coup d'envoi de cette Ryder Cup devant une foule de 40 000 personnes qui a déjà envahi le parcours aux aurores. Et pourtant, le premier drive de Simpson donne une sorte d'indication, au moins sur sa nervosité, puisqu'il rate complètement son coup comme un golfeur du dimanche dont le handicap aurait pu être de 18. Quelques secondes plus tard, Watson, tenant du titre du Masters, expédie son coup dans le rough alors que les Européens, Justin Rose et Henrik Stenson, trouvent le fairway de façon idéale. La foule est en délire et le ton de la domination européenne semble déjà donné.

Rose, 6e mondial, et Stenson, 5e, font du petit-bois de Simpson et Watson, corrigés 5&4, mais ce sera la seule victoire de la matinée pour Paul Ginley et les siens. En effet, Rickie Fowler et Jimmy Walker, menés de deux points au 16 par le Danois Thomas Bjørn et l'Allemand Martin Kaymer, parviennent à arracher in extremis le demi point du match nul. Mais pour les Américains, la grande surprise vient de deux de leurs trois « rookies » (avec Walker), Jordan Spieth et Patrick Reed, qui vont rapidement devenir les « super Rookies » tout au long du week-end. Spieth, 21 ans, deuxième du dernier Masters, et Reed, 24 ans, vainqueur notamment de l'important tournoi de Miami au Doral en mars, n'ont pas froid aux yeux côte à côte. A 45 ans tous les deux, ils forment déjà la plus jeune paire de l'histoire américaine en effaçant des tablettes Tiger Woods et Justin Leonard, 46 ans en cumulé en 1997. Toutefois, le record toute catégorie demeure la propriété des Britanniques Mark James et Ken Brown, 43 ans à eux d'eux en 1977.

Tom Watson leur fait clairement confiance et il ne va pas être déçu par la force de frappe de ses deux nouvelles stars qui anéantissent littéralement Ian Poulter et l'Ecossais Stephen Gallacher, deux des trois « wild cards » de Paul McGinley avec Lee Westwood. Reed et Spieth survolent les débats 5&4 et la débâcle britannique aurait pu être plus grande encore puisque Poulter et Gallacher s'étaient retrouvés distancés de six points. Pour Poulter, cette déroute, presque humiliante, met un terme à une série de sept matches sans défaite en Ryder Cup. Battre Poulter dans cette compétition où il excelle est une superbe

> *« C'était très, très silencieux par rapport à ce que Patrick et moi attentions d'une première journée de Ryder Cup, mais j'imagine que nous y étions pour quelque chose. »*
>
> *Le « rookie » Jordan Spieth, vainqueur en « quatre balles » avec Patrick Reed*

PREMIER JOUR

CAPITAINES

Europe : Paul McGinley — **Etats-Unis :** Tom Watson

QUATRE BALLES (VENDREDI MATIN)

Rose/Stenson *b.* **Simpson /Watson,** *5 & 4*
Bjørn/Kaymer *et* **Fowler/Walker,** *match nul*
Gallacher/Poulter *perd c.* **Reed/Spieth,** *5 & 4*
García/McIlroy *perd c.* **Bradley/Mickelson,** *1 up*
Score de la session : 1,5-2,5

FOURSOMES (VENDREDI APRÈS-MIDI)

Donaldson/Westwood *b.* **Furyk/Kuchar,** *2 up*
Rose/Stenson *b.* **Johnson/Mahan,** *2 & 1*
García/McIlroy*et* **Fowler/Walker,** *match nul*
Dubuisson/McDowell *b.* **Bradley/Mickelson,** *3 & 2*
Score de la session : 3,5-0,5
Score de la journée : Europe 5-Etats-Unis 3

promesse pour les Etats-Unis comme le souligne Jordan Spieth : « C'était incroyable. Nous avons réussi à faire le silence autour de nous dans le public. C'était l'un des buts que nous recherchions. Et pour moi, c'était d'autant plus satisfaisant d'être aux côtés d'un partenaire en pleine réussite. » Reed ne cache pas sa satisfaction non plus : « Jouer à ce niveau avec Jordan, avec qui nous avons déjà partagé tant de parties plus jeunes, est sensationnel. »

La matinée s'achève ensuite par le combat des poids lourds avec d'un côté Rory McIlroy et Sergio García, 1er et 3e mondiaux, de l'autre Phil Mickelson et Keegan Bradley, invaincus en trois matches à Medinah. C'est un match de très haute intensité que les Américains finissent par remporter sur le dernier trou 1up à l'issue d'une lutte épuisante.

Au terme des « quatre balles », les Etats-Unis ont l'avantage 2,5 à 1,5, mais Tom Watson commet alors peut-être ce qui est d'emblée perçu comme une erreur et qui lui sera reproché plus tard en décidant de mettre au repos Patrick Reed et Jordan Spieth lors des foursomes de l'après-midi. « C'est très spécial de se retrouver en tête dès le vendredi midi, mais c'est un marathon, pas une course de vitesse, préfère-t-il dire alors que les affiches de l'après-midi viennent d'être révélées. Nous avions mal commencé, nous voilà aux commandes. »

Les deux capitaines ont décidé de faire jouer tous leurs joueurs en cette première journée, mais il est clair que McGinley va avoir le nez le plus creux au cours des heures suivantes. Pour les Européens, la charge est d'abord menée par Lee Westwood, qui en est à sa 9e Ryder Cup, et le Gallois Jamie Donaldson, « rookie » au même titre que Gallacher et le Français Victor Dubuisson. Face à eux, Jim Furyk, n°4 mondial et pour la 9e fois aussi d'attaque en Ryder Cup, et le toujours affable Matt Kuchar. Cette rencontre est un petit régal de match-play, mais les deux Britanniques se montrent les plus solides en triomphant 2up. Donaldson, sixième partenaire de Westwood dans la compétition, est une vraie surprise. Westwood est impressionné : « Jamie figure déjà parmi mes partenaires les plus brillants. Pour ses débuts en Ryder Cup, il a été comme un poisson dans l'eau alors que le foursome est un format très difficile pour débuter dans cette épreuve. » Rayonnant, Donaldson, qui sera plus tard l'un des héros de cette équipe européenne, est au diapason en termes d'excitation : « C'est comme jouer en sudden death d'un tournoi majeur dès le premier trou. J'avais le sentiment qu'à chaque trou, il y avait 20 000 spectateurs. J'ai adoré l'expérience. Lee m'avait prévenu en m'indiquant la nécessité de faire des pars pour s'imposer dans ce type de format. Nous étions à -4, mais nous n'avons gagné qu'au 18, cela souligne bien la difficulté de la tâche. »

Justin Rose, dans la forme de sa vie, et Henrik Stenson permettent ensuite à l'Europe de prendre les commandes lors de cette Ryder Cup grâce à leur succès convaincant, 2&1, sur Zach Johnson et Hunter Mahan tandis qu'il reste deux foursomes à terminer.

C'est alors que la décision de Tom Watson de laisser au repos Spieth/Reed, mais de faire confiance à Bradley/Mickelson paraît soudain erronée. A 44 ans, Mickelson, qui en est à sa 10e Ryder Cup et qui a usé deux gants le matin, semble fatigué par

CI-DESSUS : *Graeme McDowell (à g.) et Victor Dubuisson n'ont pas tardé à trouver leurs repères ensemble en foursomes. Keegan Bradley et Phil Mickelson en font les frais le premier jour.*

LE COUP DU JOUR

Sergio García et Rory McIlroy se dirigeaient vers leur deuxième défaite de la première journée quand le Nord-irlandais a égaré son drive de départ au 18e trou alors qu'ils avaient un point de retard lors de leur foursome face à Rickie Fowler et Jimmy Walker. Mais García, muni de son bois 5, a alors signé un splendide deuxième coup de 210m qui a placé la balle superbement sur le green. En gagnant ce trou, les deux Européens ont arraché un nul inattendu.

ses efforts précédents. Bradley et Mickelson sont facilement dominés, 3&2, par Graeme McDowell qui a été associé à l'énigmatique Cannois, Victor Dubuisson, 24 ans, troisième au classement européen dans la course à la qualification de cette Ryder Cup. Dubuisson a réussi des coups éblouissants sous la pression et McDowell ne tarit pas d'éloges à son sujet : « J'ai eu de la chance d'être aux côtés d'un joueur qui sera l'une des prochaines stars de la Ryder Cup. Je le crois sincèrement. »

Sur le parcours, McIlroy et García doivent encore en terminer et ils vont le faire de manière superbe face à Rickie Fowler et Jimmy Walker. Alors qu'ils sont menés d'un point, ils parviennent à se sauver par la grâce d'un sublime deuxième coup de l'Espagnol qui leur permet de décrocher un match nul inespéré. Les Européens ont écrasé ces foursomes 3,5 à 0,5. McIlroy estime que le demi point qu'il vient de s'arroger avec García ressemble à une victoire et McGinley lui donne raison : « En Ryder Cup, il est toujours important d'avoir le vent avec soi, remarque-t-il. Ce matin, les Américains l'avaient, ce soir, c'est notre tour avec cet avantage de 5-3 qui nous place en situation idéale avant la deuxième journée en ayant montré beaucoup de caractère. »

De son côté, Tom Watson fait contre mauvaise fortune bon cœur : « Je suis déçu par le résultat, mais pas par l'attitude de mes joueurs. Dans les vestiaires, je leur ai dit : 'Il suffit de

CI-DESSUS : *Lee Westwood (à g.) et Jamie Donaldson, heureux de leur victoire en foursomes tout comme leur capitaine, Paul McGinley, aux anges.*

DEUXIEME JOUR

QUATRE BALLES (SAMEDI MATIN)

Rose/Stenson *b.* **Kuchar/Watson,** *3 & 2*

Donaldson/Westwood *perd c.* **Furyk/Mahan,** *4 & 3*

Bjørn/Kaymer *perd c.* **Reed/Spieth,** *5 & 3*

McIlroy/Poulter *et* **Fowler/Walker,** *match nul*

Score de la session : 1,5-2,5

FOURSOMES (SAMEDI APRÈS-MIDI)

Donaldson/Westwood *b.* **Johnson/Kuchar,** *2 & 1*

Kaymer/Rose *et* **Spieth/Reed,** *match nul*

García/McIlroy *b.* **Furyk/Mahan,** *3 & 2*

Dubuisson/McDowell *b.* **Fowler/Walker,** *5 & 4*

Score de la session : 3,5-0,5

Score général : Europe 10-Etats-Unis 6

gagner deux matches et vous êtes à leur hauteur'. » Et puis deux ans plus tôt, les Américains ne menaient-ils pas aussi 5-3 le vendredi soir avant de laisser échapper la victoire le dimanche ? Pourquoi ce qui a été possible d'un côté ne le serait-il pas de l'autre ?

La deuxième journée va ressembler comme une sœur à la première, mais avec un niveau de jeu nettement plus élevé et des scores incroyablement bas. En effet, les Américains gagnent encore les « quatre balles » sur le même score de 2,5 à 1,5 quand les Européens récidivent en foursomes sur la marque identique de 3,5 à 0,5. Pour Bubba Watson, tout se répète aussi à 24 heures d'intervalle.

Associé cette fois à Matt Kuchar lors des premières « quatre balles » qui drainent une foule considérable dont une partie

« Mon travail de capitaine consiste à avoir une demi-journée d'avance sur tout le monde. »

Paul McGinley,
capitaine de l'équipe européenne

était déjà là depuis 4h du matin, le champion américain ne peut encore rien face à Justin Rose et Henrik Stenson. Les deux Européens sont deux ouragans qui terminent par dix birdies consécutifs. Watson et Kuchar n'ont même pas l'excuse de mal jouer car eux deux enregistrent également un total de neuf birdies, mais c'est insuffisant face à Rose et Stenson, en état de grâce, qui s'imposent 3&2. Avec un score de -12, Rose et Stenson établissent un record en « quatre balles » en Ryder Cup. Les deux équipes terminent à -21 en scores combinés.

Watson et Kuchar étaient pourtant en tête après sept trous et ils auraient pu gagner face à n'importe quels autres adversaires. D'une formule, Bubba Watson a saisi l'esprit de cette rencontre de Ryder Cup : « C'était vraiment sauvage. Nous aurions aimé jouer quelques trous de plus, de manière à ce que tout le monde puisse continuer à voir du grand golf. » Kuchar abonde : « Ils étaient impossibles à arrêter. » Et Stenson lui donne raison à sa manière : « C'est un match qu'il faudra montrer à nos petits-enfants. J'en ai été responsable pour la moitié et Justin pour un peu plus de la moitié tellement il a superbement joué. Je n'étais là que pour l'assister dans la plupart des cas. » Rose, qui a signé sept birdies, est sur un petit nuage : « Je lis très bien les greens ici. C'est comme si j'anticipais toujours ce qui va se passer pour réussir des putts. La balle part directement dans le trou et vous ressentez ces vibrations si particulières. Tout a marché pour moi ce matin. » Dans la foulée, Stenson révèle qu'un problème au dos l'empêchera de participer aux foursomes de l'après-midi et que Rose devra donc se trouver un nouveau partenaire car compte tenu de la forme étincelante de l'Anglais, impossible évidemment de le mettre au repos. Comme McIlroy, chez les Européens, il sera présent lors de cinq matches, le maximum, et n'en perdra, lui, aucun pour un total de quatre points.

Heureusement pour eux, les hommes de Tom Watson n'ont pas à attendre trop longtemps pour voir tomber leur premier point de la journée. Jim Furyk et Hunter Mahan survolent les

CI-CONTRE : *Henrik Stenson (à g.) et Justin Rose en grande discussion sur le trou n°16 lors de leur impressionnante victoire en « quatre balles » face à Bubba Watson et Matt Kuchar.*

A DROITE : *Ian Poulter dans une attitude qui lui ressemble tellement en Ryder Cup. Sur le trou n°15, il vient de rentrer un chip d'une quarantaine de mètres qui change la face du match qu'il joue aux côtés de Rory McIlroy face à Rickie Fowler et Jimmy Walker.*

débats face à Lee Westwood et Jamie Donaldson, sèchement battus 4&3 au terme d'une démonstration de match-play. Dans la foulée, Patrick Reed et Jordan Spieth se rappellent aux bons souvenirs des Européens en taillant en pièces Thomas Bjørn et Martin Kaymer, 5&3, avant que Rickie Fowler et Jimmy Walker ne fassent match nul face aux redoutables Rory McIroy et Ian Poulter. Fowler et Walker ont pourtant eu leurs rivaux au bout de leurs clubs, mais Poulter, en rentrant un chip improbable d'environ 35m sur le 15 avant un putt superbe sur le 16, a montré quel joueur de Ryder Cup il pouvait être en dépit d'une forme moyenne. En l'espace de quelques minutes, la magie Poulter a opéré et a fait tellement de bien à l'Europe. Revenus à un point de leurs adversaires qui mènent 6,5 à 5,5 à l'issue des « quatre balles », les Américains sont cependant à nouveau dans la course, même si Poulter a légèrement altéré leur enthousiasme à un moment où plus rien n'avait l'air de leur résister.

Quand la liste des foursomes de l'après-midi est connue, une vraie surprise apparaît : Phil Mickelson, comme le matin, ne figure pas parmi les joueurs choisis. Le golfeur le plus expérimenté de la sélection américaine a semblé avoir disputé le match de trop la veille, mais ne pas le voir du tout sur le parcours le samedi avec Keegan Bradley n'en finit pas d'étonner alors qu'il a envoyé un texto à Tom Watson pour signifier qu'il voulait jouer. Mais Watson a une opinion différente et les hommes finiront par se « déchirer » officiellement le dimanche soir lors d'une conférence de presse finale où Mickelson laissera transpirer sa déception par rapport à une méthode de management qu'il n'a pas comprise, doux euphémisme. Watson tentera de faire face dans la tempête médiatique en s'accrochant à sa philosophie de capitaine.

Les foursomes se révèlent encore une petite catastrophe pour les Américains alors que les Européens en font leur affaire. Lee Westwood et Jamie Donaldson offrent le premier point à leurs coéquipiers en disposant 2&1 de Zach Johnson et Matt Kuchar. Ce point permet à Westwood de dépasser Ballesteros au total cumulé depuis ses débuts, mais il reste à deux points du recordman Faldo (25). Et l'Anglais n'en a pas fini visiblement avec sa passion pour la compétition : « J'espère en jouer encore une ou deux en tant que joueur avant de devenir capitaine. A 41 ans, je me sens encore relativement jeune et je veux continuer à me concentrer sur mon jeu avant de songer au capitanat dans six ou huit ans. »

Graeme McDowell et Victor Dubuisson, ce dernier étant de plus en plus apprécié du public écossais, ne tardent pas à rentrer victorieux à leur tour au club-house. Sans montrer la moindre nervosité, Dubuisson joue encore un rôle majeur dans le succès

LE COUP DU JOUR

Alors que certains Américains commençaient à se demander avec ironie où était passé le grand Ian Poulter, joueur héroïque de Ryder Cup, mais un peu absent à Gleneagles, ils ont été vite rappelés à l'ordre lors des « quatre balles » du samedi matin où il faisait équipe avec Rory McIlroy face à Rickie Fowler et Jimmy Walker. En rentrant un chip formidable de quelque 35m sur le 15, l'Anglais a complètement changé la face de ce match finalement terminé par un nul.

CI-DESSUS : *Devant la foule considérable de leurs supporters, Victor Dubuisson (à g.) et Graeme McDowell célèbrent un point gagné sur le trou n°3 face à Rickie Fowler et Jimmy Walker.*

de ce duo aux dépens de Rickie Fowler et Jimmy Walker, 5&4, les deux Américains étant visiblement sans ressources alors que leurs trois premières rencontres se sont toutes achevées au 18e trou. Aurait-il justement fallu les remplacer par Bradley et Mickelson, reposés ? Ce n'est pas leur problème et en deux jours, McDowell et Dubuisson ont donc remporté 12 des 30 trous qu'ils ont disputés. Les mots de Dubuisson sont rares au-delà de « exceptionnel », « formidable », alors il laisse McDowell, qui l'a vraiment pris sous son aile comme un tuteur, résumer la situation dans une longue déclaration. « Hier, je lui ai dit qu'il fallait tirer avantage de tous les spectateurs présents à nos côtés et qui veulent notre réussite, explique-t-il. Il y a des milliers de gens qui sont là pour nous et il fallait leur en donner le maximum. C'est une épreuve très, très spéciale et il est important de montrer que l'on est fier d'en être. »

Le troisième point est ensuite l'œuvre des roués Rory McIlroy et Sergio García, trop forts (3&2) pour Jim Furyk et Hunter Mahan. Depuis la veille, le Nord-irlandais et l'Espagnol sont clairement montés en gamme. Les survoltés Patrick Reed et Jordan Spieth sont ensuite contraints au match nul par Justin Rose et Martin Kaymer alors qu'il menaient d'un point au départ du 18. Mais une brillante sortie de bunker de Kaymer s'est révélée décisive dans les dernières secondes. Encore un désagrément pour les Américains et un premier coup d'arrêt pour les deux « rookies » déçus de laisser échapper un point complet dont leur groupe aurait tellement eu besoin. La somme des deux foursomes est sans appel à l'issue des deux journées de double, Europe 7-Etats-Unis 1, et pas une victoire pour les Américains. Le score général est, lui, de 10-6 en faveur de l'Europe à la veille des 12 simples. La situation est très difficile pour la sélection de Tom Watson, mais pas complètement désespérée. En 1999, à Brookline, les Américains avaient renversé le même score le dimanche en leur faveur. Et deux ans plus tôt, à Medinah, malgré le fait d'être distancés 6-10, les Européens avaient su également « sortir de la tombe ». Mais les Etats-Unis n'ont jamais réussi semblable coup de force en terre étrangère. Jordan Spieth croit l'exploit à la portée des siens « Tout le monde estime que c'est possible. Il y a eu Brookline, Medinah, pourquoi pas Gleneagles ? En simple, il nous faudra simplement mettre la pression lors des premières parties. » Toutefois, la sérénité affichée par l'équipe européenne est très impressionnante et il est clair qu'il faudra un cataclysme pour la voir balayée. La météo de Gleneagles annonce d'ailleurs du temps calme jusqu'à la fin du week-end.

Paul McGinley avait fait appel au légendaire Ecossais, Sir Alex Ferguson, l'ancien mentor de l'équipe de football de Manchester

TROISIEME JOUR

SIMPLES (DIMANCHE)

Graeme McDowell *b.* **Jordan Spieth,** *2 & 1*

Henrik Stenson *perd c.* **Patrick Reed,** *1 up*

Rory McIlroy *b.* **Rickie Fowler,** *5 & 4*

Justin Rose *et* **Hunter Mahan,** *match nul*

Stephen Gallacher *perd c.* **Phil Mickelson,** *3 & 1*

Martin Kaymer *b.* **Bubba Watson,** *4 & 2*

Thomas Bjørn *perd c.* **Matt Kuchar,** *4 & 3*

Sergio García *b.* **Jim Furyk,** *1 up*

Ian Poulter *et* **Webb Simpson,** *match nul*

Jamie Donaldson *b.* **Keegan Bradley,** *5 & 3*

Lee Westwood *perd c.* **Jimmy Walker,** *3 & 2*

Victor Dubuisson *et* **Zach Johnson,** *match nul*

Score de la session : 6,5-5,5

Score final : Europe 16,5-Etats-Unis 11,5

United, pour délivrer un message à l'intention de ses joueurs à la veille de cette Ryder Cup. Dans son discours, Ferguson avait évoqué la pression du favori, la nécessité d'évacuer toute facilité à son égard et l'urgence de donner le coup fatal à l'adversaire quand celui-ci était à terre. Alors qu'ils abordent la dernière ligne droite des 12 simples, les Européens ont peut-être en tête les paroles de Sir Alex au moment où leurs rivaux sont plus que jamais à leur portée. Pour garder la Ryder Cup en se contentant de faire match nul, ils n'ont besoin que de quatre points sur douze. Pour la gagner, 4,5 points feront l'affaire. Pour se remettre en ordre de reconquête, Tom Watson a décidé de miser sur ses guerriers les plus jeunes et les plus performants en la personne de Jordan Spieth et Patrick Reed qui sont envoyés au front des deux premiers simples. Pour ouvrir les débats, Spieth affronte Graeme McDowell que Paul McGinley a mis à cette place depuis des mois lorsqu'il imaginait les simples. Après McDowell, Stenson, McIlroy et Rose se succèdent dans cet ordre pour croiser le fer avec Reed, Fowler et Mahan. Tout peut se jouer lors de ces quatre matches, même si l'on sait qu'en golf, rien n'est prévisible.

En signant un birdie sur le trou n°2, Spieth réussit ce que Tom Watson lui avait demandé : mettre une pression immédiate sur McDowell qui semble effectivement hésitant. Mais McIlroy, avec un birdie dès le premier trou de son match contre Fowler,

CI-DESSUS : *Devant l'impressionnante marée humaine, Patrick Reed au départ du trou n°1 lors de son simple contre Henrik Stenson.*

rassure toute l'équipe européenne : le patron est là ! Moins fringant que les deux jours précédents, Reed concède de son côté un bogey sur le 2 contre Stenson. Et voilà le Vieux continent déjà en avance dans deux des premiers matches. Mais la situation de McDowell inquiète car Spieth s'envole désormais de trois points après seulement cinq trous. Il est clair que les Etats-Unis ont déjà une bonne chance d'empocher le premier point si les événements continuent de mal tourner pour l'ancien vainqueur de l'US Open. Heureusement, la démonstration de McIlroy face à Fowler, littéralement dans les cordes dès le 6e trou avec cinq coups de retard, est des plus rassurantes. Dans ce tableau très mouvant au gré des trous, les Etats-Unis finissent par faire relativement bonne figure. Tandis que Phil Mickelson, revanchard, est entré en jeu pour affronter Stephen Gallacher, qui n'a plus joué depuis les « quatre balles » de vendredi, un certain optimisme revient dans leurs rangs. Spieth mène contre McDowell, Reed a repris l'avantage face à Stenson, Mahan se joue pour le moment de Rose et Mickelson ne se débrouille pas mal non plus lors de son entame. Lorsque le 12e des 12 simples est lancé entre Victor Dubuisson et Zach Johnson, le score « temporaire » est de 15,5 à 12,5 en faveur des Européens, mais nous sommes encore au début des hostilités.

En tant que n°1 mondial, et double vainqueur du Grand Chelem en 2014, McIlroy ne va laisser à personne d'autre le soin de gagner le premier point de la journée. McIlroy, qui sait que les Etats-Unis mènent 25 victoires à 12 dans leur tête-à-tête avec la Grande-Bretagne puis l'Europe en Ryder Cup, a bien conscience qu'il qu'il faut mettre les bouchées doubles pour rattraper ce retard historique. McGinley, qui a placé toutes sortes de posters dans la « team room » pour maintenir la concentration de ses joueurs, a disposé ainsi tous les drapeaux liés aux victoires américaines. « Il y en a tellement qu'il est temps de changer les choses et le plus vite sera le mieux », a glissé McIlroy.

Vite fait, bien fait ! En écrasant Fowler 5&4, McIlroy est donc le premier à en finir avec son simple et à mettre son équipe en position plus qu'idéale. En plaçant Dubuisson en 12e et dernier joueur, McGinley a démontré qu'il avait confiance dans le Français pour tenir le choc dans l'hypothèse où les choses iraient mal, mais il est difficile d'imaginer la Ryder Cup décidée lors de l'ultime match Dubuisson-Johnson. Et cela d'autant plus que McDowell, mené de trois points au terme de l'aller après avoir failli l'être de quatre, est en train de rattraper son retard sur Spieth de plus en plus fébrile. Après le 13, McDowell est 1up ! Quant à Rose, lâché de quatre points après six trous, il est revenu à hauteur de

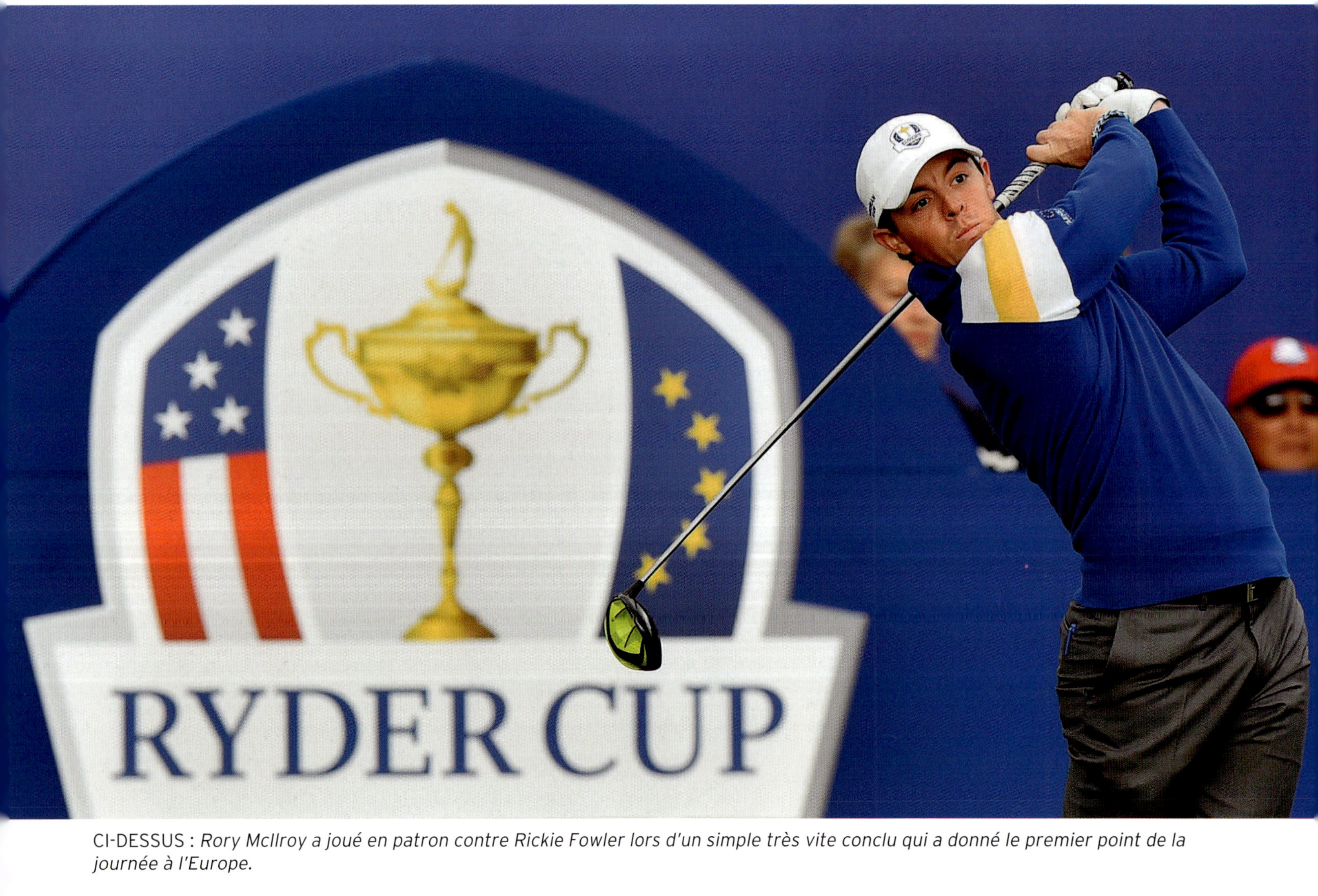

CI-DESSUS : *Rory McIlroy a joué en patron contre Rickie Fowler lors d'un simple très vite conclu qui a donné le premier point de la journée à l'Europe.*

Mahan après avoir brillé entre les 8, 9, 10 et 11. McIlroy, qui a signé sept birdies et un eagle en 12 trous, a donné le ton, il est vrai, en produisant un niveau de jeu rarement approché. « C'est ce que l'on attendait de moi, résume-t-il. Pour cette dernière journée, j'ai mis l'intensité de deux journées d'un tournoi majeur. Je n'avais pas d'autre option. Il fallait que je gagne et que je joue donc mon meilleur golf. » Un autre Nord-irlandais le suit rapidement au tableau de scores en la personne de McDowell, vainqueur de Spieth, 2&1, le jour où il fête son anniversaire de mariage. L'un des plus grands retours de la Ryder Cup lors d'un match aussi important. « J'avais une mission importante aujourd'hui en tant que premier jour de simple, reconnaît-il. Quand j'étais mené de trois points, je devais me rappeler de gagner trou après trou afin de me mettre le public dans la poche. Je suis allé au bout et à la fin, c'est passé. »

Si l'Europe semble de plus en plus irrésistible, un autre combattant continue cependant de lui opposer une sacrée résistance, Patrick Reed, toujours gorgé de confiance malgré les événements contraires. Rien ne l'arrête. Ni la réputation de son adversaire, Henrik Stenson, ni le public qu'il invite à se taire en mettant un doigt devant sa bouche tandis qu'il vient de transformer un superbe putt sur le trou n°7. Cela a l'effet inverse, mais peu importe. Le dynamique Reed, qui s'invective sans cesse avec une énergie communicative, parvient à vaincre le Suédois sur le green du 18e trou et à soulager ses couleurs. Répit de courte durée. La nette victoire de Martin Kaymer face à Bubba Watson, l'Allemand terminant sur une merveille de chip rentrée au 16, place les Américains au bord du précipice. « Il fallait que je termine au plus vite, commente l'Allemand, vainqueur de l'US Open en juin. Rentrer cette approche depuis le bord du green, c'était assez incroyable d'autant qu'en Ryder Cup l'adrénaline monte toujours très haut. » Et quand Rose arrache le nul sur le 18 face à Mahan, l'Europe a désormais un total de 13,5 points. Pour les Etats-Unis, un retour de l'arrière semble désormais plus qu'hypothétique. Il ne reste plus qu'à déterminer d'où viendra le coup vainqueur des joueurs européens.

Comme depuis le début de l'après-midi s'enchaînent les prouesses techniques les plus éblouissantes, chacun pressent que cette Ryder Cup va se terminer sur un coup d'éclat. Et puisque peu d'Européens semblent mieux jouer au golf ces derniers jours que le Gallois Jamie Donaldson qui a gagné deux de ses trois doubles, pourquoi pas lui pour parapher le triomphe ? En simple, il a un avantage assez net sur Keegan Bradley depuis le trou n°9 et il ne semble pas frappé par la moindre inhibition en dépit de l'enjeu colossal. Au 13, il est 4up. Après avoir manqué le putt de la victoire au 14, il ne va pas permettre au suspense de se prolonger au-delà du 15 par le prodige d'un coup wedge de 133m qui permet à la balle d'atterrir au pied du mât. C'est un coup si brillant que Bradley, quelques secondes plus tard, n'a pas d'autre choix que d'accepter son sort et de concéder sa défaite qui est, du coup, celle des Etats-Unis, battus pour la troisième fois de suite en Ryder Cup.

Les célébrations ne tardent pas à prendre de l'ampleur tandis

« J'ai pris de l'aspirine pour la migraine avant mon simple parce que je savais quel serait le bruit autour des trous. Je crois que c'est la meilleure Ryder Cup que j'ai vécue. J'avais la chair de poule à chaque trou. »

Martin Kaymer

CI-DESSUS : *Matt Kuchar, tout sourire envers la foule alors qu'il est en train de battre Thomas Bjørn en simple.*

CI-DESSUS : *Phil Mickelson s'impose en simple contre Stephen Gallacher. Avant de se « lâcher » devant les micros.*

A DROITE : *Jamie Donaldson a eu l'honneur de parachever le triomphe européen. Un coup qui marquera sa carrière.*

que se terminent les dernières parties qui fixent le score à 16,5 à 11,5 au moment où Dubuisson et Johnson se séparent sur un match nul sur le 18 entouré d'une foule considérable avant la remise des prix. Tom Watson se montre à son image, c'est-à-dire gracieux dans la défaite quand Paul McGinley est, lui, porté aux nues par ses joueurs qui le placent déjà parmi les plus grands capitaines de l'histoire. Quelques minutes plus tard, en conférence de presse, Phil Mickelson ne manquera pas, on l'a dit, de faire état de sa mauvaise humeur après cette nouvelle défaite, la huitième en ce qui le concerne. Pour les Américains, il est déjà l'heure de tourner la page de Gleneagles pour tenter de trouver un capitaine qui les fera gagner à nouveau, comme en 2008. Ils ont perdu six des sept dernières éditions de la Ryder Cup. Une réaction s'impose. Elle pourrait venir de Chaska, dans le Minnesota, où se déroulera la Ryder Cup 2016 dans le cadre du Hazeltine National Golf Course avant un premier voyage en France en 2018.

LE COUP DU JOUR

Naturellement, le coup de wedge de 133m de Jamie Donaldson qui a permis à l'Europe de remporter cette Ryder Cup 2014. « J'ai joué le coup de wedge de ma vie », reconnaît-il. Et comment !

Sergio García, Lee Westwood, Rory McIlroy et Ian Poulter s'offrent le champagne devant la nuée des photographes. La nuit promet d'être longue...

Pour la troisième fois de suite, l'Europe triomphe en Ryder Cup. Et tous les joueurs, comme leur capitaine, sont au diapason de ce nouveau bonheur.

RYDER CUP 2018
LE GOLF NATIONAL FRANCE 2018

Le Golf National, Saint-Quentin-en-Yvelines

Septembre 2018

La 42e édition de la Ryder Cup se jouera en 2018 au Golf National, sur le parcours de l'Albatros, donnant à la France le privilège de recevoir à son tour la compétition sur le continent 21 ans après l'Espagne, à Valderrama. L'occasion pour la France de revisiter son histoire dans ce sport où, pour elle, le meilleur semble résolument à venir.

LORSQUE L'ÉQUIPE EUROPÉENNE DE RYDER CUP sera connue à la fin de l'été 2018, combien de joueurs français auront le privilège d'en faire partie ? La question n'appelle évidemment pas de réponse tant ce rendez-vous paraît encore lointain et tant le golf reste un sport où la concurrence est farouche, où les périodes de méforme peuvent toucher des champions de la dimension de Tiger Woods, absent à Gleneagles en 2014 en raison de problèmes récurrents au dos. Il n'empêche...

Tandis que la France présentait en 2011 son dossier de candidature pour l'organisation de cette édition 2018, Georges Barbaret, alors président de la ffgolf, avait rêvé tout haut. « Pourquoi pas deux ? », avait-il souri en espérant voir se révéler au plus haut niveau une nouvelle génération de golfeurs lors des années suivantes.

Moins de quatre ans avant de voir débarquer au Golf National l'élite du golf international (celle venue des deux côtés de l'Atlantique), cet espoir ne semble plus tout à fait insensé au moment où deux jeunes joueurs de 24 ans, Victor Dubuisson et Alexander Levy, se sont glissés tous les deux parmi les 30 premières places du PGA Championship, quatrième et dernier majeur de la saison 2014. Un mois après avoir atteint la 9e place au British Open, Victor s'est permis de gagner deux rangs (7e) au Valhalla Golf Club à Louisville, là où s'était déroulée la Ryder Cup en 2008. Quant à Alexander, à l'occasion de sa toute première participation à un tournoi du Grand Chelem, il a non seulement franchi le cut, mais il a eu l'audace de s'approcher du Top 10 lors des premières heures de la dernière journée avant de s'offrir une 30e place pleine de promesses dans une compétition aussi relevée.

Ce nouvel élan, impulsé par Victor Dubuisson lors de son succès à l'Open de Turquie à l'automne 2013, a été récompensé, on le sait, par la qualification du même Victor lors de l'édition 2014 de la Ryder Cup à Gleneagles, en Ecosse.

Pour le golf français, tout est en train de changer à marche forcée.

LE PARCOURS

L'Albatros au Golf National
Lieu : Communauté Agglomération de Saint-Quentin-en-Yvelines, France
Par : 72
Longueur : 6 703 m

Propriété de la Fédération française de golf, Le Golf National, inauguré le 5 octobre 1990, est un véritable complexe golfique accessible à tous les joueurs et à tous les niveaux : l'Oiselet, l'Aigle et l'Albatros. Dessiné par Hubert Chesneau, l'Albatros est la pièce maîtresse de l'endroit et accueille l'Alstom Open de France depuis 1991. La Ryder Cup se jouera sur ce tracé exigeant unanimement reconnu par les meilleurs joueurs du monde qui, chaque année, défient ses fairways ondulés, ses vastes bunkers et ses nombreux obstacles d'eau.

Rien n'est plus tout à fait comme avant depuis ce mardi 17 mai 2011 quand, dans la salle de bal du club-house du club de Wentworth, en Angleterre, George O'Grady, patron du circuit européen, a annoncé, en présence de tous les dirigeants du golf français que le Golf National serait bien le théâtre de la Ryder Cup en 2018 et que pour la première fois donc, la France serait le centre du monde du golf l'espace d'une semaine historique.

Pour en arriver à ce dénouement tant espéré, il en avait fallu, bien sûr, de la patience et de l'imagination pour rendre l'impossible possible face à la concurrence de quatre rivaux tout aussi déterminés à recevoir ce qui est devenu l'événement golfique le plus important du calendrier. Face à la candidature de l'Allemagne, de l'Espagne, du Portugal et des Pays-Bas (après le retrait de la Suède), la ffgolf avait mené pendant trois ans ce que Jean Van de Velde avait appelé « un combat de gladiateurs » en suivant chaque ligne de l'imposant cahier des charges imposé par le tour européen lors du premier appel d'offres de l'histoire de la Ryder Cup.

Pascal Grizot, vice-président de la ffgolf et président de la Ryder Cup 2018, à la tête de la « croisade » avec à ses côtés Georges Barbaret puis Jean-Lou Charon, qui lui a succédé à la présidence de la ffgolf en mars 2013, Brigitte Deydier, directrice de la Ryder Cup 2018, Jean Van de Velde, Thomas Levet, ambassadeurs de la candidature, face notamment aux Allemands forts d'un passé glorieux avec les titres majeurs de Bernhard Langer et Martin Kaymer, avait résumé ainsi ce « bras de fer » dans les colonnes de L'Equipe : « Le lobbying, ce ne sont pas des déjeuners mondains, avait-il dit. C'est convaincre les experts que notre candidature a le soutien de tous. Du gouvernement, dont la ministre des sports, madame Jouanno, fait le déplacement avec nous à Wentworth, comme du président de la région, Jean-Paul Huchon. »

Gagner, ce n'était pas seulement être plus fort que les autres, c'était aussi montrer que la France, portée par les licenciés de la ffgolf, avait une vision pour le golf à travers non seulement un parcours, Le Golf National, qui deviendra de facto l'un des tracés les plus connus de la planète, mais aussi par le biais de la centaine de petits golfs compacts mis en place à travers le pays afin de rendre le sport plus accessible à tous sans omettre la dimension écologique du projet pour enraciner le golf dans la nécessité

CI-DESSUS : *Le 17 mai 2011, à Wentworth, Le Golf National était désigné hôte de la Ryder Cup 2018. Debout (de g. à dr.) : Brigitte Deydier, Georges Barbaret, Chantal Jouanno et Pascal Grizot. Accroupis : Thomas Levet et Jean Van de Velde.*

CI-DESSOUS : *A Gleneagles, Thierry Braillard, secrétaire d'Etat aux sports a réaffirmé le soutien des pouvoirs publics français à Jean-Lou Charon, président de la ffgolf, impatient de voir le grand jour arriver.*

Vingt-huit ans après son inauguration, Le Golf National sera l'écrin de la Ryder Cup en 2018.

du développement durable.

Triompher, c'était aussi rendre grâce à l'histoire du golf français peut-être trop méconnue dans ses propres frontières. C'était rappeler que quatre champions français notamment avaient marqué le golf professionnel masculin au XXe siècle : Arnaud Massy, vainqueur du British Open en 1907 et seul Français à ce jour à avoir remporté un tournoi majeur ; Auguste Boyer, vainqueur, entre autres, de quatre Open d'Italie et de quatre Open d'Allemagne entre 1926 et 1936 ; Marcel Dallemagne, sacré à l'Open de France en 1936, 1937 et 1938 ; Jean Garaialde, vainqueur en 1969 de l'Open de France, de l'Open d'Espagne et de l'Open d'Allemagne, sans oublier son triomphe sur le grand Jack Nicklaus à l'Open de Suède en 1970.

C'était aussi se souvenir que le golf français avait sa propre histoire avec la Ryder Cup puisque deux joueurs, avant Victor Dubuisson en 2014, avaient participé à la compétition pour laquelle ils s'étaient qualifiés : Jean Van de Velde en 1999 et Thomas Levet en 2004.

Jean Van de Velde fut le premier golfeur français à s'inviter à la table des maîtres du golf mondial dans le sillage de sa magnifique deuxième place au British Open disputé à Carnoustie en 1999. Auréolé d'une réputation nouvelle, le Landais n'avait pu empêcher les Etats-Unis de triompher au terme d'un week-end qui, sur le moment, avait pu le décevoir à cause du résultat final. En effet, Mark James, son capitaine britannique, n'avait pas fait appel à lui lors des deux premières journées de doubles - sort qu'il avait partagé avec deux autres « rookies » Andrew Coltart et Jarno Sandelin. James avait une stratégie qui, plus tard, fut contestée sur ce point.

Le dimanche des simples, donc, Jean Van de Velde était sans véritables repères et il s'inclina face à Davis Love lors d'une journée où, on le sait, le public américain se montra particulièrement rude pour les joueurs européens. La Ryder Cup de Brookline n'en reste pas moins l'un des sommets de son parcours de golfeur.

Cinq ans plus tard, à Oakland Hills, près de Detroit, toujours aux Etats-Unis, Thomas Levet, vainqueur de l'Open d'Ecosse en juillet 2004, allait connaître, lui, des jours encore plus heureux sous le capitanat de Bernhard Langer. Non seulement l'Europe a triomphé, mais elle l'a fait cette année-là avec une marge record inattendue de neuf points à l'issue d'un week-end où l'équipe américaine avait fait bien pâle figure. Premier Français vainqueur de la Ryder Cup, Thomas Levet fut donc aussi le premier Français à y marquer un point. Pas dans les doubles où il échoua deux fois en foursomes avec Miguel Angel Jimenez face à Jay Haas et Chris DiMarco (3&2) puis contre Phil Mickelson et David Toms (4&3), mais en simple face à Fred Funk dans un match remporté 1up. « Sur le circuit, même si les relations sont bonnes, nous jouons les uns contre les autres, avait-il dit à L'Equipe à l'époque. Là, le dialogue a vraiment été permanent. Si nous avions une question à poser à Bernhard (Langer), nous la posions sans aucune retenue et si nous remarquions un détail qui clochait dans le jeu des autres nous leur en parlions immédiatement. Ce dialogue permanent, c'est peut-être d'ailleurs ce qui m'a le plus frappé. »

Avec les sélections de Jean Van de Velde et Thomas Levet, un cap est franchi. Le golf français compte désormais au plus haut niveau international et peut envisager d'accueillir la Ryder Cup.

Vainqueur à son tour de la Ryder Cup en 2014, Victor Dubuisson était sur la même longueur d'onde que Thomas Levet en raison du capitanat éminemment altruiste de Paul McGinley. Pour le Cannois, Gleneagles a été

A GAUCHE : *L'impressionnante foule massée à Gleneagles en 2014. En attendant celle du Golf National...*

CI-CONTRE : *Victor Dubuisson, poing levé aux côtés de son partenaire Graeme McDowell après une victoire en foursomes. A Gleneagles, le n°1 français a été un « rookie » invaincu.*

la confirmation qu'il appartenait désormais pleinement à l'élite et qu'il était appelé à y rester longtemps. En trois jours passés sur le parcours écossais, Victor a capitalisé 2,5 points en trois matches. Aux côtés de Graeme McDowell, en foursomes, il a dominé sans coup férir les redoutables paires Keegan Bradley/Phil Mickelson (3&2) et Rickie Fowler/Jimmy Walker (5&4). En simple, placé en 12e et dernière position, il a ensuite fait match nul avec Zach Johnson tandis que la fête battait déjà son plein depuis de longues minutes à partir du moment où Jamie Donaldson avait sécurisé le nouveau sacre européen. « Je retiens juste que j'ai rapporté 2,5 points à mon équipe et que je n'ai pas perdu de match, a constaté le n°1 français alors 23e mondial. Je suis très heureux. » Noyé sous le champagne par Rory McIlroy, Victor Dubuisson n'oubliera jamais cette première sélection porteuse de tant d'espoirs.

Pour le golf français, tandis que la Ryder Cup 2016 se tiendra à Chaska, au Hazeltine National Golf Club, dans le Minnesota, le compte à rebours est donc largement entamé et Le Golf National, avec l'aide de l'Etat et des collectivités territoriales, s'est engagé dans des travaux importants d'une valeur de 7,5 millions d'euros pour faire du parcours de l'Albatros, inauguré en 1990, l'écrin idéal de cette édition 2018. Conçu comme un stade de golf, notamment dans toute sa partie finale jusqu'au 18 protégé par un large plan d'eau, le tracé, hôte annuel de l'Alstom Open de France, devrait être alors en capacité d'accueillir chaque jour quelque 60 000 spectateurs, ce qui serait du jamais vu dans l'histoire presque centenaire de la compétition.

Une manière spectaculaire de faire de la France un pays incontournable sur la mappemonde golfique et un élan peut-être décisif pour ce sport avec l'espoir de dépasser les 700 000 licenciés à l'horizon 2022. Avec l'envie surtout de laisser un héritage incomparable pour servir le futur en modifiant l'image du golf, vrai sport loin d'être confidentiel et laissé à une élite et en faisant de la France une destination touristique liée au golf par le biais notamment de l'Albatros. Pour que plus rien ne soit comme avant.

Mais qui sait, peut-être qu'avant le début de l'automne 2018, un Français aura rejoint Arnaud Massy dans la légende en remportant un tournoi majeur. Ce qui semblait être un rêve un peu fou il y a quelques années est aujourd'hui, après tout, un événement auquel il faut peut-être déjà se préparer. Quand la Ryder Cup, presque contre elle-même, s'est ouverte à l'Europe continentale en 1979 grâce au talent de Ballesteros, qui aurait imaginé que, 39 ans plus tard, la France, mobilisée comme jamais à travers sa Fédération de golf et ses licenciés, ses champions, ses clubs, les pouvoirs publics et les entreprises partenaires de l'événement, s'apprêterait à la recevoir et à en faire une immense fête populaire ?

RYDER CUP

OFFICIAL SOUVENIR PROGRAMME

THE FOURTH INTERNATIONAL GOLF MATCH

GREAT BRITAIN *versus* THE UNITED STATES OF AMERICA

TO BE PLAYED ON THE SOUTHPORT AND AINSDALE COURSE,
SOUTHPORT
ON MONDAY AND TUESDAY, JUNE 26-27, 1933

This Official Programme is published by the Professional Golfers' Association and the proceeds will be devoted to the British Ryder Cup Fund.

Les Records de la Ryder Cup

Le palmarès

2014, Septembre 26-28
PGA Centenary Course, Gleneagles, Ecosse.
Capitaines : Paul McGinley (Europe), Tom Watson (Etats-Unis)
Europe 16,5 - Etats-Unis 11,5

2012, Septembre 28-30
Medinah Country Club, Parcours No. 3, Medinah, Illinois, Etats-Unis.
Capitaines : Davis Love (Etats-Unis), José María Olazábal (Europe)
Etats-Unis 13,5 - Europe 14,5

2010, Octobre 1-4
Celtic Manor Resort, Newport, Pays de Galles.
Capitaines : Colin Montgomerie (Europe), Corey Pavin (Etats-Unis)
Europe 14,5 - Etats-Unis 13,5

2008, Septembre 19-21
Valhalla Golf Club, Louisville, Kentucky, Etats-Unis.
Capitaines : Paul Azinger (Etats-Unis), Nick Faldo (Europe)
Etats-Unis 16,5 - Europe 11,5

2006, Septembre 22-24
The K Club, Straffan, County Kildare, Irlande.
Capitaines : Ian Woosnam (Europe), Tom Lehman (Etats-Unis)
Europe 18,5 - Etats-Unis 9,5

2004, Septembre 17-19
Oakland Hills Country Club, Bloomfield Township, Michigan, Etats-Unis.
Capitaines : Hal Sutton (Etats-Unis), Bernhard Langer (Europe)
Etats-Unis 9,5 - Europe 18,5

2002, Septembre 27-29
The Belfry, Wishaw, Warwickshire, Grande-Bretagne.
Capitaines : Sam Torrance (Europe), Curtis Strange (Etats-Unis)
Europe 15,5 - Etats-Unis 12,5

1999, Septembre 24-26
The Country Club, Brookline, Massachusetts, Etats-Unis.
Capitaines : Ben Crenshaw (Etats-Unis), Matt James (Europe)
Etats-Unis 14,5 - Europe 13,5

1997, Septembre 26-28
Valderrama Golf Club, Sotogrande, Espagne.
Capitaines : Severiano Ballesteros (Europe), Tom Kite (Etats-Unis)
Europe 14,5 - Etats-Unis 13,5

1995, Septembre 22-24
Oak Hill Country Club, Pittsford, New York, Etats-Unis.
Capitaines : Lanny Wadkins (Etats-Unis), Bernard Gallacher (Europe)
Etats-Unis 13,5 - Europe 14,5

1993, Septembre 24-26
The Belfry, Wishaw, Warwickshire, Grande-Bretagne.
Capitaines : Bernard Gallacher (Europe), Tom Watson (Etats-Unis)
Europe 13 - Etats-Unis 15

1991, Septembre 27-29
Kiawah Island Golf Resort, Kiawah Island, Caroline du Sud, Etats-Unis.
Capitaines : Dave Stockton (Etats-Unis), Bernard Gallacher (Europe)
Etats-Unis 14,5 - Europe 13,5

1989, Septembre 22-24
The Belfry, Wishaw, Warwickshire, Grande-Bretagne.
Capitaines : Tony Jacklin (Europe), Raymond Floyd (Etats-Unis)
Europe 14 - Etats-Unis 14

1987, Septembre 25-27
Muirfield Village, Dublin, Ohio, Etats-Unis.
Capitaines : Jack Nicklaus (Etats-Unis), Tony Jacklin (Europe)
Etats-Unis 13 - Europe 15

1985, Septembre 13-15
The Belfry, Wishaw, Warwickshire, Grande-Bretagne.
Capitaines : Tony Jacklin (Europe), Lee Trevino (Etats-Unis)
Europe 16,5 - Etats-Unis 11,5

1983, Octobre 14-16
PGA National Golf Club, Palm Beach Gardens, Floride, Etats-Unis.
Capitaines : Jack Nicklaus (Etats-Unis), Tony Jacklin (Europe)
Etats-Unis 14,5 - Europe 13,5

1981, Septembre 18-20
Walton Heath Golf Club, Surrey, Grande-Bretagne.
Capitaines : John Jacobs (Europe), Dave Marr (Etats-Unis)
Europe 9,5 - Etats-Unis 18,5

1979, Septembre 14-16
The Greenbrier Course, White Sulphur Springs, Virginie Occidentale, Etats-Unis.
Capitaines : Billy Casper (Etats-Unis), John Jacobs (Europe)
Etats-Unis 17 - Europe 11

1977, Septembre 15-17
Royal Lytham & St Annes Golf Club, Lytham St Annes, Grande-Bretagne.
Capitaines : Brian Huggett (Grande-Bretagne & Irlande), Dow Finsterwald (Etats-Unis)
Grande-Bretagne & Irlande 7,5 - Etats-Unis 12,5

1975, Septembre 19-21
Laurel Valley Golf Club, Ligonier, Pennsylvanie, Etats-Unis.
Capitaines : Arnold Palmer (Etats-Unis), Bernard Hunt (Grande-Bretagne & Irlande)
Etats-Unis 21 - Grande-Bretagne & Irlande 11

1973, Septembre 20-22
Muirfield, East Lothian, Ecosse.
Capitaines : Bernard Hunt (Grande-Bretagne & Irlande), Jack Burke Jnr. (Etats-Unis)
Grande-Bretagne & Irlande 13 - Etats-Unis 19

1971, Septembre 16-18
Old Warson Country Club, St. Louis, Missouri, Etats-Unis.
Capitaines : Jay Hebert (Etats-Unis), Eric Brown (Grande-Bretagne)
Etats-Unis 18,5 - Grande-Bretagne 13,5

1969, Septembre 18-20
Royal Birkdale Golf Club, Southport, Grande-Bretagne.
Capitaines : Eric Brown (Grande-Bretagne), Sam Snead (Etats-Unis)
Grande-Bretagne 16 - Etats-Unis 16

1967, Octobre 20-22
Champions Golf Club, Houston, Texas, Etats-Unis.
Capitaines : Ben Hogan (Etats-Unis), Dai Rees (Grande-Bretagne)
Etats-Unis 23,5 - Grande-Bretagne 8,5

1965, Octobre 7-9
Royal Birkdale Golf Club, Southport, Merseyside, Grande-Bretagne
Capitaines : Harry Weetman (Grande-Bretagne), Byron Nelson (Etats-Unis)
Grande-Bretagne 12,5 - Etats-Unis 19,5

1963, Octobre 11-13
Atlanta Athletic Club, Atlanta, Géorgie, Etats-Unis.
Capitaines : Arnold Palmer (Etats-Unis), John Fallon (Grande-Bretagne)
Etats-Unis 23 - Grande-Bretagne 9

1961, Octobre 13-14
Royal Lytham & St Annes Golf Club, Lytham St Annes, Grande-Bretagne.
Capitaines : Dai Rees (Grande-Bretagne), Jerry Barber (Etats-Unis)
Grande-Bretagne 9,5 - Etats-Unis 14,5

1959, Novembre 6-7
Eldorado Golf Club, Indian Wells, Californie, Etats-Unis.
Capitaines : Sam Snead (Etats-Unis), Dai Rees (Grande-Bretagne)
Etats-Unis 8,5 - Grande-Bretagne 3,5

1957, Octobre 4-5
Lindrick Golf Club, Rotherham, South Yorkshire, Grande-Bretagne.
Capitaines : Dai Rees (Grande-Bretagne), Jack Burke, Jr. (Etats-Unis)
Grande-Bretagne 7,5 - Etats-Unis 4,5

1955, Novembre 5-6
Thunderbird Country Club, Rancho Mirage, Californie, Etats-Unis.
Capitaines : Chick Harbert (Etats-Unis), Dai Rees (Grande-Bretagne)
Etats-Unis 8 - Grande-Bretagne 4

1953, Octobre 2-3
Wentworth Golf Club, Surrey, Grande-Bretagne.
Capitaines : Henry Cotton (Grande-Bretagne), Lloyd Mangrum (Etats-Unis)
Grande-Bretagne 5,5 - Etats-Unis 6,5

1951, Novembre 2-4
Pinehurst Resort, Pinehurst, Caroline du Nord, Etats-Unis.
Capitaines : Sam Snead (Etats-Unis), Arthur Lacey (Grande-Bretagne)
Etats-Unis 9,5 - Grande-Bretagne 2,5

1949, Septembre 16-17
Ganton Golf Club, Scarborough, North Yorkshire, Grande-Bretagne.
Capitaines : Charles Whitcombe (Grande-Bretagne), Ben Hogan (Etats-Unis)
Grande-Bretagne 5 - Etats-Unis 7

1947, Novembre 1-2
Portland Golf Club, Portland, Oregon, Etats-Unis.
Capitaines : Ben Hogan (Etats-Unis), Henry Cotton (Grande-Bretagne)
Etats-Unis 11 - Grande-Bretagne 1

1937, Juin 29-30
Southport & Ainsdale Golf Club, Southport, Grande-Bretagne.
Capitaines : Charles Whitcombe (Grande-Bretagne), Walter Hagen (Etats-Unis)
Grande-Bretagne 4 - Etats-Unis 8

1935, Septembre 28-29
Ridgewood Country Club, Paramus, New Jersey, Etats-Unis.
Capitaines : Walter Hagen (Etats-Unis), Charles Whitcombe (Grande-Bretagne)
Etats-Unis 9 - Grande-Bretagne 3

1933, Juin 26-27
Southport & Ainsdale Golf Club, Southport, Grande-Bretagne.
Capitaines : John Henry Taylor (Grande-Bretagne), Walter Hagen (Etats-Unis)
Grande-Bretagne 6,5 - Etats-Unis 5,5

1931, Juin 26-27
Scioto Country Club, Columbus, Ohio, Etats-Unis.
Capitaines : Walter Hagen (Etats-Unis), Charles Whitcombe (Grande-Bretagne)
Etats-Unis 9 - Grande-Bretagne 3

1929, Avril 26-27
Moortown Golf Club, Leeds, West Yorkshire, Grande-Bretagne.
Capitaines : George Duncan (Grande-Bretagne), Walter Hagen (Etats-Unis)
Grande-Bretagne 7 - Etats-Unis 5

1927, Juin 3-4
Worcester Country Club, Worcester, Massachusetts, Etats-Unis.
Capitaines : Walter Hagen (Etats-Unis), Ted Ray (Grande-Bretagne)
Etats-Unis 9,5 - Grande-Bretagne 2,5

Les points en Ryder Cup

Total de points (1927-2014) - Etats-Unis et Grande-Bretagne & Irlande/Europe
Etats-Unis - 514,5
Grande-Bretagne & Irlande/Europe - 413,5

Total de points (1927-1977) - Etats-Unis et Grande-Bretagne & Irlande
Etats-Unis - 268,5
Grande-Bretagne & Irlande - 155,5

Total de points (1979-2014) - Etats-Unis et Europe
Etats-Unis - 246
Europe - 258

Les victoires

Nombre de victoires
Etats-Unis - 25 victoires
Europe - 13 victoires (10 en tant qu'Europe, 3 en tant que Grande-Bretagne & Irlande)
Matches nuls - 2

Victoires les plus larges (marge de points)
Etats-Unis
15 - 23.5-8.5 en 1967 (Champions GC, Etats-Unis)
14 - 23-9 en 1963 (Atlanta Athletic Club, Etats-Unis)
10 - 11-1 en 1947 (Portland GC, Etats-Unis)
21-11 en 1975 (Laurel Valley GC, Etats-Unis)

Grande-Bretagne & Irlande/Europe
9 - 18,5-9,5 en 2004 (Oakland Hills CC, Etats-Unis)
18,5-9,5 en 2006 (The K Club, Irlande)
5 - 16,5-11,5 en 1985 (The Belfry, Angleterre)
16.5-11.5 en 2014 (Gleneagles, Ecosse)
3 - 7,5-4,5 en 1957 (Lindrick GC, Grande-Bretagne)
15,5-12,5 en 2002 (The Belfry, Grande-Bretagne)

Record de victoires consécutives
Etats-Unis - 7 - 1935-1955
Europe - 3 - 2002-2006, 2010-2014

Résultats lors des simples 1979-2014

Année	Etats-Unis	Europe
1979	8,5	3,5
1981	8	4
1983	6.5	5,5
1985	4,5	7,5
1987	7,5	4,5
1989	7	5
1991	6,5	5,5
1993	7,5	4,5
1995	4,5	7,5
1997	8	4
1999	8	3,5
2002	4,5	7,5
2004	4,5	7,5
2006	3,5	8,5
2008	7,5	4,5
2010	7	5
2012	3,5	8,5
2014	5.5	6.5

STATISTIQUES (JOUEURS)

Le plus de participations

Nick Faldo - 11 (Grande-Bretagne & Irlande/Europe)
Bernhard Langer - 10 (Grande-Bretagne & Irlande/Europe)
Phil Mickelson - 10 (Etats-Unis)
Christy O'Connor Snr. - 10 (Grande-Bretagne & Irlande/Europe)
Jim Furyk - 9 (Etats-Unis)
Dai Rees - 9 (Grande-Bretagne & Irlande/Europe)
Lee Westwood - 9 (Grande-Bretagne & Irlande/Europe)
Peter Alliss - 8 (Grande-Bretagne & Irlande/Europe)
Severiano Ballesteros - 8 (Grande-Bretagne & Irlande/Europe)
Billy Casper - 8 (Etats-Unis)
Neil Coles - 8 (Grande-Bretagne & Irlande/Europe)
Raymond Floyd - 8 (Etats-Unis)
Bernard Gallacher - 8 (Grande-Bretagne & Irlande/Europe)
Bernard Hunt - 8 (Grande-Bretagne & Irlande/Europe)
Colin Montgomerie - 8 (Grande-Bretagne & Irlande/Europe)
Sam Torrance - 8 (Grande-Bretagne & Irlande/Europe)
Lanny Wadkins - 8 (Etats-Unis)
Ian Woosnam - 8 (Grande-Bretagne & Irlande/Europe)

Le plus de matches joués

Nick Faldo - 46 (Grande-Bretagne & Irlande/Europe)
Bernhard Langer - 42 (Grande-Bretagne & Irlande/Europe)
Phil Mickelson - 41 (Etats-Unis)
Lee Westwood - 41 (Grande-Bretagne & Irlande/Europe)
Neil Coles - 40 (Grande-Bretagne & Irlande/Europe)
Severiano Ballesteros - 37 (Grande-Bretagne & Irlande/Europe)
Billy Casper - 37 (Etats-Unis)
Christy O'Connor Snr. - 36 (Grande-Bretagne & Irlande/Europe)
Colin Montgomerie - 36 (Grande-Bretagne & Irlande/Europe)
Tony Jacklin - 35 (Grande-Bretagne & Irlande/Europe)
Jim Furyk - 34 (Etats-Unis)
Lanny Wadkins - 34 (Etats-Unis)

Le plus de matches perdus

Neil Coles - 21 (GB&I/Europe)
Christy O'Connor Snr. - 21 (GB&I/Europe)
Jim Furyk - 20 (Etats-Unis)
Nick Faldo - 19 (Grande-Bretagne & Irlande/Europe)
Phil Mickelson - 19 (Etats-Unis)
Tiger Woods - 17 (Etats-Unis)
Bernard Hunt - 16 (Grande-Bretagne & Irlande/Europe)
Raymond Floyd - 16 (Etats-Unis)

Le plus de matches gagnés

Nick Faldo - 23 (Grande-Bretagne & Irlande/Europe)
Arnold Palmer - 22 (Etats-Unis)
Bernhard Langer - 21 (Grande-Bretagne & Irlande/Europe)
Severiano Ballesteros - 20 (Grande-Bretagne & Irlande/Europe)
Billy Casper - 20 (Etats-Unis)
Colin Montgomerie - 20 (Grande-Bretagne & Irlande/Europe)
Lanny Wadkins - 20 (Etats-Unis)
Lee Westwood - 20 (Grande-Bretagne & Irlande/Europe)
José María Olazábal - 18 (Grande-Bretagne & Irlande/Europe)
Jack Nicklaus - 17 (Etats-Unis)
Lee Trevino - 17 (Etats-Unis)

Le plus de matches nuls

Gene Littler - 8 (Etats-Unis)
Tony Jacklin - 8 (Grande-Bretagne & Irlande/Europe)
Billy Casper - 7 (Etats-Unis)
Stewart Cink - 7 (Etats-Unis)
Neil Coles - 7 (Grande-Bretagne & Irlande/Europe)
Colin Montgomerie - 7 (Grande-Bretagne & Irlande/Europe)

Huit joueurs qui ont signé six matches nuls :

Brian Huggett - 6 (Grande-Bretagne & Irlande/Europe)
Bernard Hunt - 6 (Grande-Bretagne & Irlande/Europe)
Bernhard Langer - 6 (Grande-Bretagne & Irlande/Europe)
Justin Leonard - 6 (Etats-Unis)
Phil Mickelson - 6 (Etats-Unis)
Sam Torrance - 6 (Grande-Bretagne & Irlande/Europe)
Lee Trevino - 6 (Etats-Unis)
Lee Westwood - 6 (Grande-Bretagne & Irlande/Europe)

Le plus de points marqués

Nick Faldo - 25 (Grande-Bretagne & Irlande/Europe)
Bernhard Langer - 24 (Grande-Bretagne & Irlande/Europe)
Billy Casper - 23,5 (Etats-Unis)
Colin Montgomerie - 23,5 (Grande-Bretagne & Irlande/Europe)
Arnold Palmer - 23 (Etats-Unis)
Lee Westwood - 23 (Grande-Bretagne & Irlande/Europe)
Severiano Ballesteros - 22,5 (Grande-Bretagne & Irlande/Europe)
Lanny Wadkins - 21,5 (Etats-Unis)
José María Olazábal - 20,5 (Grande-Bretagne & Irlande/Europe)
Lee Trevino - 20 (Etats-Unis)

Le plus de simples joués

Neil Coles - 15 (Grande-Bretagne & Irlande/Europe)
Christy O'Connor - 14 (Grande Bretagne & Irlande/Europe)
Peter Alliss - 12 (Grande-Bretagne & Irlande/Europe)
Nick Faldo - 11 (Grande-Bretagne & Irlande/Europe)
Bernard Gallacher - 11 (Grande-Bretagne & Irlande/Europe)
Arnold Palmer - 11 (Etats-Unis)
Tony Jacklin - 11 (Grande-Bretagne & Irlande/Europe)
Phil Mickelson - 11 (Etats-Unis)

Huit joueurs qui ont joué dix simples :

Brian Barnes - 10 (Grande-Bretagne & Irlande/Europe)
Billy Casper - 10 (Etats-Unis)
Bernard Hunt - 10 (Grande-Bretagne & Irlande/Europe)
Bernhard Langer - 10 (Grande-Bretagne & Irlande/Europe)
Gene Littler - 10 (Etats-Unis)

Jack Nicklaus - 10 (Etats-Unis)
Dai Rees - 10 (Grande-Bretagne & Irlande/Europe)
Lee Trevino - 10 (Etats-Unis)

Le plus de simples gagnés
Billy Casper - 6 (Etats-Unis)
Nick Faldo - 6 (Grande-Bretagne & Irlande/Europe)
Colin Montgomerie - 6 (Grande-Bretagne & Irlande/Europe)
Peter Oosterhuis - 6 (Grande-Bretagne & Irlande/Europe)
Arnold Palmer - 6 (Etats-Unis)
Sam Snead - 6 (Etats-Unis)
Lee Trevino - 6 (Etats-Unis)
Peter Alliss - 5 (Grande-Bretagne & Irlande/Europe)
Brian Barnes - 5 (Grande-Bretagne & Irlande/Europe)
Neil Coles - 5 (Grande-Bretagne & Irlande/Europe)
Gene Littler - 5 (Etats-Unis)
Phil Mickelson - 5 (Etats-Unis)
Dai Rees - 5 (Grande-Bretagne & Irlande/Europe)
Tom Kite - 5 (Etats-Unis)

Le plus de foursomes joués
Nick Faldo - 18 (Grande-Bretagne & Irlande/Europe)
Bernhard Langer - 18 (Grande-Bretagne & Irlande/Europe)
Lanny Wadkins - 15 (Etats-Unis)
Billy Casper - 15 (Etats-Unis)
Lee Westwood - 15 (Grande-Bretagne & Irlande/Europe)
Severiano Ballesteros - 14 (Grande-Bretagne & Irlande/Europe)
Phil Mickelson - 14 (Etats-Unis)
Colin Montgomerie - 14 (Grande-Bretagne & Irlande/Europe)
Neil Coles - 13 (Grande-Bretagne & Irlande/Europe)
Tony Jacklin - 13 (Grande-Bretagne & Irlande/Europe)
Tom Kite - 13 (Etats-Unis)
Christy O'Connor Snr. - 13 (Grande-Bretagne & Irlande/Europe)

Le plus de foursomes gagnés
Bernhard Langer - 11 (Grande-Bretagne & Irlande/Europe)
Severiano Ballesteros - 10 (Grande-Bretagne & Irlande/Europe)
Nick Faldo - 10 (Grande-Bretagne & Irlande/Europe)
Sergio Garcia - 9 (Grande-Bretagne & Irlande/Europe)
Lanny Wadkins - 9 (Etats-Unis)
Arnold Palmer - 9 (Etats-Unis)
Lee Westwood - 9 (Grande-Bretagne & Irlande/Europe)
Billy Casper - 8 (Etats-Unis)
Tony Jacklin - 8 (Grande-Bretagne & Irlande/Europe)
Colin Montgomerie - 8 (Grande-Bretagne & Irlande/Europe)
Jack Nicklaus - 8 (Etats-Unis)

Le plus de points gagnés en foursomes
Bernhard Langer - 11,5 (Grande-Bretagne & Irlande/Europe)
Nick Faldo - 11 (Grande-Bretagne & Irlande/Europe)
Lee Westwood - 11 (Grande-Bretagne & Irlande/Europe)
Severiano Ballesteros - 10,5 (Grande-Bretagne & Irlande/Europe)
Sergio García - 10 (Grande-Bretagne & Irlande/Europe)
Tony Jacklin - 10 (Grande-Bretagne & Irlande/Europe)
Colin Montgomerie - 9,5 (Grande-Bretagne & Irlande/Europe)
Billy Casper - 9 (Etats-Unis)
Arnold Palmer - 9 (Etats-Unis)
Lanny Wadkins - 9 (Etats-Unis)

Le plus de « quatre balles » joués
Nick Faldo - 17 (Grande-Bretagne & Irlande/Europe)
Phil Mickelson - 17 (Etats-Unis)
Severiano Ballesteros - 15 (Grande-Bretagne & Irlande/Europe)
Lee Westwood - 15 (Grande-Bretagne & Irlande/Europe)
Bernhard Langer - 14 (Grande-Bretagne & Irlande/Europe)
Colin Montgomerie - 14 (Grande-Bretagne & Irlande/Europe)
José María Olazábal - 14 (Grande-Bretagne & Irlande/Europe)
Ian Woosnam - 14 (Grande-Bretagne & Irlande/Europe)
Billy Casper - 12 (Etats-Unis)
Neil Coles - 12 (Grande-Bretagne & Irlande/Europe)

Le plus de « quatre balles » gagnés
Ian Woosnam - 10 (Grande-Bretagne & Irlande/Europe)
José María Olazábal - 9 (Grande-Bretagne & Irlande/Europe)
Severiano Ballesteros - 8 (Grande-Bretagne & Irlande/Europe)
Lee Westwood - 8 (Grande-Bretagne & Irlande/Europe)
Nick Faldo - 7 (Grande-Bretagne & Irlande/Europe)
Phil Mickelson - 7 (Etats-Unis)
Arnold Palmer - 7 (Etats-Unis)
Lanny Wadkins - 7 (Etats-Unis)
Billy Casper - 6 (Etats-Unis)
Darren Clarke - 6 (Grande-Bretagne & Irlande/Europe)
Bernhard Langer - 6 (Grande-Bretagne & Irlande/Europe)
Colin Montgomerie - 6 (Grande-Bretagne & Irlande/Europe)
Lee Trevino - 6 (Etats-Unis)

Le plus de points en « quatre balles »
José María Olazábal - 10,5 (Grande-Bretagne & Irlande/Europe)
Ian Woosnam - 10,5 (Grande-Bretagne & Irlande/Europe)
Severiano Ballesteros - 9 (Grande-Bretagne & Irlande/Europe)
Lee Westwood - 8,5 (Grande-Bretagne & Irlande/Europe)
Phil Mickelson - 8 (Etats-Unis)
Billy Casper - 7,5 (Etats-Unis)
Nick Faldo - 7,5 (Grande-Bretagne & Irlande/Europe)
Lanny Wadkins - 7,5 (Etats-Unis)
Bernhard Langer - 7 (Grande-Bretagne & Irlande/Europe)
Gene Littler - 7 (Etats-Unis)
Colin Montgomerie - 7 (Grande-Bretagne & Irlande/Europe)
Arnold Palmer - 7 (Etats-Unis)
Lee Trevino - 7 (Etats-Unis)

LES SERIES EN RYDER CUP

Les joueurs qui ont joué au moins cinq matches sans défaite
Jimmy Demaret (Etats-Unis) 6 victoires
Bobby Nichols (Etats-Unis) 4 victoires et un nul

Les sessions gagnées 4-0
Foursomes
Etats-Unis 1947
Etats-Unis 1975
Etats-Unis 1981

Quatre balles
Etats-Unis 1967
Etats-Unis 1971
Europe 1987
Europe 1989

Simples
Jamais les simples n'ont tous été gagnés par une seule et même équipe

Les joueurs ayant joué au moins cinq matches sans en gagner un seul
Alf Padgham (Grande-Bretagne & Irlande), 7 défaites
Tom Haliburton (Grande-Bretagne & Irlande), 6 défaites
John Panton (Grande-Bretagne & Irlande), 5 défaites

LES VICTOIRES LES PLUS LARGES

Les plus larges victoires en simple
Sur 36 trous
George Duncan, Grande-Bretagne & Irlande, b. Walter Hagen, Etats-Unis, 10 & 8, 1929

Sur 18 trous
Tom Kite, Etats-Unis, b. Howard Clark, Europe, 8 & 7, 1989
Fred Couples, Etats-Unis, b. Ian Woosnam, Europe, 8 & 7, 1997

Les plus larges victoires en foursomes
Sur 36 trous
Hagen/Shute, Etats-Unis, b. Duncan/Havers, Grande-Bretagne, 10 & 9, 1931
Worsham/Oliver, Etats-Unis, b. Cotton/Lees, Grande-Bretagne, 10 & 9, 1947

Sur 18 trous
Irwin/Kite, Etats-Unis, b. Brown/Smyth, Europe, 7 & 6, 1979
Azinger/O'Meara, Etats-Unis, b. Faldo/Gilford, Europe, 7 & 6, 1991
Bradley/Mickelson, Etats-Unis, b. Westwood/Donald, Europe, 7 & 6, 2012

Les plus larges victoires en « quatre balles »
Sur 18 trous
Trevino/Pate, Etats-Unis, b. Faldo/Torrance, Europe, 7 & 5, 1981

LES POINTS GAGNÉS

Les paires ayant gagné le plus de points
Severiano Ballesteros/José María Olazábal (Europe) 12 points (11-2-2)
Nick Faldo/Ian Woosnam (Europe) 6 points (5-2-2)
Darren Clarke/Lee Westwood (Europe) 6 points (6-2-0)
Bernhard Langer/Colin Montgomerie (Europe) 5,5 points (5-1-1)
Bernard Gallacher/Brian Barnes (Grande-Bretagne & Irlande) 5,5 points (5-4-1)
Peter Alliss/Christy O'Connor Snr. (Grande-Bretagne & Irlande) 5,5 points (5-6-1)
Arnold Palmer/Gardner Dickinson (Etats-Unis) 5 points (5-0-0)
Sergio García/Lee Westwood (Europe) 4,5 points (4-1-1)
Jack Nicklaus/Tom Watson (Etats-Unis) 4 points (4-0-0)
Larry Nelson/Lanny Wadkins (Etats-Unis) 4 points (4-2-0)
Peter Oosterhuis/Tony Jacklin (Grande-Bretagne & Irlande) 4 points (3-2-2)
Peter Oosterhuis/Nick Faldo (Grande-Bretagne & Irlande) 4 points (4-2-0)

Le plus de points gagnés lors d'une édition
Gardner Dickinson (Etats-Unis), 1967, 5 points (sur 5)
Arnold Palmer (Etats-Unis) 1967, 5 points (surf 5)
Larry Nelson (Etats-Unis), 1979, 5 points (sur 5)
Peter Alliss (Grande-Bretagne & Irlande), 1965, 5 points (sur 6)
Tony Jacklin (Grande-Bretagne & Irlande) 1969, 5 points (sur 6)

Les trous en un
1973 (Muirfield) Peter Butler (Grande-Bretagne & Irlande) au 16, foursome Brian Barnes/Butler c Jack Nicklaus/Tom Weiskopf
1993 (The Belfry) Nick Faldo (Europe) au 14, simple, c Paul Azinger
1995 (Oak Hill) Constantino Rocca (Europe) au 6, foursome Rocca/Sam Torrance c Davis Love/Jeff Maggert
1995 (Oak Hill) Howard Clark (Europe) au 11, simple c Peter Jacobsen
2006 (The K Club) Paul Casey (Europe) au 14, foursome Casey/David Howell c Stewart Cink/Zach Johnson
2006 (The K Club) Scott Verplank (Etats-Unis) au 14, simple, c Padraig Harrington

REMONTÉES FANTASTIQUES

Ils étaient menés d'un point et plus au seuil des simples, mais ils ont fini par gagner.
1929 Grande-Bretagne, d'un point pour gagner 7-5
1949 Etats-Unis, de deux points pour gagner 7-5
1957 Grande-Bretagne, de deux points pour gagner 7,5-4,5
1995 Europe, de deux points pour gagner 14,5-13,5
1999 Etats-Unis, de quatre points pour gagner 14,5-13,5
2012 Europe, de quatre points pour gagner 14.5-13.5

AGE ET LIENS FAMILIAUX

Plus jeunes et plus vieux capitaines
Grande-Bretagne & Irlande/Europe
Plus jeune : Charles Whitcombe 1931, 35 ans 9 mois, 5 jours
Plus vieux : J.H. Taylor 1933, 62 ans, 3 mois, 7 jours

Etats-Unis
Plus jeune : Arnold Palmer 1963, 34 ans et 31 jours
Plus vieux : Tom Watson 2014, 65 ans et 19 jours

Histoires de familles en Ryder Cup
Frères: Charles Whitcombe (1927-1929-1931-1933-1935-1937), Reg Whitcombe (1935) et Ernest Whitcombe (1929-1931-1935)
Bernard Hunt (1953-1957-1959-1961-1963-1965-1967-1969) et Geoffrey Hunt (1963)
Joe Turnesa (1927-1929) et Jim Turnesa (1953)
Jay Hebert (1959-1961) et Lionel Hebert (1957)
Edoardo Molinari (2010) et Francesco Molinari (2010, 2012)

Beaux-frères : Jerry Pate (1981) et Bruce Lietzke (1981)

Cousins: Jack Burke Jr. (1951-1953-1955-1957-1959) and Dave Marr (1965)

Pères et fils : Percy Alliss (1929-1933-1935-1937) et Peter Alliss (1953-1957-1959-1961-1963-1965-1967-1969)
Antonio Garrido (1979) and Ignacio Garrido (1997)

Beaux-pères et beaux-fils : Max Faulkner (1947-1949-1951-1953-1957) et Brian Barnes (1969-1971-1973-1975-1977-1979)

Oncles et neveux : Christy O'Connor Snr. (1955-1957-1959-1961-1963-1965-1967-1969) et Christy O'Connor Jnr. (1975-1989)
Sam Snead (1937-1947-1949-1951-1953-1955-1959) et J.C. Snead (1971-1973-1975)
Bob Goalby (1963) et Jay Haas (1983-1995-2004)
Bernard Gallacher (1969-1971-1973-1975-1977-1979-1981-1983-1991-1993-1995) et Stephen Gallacher (2014)

Futurs lieux de Ryder Cup
2016 Hazeltine National Golf Club (Chaska, Minnesota)
2018 Le Golf National (Saint-Quentin-en-Yvelines, France)
2020 Whistling Straits (Haven, Wisconsin)
2022 Lieu désigné lors de l'automne 2015
2024 Bethpage Black (Farmingdale, New-York)

Index

Crédits

L'éditeur remercie les agences et les photographes pour avoir permis la reproduction de leurs photos dans cet ouvrage.

Action Images : /Trevor Jones/Sporting Pictures : 105, 154-155

Colorsport : 92-93, 104 ; /Stewart Fraser : 106-107

Corbis : /Bettmann : 28, 29, 46-47, 61, 78

Getty Images : /Allsport : /Allsport : 8 right ; /Simon Bruty : 122, 137, 152 ; /David Cannon : 6, 96-97, 114, 115, 116, 124-125, 126, 132, 142, 143, 146-147, 149, 164, 166, 200, 209, 219, 221, 228, 231, 236, 240 top, 240 bottom ; /Brian Cassella/Chicago Tribune/MCT : 226-227 ; /Central Press : 20-21 ; /Central Press/ Hulton Archive : 33 ; /Timothy A. Clary/AFP : 9 right, 185 right, 197 ; /Chris Cole : 141, 145 ; /J.D. Cuban : 148 ; /Adrian Dennis/AFP : 173, 176, 177, 189, 206, 232 ; /Terry Disney/Central Press/Hulton Archive : 57 ; /Tony Duffy : 118-119 ; /Jacqueline Duvoisin/Sports Illustrated : 135 ; /Mike Ehrmann : 212, 220, 222, 224, 225, 235 right, 237 ; /Graham Finlayson /Sports Illustrated : 102 ; /Fox Photos : 38 ; /Fox Photos/Hulton Archive : 44 ; /Stuart Franklin : 4-5 ; /J. Gaiger/Topical Press Agency : 16-17 ; /Sam Greenwood : 199, 207 ; / Haynes Archive/Popperfoto : 30-31 ; /Jeff Haynes/AFP : 165, 167 ; /Harry How : 190, 191 ; /Hulton Archive : 26, 36-37 ; /Rusty Jarrett : 136 ; /Craig Jones : 178-179 ; /Ross Kinnaird : 205, 218, 241, 242-243 ; /Andy Lyons : 170-171, 215, 216, 223 ; /Ian MacNicol : 239 ; /Bob Martin : 103, 127 ; /Bob Martin/Sports Illustrated : 169 ; /Edward Miller/Keystone/Hulton Archive : 58-59 ; /Donald Miralle : 184-185 ; /Brian Morgan : 99, 101, 108, 112-113 ; /Don Morley : 70-71, 87 ; /Stephen Munday : 130-131, 134, 138-139, 144, 159, 202-203 ; /Sven Nackstrand/AFP : 188, 193 ; /Dennis Oulds/Central Press/Hulton Archive : 81 ; /Popperfoto : 35, 64-65, 86, 150, 157, 158, 160, 168 ; /Andrew Redington : 3, 175, 210-211, 214, 217, 229 ; /Tim Sloan/AFP : 198 ; / Jamie Squire : 156, 172, 174, 180, 183, 186-187, 192, 194-195, 208, 213, 233, 234, 235 left ; /Ben Stansall/ AFP : 230, 238 ; /Bob Thomas : 56, 63, 68, 75, 84, 88-89, 94, 121, 123, 128, 133, 140, 163 ; /Tony Tomsic/ Sports Illustrated : 120 ; /Topical Press Agency : 42

Old Golf Images : 8 gauche, 9 gauche, 10-11, 12, 13, 14, 15, 18, 19, 22, 23, 24-25, 27, 32, 34, 39, 40, 41, 45, 50, 51, 52-53, 55, 62, 67, 69, 72, 95, 98, 100, 109, 110, 117, 129, 153, 161, 182, 196, 201, 204, 228

Press Association Images : 60, 74, 80, 82-83 ; /AP : 43, 48, 54, 73, 76-77, 79, 90, 91 ; /Elisa Amendola/AP : 151 ; /Morry Gash/AP : 181 ; / Ross Kinnaird : 162 ; /S&G and Barratts : 85 ; /David F. Smith/AP : 66 ; /Kathy Willens/AP : 111

Topfoto.co.uk : 49

ffgolf - Philippe Millereau : 240 (photo panoramique) ; ffgolf - Alexis Orloff : 240 à 243

Tout a été fait pour identifier dans le détail les photos parues dans cet ouvrage. En cas d'erreur involontaire, l'éditeur présente ses excuses et procédera aux corrections éventuelles dans une prochaine édition.